再论电动汽车和化学蓄电

杨裕生院士文集

杨裕生 著

清华大学出版社
北 京

内 容 简 介

本文集是2012年《纵论电动汽车和化学蓄电——杨裕生院士文集》和2017年《续论电动汽车和化学蓄电——杨裕生院士文集》之后的第三本，选自2017年7月至2021年1月期间的文章和演讲文稿，共71篇。其中，公开发表的文章和信件31篇，演讲和报告40篇(从95次会议中摘选)。全书贯穿"善用电池、安全第一、节能减排"储能三原则和"纯电动车以微小型为突破口、大中型车主要发展增程式"电动汽车发展技术路线的理念，内容包括综述与回顾、电动汽车的发展路线、发展低速电动车、电动汽车的安全问题、新型电池和材料及其他等，附录部分列出了这阶段的学术报告列表。

本文集适合国家机关中电动汽车和新能源领域的决策人员阅读，也适合这两个领域的科研人员、企业管理人员、工程和科技人员参考阅读。

图书在版编目(CIP)数据

再论电动汽车和化学蓄电：杨裕生院士文集/杨裕生著. —北京：清华大学出版社，2021.6
ISBN 978-7-302-58214-4

Ⅰ. ①再…　Ⅱ. ①杨…　Ⅲ. ①电动汽车—文集 ②化学电源—文集　Ⅳ. ①U469.72-53 ②TM911-53

中国版本图书馆CIP数据核字(2021)第098978号

责任编辑：袁　琦
封面设计：何凤霞
责任校对：赵丽敏
责任印制：宋　林

出版发行：清华大学出版社
网　　址：http://www.tup.com.cn，http://www.wqbook.com
地　　址：北京清华大学学研大厦A座　　**邮　　编**：100084
社 总 机：010-62770175　　**邮　　购**：010-62786544
投稿与读者服务：010-62776969，c-service@tup.tsinghua.edu.cn
质量反馈：010-62772015，zhiliang@tup.tsinghua.edu.cn
印 装 者：三河市中晟雅豪印务有限公司
经　　销：全国新华书店
开　　本：170mm×240mm　　**印　　张**：22.5　　**字　　数**：424千字
版　　次：2021年6月第1版　　**印　　次**：2021年6月第1次印刷
定　　价：98.00元

产品编号：092861-01

谨以此文集庆祝伟大的中国共产党百年华诞！

自　序

2021年是中国共产党的百年华诞。我谨以此文集《再论电动汽车和化学蓄电——杨裕生院士文集》作为对党的生日的献礼，庆祝我们党百年来领导中国人民取得革命和建设的辉煌成就，预祝我们党在未来百年领导中国人民建设社会主义强国、迈向共产主义社会中取得更伟大的胜利。

2017年我对党的十九大的献礼是第二本文集《续论电动汽车和化学蓄电——杨裕生院士文集》。三年半过去了，积累了一定分量的文稿，现正逢盛大节日，欢欣鼓舞、满怀感恩之情编印这第三本文集。

《再论电动汽车和化学蓄电——杨裕生院士文集》的内容选编自从2017年7月至2021年1月期间的文章和演讲文稿，共71篇，其中公开发表的文章和信件31篇。承蒙电动汽车界和化学蓄电界朋友们的抬爱，这些年来（除2020年因疫情影响外），每年收到30多个会议邀请，我总想尽量满足他们的要求出席支持，因时间冲突或需长途飞行而谢绝的是极少数，平均每个月要作近3次演讲。虽然我也力求每次演讲能有新的内容，但是限于体力和脑力，确实力不从心，乘此机会向读者们致歉。这期间共受邀作了95次演讲和报告，现从中选了内容不太重复的40篇入编。

本文集共分六个部分和附录：

第一部分为“综述与回顾”，首篇“电化学储能研究22年回顾”，总结了我们团队工作的典型部分，实际的工作内容远不止这些。几篇总结（如“电动汽车发展十年的状况和经验教训”）和展望（如“电动汽车要为碳达峰、碳中和做贡献”）均是综合性的论述，列入了这一部分。

第二部分为“电动汽车的发展路线”，记述了在多年电池研究的基础上，逐步完善的发展电动汽车三原则：**“善用电池、安全第一、节能减排”，以及“纯电动车以微小型为突破口、大中型车主要发展增程式”**的电动汽车发展技术路线，继续在不同场合进行宣传、介绍。为了节省篇幅，在数处简化了增程式技术的重复叙述。

第三部分为“发展低速电动车”，文章只选了4篇，只因标准问题迟迟未能解决，个别部门存在意见分歧，有必要单立为一个部分，以引起关注。

第四部分为“电动汽车的安全问题”，分析了这几年电动汽车烧车事件频发的起因，指出它与现在推行的主要发展技术路线有关，提出了提高安全性的出路，说了些别人不愿直说的话。

第五部分为“新型电池和材料”，主要内容一是安全性高、可快充的电容型锂离子电池及其所需的硬炭、纳米硅、碳气凝胶；二是提出超级电容器的新分类——第四类电池电容器，指出它是提高比容量、降低成本、发展前景美好的新类别；三是为了提高特种活性炭的质量而到企业进行的技术指导。

第六部分为“其他”，有 4 篇文章与上述五部分没有直接关联，只得另立此户头了。

“附录”里以列表形式收录了这阶段里各年的演说总目录，其中字体加粗的表示收入了本文集，并注明了入编在文集的哪一部分。

我一贯主张，开会发言要讲真话、实话，而不讲假话、虚话。做人、做事，要从国家大局、人民长远利益出发，而不能只顾局部利益、眼前利益。这是坚持贯彻我们党的“实事求是”思想路线的具体行动。当然，讲真话、实话，可能会得罪一些人。那就让他们不高兴一下吧，如真有此效应倒也好，这说明话没有白说，起了一点激活作用。我希望这本文集，除了介绍技术问题外，还能将一些真话、实话贡献给读者；当然，这是广大读者欢迎的。

有媒体朋友在报道我发言的标题上加了“杨裕生院士炮轰××”等字样，这样过分渲染不妥。我以为，对政府部门技术政策措施的讨论，是科技人员义不容辞的责任，也是民主政治的体现，是实践社会主义核心价值观的具体行动。如果是批评意见，也是毛主席教导的：“从团结的愿望出发，通过批评与自我批评达到新的团结”，丝毫没有“炮轰”的意思。我是中国共产党的老党员；政府部门是中国共产党领导下为人民服务的办事机构，我爱它们，护它们，盼望年轻的干部们快快成长，为党和人民多干事、干好事。

习近平主席提出“**二氧化碳排放力争于 2030 年前达到峰值，努力争取在 2060 年前实现碳中和**”的宏伟目标，电动汽车和可再生能源的储能都可贡献力量。推动节能减排的增程式和微小型电动汽车发展，加速风力、光伏发电与化学蓄电的融合，至关重要，任重道远，希望这本文集也是尽我的一份微薄之力。

在本文集的资料整理中，王丹丹硕士将演讲提要转换成文章提纲，为我整理成文提供了方便，大大加快了工作进程。同时她还对图表格式进行了规范化，并按时间顺序排列了各部分的文章，付出了辛勤劳动。张浩博士和我老伴丁玉珍对全稿作了一再校阅。我对他们认真、细致的工作十分满意，并致以衷心感谢。

杨裕生

2021 年 2 月于北京

目　录

第一部分　综述与回顾

第二部分　电动汽车的发展路线

第三部分　发展低速电动车

第四部分　电动汽车的安全问题

第五部分　新型电池和材料

第六部分　其　　他

附　　录

第一部分
综述与回顾

电化学储能研究 22 年回顾*

杨裕生

（防化研究院，北京 100191）

摘　要：本文回顾了 22 年来作者的电化学储能研究活动，共分三个部分。第一部分叙述高比能量、高比功率储能器件研究，包括锂硫电池研究（硫复合正极材料、锂硫电池制作、锂硼合金作为锂硫电池负极、硫-锂离子电池新体系）、超级电容器研究（超级活性炭、以酚醛树脂为原料制备电容炭、碳纳米管阵列中寄生准电容储能材料、氧化镍干凝胶准电容储能材料、归纳出电容炭材料的性能要求、电容器研制、确定“第四类”超级电容器）、锂离子电池研究（锂离子电池与可再生燃料电池的对决、双变价元素正极材料、磷酸钴锂正极材料、高功率锂离子电池的制作）。第二部分叙述规模储能电池研究，包括液流电池新体系研究（蓄电与电化学合成的双功能液流电池、全金属化合物单液流电池、有机化合物正极的单液流电池）、致力于振兴铅酸电池（推广铅蓄电池新技术、铅炭电池的研究、铅酸电池新型板栅的研究），储能电池（站）的经济效益计算方法。第三部分叙述电动汽车发展路线研究，包括氢能燃料电池电动汽车、纯电动汽车与混合动力汽车、对我国电动汽车发展路线的建议、力争电动汽车补贴的合理化、坚守电动汽车“节能减排”宗旨、提出“发电直驱电动车”。最后的结束语谈了三点感悟。

关键词：电化学储能；锂硫电池；超级电容器；锂离子电池；液流电池；铅酸电池；电动汽车

1990 年我从核试验基地科技委主任岗位任期届满调回北京，到防化研究院任研究员，1995 年当选中国工程院院士。1996 年发起“中国士兵系统”，军内多家单位积极响应，得到军委领导认可。在 1997 年的技术论证中，“300 $W \cdot h \cdot kg^{-1}$ 的高能电池研制”因难度过大、周期太长找遍全国无人愿意承当，我不得不请示领导

* 2019 年 10 月 25 日中国化学会电化学委员会授予杨裕生院士“电化学成就奖”。为此，《电化学》杂志约稿，成此文，发表于该杂志第 26 卷第 4 期电化学获奖人优秀论文专辑第 443～463 页，2020 年 8 月 28 日出版。

自己来做，认真“当小学生”。经过一番调研计算后，得出只有锂-硫电池有可能达到这一水平，于是选定这当时还是“行人稀少的小路”向高峰冲击，这是我完成的第一个“作业”，时年66岁。

在上级支持下，1998年组成了电池研究课题三人小组，初步解决了人、房、钱的“三无”问题。2003年成立“军用化学电源研究与发展中心”，总装备部科技委主任朱光亚院士题词祝贺。后来，成立了有博士十余人的化学电源研究室。我们始终坚持鼓励创新、求实严谨、团结合作、学术民主的传统。研究内容从锂-硫电池扩展到储能电池的众多方面，完成了国家和军内的大量科研课题，为军队培养了博士生和博士后十余名，还与在京的高校联合培养博士生、硕士生共70余名。2007年率先在国内开发出300 $W \cdot h \cdot kg^{-1}$ 的高能锂硫二次电池；研究了超级电容器及其炭材料；着重军用特色的锂离子电池研发；提出多个液流电池新体系；在国内倡导铅炭电池的发展，促进铅炭电池产业的形成。

本文主要回顾22年来的电源研究活动，不涉及军事应用问题。

1 高比能量、高比功率储能器件研究

1.1 锂硫电池研究

1.1.1 硫复合正极材料

我们最初参考文献用金属钠还原二硫化碳合成多硫化碳（CS_x，1999），检验了我们的实验和测试能力。继而合成了多硫代环戊二烯、多硫代苯，当硫/碳原子比为1∶1时，理论比容量为609 $mA \cdot h \cdot g^{-1}$，如增加其中的硫含量，首放比容量可提高到800～1000 $mA \cdot h \cdot g^{-1}$。但是，双硫或多硫键在放电时断开，生成的小分子溶解于电解液，可逆比容量只有300 $mA \cdot h \cdot g^{-1}$。还有，它们的导电性也差。为此，我们提出“主链导电、侧链储能”有机高分子硫化物的构想[1]，先后合成了多硫代聚苯胺、多硫代聚苯撑、多硫化碳炔，结构式见图1。前二者的硫/碳原子比较低，比容量较低，而且衰减较快。多硫化碳炔的硫/碳原子比较高，当硫/碳原子比为1∶1时，理论比容量达609 $mA \cdot h \cdot g^{-1}$。以聚偏氯乙烯为原料，经加热脱除两分子氯化氢成碳炔，再硫化而成目标物。上述多篇论文在第十一届全国电化学会（2001年，南京）集体亮相，初露头角。

在高分子中进行的这些有机化学反应很难达到完全的程度，而且在聚偏氯乙烯热解过程中生成的中间产物碳炔易于发生交联，纵然采取多种措施，产物的可逆比容量与理论值仍有差距。为此，研究重点转到单质硫。针对单质硫及放电产物多硫离子溶解于电解液引起一系列问题，我们提出了碳硫复合正极材料“炭孔藏硫，多式储能”的对策：将硫填充于介孔炭中，炭起到导电、对多硫离子的限域及吸

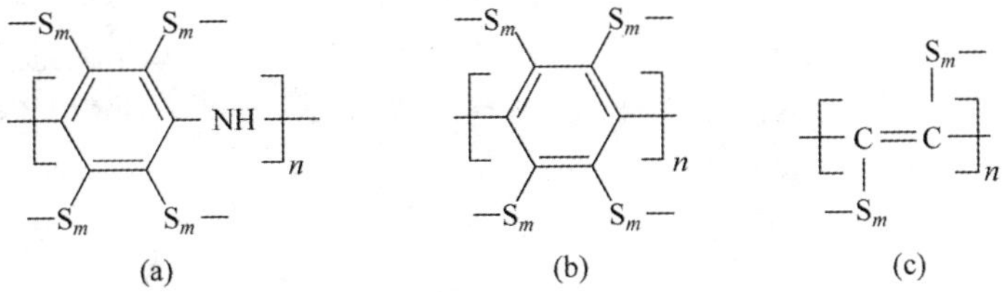

图 1 (a) 多硫代聚苯胺；(b) 多硫代聚苯撑；(c) 多硫化碳炔的结构式[1]

附、减缓放电产物的体积膨胀等的综合作用，见图 2。还将部分硫与炭在共热下化合成“硬炭”，得到以嵌锂机制在 1.8 V 至 1 V 间附加的约 350 mA · h · g^{-1} 放电容量。此例说明，多种储能机制共存可以提高材料的比容量。

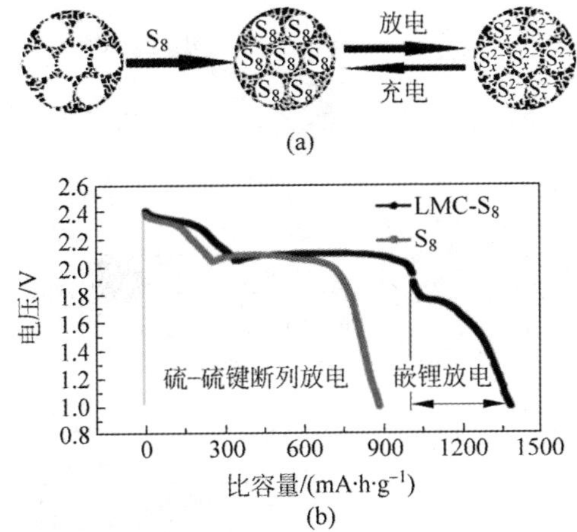

图 2 碳硫复合材料的充放电示意图(a)和放电曲线(b)[2]

我们在全国第 14 次电化学会(扬州)上首次公开了介孔炭材料与硫的复合技术[2]，比 Nazar 的文章[3]早了 2 年。此后，国内外大批学者利用多种微孔碳、中孔碳、分级孔碳、空心碳球、空心碳纤维、碳纳米管等具有一定孔容的炭，合成此类炭孔藏硫的复合正极材料[4]。

多孔炭材料虽然有助于改善多硫离子穿梭、电极形体稳定性、电池寿命等问题，但还不足以完全解决。多硫离子从炭孔中向孔外扩散，充电时硫不能全部返回孔中而在多孔炭粒和导电剂的外表沉积，几次充放电循环后正极的电子通道和离子通道均逐渐被阻断，电池比能量迅速下降。而且，为了提高电池比能量，必须提高正极片单位面积的载硫量，但是正极越厚、载硫量越多，电子通道和离子通道被阻断的越快，活性物质硫的利用率下降越快，显示比能量和寿命的严重对立。这也是许多作者复合正极很薄时电极的比容量很高、寿命较长、能出好文章，却无法做出高比能电池的原因。

对此，王安邦、王维坤博士创新地研究出有 3 层结构的网络核壳正极材料，其代表为 C-PANI-S@PANI[5]，见图 3。该材料在载硫 6 mg・cm^{-2} 条件下，0.2 C 充放电，容量为 1100 mA・h・g^{-1}，循环 100 周保持 76%。接着，他们又将过渡金属化合物引入内核和外包覆层中，提高其界面亲硫性及反应活性。并对壳层的结构进行了优化设计，以保证锂离子的畅通。所得材料含硫量为 88%(质量分数)，振实密度为 0.5 g・mL^{-1}，电子电导为 0.18 S・cm^{-1}。装成软包装电池，极片载硫为 4.2 mg・cm^{-2}，极片含硫 75%(质量分数)，电解液与硫的比例为 3.3∶1，在 0.1 C 充电、0.2 C 放电时，首放容量为 1150 mA・h・g^{-1}，循环 65 周保持 80%。在 0.4 C 充放电时，放电比容量达到 1100 mA・h・g^{-1}。材料表现出良好的循环稳定性和倍率性能。

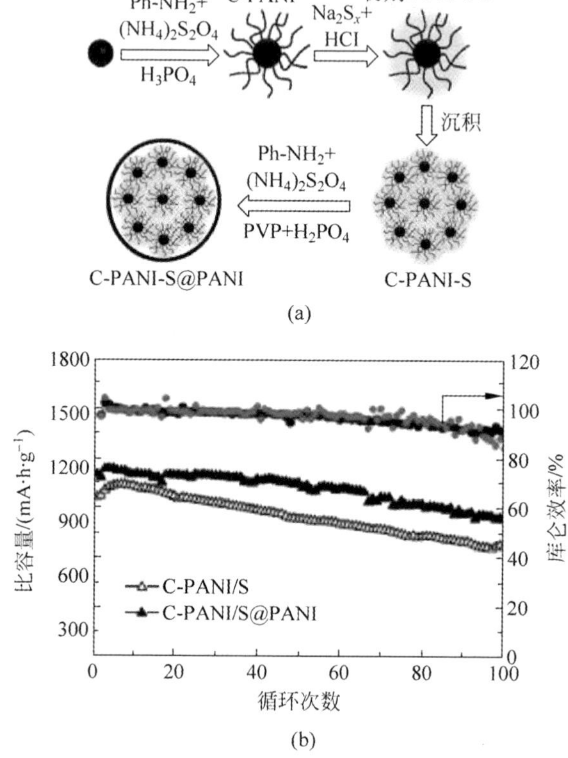

图 3　C-PANI-S@PANI 的合成路线(a)和循环曲线(b)[5]

1.1.2　锂硫电池制作

由余仲宝博士领头，集成电解质、电池制作等方面的已有研究成果，2007 年研制成软包装、比能量 300 W・h・kg^{-1} 锂硫电池(基于全电池计算下同)，达到了预定十年的指标。此电池过充、过放和短路时不爆炸、不燃烧。0℃放电容量达到常温容量的90%以上，−20℃时的容量达常温容量的40%，月自放电率在2%～2.5%之间。这些是国内最早公开报道的锂硫软包装电池数据。

主要源于正极材料工作的进展，由王安邦博士领头研制的软包装锂硫电池水平不断提高。能量型电池的比能量达到500 W·h·kg^{-1}，寿命20次，可以在某些特定的场所使用。寿命型电池的寿命大于100次，比能量达到330 W·h·kg^{-1}，也有其特色。当然，这些只能算作阶段性的成果，离"后锂离子电池""下一代电池"等用于电动汽车的要求还有很长的路要走，因为要解决比功率、高安全、长寿命、比能量相互之间的严重矛盾，绝非短期之功。

1.1.3 锂硼合金作为锂硫电池负极

锂硫电池的正极作为研究重点已有多年，进展显著。而锂负极成为技术短板，逐渐成为同行的攻关重点，主要需解决生成的锂枝晶引起的短路与安全问题、锂的粉化引起的容量衰减问题、锂表面积小引起的充放电倍率不高的问题以及负极体积变化幅度大的问题。

国内外研究人员尝试从多种途径解决问题，如应用成膜添加剂、构建锂表面非原位SEI膜、应用高盐浓度电解液、引入三维骨架，或者兼用上述方法等，均在一定程度上缓解了枝晶的产生，锂的循环稳定性也有些提高，但与根本解决锂负极问题差距尚远。

王维坤博士等以锂硼合金作为锂硫电池负极材料[6]，利用其组分 Li_7B_6 良好的导电性作合金中金属锂的载体，增加负极的比表面、降低电流密度，改善锂表面SEI膜的性能，缓解了金属锂易长枝晶、粉化的问题，提高了安全性[7]。经50次充放电循环，锂硼合金表面的光洁平整性远高于纯锂和锂铝合金，见图4。

其后，国内又有清华大学[8]和中船重工集团武汉船用电力推进装置研究所[9]两家，用同样来源的锂硼合金作锂硫电池的负极，得到类似的良好结果。可见，应用锂硼合金或其他合金[10]，研究其作用机制并优化其效果，是锂硫电池负极的重要出路，也是提高其他锂电池性能的新机遇，应予以重视。

1.1.4 硫-锂离子电池新体系

以单质硫为正极的锂硫电池，电解液如不能溶解单质硫及其大量的放电产物，电池就不能放电。再加上负极金属锂粉化消耗电解液，以致锂硫电池中电解液要占到电池总重的50%，使比能量大打折扣。

有机硫化物的电位(对锂)不到锂离子电池正极的60%，可是它的可用比容量却是锂离子电池正极的3～4倍，在一些重量比能量要求高而体积比能量要求不高的场合，含硫正极材料有用武之地。我们综合锂硫电池和锂离子电池的优点，探索了两种硫-锂离子电池新体系，企图提高电池的安全性和循环稳定性。

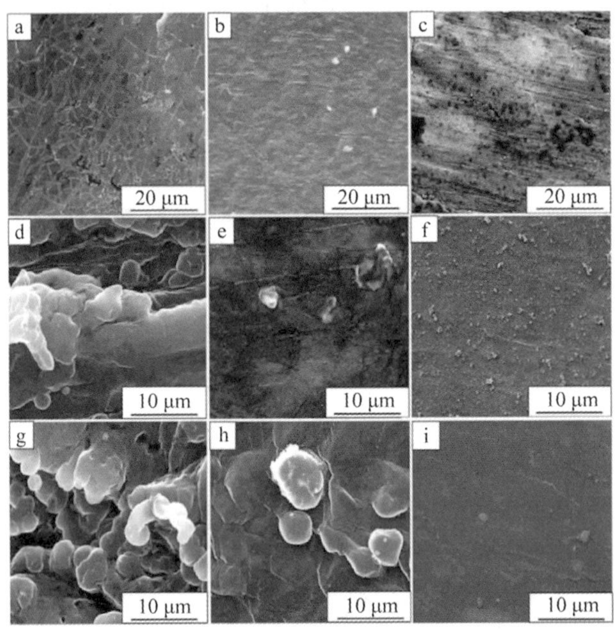

图 4　金属锂(a)、Li-Al 合金(b)、Li-B 合金(c)原始形貌 SEM 图像；金属锂(d)、Li-Al 合金(e)、Li-B 合金(f)在不含硫电解液中 50 次循环后的 SEM 图像；金属锂(g)、Li-Al 合金(h)、Li-B 合金(i)在含硫电解液中 50 次循环后的 SEM 图像[7]

第一个体系的正极是硫代碳炔[11]，负极为 Sn/C/Li 的复合电极，其锡寄生于介孔炭中，预置金属锂作为首次放电的锂源。此体系在首次充放电后金属锂耗尽，电池按锂离子电池模式运行，锡作为此锂离子电池的负极活性物质在充电时与锂形成合金。前文曾说我们研究过硫化碳炔，在不溶性硫正极材料方面开了个头。这次为避免制备过程中聚偏氯乙烯热解生成的中间产物碳炔发生交联和硫原子在高分子中的渗透困难，锂硫电池课题组改用短链氯代烷作原料，提高了此正极材料的比容量。负极选用的炭孔容在 1.5～2.3 mL · g^{-1} 之间，可以容纳的锡量大；电极材料的体积比容量高，且电极可以做厚；碳孔限制纳米锡颗粒的聚集，寿命长；锡在孔中胀缩，电极体积稳定；电解液与孔道中活性物质的接触面积大。硫化碳炔-Sn/C/Li 硫-锂离子电池的循环性能见图 5。

第二个体系的负极为 SiO_x/C/Li 复合电极，正极是硫代聚丙烯腈 SPAN[12]。SPAN 是 21 世纪初上海的王久林等首先合成的正极材料[13]。接着，清华大学将其比容量做到将近 800 mA · h · g^{-1}。此材料具有循环寿命长、可用锂离子电池的廉价电解液两大优点。但是它存在两个问题，一是与金属锂配对的电池放电电压仅约 1.85 V，二是实际比容量超出其约 42％含硫量的理论值 700 mA · h · g^{-1}，在国内外提出的硫代聚丙烯腈几种储能机制中都回避了此问题。我们通过在硫中掺

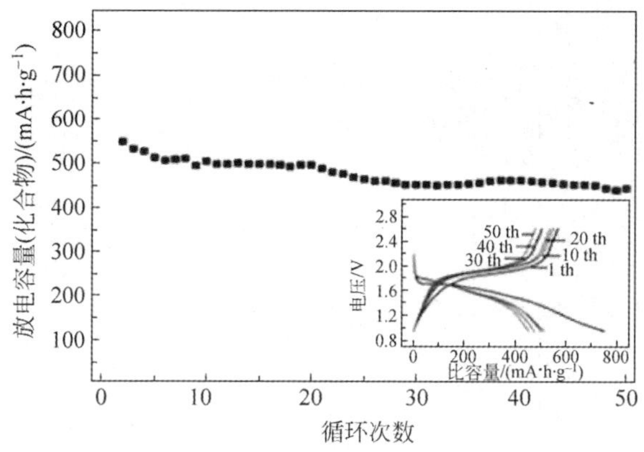

图5 硫化碳炔-Sn/C/Li 硫-锂离子电池的循环性能[11]

入硒提高了电位,电池电压提高到 1.9 V 以上,对第一个问题有所弥补[14]。对于实际比容量高于理论值的原因,我们推测是除了硫-硫键断裂外,硫化聚丙烯腈链中有的双键在放电时打开成单键而放能。

于是,金朝庆博士等用固体核磁共振法对比测试了原始、首次放电后及再充电后的样品,证实了放电中有双键打开的推测,从而在国内外硫化聚丙烯腈充放电机制的众说纷纭中提出了我们合理解释的模型[15],见图6。此项工作与华东师范大学胡炳文课题组合作完成。此项结果也再次表明,类似"炭孔藏硫,多式储能"那样,开发同时具备多种储能机制的新电极材料,是提高比容量的一种途径,值得继续探索。

1.2 超级电容器研究

超级电容器又称电化学电容器。我们研究超级电容器起始于1999年的一家民营企业的支持,双方都看好这类储能器件的良好前景。在此基础上,本世纪又承担军内超级电容器项目、国家"863"电动车专项中的电动车起动超级电容器、国家"863"纳米专项中高性能超级电容器用纳米材料与技术等课题。

1.2.1 超级活性炭

简单地说,电容炭的比电容与其比表面成正比。我院在化学防护用高比表面活性炭(防毒炭)的研究方面有深厚的基础,要求调控孔结构这一点也与电容炭有相似之处。但是,超级电容器要求炭的比表面能够达到 2000 $m^2 \cdot g^{-1}$(俗称超级活性炭)和高电导率和高纯度,这是防毒炭所不需的。于是我们采取多种方法,选用多种原料,探索了高性能电容炭材料的制备,研究其与不同超级电容器性能的关联。

已知用氢氧化钾活化石油焦可得高比表面活性炭,碱/焦比是 5∶1,一吨焦可

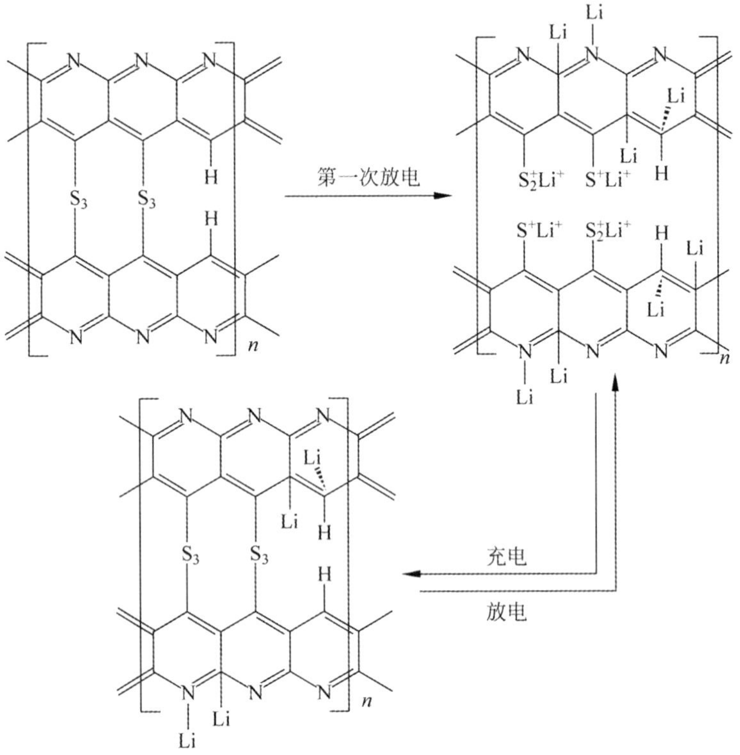

图 6　PAN 正极材料循环过程中的电化学反应机理模型[15]

得约半吨产品。即一吨产品仅氢氧化钾的成本就 10 万元。徐斌博士用廉价的氢氧化钠活化杏仁壳[16]，碱炭比可降至约 3 ∶ 1，活化温度低，比表面积高达 3100 $m^2 \cdot g^{-1}$，总孔容积为 1.77 $cm^3 \cdot g^{-1}$，其中中孔占 20%，将其用作电化学电容器的电极材料，比容量可达 336 $F \cdot g^{-1}$（在 KOH 电解液体系中），大电流性能良好。接着他又利用民企的简易条件完成了放大活化试验，解决了大量炭的除杂问题，并生产出为完成国家“863”计划电容器制作所需的活性炭。

在实验室研究的基础上，我们申请到北京市科技计划项目的经费支持，由张文峰博士等设计并建成了一条年产 10 吨的超级活性炭的环保型碱活化制备连续式中试线，见图 7。这是国内首次实现连续式工艺的碱活化规模化制备活性炭的技术，填补了国内技术空白，相比之前国内广泛使用的单釜间歇式碱活化技术生产效率大幅提高，使碱活化制备活性炭的成本大大降低。2011 年该技术转让给了我国著名的储能碳材料企业。最近十年间有多家国内企业借鉴该技术建成了连续式活化生产设备。利用该中试线生产的碱活化超级活性炭供给南都公司批量生产了我国第一批商品铅炭电池，并用此铅炭电池建成大小储能电站 20 余座，包括在德国建立了电网大型调频-储能电站。产品性能全面媲美日韩等国际先进水平，对比见表1。

图7 碱活化制备活性炭连续式中试线

表1 电容炭产品性能对比

	水分/%	灰分/%	振实密度/($g \cdot mL^{-1}$)	比表面积/($m^2 \cdot g^{-1}$)	碳含量/%	水系电解液中的比电容量/($F \cdot g^{-1}$)	有机电解液中的比电容量/($F \cdot g^{-1}$)	中孔比率/%	平均孔径/nm
样品(中国)	0.90	0.28	0.42	2508	99.68	254	148	19.4	1.73
样品(日本)	1.08	0.27	0.41	2201	99.73	247	140	15.3	1.84
样品(韩国)	2.40	0.31	0.40	2432	99.57	267	154	18.9	1.74

1.2.2 以酚醛树脂为原料制备电容炭

玻态炭有很高的电导率，是电容炭的追求；所用原料酚醛树脂的纯度高，产品可不必洗涤而直接使用。但是它非常致密，只能活化其很薄的表层，故材料整体的比容量很低；而且玻态炭的制作过程中升温、降温的速度极低，能耗高。文越华博士[17-19]采取微粒酚醛树脂为原料，只交联固化其表层。破碎后，未固化的内层成为“黏合剂”，固化的表层作为“填料”，于是加热炭化时不再融并收缩成致密的“死疙瘩”，而成为高渗透性的多孔材料，可快速升温炭化、活化。制得的炭材料纯度高，不需洗杂质；比表面 1900 $m^2 \cdot g^{-1}$，比容量 220 $F \cdot g^{-1}$，电导率超过 10 $S \cdot cm^{-1}$，电极的密度高达 0.73 $g \cdot cm^{-3}$。获得了“玻态炭的材质、活性炭的结构”、可直接用作电极的片材，我们称之为“纳米孔玻态炭”。

为简化制作工艺，我们提出酚醛树脂基炭的多重造孔技术，在树脂固化时，以水、铵盐等为软模板预制孔[20]，或以碳酸钠等为硬模板在炭化时保留孔[21]。活化时氧化气体渗透快，活化过程大为缩短，颗粒表面烧蚀减少，比文献报道的收率提高一倍以上。如使用硬模板，有后期洗涤的必要，但碳酸钠等首先是“内在的”活化剂,可以高效地活化,缩短时间,减少外层烧蚀,提高收率。

1.2.3 碳纳米管阵列中寄生准电容储能材料

碳纳米管阵列有长/径比很大的介孔空隙,电导率高。博士生张浩将它直接生长在金属集流体上,做成无黏合剂的超级电容器电极,可使其内阻更低。为提高其比容量,他还将准电容储能材料寄生于其介孔空隙,做成混合型正极材料,见图 8。寄生 MnO_2 时,MnO_2 主要沉积在碳纳米管的交叉处,比电容 199 $F \cdot g^{-1}$,密度 1.53 $g \cdot cm^{-3}$,体积比容量 305 $F \cdot cm^{-3}$,77 $A \cdot g^{-1}$ 电流密度下比电容 101 $F \cdot g^{-1}$,保持率 50.8%;2 万次循环衰减仅 3%。寄生聚苯胺时,聚苯胺沉积在碳纳米管的外表面上见图 9。比电容达 1030 $F \cdot g^{-1}$,118 $A \cdot g^{-1}$ 电流密度下放电容量保持率达 95%,5000 次循环衰减 5.5%。张浩的博士学位论文[22]获评全国优秀博士论文,在防化研究院是头一份,给他记二等功一次。

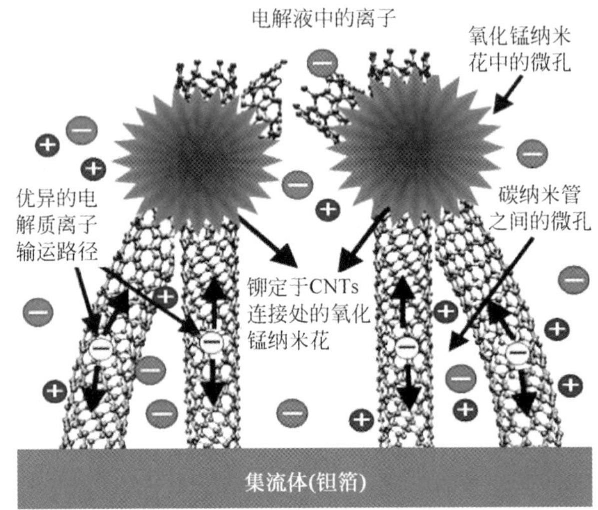

图 8 沉积 MnO_2 的碳纳米管阵列示意图[22]

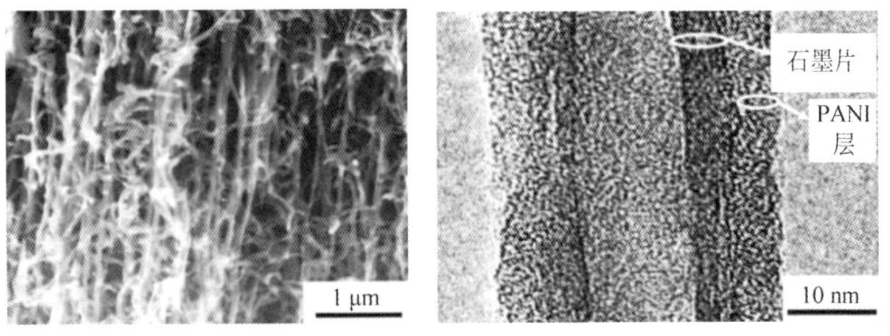

图 9 沉积聚苯胺的碳纳米管阵列的显微照片[22]

1.2.4 归纳出电容炭材料的性能要求

电容炭的各项性能指标都希望越高越好，我们归纳出性能要求“六高”。但是它们是相互冲突的，“此长彼消”，必须根据不同电容器的不同要求，在“六高”中折中优化，求得最佳效果。在大量实验数据的基础上，我们归纳出电容炭材料性能的最低要求[23]：1)高比表面，>1000 $m^2 \cdot g^{-1}$；2)高中孔孔容，>0.2 $mL \cdot g^{-1}$；3)高电导率，>2 $S \cdot cm^{-1}$；4)高堆积比重，>0.3 $g \cdot mL^{-1}$；5)高纯度，灰分<0.1%；6)高性价比，最初售价不高于进口同规格产品的 70%。在电容器的制作中，还要求电容炭“一好、一少”，即浸润性好、析气少。这两项与炭表面的官能团有关，需通过在一定的气氛中高温处理调节之。可以用 12 个字概括炭材料的博大精深：千变万化，奥妙无穷，神通广大。

1.2.5 氧化镍干凝胶准电容储能材料

博士生程杰以创新的溶胶-凝胶法制备出功率、寿命等性能超群的 $C/Ni(OH)_2$ 干凝胶正极材料。该材料比表面积在 160 $m^2 \cdot g^{-1}$ 以上，具有丰富中孔。250℃处理的干凝胶氧化镍具有最高的比电容，达到 694 $F \cdot g^{-1}$，电流密度约 60 $mA \cdot g^{-1}$，7 $mol \cdot L^{-1}$ KOH 水溶液，0.55～0.00 V(vs. Hg/HgO，下同)。掺杂钴可明显提高氧化镍干凝胶的倍率性能，比容量达 904 $F \cdot g^{-1}$。在制备干凝胶的前驱体溶液中加入高导电炭黑，比电容量进一步提高到 988 $F \cdot g^{-1}$，见图 10。结合 XRD、SEM 等测试方法，明确了氧化镍干凝胶材料的电容储能机理。用该材料装配成的混合型电容器具有远高于双电层电容器的比能量。程杰的博士学位论文[24]获评全军优秀博士论文，防化研究院给他记三等功一次。

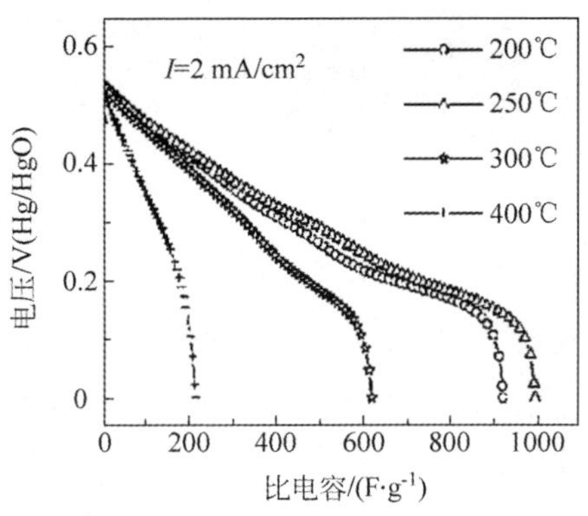

图 10 氧化镍干凝胶的放电曲线[24]

1.2.6 电容器研制

为了完成所承担课题的指标，2003 年用本实验室技术生产的电容炭试制了多种超级电容器，见图 11、图 12，其中由曹高萍博士领头完成的“十五”国家高技术发展计划（“863”计划）电动汽车重大专项第一批立项课题：电动客车超级电容器——水体系双电层电容器项目，研制的电容器模组总重 350 kg，用去自产的超级活性炭 200 kg。此外，还有烧结平板式电容器、软平板式电容器、卷绕式电容器和叠层式高压电池电容器等。当时国内生产超级电容器的企业仅有少数几家，我们的电容器技术达到了国内先进水平。

图 11 “863”电动客车超级电容器（左）及 C/C 双电层电容器（右）

图 12 C/NiOOH 混合电容器（左）及多种小型超级电容器（右）

1.2.7 确定“第四类”超级电容器

过去，国外专家认为，超级电容器按电极的储能机制划分为双电层电容器、赝电容器和混合电容器三类。随着使用的需求和技术的发展，出现了在电容器电极中添加电池电极材料（即体相的氧化还原机制，不是单纯的赝电容）的新产品，大幅提高了比能量。这类产品的寿命可以有几万次，又有电池望尘莫及的比功率，电极的组分和比例范围很宽阔，用途更是广泛；而且由于比能量大幅提高，产品的价格也比电容器大为下降。我们将其列为超级电容器的第四类提交中国超级电容产业联盟理事会，经认真讨论同意（表 2），定义为“电容器的电极中加入电池材料”。此分类不仅有学术意义，更重要的是为有意识地研究特殊性能的新型电容器开拓一片新天地，已被中国超级电容产业联盟纳入行业标准。

表2 超级电容器的分类

电容器分类	Ⅰ	Ⅱ	Ⅲ	Ⅳ	
电容器名称	双电层电容器	赝电容器	混合电容器	电池型超级电容器	
				A	B
第一电极的储能机理	双电层	赝电容器	双电层	双电层	双电层＋氧化还原反应
第二电极的储能机理	双电层	赝电容器	准赝电容	双电层＋氧化还原反应	双电层＋氧化还原反应

1.3 锂离子电池研究

1.3.1 锂离子电池与可再生燃料电池的对决

所谓“可再生燃料电池”，是一种储能系统，美国提出它是为了用作空间电源。

2004年，我曾在一个内部会的报告中，论证了此系统结构复杂，可靠性低，寿命不长，尤其是能量转换效率低，白天光伏发10度电，夜间只用到3度。2006年10月9日在我《科学时报》发表题为“‘氢经济’论的降温与电动车的发展”的文章，其末段也首次公开指出了此问题。

但是，2006年，我国临近空间飞行器研制项目仍组织了两家燃料电池研究单位并肩跟随美国的储能技术路线。2007年，我们指出问题的第二天被邀以锂离子电池方案参加比赛，余仲宝博士领头与苏州星恒合作一年，储能装置的比能量达到预期结果。对方的可再生燃料电池比能量也同样达标，但为了弥补系统放电效能过低的缺陷，则需多装光伏电池板800 kg。如此增重，飞行器就飞不起来。于是采用了锂离子电池方案升空，两种储能系统的“对决”终于尘埃落定，余仲宝博士、邱景义博士两次参加现场飞行，圆满完成电源保障任务。此项目获部门科技进步二等奖。

美国的科技发达，水平总体领先全球，该学的我们应该努力学。但是，不可亦步亦趋盲目跟随，尤其是在项目论证中，有些人以美国做法作为可行性的依据，是十分不可取的。为了给可再生燃料电池热降温，2008年公开发表了我的文章[25]。

最近几年，“三北”地区的“弃风、弃光”问题突出，利用“三北”地区的“弃风、弃光”电解水制氢、再将氢气输送到经济发达地区用燃料电池发电的声浪此起彼伏。本质上讲，这是可再生燃料电池的翻版，而且存在远距离输送氢气的技术问题和经济效益问题。如果任其发展，13年前的那场储能技术对决，还将再度上演，而且规模要大得多，劳民伤财就不是几十人、几百万元了！

1.3.2 双变价元素正极材料

目前的锂离子电池正极材料，每分子只含一个锂原子和一个变价的过渡金属原子，充电时除磷酸铁锂可能接近脱去一个锂离子外，其他材料为保持晶格的稳定远达不到如此高比例，因此比容量难以充分利用。我们设想，如果每分子有 2 个变价元素，则比容量将会显著提高。为此我们提出了钒酸铁 $FeVO_4$ 及 $Fe_2V_4O_{13}$，其设想的反应是 $FeVO_4+2Li^++2e^-$ ══ Li_2FeVO_4，经 2 个锂离子的嵌-脱，晶型可能发生两次改变，材料难以获得良好的可逆性。我们索性将材料制成无定形态[26]，并将其固限在纳米炭孔中以长时间维持无定形态[27]。此材料的首放比容量为 249 mA·h·g^{-1}（相当于 1.4 个电子），从第 30 周循环后比容量基本保持稳定，第 40 周为 228 mA·h·g^{-1}，明显优于无定形 $FeVO_4$ 及 $FeVO_4$+10%C(乙炔黑)的混合物，见图 13。司玉昌的博士学位论文被评为总装备部优秀博士论文，回武警部队后申请得二等科技进步奖。

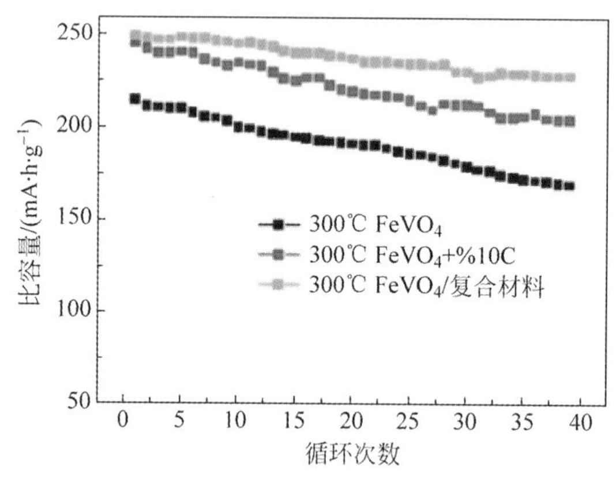

图 13 无定形 $FeVO_4$ 及 $FeVO_4$/C 复合材料的循环性能[27]

1.3.3 磷酸钴锂正极材料

$LiCoPO_4$ 具有结构稳定，电压高，比能量高，安全性好等优点。缺点是锂离子迁移率低，电压高使电解液易分解。

采取的对策是对 $LiCoPO_4$ 材料掺杂锰和原位包覆 Li_3PO_4，提高了性能，1 C 下 100 次循环，容量保持率达到 90%，2 C 下 500 次保持率为 64.6%[28]，见图 14。

1.3.4 高功率锂离子电池的制作

余仲宝、邱景义博士设计、制成可 100 C 放电的磷酸铁锂电池，采取的重要措施之一是采用了全极耳结构(电池涂布时，一侧预留不涂覆活性物质的侧边作为极片的全极耳，电芯卷绕后，将正负极集流片与正负极全极耳焊接到一起，再将正负极集流片与正负极极柱相连)，有力地降低了电池内阻，全极耳电芯见图 15。

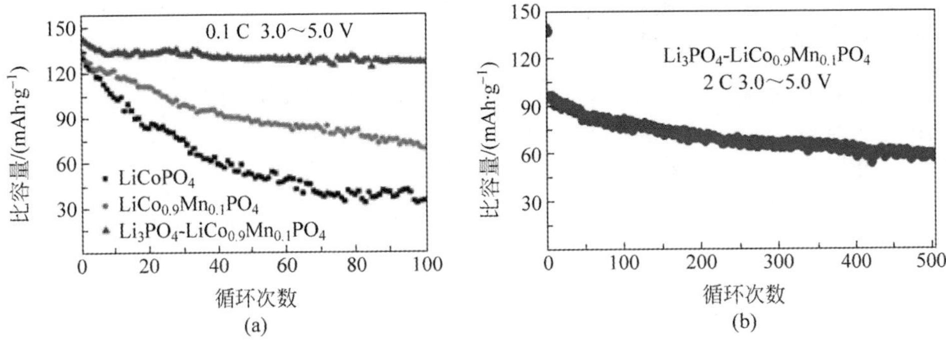

图 14 (a) $LiCoPO_4$、$LiCo_{0.9}Mn_{0.1}PO_4$ 和 Li_3PO_4-$LiCo_{0.9}Mn_{0.1}PO_4$ 电极 0.1 C 下 100 次循环曲线；(b) Li_3PO_4-$LiCo_{0.9}Mn_{0.1}PO_4$ 电极 2 C 下 500 次循环曲线[28]

图 15 全极耳磷酸铁锂电芯照片

2 规模储能电池研究

以太阳能为源头的风能、光能等可再生能源发电是未来能源的主力，我国正以世界第一的速度发展。但这类能源有间断性、不稳定性，必须规模储能配合才能高效率利用和安全可靠运行。抽水蓄能技术已很成熟，但能量转换效率欠高，受地理条件限制，造价已攀升至 7000 元/千瓦；规模化学储能技术已有用武之地，而且发展前景广阔。此外，美军装备碳纤维弹用作破坏大电网的武器，同时美空军基地建造全钒液流电池作为雷达的备用电源，舞矛举盾，我们应认真应对。

规模化学储能的主要特点是储能电池的总容量大，已有百 MW · h 级规模，向抽水蓄能的百万 kW×6 h 看齐已为时不远。所以必须十分强调"安全第一"。就在我们提出"安全第一"口号一年之后，日本连烧两座钠硫电池电站，电池内部有燃料钠，有助燃剂硫，所以极难灭火。

对于固定位置的规模化学储能电池，不必持有“比能量高才是高技术”的片面观念，而是应该要求高安全、高寿命、高能效、低成本。其实，储能电池要真能做到这“三高一低”是很难的，要坚持走很长的探索之路。由此出发点，我们确定着重研究液流电池和铅酸电池。韩国近两年来烧了 20 多座锂离子电池电站，更加坚定了我们的信念。虽然韩国政府关于火灾的调查结果认为主要起因并非三元锂电池，但不可否认的是，大火燃烧的是电池中的有机电解液，蔓延的大火令电站严重损坏，甚至发生爆炸。

2.1 液流电池新体系研究

液流电池是可以大规模储能的设施，其运行方式与电化工厂类似，也都是“高耗能”企业，所不同的是其产品是电能而非化工品。我们的研究重点是探索新的液流电池体系，包括三个方面。

2.1.1 蓄电与电化学合成的双功能液流电池

电子是化工电合成的“干净试剂”，可在温和的条件下简捷地合成纯度高、附加值高的产品，特别是有机产品。在有机电化工中，在正极氧化有机原料成产品的同时，通常将负极副产品氢气放空。我们提出“电化学合成-蓄电双功能液流电池”，它不产生氢气，而是生产还原性副产物，与空气电极就地发电，从而降低高耗能有机电化工企业的电能消耗。此思路得到国家自然科学基金的支持，文越华博士带着此课题到大连化物所做博士后研究，得到张华民研究员的大力支持，并在他指导下实现了酸性介质中的双功能液流体系。

在酸性介质进行电合成中，负极用三价钒溶液。当正极溶液中的有机原料（如乙二醛[29]或 L-胱氨酸[30]）被氧化为产物（乙醛酸或 L-磺基丙氨酸）时，负极溶液的三价钒还原为二价，反应为：

正极：$[OC]_{RE}-e^- \longrightarrow [OC]_{OX}+H^+$（$H^+$ 通过膜扩散去负极）

负极：$V^{3+}+e^- \longrightarrow V^{2+}$（以 H^+ 维持负极溶液的电荷平衡）

式中，$[OC]_{RE}$—可氧化的有机化合物原料；$[OC]_{OX}$—已被氧化的有机产物。

将负极溶液的二价钒与空气电极组成电池，就可放出电能，反应为：

正极：$O_2+4e^-+4H^+ \longrightarrow 2H_2O$（平衡电荷所需的 H^+ 由负极扩散来）

负极：$V^{2+}-e^- \longrightarrow V^{3+}$

一份电能，生产、蓄电双重利用，回收能量 50%以上，可以显著增加利益。

接着，程杰博士参加碱性介质的体系研究。该体系中进行电合成时，负极用锌酸盐的溶液[31]。当正极溶液中的有机原料（如丙醇）被氧化为产物（丙酸）时，负极溶液的锌酸根还原为金属锌沉积在负极板上；将负极板上沉积的金属锌与空气电极组成锌-空电池，也可回收约 50%的电能。

2.1.2 全金属化合物单液流电池

通常液流电池中有两个流动的电解液，电池结构复杂，正极氧化还原电位高的要用昂贵的全氟磺酸质子交换膜，还存在两个电解液交叉污染问题。英国学者 Pletcher 提出单液流铅酸电池，不需隔膜，以甲基磺酸铅为电解质，充电时在正、负极分别沉积出二氧化铅和金属铅[32]。我们则研究了廉价的四氟硼酸铅电解质[33]，但是观察到铅的沉积过电位太高，尤其是正极，致使能量转换效率不高，从规模蓄电的经济效益衡量，这是“致命伤”。

程杰在我们鼓励奇思妙想的“学术沙龙”中，提出了碱性介质的锌镍单液流电池新体系，获得大家认可，并申请到总装备部的“奇思妙想基金”。该体系的正极为氧化镍电极，充、放电时锌在负极上沉积、溶解，电池能量转换效率达 80%以上[34]。传统的液流电池都是采用类似燃料电池模块的内部串联结构，扩大规模时则用若干个模块并联，即“内串外并”。但与燃料电池中的氢气和氧气是绝缘体不同，液流电池模块中串联的电池处于不同电压，而流过它们的导电性良好的电解液是共同的，于是在各电池间的电解液中产生“旁路电流”，即有严重的漏电流。因此，我们在锌镍单液流新体系中改用“内并外串”，以提高能量转换效率。电池的研发进入工程化阶段，建成了 300 A · h 单体的小型生产线。文章发表后，纽约城市大学跟随开发，而且采用的也是“内并外串”。

锌镍单液流电池的优点是结构简单，容易维护，不足之处是由于镍价上升太快，电池成本高而竞争力下降，这是始料不及的。

2.1.3 有机化合物正极的单液流电池

有机化合物的原料取之不尽，用之不竭，可说是没有资源限制。徐艳在博士学位论文[35]中研究了两类单液流电池新体系：一类体系是不溶的酚醌作正极、负极是可溶的金属化合物；另一类体系是可溶酚醌为正极、不溶金属化合物为负极。她的博士学位论文被评为 2009 年全军优秀博士论文，并获全国优秀博士论文提名，立三等功一次。

第一类单液流电池新体系以四氯苯醌为正极，利用 4 个取代氯原子提高苯醌的电位；负极为镉的沉积-溶解。在酸性水溶液中，正极不溶于水；充放电循环 100 次未见衰减，库仑效率和能量效率分别达到 99%和 82%。镉虽然有毒，但与分散使用的镍镉电池的镉不同，作为集中使用的液流电池电极，犹如核反应堆中的铀那样管控起来，应该不会污染环境。

第二类单液流电池新体系的负极用铅-硫酸铅电极，虽然它的比容量较低，但在固定场合使用的规模储能电池中，它的成熟、廉价、安全等性能，使它成为一个优良的负极。我们研究了两种有机正极材料：邻苯二酚-3,5-二磺酸钠（钛铁试剂）和磺基对苯二酚。在 3 $mol \cdot L^{-1}$ 硫酸中，两种水溶性有机物作为正极活性物质，电化学可逆性良好，充放电平稳，库仑效率在95%以上，能量效率达到85%左右。邻苯二酚-3,5-二磺酸钠的氧化还原过程文献上未见过报道，奇异的实验结果在例行的汇报会上经不同专长的博士们讨论，为博士生打开了新思路，最后经实验圆满验证。这也是我们发扬学术民主、集智攻关的许多事件中的一例。

2.2 致力于振兴铅酸电池

铅酸电池经历160年发展已臻成熟，在蓄电总量中曾占绝对优势地位，只是在其他新电池开拓了新用途后，铅酸电池所占份额不断下降，但绝对量仍有增长。保加利亚 Pavlov 院士一生坚持研究铅酸电池，特别是在负极中加入碳材料改善电池性能，先后研究了石墨、乙炔黑的导电机制(1997)，活性炭的双电层电容机制(2003)，孔隙储液和促进离子传输及炭外表面可以作为铅沉积载体(2009)，并形成了“铅炭电池”，解决了负极活性物的硫酸盐化问题，延长了铅酸电池的寿命若干倍。其他国家的学者和铅酸电池企业在铅酸电池技术发展上也不断做出了很多贡献，生产工艺和电池性能不断进步。2009年奥巴马上任美国总统不久就发布了资助包括铅炭电池和超级电池在内的电源及其材料的支持计划。

形成鲜明对比的是，铅酸电池在中国被扣上“古老-落后-污染”的帽子，某些官员因血铅事件十分头痛而对铅酸电池极尽打压之能事，有些学者为申请锂离子电池研究经费也以铅酸电池的“污染”作陪衬而造成了“专业”的舆论，铅酸电池的技术研究在国内多年得不到支持，技术队伍严重流失，技术水平停滞而与国外的差距不断拉大，十分可惜。

2.2.1 推广铅蓄电池新技术

我们以中国工程院能源与矿业工程学部和中国电池工业协会的名义联合主办“全国铅蓄电池新技术研讨会”，2010年4月25日首届研讨会在南京举行，组织了铅炭电池、超级电池、废电池干法及湿法处置、泡沫炭等新技术、新材料等学术报告，汇集了铅酸电池的优点和在各行各业的重要作用。我在题为“用新技术武装铅酸电池为我国科学发展做出更大贡献”的闭幕词中，提出铅酸电池“加力、摘帽、延寿”(即提高性能、消除污染、延长寿命)的三个努力方向(见《纵论》* 第144～145页)。此后，全国铅蓄电池新技术研讨会每两年举行一届，参会人数由300人逐届增加至700余人，推动了新技术的发展和应用。

首届会后，防化研究院与浙江南都紧密合作研究铅炭电池，分别负责活性炭和电池的研制。双方约定，我们每月提供一批炭样，不等对方电池数据出来又提供下一批样品，我和曹高萍、张浩博士坚持每季度必到杭州讨论一次；经两年不间断的

---

* 2012年9月出版的《纵论电动汽车和化学蓄电——杨裕生院士文集》在本书中简称《纵论》，下同。

“交叉接力”，活性炭研制并优选成功，铅炭电池工艺完善并进入小批量生产。实践证明，这样的合作方式是很有效的。同期，哈工大与长兴超威等多家企业合作，四川、山东等地企业也行动起来研究。

铅酸电池新技术、新设备开始在我国企业发展、普及。特别重要的是工信部消费品司牵头、联合环保部等有关部门大力整顿该行业，明确企业合格标准，组织专家按标准检查、验收，将涉铅企业从3000家削减到约300家，整个行业大为改观。2014年工信部将铅炭电池列入“强基工程”，资助南都，双登两家各约2000万建设铅炭电池生产能力。2016—2017年的一年半时间内工信部、发改委等部委发文，将铅炭电池列入了四个发展计划。这些都是铅酸电池行业久违多年后的“喜事”。

2.2.2 铅炭电池的机制研究

在大力推动铅炭电池研发、生产的同时，在Pavlov院士的研究基础上，我们深入研究活性炭材料在铅炭电池中的作用机制[36]，观察到多孔炭表面不同官能团(应该主要是孔内的表面)对铅炭电池负极析氢有很大的不同，为改善材料和电池指明了方向。

研究了铅在活性炭的孔中沉积[37]，并首次用球差校正透射电镜观察到炭孔中沉积了原子簇状铅。这说明，在活性炭的孔内表面积远大于其颗粒的外表面的情况下，内表面不仅是形成双电层电容的场所，而且沉积铅的储能容量贡献更大。

结合前人的研究，我们总结了活性炭在铅炭电池中的作用机制[38]：①活性炭增强负极导电性——减小负极电阻；②建立双电层电容储能——平缓大电流冲击；③活性炭孔中储存电解液——就近收储、提供电解质；④活性炭孔内、孔外均沉积纳米铅——孔内表面积大，反应活性高，可提供大电流；⑤活性炭的膨胀剂作用——缓冲体积变化稳定电极结构。这些机制的综合，减轻了负极极化和硫酸盐化。

活性炭的电导率和中孔结构对铅炭电池十分重要。为此，近几年我们在张家港博威新能源材料研究所研制成碳气凝胶制备新工艺，既保持了美国利弗摩尔实验室材料的优点(产品纯度高、电导率高；不需洗杂质)，又排除了其工艺繁杂的缺点——取消乙醇(丙酮)置换水，省掉CO_2超临界干燥两道工序。碳气凝胶电导率10 $S \cdot cm^{-1}$，比表面900 $m^2 \cdot g^{-1}$；孔径5～100 nm任意可控，性能完全可以与美国商品媲美，而价格只有其一半。

2.2.3 铅酸电池新型板栅的研究

铅酸电池的板栅可占到电池重量的三分之一，研究新板栅，减轻其重量，可以提升电池比能，降低成本。我们研究成石墨/聚合物复合板栅[39]。还研制成塑料-铅复合板栅，对1000 A·h电池的正板栅，每片可减少用铅量300 g。2 V 1000 A·h铅炭电池可少用铅量9 kg；100万kW·h电池厂可节省铅量4500吨，价值7000万元，电池比能量提高20%以上，从而可降低价格，提高竞争力[40]。

2.3 储能电池(站)的经济效益计算方法

储能是一个新型商业行为，要能盈利、不能亏本。因此必须对储能电池(站)的经济效益进行计算，以便客观的比较各种储能技术，并对选定的电池的经营前景有一个基本的估计。我们将影响经济效益的7个因素归纳在一个公式中，提出储能电池经济效益评价标准——以杨-曹-程三姓命名的YCC指数[41]。

$$\mathrm{YCC}=\frac{\text{电价}_{\text{出}}-\dfrac{\text{电价}_{\text{进}}}{\text{能量转化效率}}}{\dfrac{\text{输出 1 kW·h 的初投资}}{\text{循环寿命}\times\text{充放深度}}+\text{输出 1 kW·h 的运营成本}}$$

YCC>1，表示储能企业盈利；YCC－1＝储能企业的毛利率。

此式指出电池影响储能经济效益评价的有四项性能指标，特别值得关注的是，循环寿命与充放电深度的乘积是联合影响YCC指数的一个因素。众所周知，各种电池的循环寿命与充放电深度是相互矛盾的。为求得效益的最大化，应找出所用电池此两者乘积的极大值范围，电池储能运行应尽量选在此充放电深度范围内。

3 电动汽车发展路线研究

“十五”期间(2001—2005年)，国家科教领导小组批准实施“国家电动汽车科技重大专项”。“专项”提出电动汽车“三纵三横”研发布局，即以燃料电池汽车、混合动力汽车、纯电动汽车为“三纵”，实际上是提出了一个包含了当时所有的电动汽车品种的发展路线。在2005年的该专项总结中提出“展望”：“到2010年，以混合动力和多种燃料为主体的新能源动力系统车辆将开始出现产业化高潮，2015年起以多种能源为基础的氢燃料将逐步上升，燃料电池汽车将进入成熟期，逐步进入商业化运营；纯电动汽车将在特定的区域和特定用途车辆上得到推广。”

这个“展望”实际上是为“十一五”和“十二五”的发展定了基调：混合动力车最先产业化，燃料电池汽车将逐步进入商业化运营，对纯电动汽车给了两个“特定”。这个展望也随着人事变动，成为后来国家科技部电动汽车发展的基本指导思想。

我国由传统汽车专家主导电动汽车发展，按燃油车的模式发展电动汽车很是自然，而不顾电池的特点也就不足为怪。于是，强求500 km以上的续航里程，而不顾电池比能量比汽油低几十倍；片面强调纯电动车取代燃油车，而不顾我国电网的电主要来自排放严重的燃煤；将补贴与续驶里程挂钩，诱导多装电池，而不顾电池多装会引起耗电多，排放加重；对电池的研发和比能量提高是十分精细的过程缺乏认识，而不顾电池需经足够考验就上车使用，安全问题频频发生。

电化学工作者对电池有较深的理解，懂得如何充分发挥电池的长处，知道怎样尽量避开电池的短处，从用好电池(保持其安全、长寿命、节能等)出发，对电动汽车发展路线能够提出合乎实际的中肯意见，也是我们应该发挥专业知识作用之处。这些年来，我不厌其烦地发表了许多坚持电动汽车节能减排宗旨的文章和演讲，提出了电动汽车发展路线的建议，论证了应该减少补贴，分析了补贴和积分与纯电动里程挂钩背离了节能减排初心。2017年以前的文章和演讲已经收录两本文集中：在2012年出版的《纵论电动汽车和化学蓄电》[42]，在2017年出版的《续论电动汽车和化学蓄电》[43]。

3.1 氢能燃料电池电动汽车

2000年我和北京、天津的四位教授一起，将中国科学院和高校两系统共九个单位及防化研究院撮合成一个团队申请到国家"973"计划"氢能的规模制备、储运及相关燃料电池的基础研究"项目，并作为项目专家组的专家参加了全过程。谢自立博士参加储氢课题，承担碳纳米管储氢研究，最后用精确的实验数据证实碳纳米管储氢量不超过0.5%，否定了此前美国学者12%储氢量的结果，平息了一场碳纳米管储氢研究的国际热潮。

2005年项目通过科技部组织的专家验收时，我由一个"氢能热心人"转变为"氢能客观者"——真正认识了氢能规模应用的复杂性、高耗费、长期性、局限性；也完全改变了对燃料电池电动汽车的过分乐观态度，深感它远水不解近渴。从这时起，我开始关注电动汽车的发展问题。

2006年6月，我起草、联合10位两院院士上书温家宝总理"关于我国燃料电池汽车事业发展的信"(见《纵论》第19～21页)，论证了"按照我国的经济实力和工业技术水平，在近期和中期内不能依靠氢能和燃料电池车解决交通运输的排放和能源问题"，建议"十一五""863"计划投入十几亿元的"节能与新能源汽车"重大项目中，"经费安排不要再以氢燃料电池为主了。氢燃料电池的研究要作长期的打算，细水长流，切切实实地解决关键材料和关键科学技术问题，特别是将提高环境适应性、提高可靠性、大幅度延长寿命和研究低成本材料及零部件作为重点，而不要急于'汽车换代'，更不要急于打算扩大批量生产"。

《科学时报》2006年10月9日发表我的文章"'氢经济'论的降温与电动车的发展——也谈中国燃料电池电动汽车驶向何方?"(见《纵论》第22～25页)。2006年11月3日在武汉举行的第七届全国氢能学术会议上，查全性院士和我相继作报告，不约而同地强调燃料电池电动汽车的发展要稳步打牢基础，不可操之过急。

《科学时报》2006年12月6日发表我的文章"解读'863'计划电动汽车(一期)指南"(见《纵论》第29～31页)，针对铂资源十分匮乏、不足以支持燃料电池的大发展，提出“应该集中目标研究非铂催化剂这一基础性难题”，并首次指出：“说白了，燃料电池汽车只是增程式纯电驱动方式中的一种”，应该先做好燃料电池而不必大量做燃料电池车，“未来全新的、不用铂作催化剂的燃料电池研制成功后，研制真正有生命力的燃料电池轿车、客车，就是水到渠成的事”。

十五年过去了，我国的经济实力和工业技术水平虽有了很大提升，但燃料电池的基础问题并未解决好，高纯氢气的低碳廉价规模制备技术仍未明确，长距离输运电解氢更使氢能远离节能减排的初衷。我国燃料电池电动车现在仍应只在少数有高纯副产氢的城市或特殊场合（如冬运会）进行少量车辆的示范运行，远未达到商业化阶段。但是在特高补贴诱发下，2019 年一年内生产了 3000 多辆燃料电池电动汽车，其燃料电池有不少关键材料及零部件用的仍是进口货；价款好几十亿元（含补贴约 20 亿元）全由国家财政支付，且其利润中相当大的部分喂肥了外商。惜哉！

3.2 纯电动汽车与混合动力汽车

“十一五”国家科技部实施的“节能与新能源汽车”重大项目计划，经费支持重点仍在指望 2010 年“出现产业化高潮”的混合动力车辆和 2015 年“进入商业化运营”的燃料电池汽车，但次序发生了变化。在“十五”电动汽车重大专项中燃料电池电动汽车被置于优先发展地位，而“十一五”节能与新能源汽车重大专项中，混合动力技术的分量超过了燃料电池技术。财政部预拨 2009 年补助资金近 10 亿元支持推广节能与新能源汽车 4700 多辆，其中混合动力客车 2329 辆，混合动力轿车 1310 辆，各类纯电动车近 1000 辆、燃料电池车 200 多辆。可以看出，补助车辆中混合动力车占了 77%。可见，“十一五”期间我国电动汽车的鼓励重点是混合动力车。

混合动力车中节油率最高的是以日本丰田“普锐斯”为代表的全混合车，其技术受严密的专利保护，尤其是其中节油关键部件行星齿轮箱（用以混合内燃机动力与电动机动力）设计复杂、加工要求很高，当时连普通减速齿轮箱都做不好的我国机械设计加工水平下，要绕开日本专利技术来发展自己的混合电动汽车，对于吃惯合资现成技术饭的中国汽车界是难以想象的。于是，2007 年 2 月 14 日我在《经济日报》发表文章“大力发展纯电动汽车”（见《纵论》第 3～4 页），其要点有四：①详细分析了纯电动汽车优点明显，呼吁支持电池的发展；②首次提出，电动车电池应以安全为第一位，其次才是比能量、寿命、价格等其他因素所形成的综合性能；③城市内使用的轿车可主要使用以磷酸铁锂为正极的锂离子动力电池，蓄电 15 kW，行驶 150 km；④按照既有燃油车的指标（续驶里程、加速到 100 $km \cdot h^{-1}$ 所需时间、最高速度等）全面要求城市内使用的电动汽车，既不合理，也无必要。此后我多次表达这些观点。

2010年1月全国政协教科文卫体委员会邀请国务院所属七部委举行“推进新能源汽车产业发展座谈会”。2010年3月28日《科学时报》发表了记者刘丹整理对我的访谈记录(见《纵论》第57～61页,“杨裕生,争议电动汽车技术路径”),其中记叙了各部委的发言要点:国家发改委将电池动力汽车和插入式混合动力汽车(Plug-inEV)纳入新能源汽车范畴,而界定油-电混合动力汽车(HEV)属于节能汽车,2010年“首先组织实施好经国务院批准同意的进一步扩大节能与新能源汽车推广试点,通过财政提供补贴,培育私人使用节能与新能源汽车,其中重点应放在新能源汽车上”。科技部则明确“一是确立‘纯电驱动’的技术转型方向;二是坚持‘三纵三横’的研发布局;三是实施‘两头挤’的产业化推进战略,即优先发展‘纯电驱动’的小型乘用车和大中型公共客车;逐步推动中高档乘用车由混合动力、插电式电动汽车,向新一代纯电动车及燃料电池方向发展”。工信部的意见是“混合动力汽车,是传统汽车技术升级的重要方案,是近中期市场竞争的重点产品”,“宜从微混合(BSG)、中混合(ISG)、逐步向全混合推进产业化,2015年前力争微混合(BSG)成为汽车标准配置”。财政部直接针对补贴:“依据新能源汽车与同类传统汽车的基础差价确定补贴标准,使补贴后新能源汽车实际售价接近传统汽车,拉动市场需求”。国资委强调“坚持以市场为导向,充分发挥企业作为研发、制造与投资主体的作用,国资委尊重企业的选择,并给予必要的组织和协调”。可见,上述部委的电动车发展路线观点各有不同,其中工信部的混合动力汽车为重点、微混-中混-全混逐步推进的意见,我认为最不可取。

2010年2月,杨裕生、陈清泉、陈立泉、郑绵平四院士联名给温家宝总理写信:“关于我国电动汽车的技术发展路线的建议”,全文11 000字(后应邀发表于《新材料产业》2010年3月刊,见《纵论》第44～56页),分析了纯电动汽车应该成为我国的战略选择,纯电动车应优先发展微型、小型车;提出发展电动车要更新三个旧观念:观念一,“以燃油车的指标要求纯电动车”;观念二,“纯电动车要做就做中档以上的”;观念三,“铅酸电池太古老,不能列入电动汽车发展计划”。最后建议五条:建议我国发展新能源汽车应该大力发展纯电动汽车,实现跨越式发展。建议优先发展微、小型纯电动轿车,指标不和燃油车攀比,里程不追求长(100～150 km即可),速度不追求高(50～60 $km \cdot h^{-1}$ 就行);建议国家设立动力锂离子电池研发专项,投入20亿元,集全国优势用5年时间全面提升我国动力锂离子电池的生产技术水平,完善锂离子电池产业链;建议将汽车用燃料电池技术研究转向以非贵金属催化剂为核心的基础性攻关,以大幅降低成本和资源可供为核心,提高燃料电池动力系统的实用可能性。发展电动汽车是系统工程,要做到三好:好的产品、好的基础设施、好的商业模式(组建电动汽车运营公司,从事与电动汽车相关基础设施的建设、管理和运营;实行电池租赁,车主买车不买电池,而向运营公司租赁/换用电池，只需支付电费和适当的服务费）。

2010—2011 年间，混合电动客车的几次民间比赛的测试结果都说明节油率只有 15%～16%，于是声势下跌。而其真正“退位”则起始于 2012 年中几度推迟出台的《节能与新能源汽车产业发展规划(2012—2020 年)》，插电式混合动力车取代了它的位置。2015 年发布的补贴政策将混合动力汽车列为节油车类而不再给补贴，使它与电动汽车绝了缘。科技部的“三纵”也更换为纯电动汽车、插电式混合动力车和燃料电池车。从此，纯电动车成为发展重点，遗憾的是高补贴过分支持了长里程车。

3.3 对我国电动汽车发展路线的建议

我最初见识的增程式电动车是 2008 年北京科凌电动汽车公司研制的两辆客车，用的是铅酸电池与超级电容器并联的组合电源，行驶前先充电，行驶中电量剩下一半左右时车上发电系统发电给组合电源充电，此后通过控制系统调节使用电源和发电系统的电能，维持电池处于内阻最低、寿命长的半充电态，节油率将近 50%。为了与简单的在纯电动车上加装发电机、电池多、两者不能互补的增程式(如宝马 i3，加装增程器时加价 15%)相区别，我们曾将这种车上、车下都充电的车叫做“双充式”；在后来按技术进展进行分代时，将它们分别称为第一代和第二代增程式，但电力示意简图上看不出区别，见图 16。

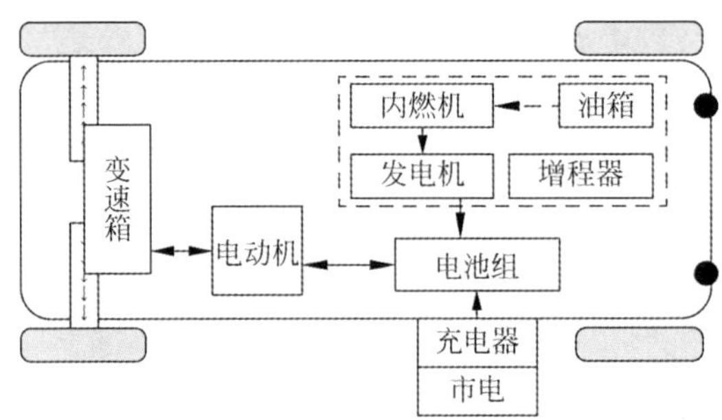

图 16　第一、二代增程式电动车动力原理示意图

第二代增程式电动汽车技术优化了发电机-电池电力系统，发动机的排量可减小至约为相同重量燃油车的一半，并选定转速在热效率最高的区域工作。电池约为纯电动车的三分之一，车价大降，而且电池不会过充、过放，既安全、寿命又长，节油率可达 50%以上，是很节能减排的车。在 2011 在给温总理的信中作了推介(见《纵论》第 51 页)，并指明此车“传到车轴上的动力是完全由电动机提供，故可划入纯电动汽车类”。不过，由于这种车还是要用油，所以当时说它“是一种过渡型电动汽车”。几经呼吁，国家“863”计划于 2010 年和 2011 年先后支持了增程式电动轿

车和客车的研究。

"十一五"期间在与电动汽车不同发展观念交流、交锋中，我从用好和善待电池出发，坚持真正节能减排的宗旨和安全第一的原则，2010年整理思路提出我国电动汽车应走的路线建议："我国发展新能源汽车产业应优先发展纯电动汽车，发展路线和产业化推进战略应是：大力发展'纯电驱动'的微小型、低速、短程乘用车为突破口，逐步提高水平；以增程式'纯电驱动'的大中型公共客车和中高档乘用车为主要过渡车种；打牢基础，向新一代纯电动车方向跨越式发展。"（见《纵论》第59页）

此后，我在多次文章和演讲中介绍此路线，还一再专题强调发展微小型、低速、短程乘用车，不要过分追求长里程（见《纵论》第三部分电动汽车的发展路线；《续论》* 第三部分发展微型电动车）。我认为，在我国电网以煤电为主的情况下，里程过长的车必然是增加二氧化碳排放的车，有悖于发展电动汽车的节能减排宗旨。换句话说，电动汽车的节能减排不是单纯认为"不用油"或"替代燃油车"就好，而是要算全过程节能减排的账。微型车重量更轻，耗电更少，是真节能减排车。要求遮风挡雨代步工具的人越来越多；中国应大力发展普及车，满足广大用户需求。

大中型车需要高功率的动力，纯电动化必然要用许多电池，于是引发出纯电动车的"里程、安全、充电、价格、后续电池"著名五大焦虑。增程式电动车可以完美地解除纯电动车的五大焦虑。但是，《节能与新能源汽车产业发展规划（2012—2020年）》却未提增程式，这就是我10年来一而再、再而三呼吁发展增程式的原因（见《纵论》第三部分及《续论》第二部分电动汽车的发展路线）。聊可欣慰的是，在补贴政策调整时将增程式"含"进于插电式中，给予同等补贴。

近几年，国产纤维素酶技术过关，使年产7亿吨的秸秆有可能经济可行地转化为乙醇，再加上不与粮食争地的甜高粱制乙醇技术的开发，将来车上发电机可以烧乙醇发电而不用石油产品；电池用的电也可来自太阳能。所以可以预料，全部使用太阳能的增程式将很节能减排，是未来电动汽车的主力，而不再是过渡性车种。于是，我将我国电动汽车发展路线简化为："大力发展微小型纯电动车为突破口，大中型车以纯电驱动的增程式为主"。

3.4 力争电动汽车补贴的合理化

2013年4月至2014年12月间，我在《中国科学报》及多次会议共发表11篇文章和演讲（见《续论》第3～35页），对我国在"十二五"期间执行的世界最高补贴力度的效果和存在问题进行跟踪观察分析，指出过高补贴对电动汽车发展带来的不良后果。2014年1月还给马凯副总理写过一封信（见《续论》第26页），建议改革现

---

* 2017年11月出版的《续论电动汽车和化学蓄电——杨裕生院士文集》在本书中简称《续论》，下同。

行的电动汽车的高补贴政策，规定在各企业总销量中电动汽车所占的比重要逐年增加，以减免税的方式补给用户而不该补给企业，要放手让企业自主研发有销路的电动车，包括鼓励民营企业发展小型低速短程车等。

2014 年 12 月 2 日《中国科学报》刊登我的文章“以改革促进电动汽车的发展——写在《十三五计划》制定时”，（见《续论》第 33 页）建议改革补贴政策，政府提出“十三五”要求汽车企业逐年提高电动汽车在其总生产销售产品中的比例额度，同时执行奖惩办法，实行“超额有奖，以奖代补，以惩促产”，促使企业主动谋划生产价格合理、有销路的电动汽车，而避免他们“瞄准政府高额补贴搞生产”。

2015 年 1 月四部委发布《2016—2020 年新能源汽车推广应用财政支持政策（征求意见稿）》，只补不罚，而且将补贴标准定得很高，逐年退坡也很慢，2017 年比 2016 年降低 10％，2019 年比 2017 年降低 10％。按此标准和 2020 年电动汽车保有量 500 万辆的目标，我估算出“十三五”期间国家财政的补贴将高达 4829 亿人民币，还不包括地方配套。于是 1 月 22 日我提交了“对补助标准的补充和修改意见”（见《续论》第 36～39 页），建议降低补贴、加快退坡（每年降 20％，五年降完），并估算出“十三五”期间国家的补贴仍将达 2420 亿元（只降低补贴）或 1260 亿元（降低补贴＋加快退坡）。

2015 年 4 月 29 日财政部等四部委发布《关于 2016—2020 年新能源汽车推广应用财政支持政策的通知》。《通知》只部分采纳了我的建议，稍微加快了补贴降低的速度，规定 2017 年、2018 年的补贴标准比 2016 年降低 20％，2019 年、2020 年的补贴标准比 2016 年降低 40％。我按“通知”的规定估算，“十三五”期间国家的补贴仍将高达 3898 亿元。为此，我与田昭武、陈清泉等 19 位两院院士联名上书，由中国工程院于 2015 年 7 月 9 日呈送党中央、国务院，题目为“关于控制电动汽车补贴总额，明确企业开发责任的建议”（见《续论》第 47～53 页），分析了补贴过高和退坡过慢的负面作用，提出三条建议：①国务院为“十三五”电动汽车补贴总额设定一个“上限”。②明确各汽车生产企业的责任，完善政策措施；改革措施归结为：适当补贴，责任指标，超额有奖，以罚促产。③继续对电动汽车技术的创新发展加强支持。

相关部委对院士建议未作回应。不幸，《通知》发布半年后爆发了电动汽车全行业性的大规模骗补丑闻，涉及金额 90 多亿元，与俗语“重赏之下必有勇夫”相对应，“重补之下多出骗子”。

在《通知》执行中，补贴金额与纯电动里程挂上了钩。我在多次文章和报告中指出，这将鼓励车上多装电池、快装高比能电池，不符合电池的善用方式和研发规律，其后果是汽车负重行驶背离节能减排宗旨，还增加不安全风险。2016 年 1 月 23—24 日的“中国电动汽车百人”会上我预测：“今年电池事故或高发，补贴政策应退坡”（见《续论》第 62 页），并指出：“蓄电池是一个含能器件，都有不同程度的危险性。选用电池要将高安全性放在首位，宁愿牺牲一些比能量”。接着，在2016年中又不断呼吁改革补贴金额与纯电动里程挂钩的政策，但无效果；反而在补贴总体退坡下，单独给2018年起的长里程电动车增加补贴，致使新研制的高比能电池未经考验就上车急于拿高补贴，终于继2017年频发电动汽车烧车之后，又发生了2018—2019年大量的烧车事件。痛哉！

但是，有的汽车专家却认为电动汽车的烧车比例低于燃油车，为电动汽车的频发烧车找个自我粉饰的垫背——他们自欺欺人地掩盖了车龄不在同一水平上进行对比的背景：电动汽车全是新车、燃油车多数是已使用多年的老车。

3.5 坚守电动汽车“节能减排”宗旨

国家发展电动汽车的目的是节能（油）减排，能否节能（油）减排是衡量电动汽车方针、政策、技术路线的根本准绳。我提出的电动汽车发展路线“大力发展微小型纯电动车为突破口，大中型车以纯电驱动的增程式为主”，真正能够落实节能（油）减排的宗旨。在后来的各部委的政策调整中都可见到这些意见和建议的影子，所提的发展路线也逐渐被实践认同、被行业接受，其中包括电动汽车“三纵”路线的制定者，他在2017的“中国电动汽车百人会”上的说法是：“增程式车是插电式车的发展”；到2018年的“中国电动汽车百人会”大会上则提出“我们的混合动力，也会把重点更多的放到增程式等更高效率的混合动力方向”。稍后他又明确“三纵”将是纯电动车、增程式车、燃料电池车，又再前进了一步。现在大多数汽车企业已将增程式列为自己的开发新车种，为适应补贴不久取消之后的新阶段作准备。

关于积分制，2016年8月21日“中国电动汽车百人会”2016夏季论坛（郑州）上我发表题为“我国的电动汽车积分制要能够推动节油又减排”的演讲（见《续论》第196～199页），指出美国加州积分制存在的5条局限性，我国的积分制要将减少用电、减轻二氧化碳排放和积分挂钩，鼓励企业生产能效高又排放少的车，并提出十条具体意见。

2016年9月22日工信部公布《企业平均燃料消耗量与新能源汽车积分并行管理暂行办法（征求意见稿）》，没有采纳我的意见，而将积分与纯电动里程挂钩，鼓励高耗电、高排放。对此我于10月6日给工信部作了详细而具体的回应：“对新能源汽车积分制的意见及往来信件”（见《续论》第200～210页）。接着又在《中国汽车报》2016年11月14日第2版发表文章“电动汽车积分制应推动既节油又减排”（见《续论》第220～229页），指出“将新能源乘用车单车型分值根据纯电续驶里程确定，这是不可取的”，主要理由是这样的积分制不利于节能减排。遗憾的是，发布的积分制正式文件仍未采纳我的意见。不过，在2019年底的积分制修改版（征求意见稿)中,正积分与纯电动里程的挂钩已在松动,而将积分增加了节能的因素,总算是前进了一步。

2019 年 8 月 31 日的天津泰达论坛,我受邀作了题为"当前电动汽车及动力电池产业的发展"的演讲,从发展电动汽车的宗旨出发,分析、评价了各种车辆节能减排的水平,归结为:"长里程纯电动车不节能减排,燃料电池电动车难节能减排,插电式电动车假节能减排,微小型电动车真节能减排,增程式电动车很节能减排"。会上反响热烈;当天网上广为传播,绝大多数读者点赞,也有极个别人反对。毫不为奇,出发点不同,利益立场不同,节能减排意识不同,电动汽车发展路线的分歧还将继续存在。但望电动汽车政策的制定者们不忘节能减排的宗旨。我也深信,节能减排观念普及时,将是电动汽车路线归正日。

电池作为电动汽车核心部件的位置不会变,不断提高电池性能的努力目标不会变。电化学工作者的任务不只是做电池,而要在电动汽车发展中不断与汽车专家们交流、交锋,力促用好电池达到节能减排的最佳效果。任重道远,决不能置身于度外。

3.6 提出"发电直驱电动车"

第二代增程式电动车的增程器发电充给电池,电池给电动机供电,电流几乎全部流过电池组,有美中不足之处:①电池充电-放电过程中能量有损耗;②电池用量虽比纯电动车少,但因功率要满足最高车速要求,电池的用量仍有纯电动车的约 40%,使车价仍高于燃油车;③电池较多,重量较大,有减重节能潜力;④电池始终高负荷工作,寿命受影响。

我从"用好电池、节能减排最大化"出发,提出"发电直驱电动车"(见《续论》第 240 页)。与第二代增程式不同,车上发电机发的电不必经过电池而直接驱动电动机,其优点是:①交流电直驱可减免电池充电-放电 10%能量损耗;②电池用量可再减少,车重大减轻,再降电耗;③电池的大电流工作机会少,寿命延长;④电池用量少,车的成本进一步降低;再算上高节油率,车辆全寿期的总费用可远低于同级别燃油车的水平,其动力原理见图 17。电池的作用有四:①车辆启动或较短距离

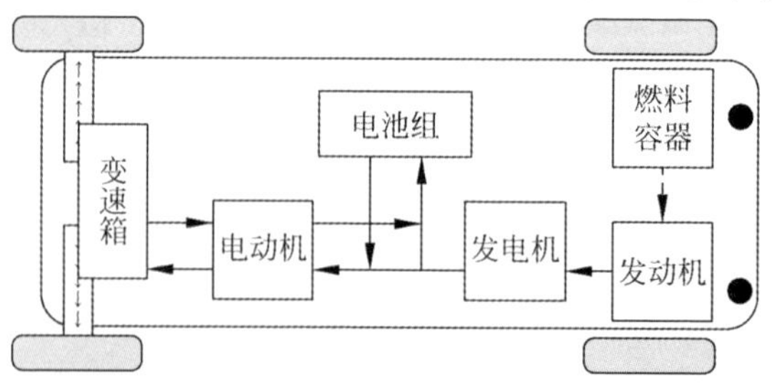

图 17 发电直驱电动车动力原理示意图

的纯电池驱动行驶；②回收刹车的动能；③吸纳低速行驶时发电机的多余电能；④超车或高速行驶时给发电机功率“助一臂之力”。可见，电池的用量虽然不大(例如，约为纯电动车的 1/5)，却在关键时刻对节能减排起了十分关键的作用。我们称它为第三代增程式电动车技术，交给了家乡的一家电动汽车公司申请了专利[44]。

4 结束语

三点感悟：

(1) 我从化学工程专业改到分析化学，再转到核试验，又安排到化学防护岗位，各次变动中有的工作有点相关性，有的弯子转的有点大，但都是服从组织安排的行为，理当圆满完成。只有最后这次干上应用电化学是我主动请缨，要解决的又是个大难题，专业的距离也不小，且已年近古稀，以致有些亲友不理解。实际上，这次是形势逼迫所致，是“逼上梁山”。人是要逼的，要自己逼自己，逼一逼可能多出点力。

(2) “科技是第一生产力”。科技要成为第一生产力必须经过艰苦的转化。我们也曾注意尽量不为出文章而出文章，也曾努力不将工作停留在文章这一步，和企业结合转化成果，但是，由于多种因素，实际效果并不令人满意。所以，我 82 岁申请退休(但继续培养博士生)，和部队转业的同志们一起创业，从头研发实用性强、廉价的新电池、新材料，力争转化为生产力，目标产业化，为国民经济发展做点贡献。实践告诉我，这样的事做起来要比出文章难。但是，再难也该尽力去做。五年来，在朋友们和各方面支持下，战友们的工作正在进展中，相信坚持下去是会有结果的。

(3) 电池的用途越来越广，重要性越来越大，技术水平越来越高，从业的人数越来越多，经费注入力度越来越强，一派欣欣向荣的大好形势。与此同时，政府部门对电池的发展和应用也越来越重视，政策文件一个接一个下达。当然主要是国民经济发展的需要，但也难免有些其他因素，再加上专业知识的局限性，提出些过高、过急的要求，超出电池作为精细产品应有的发展规律，产生了一些不必要的副作用。科技人员应该本着对国家负责的态度，冷静镇定地想问题，实事求是地讲真话，不必担心人微言轻不管用，不用顾虑忠言逆耳得罪人，但望能有微小作用，求得心灵的安宁。

致谢

22 年内和我朝夕相处、共同奋斗的有曹高萍、王安邦、余仲宝、王维坤、程杰、文越华、徐斌、张文峰、张浩、邱景义、金朝庆、明海、徐艳、谢自立、赵鹏程等诸位博士，他们工作勤奋，责任心强，对军用化学电源研究室的建设做出了重要贡献；他们通过持之以恒的努力，练就了很强的创新意识和能力，专业水平不断提高，许多同志已是本领域公认的专家。他们对我自始至终的大力支持和融洽合作，是我电化学知识和业务能力有所进步的重要因素，我感谢他们、铭记在心。最后，我要诚挚地感谢各级领导的一贯支持，衷心感谢电化学界老中青朋友们的多年热情指教帮助！还要感谢在完成本文中协助收集素材及整理图表和文献目录的王维坤、文越华、张文峰、张浩、曹高萍、王安邦、邱景义、王跃等诸位博士。

参考文献(References)

[1] Wang W K(王维坤). Study on organic polysulfides-the novel cathode materials for lithium batteries[D]. Research Institute of Chemical Defense(防化研究院),2003.

[2] Wang W K(王维坤),Yu Z B(余仲宝),Wang A B(王安邦),et al. Research progress and ideas of lithium sulfur battery [C]//The 14th National Electrochemical Conference, Yangzhou,China,2007: H-002.

[3] Ji X,Lee K T,Nazar L F. A highly ordered nanostructured carbon-sulphur cathode for lithium-sulphur batteries[J]. Nature Materials,2009,8(6): 500-506.

[4] Wang W K(王维坤),Wang A B(王安邦),Jin Z Q(金朝庆),et al. Development and strategy for cathode materials of advanced lithium sulfur batteries [J]. Energy Storage Science and Technology(储能科学与技术),2017,6(3): 1-15.

[5] Wang M J,Wang W K,Wang A B,et al. A multi-core-shell structured composite cathode material with a conductive polymer network for Li-S batteries[J]. Chemical Communication, 2013,49: 10263-10265.

[6] Duan B C,Wang W K,Zhao H L,et al. Li-B alloy as anode material for lithium/sulfur battery[J]. ECS Electrochemistry Letters,2013,2(6): A47-A51.

[7] Liu R J(刘荣江). Study on performance of the electrodes for lithium sulfur secondary battery[D]. University of Science and Technology Beijing(北京科技大学),2012.

[8] Cheng X B,Peng H J,Huang J Q,et al. Dendrite-free nanostructured anode: entrapment of lithium in a 3D fibrous matrix for ultra-stable lithium-sulfur batteries[J]. Small,2014, 10(21): 4257-4263.

[9] Liu Q,Zhou S S,Tang C,et al. Li-B alloy as an anode material for stable and long life lithium metal batteries[J]. Energies: 2018,11(10): 2512.

[10] Liu S S,Yang J,Yin L C,et al. Lithium-rich $Li_{2.6}BMg_{0.05}$ alloy as an alternative anode to metallic lithium for rechargeable lithium batteries[J]. Electrochimica Acta,2011,56(24): 8900-8905.

[11] Duan B C,Wang W K,Wang A B,et al. A new lithium secondary battery system: the sulfur/lithium-ion battery [J]. Journal of Materials Chemistry A,2014,2(2): 308-314.

[12] Shi L,Liu Y G,Wang W K,Wang A B,et al. High-safety lithium-ion sulfur battery with sulfurized polyacrylonitrile cathode, prelithiated SiO_x/C anode and carbonate-based electrolyte[J]. Journal of Alloys & Compounds,2017,723: 974-982.

[13] Wang J L, Yang J, Xie J Y, et al. A novel conductive polymer-sulfur composite cathode material for rechargeable lithium batteries[J]. Advanced Materials, 2002, 14 (13/14): 963-965.

[14] Wang K, Guan Y P, Jin Z Q, et al. $Te_{0.045}S_{0.955}$PAN composite with high average discharge voltage for Li-S battery[J]. Journal of Energy Chemistry, 2019 39: 249-255.

[15] Jin Z Q, Liu Y G, Wang W K, et al. A new insight into the lithium storage machanism of sulfurized polyacrylonitrile with no soluble intermediates[J]. Energy storage materials, 2018, 14: 272-278.

[16] Xu B(徐斌), Cao G P(曹高萍), Yang Y S(杨裕生), et al. Preparation of high specific capacity carbon electrode materials from apricot shell for electrochemical capacitors [C]// The 11th National Electrochemical Conference, Nan-jing, China, 2001.

[17] Wen Y H(文越华), Cao G P(曹高萍), Cheng J(程杰), et al. Nanoporous glassy carbon—A new electrode material for supercapacitors I. Effect of curing temperature on its structure and properties[J]. New Carbon Materials(新型炭材料), 2003, 18(3): 219-224.

[18] Wen Y H, Cao G P, Yang Y S. Studies on nanoporous glassy carbon as a new electrochemical capacitor materi-al[J]. Journal of Power Sources, 2005, 148: 121-128.

[19] Wen Y H, Cao G P, Cheng J, et al. Correlation of capacitance with the pore structure for nanoporous glassy carbon electrodes[J]. Journal of The Electrochemical Society, 2005, 152(9): A1770-A1775.

[20] Zhang J L, Zhang W F, Zhang H, et al. Facile preparation of water soluble phenol formaldehyde resin-derived activated carbon by Na_2CO_3 activation for high performance supercapacitors[J]. Materials Letters, 2017, 206: 67-70.

[21] Zhang J L, Zhang W F, Han M F, et al. Synthesis of nitrogen-doped polymeric resin-derived porous carbon for high performance supercapacitors [J]. Microporous and Mesoporous Materials, 2018, 270: 204-210.

[22] Zhang H (张浩). Preparation and performance of carbon nanotube arrry and carbon nanotube array-based compos-ite electrodes for electrochemical capacitors[D]. Research Institute of Chemical Defense(防化研究院), 2008.

[23] Yang Y S(杨裕生), Cao G P(曹高萍). Adjustment to properties of porous carbon for electrochemical capaci-tors[J]. Battery Bimonthly(电池), 2006, 36(1): 34-36.

[24] Cheng J(程杰). Studies of the electrochemical capacitors based on activated carbons and Ni$(OH)_2$ xerogels[D]. Research Institute of Chemical Defense(防化研究院), 2006.

[25] 杨裕生.关于可再生氢-氧燃料电池的议论[J].化学与物理电源系统, 2008, 5: 4-7.

[26] Si Y C, Zhao L, Yu Z B, et al. A novel amorphous $Fe_2V_4O_{13}$ as cathode material for lithium secondary batter-ies[J]. Materials Letters, 2012, 72: 145-147.

[27] Si Y C(司玉昌). Research on cathode materials containing V and Fe oxides with double valence changes for lithium secondary batteries [D]. Research Institute of Chemical Defense(防化研究院), 2013.

[28] Wang Y (王跃). Preparation and improvement of electro-chemical performance of

$LiCoPO_4$ as high voltage cathode material[D]. University of Science and Technology Beijing(北京科技大学),2018.

[29] Wen Y H,Cheng J,Ma P H,Yang Y S. Bifunctional redox flow battery-1 Ⅴ(Ⅲ)/Ⅴ(Ⅱ)-glyoxal(O_2) system[J]. Electrochimica Acta,2008,53(9):3514-3522.

[30] Wen Y H,Cheng J,Xun Y,et al. Bifunctional redox flow battery-2 Ⅴ(Ⅲ)/Ⅴ(Ⅱ)-L-cystine(O_2)system[J]. Electrochimica Acta,2008,53(20):6018-6023.

[31] Wen Y H,Cheng J,Ning S Q,et al. Preliminary study on zinc-air battery using zinc regeneration electrolysis with propanol oxidation as a counter electrode reaction[J]. Journal of Power Sources,2009,188(1):301-307.

[32] Pletcher D,Wills R. A novel flow battery:A lead acid battery based on an electrolyte with soluble lead(Ⅱ)[J]. Physical Chemistry Chemical Physics,2004,6(8):1779-1785.

[33] Liu D Y(刘东阳),Cheng J(程杰),Pan J Q(潘军青),et al. Studies on the all-lead flow batteries in HBF4 solution[J]. Acta Physico-Chimica Sinica(物理化学学报),2011,27(11):2571-2576.

[34] Cheng J,Zhang L,Yang Y S,et al. Preliminary study of single flow zinc-nickel battery[J]. Electrochemistry Communications,2007,9(11):2639-2642.

[35] Xu Y(徐艳). Study of the novel hydroquinone/quinone flow batteries[D]. Research Institute of Chemical Defense(防化研究院),2010.

[36] Wang L Y,Zhang H,Cao G P,et al. Effect of activated carbon surface functional groups on nano-lead electrode-position and hydrogen evolution and its applications in lead-carbon batteries[J]. Electrochimica Acta,2015,186:654-663.

[37] Wang L Y,Zhang W F,Gu L,et al. Tracking the morphology evolution of nano-lead electrodeposits on the internal surface of porous carbon and its influence on lead-carbon batteries[J]. Electrochimica Acta,2016,222:376-384.

[38] Wang L Y,Zhang H,Zhang W F,et al. A new nano lead-doped mesoporous carbon composite as negative electrode additives for ultralong-cyclability lead-carbon batteries[J]. Chemical Engineering Journal,2018,337:201-209.

[39] Zhang S K,Zhang H,Cheng J,et al. Novel polymer-graphite composite grid as a negative current collector for lead-acid batteries[J]. Journal of Power Sources,2016,334:31-38.

[40] Yang Y S(杨裕生)Grid of lead acid battery and lead acid battery[P]. Patent number:ZL201921251389.1(中国).

[41] Yang Y S(杨裕生),Cheng J(程杰),Cao G P(曹高萍). A gauge for direct economic benefits of energy storage de-vices[J]. Battery Bimonthly(电池),2011,41(1):19-21.

[42] Yang Y S(杨裕生). Discussion on electric vehicles and electrochemical energy storage[M]. Science Press(科学出版社),2012.

[43] Yang Y S(杨裕生). Re-discussion on electric vehicles and electrochemical energy storage[M]. Science Press(科学出版社),2017.

[44] Yang Y S(杨裕生). An energy-saving electric vehicle driven directly by electric power generation[P]. Patent number:2017107099346(中国).

A Review of Electrochemical Energy Storage Researches in the Past 22 Years

YANG Yu-sheng

(*Research Institute of Chemical Defense, Beijing 100191, China*)

Abstract: In this paper, research activities from my groups in the field of electrochemical energy storage are reviewed for the past 22 years, which is divided into three sections. The first section describes the researches related to high specific energy and high specific power energy storage devices, including lithium sulfur batteriies (sulfur composite cathode material, lithium sulfur battery fabrication, lithium boron alloy as lithium sulfur battery anodes, and sulfur lithium-ion battery new system), supercapacitors (super activated carbon, capacitive carbon prepared from phenolic resin, carbon nanotube array parasitic pseudo-capacitive energy storage materials, necessary properties of capacitive carbons, nickel hydroxide xerogels pseudo-capacitive energy storage materials, the development of capacitors, and the determination of "the fourth type" supercapacitors), and lithium-ion batteries (the confrontation between lithium-ion batteries and renewable fuel cells, the cathode material of dual variable-valency elements, lithium cobalt phosphate cathode materials, and high-power lithium-ion batteries). The second section describes the researches linked to a large-scale energy storage battery, including new systems of flow battery (dual function flow battery of energy storage and electrochemical synthesis, all metal compounds single flow battery, and organic compound positive electrode single flow battery), revitalizing lead-acid batteries (promoting new technology of lead-acid batteries, lead-carbon battery and new grid of lead-acid battery), and economic benefit calculation method of energy storage battery (station). The third section describes the research roadmaps in the development of electric vehicles including hydrogen fuel cell electric vehicles and pure electric vehicles and hybrid electric vehicles, the suggestions in the development of electric vehicles in China, striving for the rationalization of subsidies for electric vehicles, adhering to the purpose of "energy saving and emission reduction" of electric vehicles, and putting forward "direct drive electric vehicles for power generation". Three opinions based on my experiences are provided at the end of this paper.

Key words: electrochemical energy storage; lithium sulfur battery; supercapacitor; lithium-ion battery; flow battery; lead-acid battery; electric vehicles

关注电动汽车发展又五年*

我的第一本文集《纵论电动汽车和化学蓄电》,是 2012 年 10 月我 80 岁生日时由科学出版社出版发行的。该文集收集了 64 篇文章、报告、访谈录。文集除分送了亲朋好友外,还在书店出售。出版社根据需要加印了两次。

2014 年 5 月 5 日中国电动汽车百人会成立时,收集了我 2012 年 8 月以后一年半间陆续在报纸杂志上发表文章和给领导同志写的信共 25 篇,编印《纵论电动汽车和化学蓄电(续集)》300 册,作为会议资料分发,表示对成立大会的祝贺。

2012 年以来的五年,我国电动汽车在快速发展的同时,也经历了风雨。特别是 2015 年在多年高补贴诱发下产生的严重“骗补”(以及为开脱众多企业而创名的“谋补”)风波,进一步引起了广大群众对我国电动汽车发展路线、政策的反思和讨论。我也认真思考这些问题,陆续在报纸、杂志、会议上发表了一批文章、演讲,连同“骗补”发生前我对补贴政策发表的意见,成为本文集的主要组成部分。

读者可以结合补贴开始退坡的形势看出我的上述主张是对的。电动汽车上的电池量大,安全性必须放在第一位,于是我特别看重磷酸铁锂为正极的锂离子电池。我赞成发展并研究高比能电池,但我不欣赏为了追求纯电动里程而将比能量放在第一位、安全性放在第二位的急性行为。可再生能源需用的电池规模更大,安全性问题更为严峻,这是我大力推动铅酸电池利用和铅炭电池发展的初衷。

五年来,受各类论坛和学术会议邀请作了 140 余次演讲,网上大量转发了这些演讲的记录稿,由于口音和专业术语等原因而发生些错字。现收集了文章、报告、访谈录 107 篇,仍交由科学出版社出版发行此《续论电动汽车和化学蓄电》,终于有机会对演讲记录稿进行了校对。要说明的,即将于今年底出版的这本文集包含了 2014 年中国电动汽车百人会成立大会资料《纵论电动汽车和化学蓄电(续集)》的内容。

《续论电动汽车和化学蓄电》共分五部分及附录。

第一部分为“电动汽车的补贴与企业责任”,记录了 2013 年起我对过高补贴问题的分析和改革建议,包括将电动车的发展指标落实到企业。

第二部分为“电动汽车的发展路线”,进一步表述了我“以电池为依据发展电动车”的理念和增程式纯电驱动电动车优越性的认识。

第三部分为“发展微型电动车”,坚持电动车必须节能又减排和为最广大人民

---

* 本文原载于 2017 年 10 月 13 日《中国科学报》第 6 版“读书”栏目。

群众服务的发展原则。

第四部分为“新型电池和材料”，记述我国铅炭电池的开拓和超级电容器优势，论述全面认识各种电池的污染问题及其治理。

第五部分为“新能源及其他”，包含除上述四方面以外的文章、讲话，对科研、创新、科技人员培养的见解。

附录中收集了《纵论电动汽车和化学蓄电》文集的目录，以便于读者前后对照我的观念的连贯性；还收集了我参加首次核试验的回忆文章《蘑菇云中探宝》，请读者看了满篇“电”之后，换一换“核”的口味。

十多年来在我参加了约300场论坛、研讨会后，得出一个强烈的印象，就是绝大部分官员宣讲了政策后夹起皮包就离场，能继续坐下来听听技术进展和群众意见的是极少数。也许他们真的太忙了，但对于太需要学习的人而言，舍弃这种大好的交流、学习机会真是莫大的损失。我希望这本文集作为群众的呼声能够送达有关部门的官员。当然，更多的交流对象还是企业、院所的同行们，希望听到大家对这本《续论》的意见，以便我丰富知识，改正错误。

我的电子邮箱：yangyush32@126.com。

以创新打造中国电动汽车品牌*

各位同志：大家好！

我今天讲的内容有如下几部分：第一部分，汽车自主品牌的重要性；第二部分，如何打造汽车自主品牌；第三部分，打造电动汽车自主品牌，迈向汽车强国；第四部分，以新增程式技术打造中国电动汽车品牌。

一、汽车自主品牌的重要性

2017 年中央经济工作会议公报："引导企业形成自己的独有的比较优势，发扬'工匠精神'，加强品牌建设，培育更多'百年老店'，增强企业产品竞争力。"

汽车行业也应该加强品牌建设——自主品牌建设。要从与外资搞合资品牌的"分一杯羹"到"分庭抗礼"，到"并驾齐驱"，再到"当仁不让"。

拿回中国人应得的合理利益，自主品牌是汽车强国的体现！

二、如何打造汽车自主品牌

中央经济工作会议公报："要坚持以提高质量和核心竞争力为中心，坚持创新驱动发展，扩大高质量产品和服务供给。"

质量和核心竞争力，是品牌的基础；不断创新，持续提高质量和核心竞争力，是品牌不倒的支柱。

加强产品宣传、介绍，是创建品牌的必要手段！产品介绍必然以产品质量和核心竞争力为后盾。

中央经济工作会议公报："必须加快形成推动高质量发展的指标体系、政策体系、标准体系、统计体系、绩效评价、政绩考核。"

电动汽车的补贴和积分与纯电里程挂钩，误导多装电池、高耗电、高排放，不是"推动高质量发展的指标体系、政策体系"，有损于电动汽车品牌的打造！

只以销量作为品牌排名有局限性，可有多种方式排名，例如，以交税总量排名，反映企业的实效；以节能减排排名，反映对环境的贡献。

---

* 本文是 2018 年 2 月 5 日在北京"2018 年中国汽车品牌发展峰会"上的演讲。

三、打造电动汽车自主品牌,迈向汽车强国

习近平总书记指出:“发展新能源汽车是我国从汽车大国迈向汽车强国的必由之路。”

迈向汽车强国必须自力更生发展并全面掌握先进的核心技术,汽车强国应该是电动汽车技术先进的国家。发展电动汽车的目的是节油减排。汽车强国必需依靠自主知识产权生产能耗最低、排放最少的电动汽车,兼顾其他性能。现在有的电动汽车只节油不减排。特斯拉(Tesla)在新加坡受罚,就是因为追求长里程而多装电池,导致整车车身重量增大,耗电增多,而发电时大量排放了 CO_2 等有害物。

(1) 发展纯电动汽车要解除“四大焦虑”:

① 里程焦虑:多带电池就会增加车的重量,在行驶过程中耗电量也随之增加,所以它并不节电;夏冬空调不敢用,否则更缩短行驶里程。

② 安全焦虑:装载电池数量多,且比能量要高,危险性就会增大。

③ 充电焦虑:要满足电动汽车的充电需求,充电桩建设布局就要密,投资大,仍难满足要求。

④ 价格焦虑:电池用量大价格就会升高,并且政府停补后竞争力就会降低。

目前只宜做耗电少的微小型纯电动车。当有补贴时,可以发展中等行程的物流车等特种车辆,但是第二套电池要用户另出钱。

(2) 插电式混合动力汽车装有内燃机动力和电动力两大动力系统,重;内燃机是大马拉小车,不节油减排;车价较贵;现在靠补贴、牌照吸引客户,无补贴则难推销。

(3) 发展燃料电池电动汽车还要长期努力,估计 10 年内难以规模化!

(4) 全(深)混合动力车虽可节油,但丰田已产 1100 多万辆,竞争风险大!

我的主张:原则,用好成熟的电池,发展安全节能减排的电动汽车。

技术路线:以微小型纯电动汽车为突破口,大中型车发展纯电驱动的增程式。

预期:微小型电动汽车可用安全成熟的铅酸电池,也可用锂离子电池做高速车,由市场决定。用增程式来解决纯电动汽车的四大焦虑问题。

四、以新增程式技术打造中国电动汽车品牌

我将增程式车的发展划分为三代:

1. 第一代增程式电动汽车(图 1)

纯电动汽车上加装增程器,单纯为了增加行驶里程,电池放完电后增程器开始

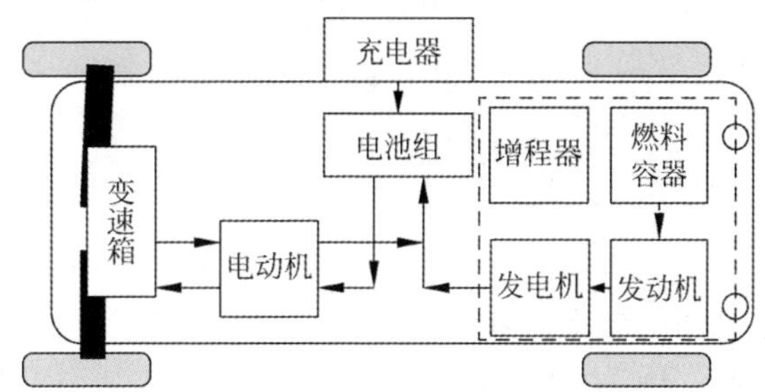

图 1　增程式电动车原理图

启动。此种车有弱项：电池重、增程器油耗高！车加重了，耗能更多。

比如，德国宝马 i3，加装 0.7 L 排量发动机作增程器，加价 15%。在增程模式下，百公里*油耗 5.35 L，对此微型车而言，此耗油量相当大。

2. 第二代增程式电动汽车技术

第二代增程式电动汽车发电机与电池组成电力系统：①发动机减小；②发动机能效优化；③电池减少，成本降低；④车身重量减轻，更加节能。

第二代增程式是燃油车与电动车的融合——改变第一代单纯延长续驶里程的局限性，节能减排。例如：华龙新能源汽车有限公司的 12 米增程式客车，纯电驱动，采用磷酸铁锂电池，由燃气或燃油发动机充电，市区公交模式百公里油耗为 12 L，公路模式百公里油耗为 16.3 L。加拿大 PlanB 增程式卡车，也是纯电驱动，降低了 70%污染物排放，百公里油耗为 17 L。日本日产紧凑型车 NOTE，"e-POWER 动力系统，属于串联式混合动力"（公司语），电池仅 1.5 kW · h，用三缸 1.3 L 发动机，百公里油耗仅 2.7 L。

3. 第二代节能的增程式电动车优点突出

电池组不会过放和过充，寿命延长，安全性提高；磷酸铁锂电池合用，安全性又提高；电池少，补贴退坡导致的影响小，易推销；比燃油车节油 50%以上，全寿期省运行费 27 万元；可以不外充电，免建充电桩，且能远距离行驶；如有充电条件，城市百公里节油率 80%以上；燃油车原有的生产、加油设施得到继承，便于发展；解除了纯电动车的里程焦虑、安全焦虑、充电焦虑、价格焦虑；避免了插电式混合动力车大马拉小马的不节能。

4. 第二代增程式电动的美中不足

增程器发电给电池充电，电池给电动机供电，电流全部流过电池组，带来的不足之处有：电池充电-放电过程中能量损耗（10%）；电池用量虽比纯电动车少，但

* 法定单位为千米，但考虑汽车行业的通用说法，本书予以保留。

因功率要满足最高车速要求，电池的用量仍有纯电动车的约 40%，使车价仍高于燃油车；电池较多，重量较大，有减重节能潜力；电池始终高负荷工作，寿命受影响。

5. 创新的第三代增程式电动汽车技术

江苏公爵电动汽车公司提出了“发动机发电直驱电动汽车”简称“发电直驱电动汽车”，车上发电机发的电不必经过电池而直接驱动电动机，可划分为第三代增程式(图 2)。它继承了第二代的优点，克服了其缺点。节油率可大于 60%，技术可使用于各种车辆。

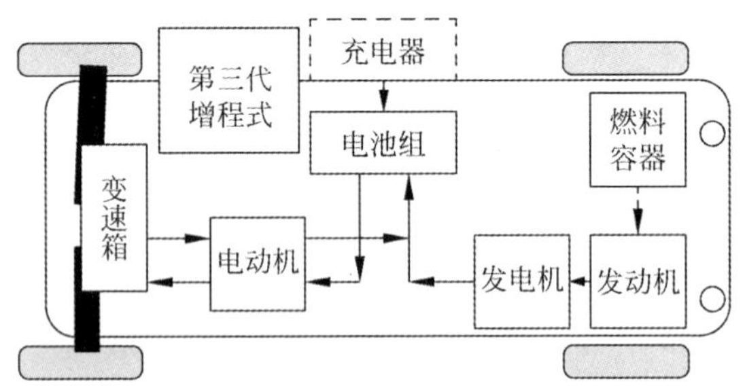

图 2　第三代增程式电动汽车原理图

有人会说，增程式还是要烧油，不是最终目标。要提请注意，发展电动汽车的目的是节能、减排。首先，如果我国汽车的油耗降到一半以下，全国年节油 1 亿多吨，我国就由汽车大国变为汽车强国了！其次，最终目标未必是纯电动车，将来增程式可以不烧油而烧生物质转化的醇类，不增加二氧化碳排放。

要以节能、减排为衡量标准考核各技术路线。凡是能节能又减排的车都应该鼓励发展，最后由市场裁决；凡是不利于节能减排的政策规章都应该改革，观念都应该更新。

结束语

(1) 发电直驱增程式电动汽车节能减排的关键是巧用发电机和电池，不苛求电池高比能，安全性高!

(2) 合力打造发电直驱增程式电动汽车的中国品牌，建设汽车强国。欢迎投资、合作发展。

电动汽车发展十年的状况和经验教训*

中国电动汽车百人会拟于 2019 年 1 月 11—13 日在北京钓鱼台国宾馆召开“中国电动汽车百人会论坛(2019)”,邀请我特别出席“新能源汽车十年发展总结和未来展望研讨会暨百人会理事会议”,为行业发展献计献策。同时,在百人会成立五周年之际,面向理事就中国新能源、智能汽车产业近十年发展的总结以及未来展望展开意见征集,并形成报告,为相关政府部门决策提供参考依据,其中意见征集第一条内容是:“中国近十年来新能源汽车产业发展在技术、产业、应用、政策等方面的评价。”我因早有其他安排,不能出席此次百人会论坛,特著此文,以应百人会理事会议和意见征集两者之约。

十年的状况

我对我国电动汽车发展十年状况的评价是喜忧参半,具体表达为 3 点:成绩不小,代价不小;造车不少,“趴窝”不少;里程见长,烧车见长。

一、成绩不小,代价不小

我国电动汽车的关键技术有了长足进步,初步建立了关键零部件和整车的工业基础。到 2018 年年底,我国累计销售的电动汽车可能达到 280 万辆。虽然,此数可能有些水分,例如,上牌的数量和所销售的数量就对不上,仅 2014 年前 10 个月就差 7 万辆;骗补还有些虚数。但是,毕竟我们电动汽车是发展得比较快的,而且也尝试了很多运行的模式。

我们也应该看到,280 万辆电动汽车是以一千多亿的中央补贴,加上相应数目的地方政府补贴为代价“堆积”起来的,这么庞大的补贴总数是世界第一,单车的平均补贴额也是世界第一。作为一个发展中国家,用这么大的代价换得这些成绩,还值得津津乐道吗?

二、造车不少,“趴窝”不少

280 万辆电动汽车,存量世界第一。但是,其中不少纯电动公交车未老先衰,

---

* 本文是 2019 年 1 月在北京“中国电动汽车百人会论坛(2019)”上的书面发言。

凡是有电动公交车的城市几乎无一例外。本来设计充电一次行使 150 公里或者 200 公里，很快就变成 80 公里或者 50 公里，成了“瘸腿”。还有不少干脆彻底“趴窝”了。第二套电池没有着落，所以这个“趴窝”和未老先衰的问题还会继续蔓延。此外，北京和上海先天不足的燃料电池电动车现在大部分在休眠当中，个别改装成锂离子电池车，这实际上是降低了“身价”，因为补贴的数额不一样，售价的差别就更大。

三、里程见长，烧车见长

在补贴与纯电动里程及电池比能量挂钩的政策大力牵引下，电动车一次充电的行驶里程不断见长。但是，电池比能量节节提高，高能电池技术又来不及成熟，再加上电池用量大等等多重因素叠加，烧车事件频频发生，仅从 2018 年 1 月至 8 月的 8 个月中，有时间、有地点记录的发生燃烧的电动汽车就有 38 辆，平均 6 天烧 1 辆。此外，有时间没有地点或有地点没有时间记录的烧车事件还有十几起。如此频繁发生的烧车事件，造成物质和心理损伤严重，应该引起我们的格外关切，并深入分析研究其原因和对策。

十年的经验教训

对我国电动汽车发展的经验教训，具体表达为五点：发展路线有进步，走弯路十分可惜；宗旨是节能减排，长里程适得其反；补贴起过好作用，过度补贴却有害；制止骗补很及时，后续措施太毛糙；大城市应该重视，三四线不应忽视。

一、发展路线有进步，走弯路十分可惜

科技部提出的“三纵”发展路线，最初是纯电动车、混合电动车和燃料电池电动车，其中以燃料电池电动车作为重点，经费排在第一位。当时跟着美国布什总统，布什认为氢能是最终的能源。后来，混合电动车成为重点支持的车种，有些公司就想和日本的公司合作，要引进日本普瑞斯的技术，甚至买了日本的部件回来组装。发现这些苗头之后，很多人都反对这样搞混合动力车，因为这实际上是跟着日本人走。当时日本丰田的专利 100 多项，把混合动力车封得死死的；再有就是我们国家的机械加工水平低，很难绕开专利做好核心部件行星齿轮。国外为对抗日本的混合动力电动车，提出了插电式电动车，于是“三纵”发展路线改为纯电动车、插电式电动车和燃料电池电动车。到了 2018 年年初的中国电动汽车百人会上，科技部

长正式宣布，将插电式改为增程式。其实，早在十年前我们就开始大力呼吁发展增程式电动车，但是有关部门不为所动。后来，补贴虽然迟迟落到了增程式的头上，但是补贴高一倍、技术又较简单的纯电动车吸引了所有的造车人。

幸好，终于认识了增程式。但是拐了一个弯，用了不长不短的十年时间！可惜呼？

二、宗旨是节能减排，长里程适得其反

发展电动汽车的目的是节能减排，上上下下都齐声高呼。但是，最高补贴却偏偏给了不节能减排的长里程纯电动车。里程长所需装的电池多，车重增大，耗电就多，我国的电能大部分来自燃煤，故而就既不节能，也不减排。清华大学有个专题，研究了多年，有详细的论证。国外也出了专著，哈工大胡信国教授等人已经将其翻译出版。该书还特别计算了电池生产耗能很高，多装电池是不节能减排的重要原因之一。特斯拉纯电动车在新加坡受罚，就是因为它耗电多，对应发电中的排放多。追求长里程纯电动，力图赶上燃油车，表面看是天经地义的事，实际上背离了发展电动汽车的节能减排初衷。与此指导思想一脉相承的是补贴与纯电动里程挂钩，有力地将电动车的发展引向了错误方向。即将执行的双积分制也秉承了这个错误的"挂钩传统"，后果堪虞。

三、补贴起过好作用，过度补贴却有害

对电动汽车补贴，是外国在其发展中普遍采用的手段。事实证明，适当的补贴能够推动电动汽车的发展，而且是必要的。但是过度补贴而又不对企业提出数量和质量要求，企业看着补贴行事，没有市场化的长远打算，显然是有害的。

我们看看，我国实行了世界上最高补贴的后果是什么。

后果之一是，汽车生产企业最热衷于补贴最高的纯电动车，客车厂的利润尤其丰厚。这类车电池装得多，补贴高，但不节能减排，而且安全性低。

后果之二是，汽车生产企业只享补贴而没有必须生产一定比例数量电动车的义务，不想去降低价格营造市场，反而是故意抬高车价（尤其是公交车），反正有高补贴托底，政府买单。所以过高补贴不行，不规定义务也不行。

后果之三是，大部分补贴成了汽车企业的超额利润，普通纳税人的钱补给了少数人，人为地造成了社会不公。例如，宇通公司 2015 年得到的补贴是 68.565 亿元，他的股东分红是 32.2 亿元。反观一些燃油汽车上市企业的利润，少的是 2%的利润率，多的是 5%，到 8%就不得了。而电动汽车类似宇通公司这年如此高的红

利率在汽车行业实在少见！这就是补贴补的，将纳税人纳的税放进了这些公司股东的腰包里面，造成人为的社会不公平。

后果之四是，政府财政负担太重（包括地方政府），而拉动电动汽车的发展效果不佳，甚至耽搁了发展的速度。

后果之五是，怪事丛生。6 米的电动中巴一辆只卖一元钱，只要一元钱的发票就可以领到补贴；12 米大巴卖到 200 多万元，这是因为电池装得多可以多补，而且"公车"公家出钱。不少人买来插电式混合电动车享受优惠政策之后，当作燃油车使用，耗油和污染排放照旧；更有甚者，卖掉电池又捞一把。再有，发生了世界第一规模的骗补丑闻。这些怪事的发生和高补贴有内在的联系，和补贴政策不完善有直接关系。

我国电动汽车补贴政策的经验教训，真值得认真总结。应该将这些经验教训用在"双积分"政策的制定和改革中；其他的鼓励政策措施也应借鉴，举一反三，少走弯路。

四、制止骗补很及时，后续措施太毛糙

骗补丑闻发生后，有关部委很重视，还惊动了上层领导，迅速组织力量清查，及时制止了骗补事态的扩大。但是后续措施太毛糙：偌大的骗补事件，各地的公检法没有全程介入，没有按法律规定的"诈骗罪"（诈骗公私财物价值五十万元以上的，认定为刑法第二百六十六条规定的"数额特别巨大"）追究刑事责任，多数以退款了事。还在"谋补"这一新名词的掩饰下，"不予追究"了一大批"谋补者"；最后，连骗补、"谋补"的清查结果也没有正式公布过。

再如，防止以后发生骗补的措施中，规定电动车要在行驶三两万公里后才发补贴，造成了车厂-电池厂-材料厂的债务链，有的电池企业不得不停业，甚至关门，怨声载道。相比之下，那些为了早拿补贴而顾人跑空车、浪费能源的事，只能算是"小菜一碟"了；车厂用电动车给电池厂抵债，电池厂被迫成为 4S 店，也是笑不出的笑话！总之，用"电动汽车产业链被搅成了一锅粥"来描述，可能有点儿过分，但也八九不离十。

五、大城市应该重视，三四线不应忽视

从"十城千辆"起扩大补贴范围，在大中城市发展电动汽车，有示范和带领作用，成绩应该肯定。但是，不要补贴的微型低速电动车在几个经济条件较好的平原省份率先快速发展起来，却没有形成相应的政策和配套法规；既不要求上牌照，也

不要求驾驶者考交通规则，在这种情况下发生了车祸事故，撞别人的，被人撞的，最后都归结在一起说："低速电动车不安全！"并以此为理由，一再打压微小型低速电动车。照常理讲，应该是行车速度越高越不安全，怎么会越低速越不安全？实际上，是管理没有跟上、推卸责任。

我国的三、四线城市经济在发展，城镇化更是方兴未艾，这是我国的国情。几亿人急需途中的遮风挡雨，几亿辆自行车、摩托车急需升级换代，低速电动车正适合于在这片广大地区形成兴旺的市场。而我们有些人对新事物反映迟钝，管理水平跟不上客观形势发展，相应的政策措施不配套；有些人群众观点不强，安于从自己生活的大城市考虑问题，一味地强调电动车是"高技术"产品，要"高水平"发展，而忽略了广大中小城镇群众的需求。这是很大的经验教训。

以上是我的认识，正确与否，可以讨论。重要的是，为政府部门起草政策的人士和拍板定案的人士，应该冷静负责地分析状况，实事求是地总结经验教训。

如何进一步发展电动汽车？

一、坚持安全第一

我以为，电动汽车发展的主要矛盾是安全与纯电动里程间的矛盾。这个矛盾的主要方面是安全性，里程是矛盾的次要方面。

现在，将里程作为矛盾的主要方面，安全性作为次要方面，这是频发烧车的思想方法原因，也是造成发展路线、鼓励政策、电池技术发生问题的根源。

电动汽车要卖得出去，不论高速或低速，必须减少电池用量，提高安全性，降低车价。而不是片面追求长里程纯电动、多装电池，或拼命提高比能量、增加危险性。必须改正"纯电动里程越长越好"的错误思想，以及这种思想指导下制定的政策。

要正确对待和处理近年来频发的烧车事件：①政府部门要如实、详细地统计、公布烧车事件，切实总结经验教训，真正变坏事为好事。②任何部门和企业都不得掩盖烧车事件，要勇于担当责任，恪守诚信。③"担心公开烧车事件会影响不好"、因而删除信息、掩盖真相的做法，是不敢负责任、文过饰非的极端错误行为，应该立即纠正。

二、坚持节能减排的宗旨

坚持节能减排，必须掌握一条基本原则，这就是：用好安全成熟的电池，发展节能减排的电动汽车。在此原则下的技术路线应该是：以微小型纯电动车为突破口；大中型车发展纯电驱动的增程式。

微小型纯电动车电池装量少，车身轻，耗电少，能够节能减排，完全可以满足城市上下班等用途的需要。微小型纯电动车，可用铅酸电池做低速车，也可用锂离子电池做高速车，应由市场决定。

增程式电动车能解决纯电动车的安全焦虑、里程焦虑、充电焦虑、价格焦虑、电池寿命焦虑等五大焦虑，是解决安全与里程矛盾、应对补贴退坡、走向市场化的最可行的技术路线，而且其节油率可达 50%以上，既节油又减排。中国科协万钢主席 2018 年 12 月 15 日在人民日报发表文章也强调："应及时推动插电式混合动力向增程式混合动力发展。"

拟实行的双积分制中，电动汽车的正积分与纯电动里程挂钩，这将鼓励多装电池、多耗电，不能起到节能减排的作用，实在不可取。正积分应该与电动车的节能减排水平挂钩。为简易可行，电动车的节能减排水平可以相同吨位燃油车的耗油量为对照基准进行衡量。

三、发展增程式汽车的关键核心技术

增程式电动车可比燃油车节油 50%以上，但仍有进一步提高的潜力。

(1) 提高发电系统的能量转换效率，特别是发动机的热效率。天津大学苏万华院士的汽油压燃发动机，热效率达 51.5%，应大力推广产业化。实际上，此项技术不仅对增程式电动车很重要，而且对我国产量世界第一的燃油车提高节能减排，具有更加重大的作用。同时，此项技术也是柴油机厂产品升级换代的最好出路，他们的强项就是压燃技术，而非燃料电池。

(2) 提倡轻量化设计，特别是使用高强度铝合金或镁合金，以降低行车的能耗。铝合金结构件有回复使用的价值和可能，可以抵偿较高的成本。

(3) 发展安全的、可高倍率充电的磷酸铁锂电池，充分吸收刹车回馈的电能。锂离子电容电池或电池电容，将电容器与电池进行"内并"，是值得重视的技术。

(4) 推动第三代增程技术——发电直驱——的应用和产业化。该技术具有第二代增程技术的全部优点，而且减免电流通过电池的充电-放电能量损失，延长电池寿命，进一步减少电池用量，降低成本。

(5) 成立电动汽车增程技术研究院，系统的研究、开发、推广有关技术。此事已在南京市酝酿，应抓紧落实。

四、探讨、明确两个观点

1. 停(禁)售燃油车问题

西方国家的政府和企业在发布此计划时,大部分是说“停(禁)售**传统的**燃油车”。到了我们的一些媒体口中,略去了“**传统的**”三个字,给人的印象是燃油车一刀切。实际上,微混车也是燃油车,只是加装了刹车电能回收功能的启停式装置。欧洲企业正有计划地、长期订购 48 V 电池组,大力发展这种节油率可达 15%~20%的燃油车。

内燃机方便、成熟,不可能在几年中被人为地停(禁)掉;电动汽车尚未进入成熟期,不可能在几年内全面取代燃油车。“传统的”燃油车“升级”为“微混”,仍不失其燃油车的本色,但它已非“传统的”。

2. 关于“及时把产业化重点向燃料电池汽车拓展”

燃料电池汽车有其值得重视的特点,但 20 年来过于热衷、热闹于整车的开发,而许多基础研究成果缺少工程化和产业化的机制和行动,现在关键材料及组件仍然依赖于人,在这样条件下,“及时把产业化重点向燃料电池汽车拓展”,为时过早。而且,建一座加氢站要花费 2000 万元至 3000 万元;氢气虽可用西北的“弃风、弃光”生产,但要输运至东部、东南部地区,谈何容易?

燃料电池汽车实际上是用燃料电池取代燃油发电机的增程式电动汽车,除燃料电池外,与通常所说的增程式并无大差别。当前,应切实地开发中国的燃料电池关键材料及组件,做好真正的中国燃料电池,还不到将产业化重点向燃料电池汽车拓展的时候。

用真正的中国燃料电池装的燃料电池汽车要给以补贴,但也不宜过高,要吸取 4 年前纯电动车的教训。对于用外国核心部件装成燃料电池装的燃料电池汽车,要少给补贴,而对用外国燃料电池装成的燃料电池汽车,则不应给补贴。这样,才能真正推动我国燃料电池汽车的发展。

当前电动汽车及动力电池产业的发展*

大家下午好!

我今天想介绍一下我对当前电动汽车以及动力电池产业发展的一些看法。

补贴还有16个月就要取消,市场化的进程已经开始。上午已经有人说汽车现在是新的起点,实际上电动汽车也是要开始新的起点。那么在这样的情况之下我们要发展什么样的电动汽车?发展什么样的动力电池?我想讲四个问题。第一,节能减排是电动汽车的宗旨;第二,既安全又节能的车才有前途;第三,安全节能的车需要用什么电池;第四,充分利用积分促进节能减排。

先讲第一个问题,节能减排要从电动汽车的全周期衡量,而不是只指哪一段。譬如说在路上行驶这一段,纯电动车用电,燃料电动车用氢,不是讲这个。要讲电从哪里来,氢从哪里来,它的节能减排效果怎么样。所以要全周期来考虑。

那么,全周期考虑之后,就产生了下面的一些结果。第一个是长里程纯电动车不节能减排,第二个是插电式混合动力车假节能减排,第三个是燃料电池电动车难节能减排,第四个是微小型纯电动车真节能减排,第五个是增程式电动车很节能减排。5种车子用了5个形容词。下面我讲讲理由。

第一是为什么说长里程纯电动车不节能减排?在电网的电能主要来自燃煤的情况之下,纯电动车虽然节油,但长里程纯电动乘用车是不能减少排放的。特斯拉是长里程纯电动汽车,虽然不用油,但在新加坡受到罚款。一位新加坡人从香港买了一辆特斯拉,运到新加坡去,本来想得到一万左右的奖励;新加坡政府测试了该车的耗电量,根据它的耗电量结果,不但没有给奖励,还罚了他一万美元。所以新加坡的政策是对的,是从节能减排出发的,这是真正体现了发展电动车的初衷。追求长里程的纯电动车多装了很多电池,车子就重;车子重,耗电就多;耗电多,在发电的时候排放的二氧化碳及其他有害物就多,它不节能减排的道理就在这里。

即使将来电网的电能主要来自太阳能等清洁能源,高能电池也"过关"了,长里程纯电动车也未必可取。第一,多装电池比能量又要高,爆炸危险性大;第二,多装电池,电池生产和废电池处置耗电多;第三,多装电池,负重行车,浪费能量;第四,电池用量大,车子价格高,竞争力就低。第五,电池寿命短于整车,换新电池要用户另出钱,现在的电池一般保五年,长的保八年,而一辆车要开十几二十年,所以就要配两套到三套电池。买车的时候现在看重牌照不要钱,可以有补贴。但是买

---

* 本文是2019年8月31日在天津"2019中国汽车产业发展(泰达)国际论坛"上的演讲。

主有没有考虑第二套、第三套电池是要自己掏腰包的。再有就是充电桩要密,既费钱又占地,且难符合要求。所以,长里程电动车第一是背离了发展电动车节能减排的宗旨,第二是用户多花钱,补贴取消之后竞争力差。

第二是插电式混合动力车为什么假节能减排?第一点是插电式混合动力车有独立完整的内燃机动力系统,同时有独立完整的纯电动力系统。它有两套系统,这样的车子就重了,耗电就多。第二点是它 50 公里之外用传统的内燃机,现在传统汽车的发动机都是功率有很大的冗余量,这个车子仍然是大马拉小车,所以是不节能减排的。第三点是标榜“油耗很低”,实际是油耗计算方法有问题造成的假象。譬如说一个插电式混合动力车,百公里油耗只有 1.5 L,实际上 1.5 L 怎么来的?它是装了能行驶七八十公里的电池,剩下二三十公里用油,把二三十公里用的油算到一百公里里面,这么一除之后油耗当然降下来了。所以这是一种假的计算方法。第四点,不少用户不充电,把这个车子当燃油车用,费油、排放有增无减;还有的把电池卖掉,不是个别人,是有一些人,拿到了补贴,牌照又不花钱,尤其在上海,一个牌照八九万,买这个车是非常合算的,它可以不充电,而且有车用,牌照不花钱。所以,插电式混合电动车畅销实际是个“虚胖”,不是真正的“结实”。科技部去年已经把插电式从“三纵”里面去掉了,去年 1 月份的百人会议上,万钢部长在会上宣布,科技部已经把“三纵”定成纯电动车、增程式车、燃料电池电动车,里面已经没有插电式混合动力车。发改委今年把插电式混合电动车从电动汽车里面除名了,发改委今年发布了一个文件《汽车产业投资管理规定》,把插电式归到燃油车范围里面了。所以现在对于插电式混合动力车的认识是慢慢地清楚了,但是各个部委互相之间还不够统一,有的还把它当成了宝贝。下面我讲到双积分的时候还会提到。

第三是关于燃料电池电动车,为什么说它难节能减排?燃料电池是用氢做能源,而氢是没有矿藏的,当然也有人说水是氢的矿藏,但氢和水终究不是一回事,需要解决的问题很多。

第一个就是要高能效、低排放制氢。刚才衣院士讲到现在的很多氢是用电解水的方式,如果是直接用电解水制氢,再到燃料电池里面去发电,前面那个电解的效率大概是 85%,燃料电池发电效率算 50%,这样算下来,这两步电网的 10 度电变成了 4 度,再加上燃料电池运行本身还要消耗电,压缩、输运氢气也要消耗电。所以最后的效率是不高的,送到电动机上大约只有 3 度电。如果用电池蓄电-放电,从电网取 10 度电,可以用到大约 9 度。

有人说可以用副产氢。实际上,副产氢也是有限,主要有氯碱工艺产生的副产氢可以用,里面有少量的氯气、氧气,比较容易纯化。根据现在燃料电池用的氢气的国家标准,一氧化碳的含量是千万分之二以下,就是 0.2 个 ppm,可见氢气的纯度要求很高。要把煤转化出来的氢气中一氧化碳去掉,难度很大。因为要纯化到

0.2 个 ppm，代价非常高，这主要是耗能的问题。

第二个是氢的安全运输、分布、储存，都有技术问题。今天这里不详细讲，最近我有一篇文章投到《科技日报》，如果登出来请大家看看，就是氢的制备、安全运输、储存等问题非常大。

第三个是燃料电池的寿命不够长。在实验室可能做到一万小时，到路上是不行的。

第四个是结构复杂、部件要求高。造成了制造燃料电池耗能远比内燃机耗能高。

第五个是铂资源。我国现在一年产铂是 4 吨左右，主要用在化工方面做催化剂，还有做首饰，远远不够，还要进口大概 40 吨左右。只能拿很小部分铂做燃料电池，于是燃料电池的量就很有限，大概就是几十万台。正在研究用铂少的燃料电池，现在可以做到每千瓦用 0.2～0.3 g；但是用铂越少，越容易因中毒而使性能和寿命降得越快。所以，要研究不用铂的催化剂，这是世界性难题，正在攻克。

这些问题都要经过长期的努力才能解决，所以说燃料电池电动车难节能减排。

政府尤其要考虑三个问题：第一个就是质子交换膜、碳纸、气泵、高压储氢罐已经研发 20 年，至今生产不过关，原因到底在什么地方？我前 30 多年参加核试验，经历过我国原子弹、氢弹的发展，好像也没有感到有这么难。第二个问题是进口燃料电池和进口部件来装车，对于我国的技术发展有什么好处？第三个问题是燃料电池电动车应多大规模演示？在什么地方演示？如何实现市场化？

燃料电池只是增程式的一种，也就是作为发电机给电池充电，因此它今后就要和其他发电技术竞争，它要是竞争不过，就上不了市场，也就谈不上节能减排。

第四是为什么说微小型车真节能减排？它用的电能虽然也全部来自电网，但是微小型纯电动车电池少，以 220 V、充电 8 小时就能行驶 100 公里，它用的电相当于 3 L 汽油的排放，耗电少，所以真正节能减排。如果 1 亿辆微小型纯电动车夜间充电相当于 100 座百万千瓦的抽水蓄能电站，可省 1.5 万亿元建站费用。微小型纯电动车安全性高，适应城市、乡镇交通的普遍需求，价格便宜，容易推广，还可用铅炭电池做低速车，安全性更好。

第五是增程式电动车为什么很节能减排？这里讲的是第二代的增程式车。所谓第一代就是宝马 i3，它的发动机是 0.7 L 的排量，电池的电用完之后增程器开始发电，只是供电的关系，两者没有进行优化组合。而第二代的增程式，是优化了电力系统，第一是发动机排量大概比同级别燃油车减小一半，于是它的节油率高了。第二是发动机可以调节在很窄的转速区间下发电，能效优化，不像普通的发动机要有一个很宽的动态范围。第三是电池用量只有纯电动车的 30%～40%，电池少了车子就轻了，更加节能。第四是电池在“半充半放”工况下运行，不仅寿命长、成本低，而且废电池生成少，处置废电池耗能少。

我归纳增程式电动车有 7 个优点：电池少，补贴取消的影响小，容易推销；比燃油车节油 50%以上，省钱；可以不充电，免建充电桩，而且可以远行；如果有充电条件，城市里面百公里节油率可以达到 80%；现在的燃油车生产和加油设施全部可以继承，传统汽车企业就可以发挥作用，避免很多浪费。它没有纯电动车的里程焦虑、安全焦虑、充电焦虑、价格焦虑、电池焦虑等等问题。

第二代增程式是燃油车与电动车的融合，节能减排。沈阳华龙做的 12 米增程式客车，百公里油耗 12 L，公路模式百公里油耗 16.3 L。加拿大 PlanB 公司运集装箱的大货车，百公里油耗 17 L。日产汽车 NOTE 紧凑型乘用车用 e-POWER 系统，百公里油耗仅 2.9 L。山东德州做了增程式低速车，用的是摩托车的单缸发动机，用铅酸电池，百公里油耗仅 1.8 L，2017 年出来当年销售 1 万多辆。最近，港东集团的国马 50 辆增程式 SUV，从广东的佛山经过井冈山到武汉，8 月 20 号到达开封，1800 公里不充电，气温在 38～40℃之间，全程开空调，这对于纯电动车是不可想象的。它在平均时速每小时 90 公里下，百公里平均油耗 3.9 L。一个 SUV 的车子在这种条件之下百公里耗油 3.9 L，节油率是非常高的，50%以上。这个例子在网上都已经传得很广。

我今天讲的第二个问题是既安全又节能的车才有前途。

我把车子的要求列出 7 项指标，安全性高，节能减排，使用方便，价格低廉，能源费少，维修方便，使用期长。

安全性高的车子用户才能欣赏。

特斯拉纯电动车 2017 年前共烧了十几辆车，那时，它的车子少。到了 2018 年，1 年就烧了 11 辆。今年 2 月 26 日佛罗里达州车主烧死；3 月 26 日广州、4 月 21 日上海、5 月 12 日中国香港、7 月 30 日德国，都是无故自燃，差不多 1 个月 1 辆。根据不完全统计，我国 2017 年烧车 103 辆，2018 年烧车 51 辆，对这个 51 辆打了个问号，因为有人有意删除烧车的新闻，所以统计不准。烧车中 90%以上是用三元锂电池的纯电动车，今年 4 月 21 号以后的这一个月里面就烧了 11 辆车。深圳电动物流车 2018 年烧了 5 辆车，其中 4 辆是电池自燃。今年 3 月 6 日、12 日、16 日该市用三元锂电的北汽威旺电动物流车充电时自燃。全市停止这种车充电！高镍三元锂电燃烧起来火势蔓延很快，车里的人来不及逃生，车外的人来不及救援。

我试作各种电动车辆竞争力的量化，把刚才 7 个指标画了一个表(表 1)。给 5 种车子的 7 个指标进行打分，单项最高 5 分，最低 0 分。打出来的总分，长里程纯电动车 12 分，插电式 14 分，燃料电池车 11 分，微型纯电动车 27 分，增程式 33 分，这是我的看法。

表 1 2014 年国家补贴新能源汽车的费用

车种	安全性高	节能减排	使用方便	价格低廉	能源费少	维修方便	使用期长	总分
长程纯电动车	0	0	3	1	3	4	1	12
插电式车	1	0	4	2	3	2	2	14
燃料电池车	3	2	1	0	1	1	3	11
微型纯电动车	4	4	3	5	4	5	2	27
增程式车	5	5	5	4	5	4	5	33

我希望这个表大家拿回去自己打打分，看看是不是这样的趋势。表 1 中的 7 个指标是等权相加。实际上，安全性应该加权重，节能减排是宗旨，也应该加权重，如果这两项权重增加了，那么总分差距更大。请各位试试，看看结果如何。

介绍一下第三代增程式电动车技术。江苏公爵提出来的发电直驱电动车，与第二代不同，发的电不经过电池，发电机发的电直接到电动机，这样就减少了电池充电-放电大概 10%左右的能量损失，所以可以提高节油率。另外这个车的电池寿命也长了，因为大电流不经过它。所以，第三代增程式集安全、节能减排、方便，长里程，省钱大全。

有人说："增程式还是要用油，不是我们的最终目标"。我想提醒两个问题：第一，如果我国汽车的油耗都降到一半以下，年节原油 2 亿吨，环境改善了，能源安全性提高了，我国由汽车大国向汽车强国迈进一大步，全国人民都非常高兴。第二，纯电动车的电池多，车重，耗电多，未必是最终目标。如果大家都认清发展电动车是为了节能减排，政策就会改变，改变了之后，纯电动车就不应该是最终目标。

过去，我也认为纯电动车好。从八九年之前我开始认识到，纯电动车的问题要作分析。所以最近八九年，我一直讲，不能够搞长里程的纯电动车，要衡量全过程的节能减排；而且我认定，把发动机和电池配合好，是效果最佳的方案。未来的增程式发动机可以不烧油，不增加二氧化碳的排放，能量全部由太阳能提供：太阳能通过风力发电、光伏发电，给蓄电站充电，蓄电站给车上电池充电；我国每年有 7 亿多吨的秸秆，可以转化产生 1 亿多吨的酒精。现在甜高粱的项目由清华牵头，国家已立项，甜高粱秸秆里面有大量的糖，而且这种高粱在什么样的土地都能长，能生产大量的乙醇，给发动机供应燃料，就像现在巴西有一半左右的汽车用的是酒精。这样，全部由太阳能给增程式电动车提供能源，可以不烧油。所以，增程式不是向纯电动汽车的过渡，而是未来汽车的主力。

我今天讲的第三个问题是安全、节能的车需要什么电池？

高镍三元等电池不应该是重点。只要补贴取消了，或者补贴不和里程挂钩，不和电池的比能量挂钩，改变这个政策，高镍三元就很少有人冒险去做。

全固态电池，又远、又悬。如将"全"字去掉，固态电池或准固态电池可能发展。

磷酸铁锂电池应是动力电池的主力。要进一步提高寿命，降低成本。现在有的地方电池价已经从一瓦时一块多钱降到了八毛钱。

回收刹车能量是电动汽车节能减排非常重要的内容。回收刹车能量需要用5～35 C的快充电池。微混车只用0.4度电的电池，故需要35 C的快充电池回收刹车能量。所谓5 C就是1/5小时把电充满。现在的锂离子电池都是用石墨做负极，石墨电极可以快放，但是难以快充。钛酸锂电池可以快充，但是它的价格高，比能量很低。所以要发展高安全性、廉价快充的电容电池。我们提出，正极用磷酸铁锂加多孔碳，负极用硬碳加纳米硅，硬碳不容易长枝晶。调节这四个材料的比例和电极的厚度，就可以调节充放电倍率和比能量。虽然我们是申请了专利，但是大家都可以用此技术。这种电池做好之后，它的比能量比钛酸锂电池高一倍，价格是钛酸锂电池的1/3～1/4。

我今天讲的第四个问题是充分利用积分促进节能减排。

现在的双积分办法存在两个问题：一个问题是正积分过剩，不能有力促进燃油车节能减排。另一个问题是正积分决定于纯电动里程，不利于节能减排。

工信部正在征求对双积分《并行管理办法》修改稿的意见，征求意见稿开始改正第二个问题，里面有一条就是纯电动车的积分等于基准分值乘上电耗调整系数：**纯电动车积分＝基准分值×电耗调整系数(EC)**，这就弱化了里程因素，我赞成。我同时还有三点建议，第一点建议是针对现在的基准积分等于0.006乘以R加0.4(这里R是纯电动里程)，我建议改为0.004乘以R，进一步弱化里程的因素，推动节能减排；同时分数也降低一点，有利于政府更有力的平衡正负积分。第二点建议是针对插电式电动车。现行办法的积分是2分，在征求意见稿当中改为1.6分，虽打了个八折，但比稿子当中150公里的纯电动车的1.3分还要高，这是很不合理的。现在发改委已经在《汽车产业投资管理规定》当中把插电式列为燃油车，所以取消它的积分也不为过，但是为了照顾现状和习惯，尤其有些企业会跑到部里面去"公关"，可以照顾暂给它1分。第三点建议，要给增程式电动车1分，和改进后的方案150公里纯电动车及插电式车积分持平，推动节能减排贡献大的增程式电动车发展。

从根本考虑，应尽快转变政策，以节能减排水平作为积分的唯一衡量标准。

最后讲结束语。

第一，政府的政策要改革，电动汽车和动力电池必须安全第一，而不是里程第一、比能量第一，必须改变观念，改变政策。再有，就是不该要求快速提高比能量、增加危险性。现在电池的指标是一年提高一个指标，电池没有经过充分考验就上车，甚至还将神圣而严肃的"国标"中的针刺试验也免除掉，非常危险。

第二，企业经营要改向：在市场化下，必须减少电池用量，提高安全性、节能减排、降低车价。而不是追求长里程纯电动、多装电池、浪费能源、增加排放、加大废电池的处置量。

第三，提高安全性、坚持节能减排宗旨，具体做法有四条。一是积分与节能减排挂钩，进一步与纯电动车里程脱钩。二是纯电动车微小型化，并鼓励发展低速车，电池随市场来定。三是发展增程式技术，用于各种电动车。四是发展安全、可快充电、廉价的磷酸铁锂电池或者是电池电容，回收刹车能量。

谢谢大家！

从电动汽车发展的经验教训谈发展*

2019 年关于电动汽车我主要发表了 3 篇报告和文章：

1 月的文章：《电动汽车发展十年的状况和经验教训》。8 月的报告：《当前电动汽车及动力电池产业的发展》。11 月的文章：《获取氢能并不那么“轻巧”》。归纳要点，作为今天发言的提要。

一、电动汽车发展十年的状况

我的评价是喜忧参半，具体表达为 3 点：①成绩不小，代价不小；②造车不少，“趴窝”不少；③里程见长，烧车见长。

二、电动汽车发展十年的经验教训

具体表达为 5 点：

(1) 发展路线有进步，走弯路十分可惜。

(2) 宗旨是节能减排，长里程适得其反。

(3) 补贴起过好作用，过度补贴却有害。

(4) 制止骗补很及时，后续措施太毛糙。

(5) 大城市应该重视，三四线不应忽视。

以上的**电动汽车发展十年的状况和经验教训**，在上述 1 月的文章中有具体的说明。

三、如何进一步发展电动汽车

(1) **要坚持安全第一**。我以为，电动汽车发展的主要矛盾是安全与纯电动里程间的矛盾。这个矛盾的主要方面应是安全性，里程是矛盾的次要方面。我国将里程作为矛盾的主要方面，安全性作为次要方面，这是频发烧车的思想方法原因，也是造成发展路线、鼓励政策、电池技术发生问题的根源。

---

* 本文是 2020 年 1 月第六届“中国电动汽车百人会理事会议”安排的引导发言。

(2) **要坚持节能减排的宗旨**。节能减排要从电动汽车的全周期衡量,而不是只看路上那一段,譬如纯电动车用电,燃料电动车用氢,要讲电从哪里来?氢怎么生成?它们的节能减排效果怎么样?全周期考虑的结果是:

长里程纯电动车不节能减排;

插电式混合动力车假节能减排;

燃料电池电动车难节能减排;

微小型纯电动车真节能减排;

增程式电动汽车很节能减排。

对5种车子的节能减排,用了5个形容词,在上述8月的报告中有具体说明。

(3) **坚持安全第一和节能减排,必须掌握一条基本原则,这就是:用好安全成熟的电池,发展节能减排的电动汽车**。在此原则下的技术路线应该是:以微小型纯电动车为突破口;大中型车发展纯电驱动的增程式。

四、燃料电池电动车应该稳步发展,防止过热

要如实认识符合国标的氢气"来之不易",切实理解氢能燃料电池的能量利用效率不高。从电网上取电电解水制氢的能量转换效率约为85%。将氢在燃料电池中发电,能量转换效率约50%,电—氢—电的能量转换总效率稍大于40%。于是有些人就说氢能燃料电池电动车的能量转换效率"很高"。其实还有如下的一系列"折扣":燃料电池自身消耗的电能、氢气从电解池的低压状态压缩到输送的高压状态所消耗的能量、输送高压氢气到加氢站所消耗的能量、加氢站给车上储氢罐充氢所消耗的能量等。如此七折八扣,电解水制氢所耗的1度电送到车上电动机,粗略算来只剩下不到0.3度。

如果从电网上取电一度,经充电器对车上电池的充电,再放电,两环节的能量转换效率都在95%左右,送到车上电动机的电能有近0.9度。能量转换效率近3倍的差别,一目了然,意味着节能减排效果相差悬殊。不要受国外夸大宣传的误导,而要接受燃料电池电动车对节能减排贡献有限的现实(对此,在上述11月的文章中有具体说明)。

现在许多燃料电池的基础研究成果,缺少工程化和产业化的机制和行动,一些关键材料及组件仍然依赖于人,在这样条件下提出"及时把产业化重点向燃料电池汽车拓展"的口号,为时过早。

用真正的中国燃料电池装的燃料电池汽车可给以适当补贴,但不宜过高;要抑制过热现象,防止浪费人民财富,也要吸取四年前纯电动车的骗补教训。

五、建议

(1) 双积分制中，电动汽车的正积分应与纯电动里程脱钩，不鼓励多装电池、多耗电。正积分应该以电动汽车节能减排水平作为唯一衡量标准。插电式电动车的积分应该降下来。要给增程式电动车积分，推动真正节能减排贡献大的电动车发展。

(2) 政府的政策要改革，电动汽车和动力电池必须安全第一，而不是里程第一、比能量第一。电池必须经过充分考验才能上车，要恢复动力电池"国标"中的针刺试验。在市场化下，企业经营要改向，要减少电池用量，提高安全性、节能减排、降低车价，减少废电池的处置量。

谢谢大家！

电动汽车要为碳达峰、碳中和做贡献*

各位同志：大家好！

2020年9月22日，国家主席习近平在联合国成立75周年纪念峰会上宣布："中国将提高国家自主贡献力度，采取更加有力的政策和措施，二氧化碳排放力争于2030年前达到峰值，努力争取在2060年前实现碳中和。"这是我们的行动指南。

一、10月9日国务院常务会议通过《新能源汽车产业发展规划(2021—2035年)》

《规划》提出："以纯电动汽车、插电式混合动力(含增程式)汽车、燃料电池汽车为'三纵'，布局整车技术创新链。"名为"三纵"，实际是四条技术路线！

(1) 技术路线多样化，要不要比较？比什么？

技术路线多样化有利于创新，比较鉴别可以促进技术进步。比较鉴别的基准应该是电动汽车的宗旨——节能减排。要真正的、全过程计算的节能减排，而不是表面节油、实际重排放；通过技术路线比较，筛选出最节能减排的电动汽车，鼓励其重点发展。

(2) 技术路线多样化，政府要引导！如何引导？

《规划》的"基本原则"："市场主导，充分发挥市场在资源配置中的决定性作用，强化企业在技术路线选择、生产服务体系建设等方面的主体作用，更好发挥政府在战略规划引导、标准法规制定、质量安全监管、市场秩序维护、绿色消费引导等方面作用，为产业发展营造良好环境。"

政府现在是用补贴和积分与纯电动里程挂钩来引导重点发展长里程电动车。

在《规划》执行中，政府要制定引导节能减排的政策。补贴退坡、停止后，积分成为政府手中最有力的"指挥棒"，因此，积分必须与纯电动里程脱钩，与节能减排水平挂钩，才能引导各车企为2030年前排放达到峰值、2060年碳中和做贡献。同时，还要制定测准节能减排法规。

特斯拉的车在新加坡受罚，就是因为追求长里程而多装电池，导致车身加重、

---

* 本文是2020年12月20日在"2020中国(日照)汽车产业高质量发展高峰论坛"上的演讲，原报告题目为"电动汽车要为2030前排放达到峰值、2060碳中和做贡献"。全文已经发表在2021年1月18日《中国汽车报》专论版。

耗电增多，所占发电时的排放就多。新加坡官员的节能减排意识很强，且政策有力，法规得当。

二、各种电动汽车节能减排的实情

节能减排的计算有清华大学教授和其他学者做了详细的研究。也可用简明方法，那就是：直接与燃油车比较节能（油）和减排二氧化碳量。今天对各种电动汽车做定性的衡量：长里程电动车不节能减排；插电式混合动力车假节能减排；燃料电池电动车难节能减排；微小型纯电动车真节能减排；增程式电动汽车很节能减排。

1. 长里程纯电动车不节能减排

纯电动车如果耗电高，在电网的电能主要来自燃煤的情况下，是不能减少排放的；而且，电池生产链、废电池处置耗能都很高。所以，纯电里程越长越背离节能减排宗旨。此外，多装电池，比能量又要高，燃爆危险性又增大。发展长里程纯电动车就要解除里程、安全、充电、价格、电池这五大焦虑。

《规划》要求，到 2025 年"纯电动乘用车新车平均耗电降至 12.0 千瓦时/百公里"。于是，车身要减轻、电池量要少、里程要缩短！即使将来全用可再生能源，也不该多装电池浪费能源。

2. 插电式混合动力车假节能减排

说插电式混合动力车是假节能减排，理由有以下 4 点：①此车有纯电动与内燃机动力两套完整系统，导致车重、多耗能（图 1）；②50 km 内用电，需要充电，远距离用内燃机，仍然是大马拉小车，不节油减排；③标榜"油耗很低"，实际上是现行油耗计算方法不合理造成的假象；④不少用户不充电而是当燃油车用，费油排放有增无减。有的车企通过加补贴、加免费牌照等各种优惠吸引消费者购买，造成热销假象。

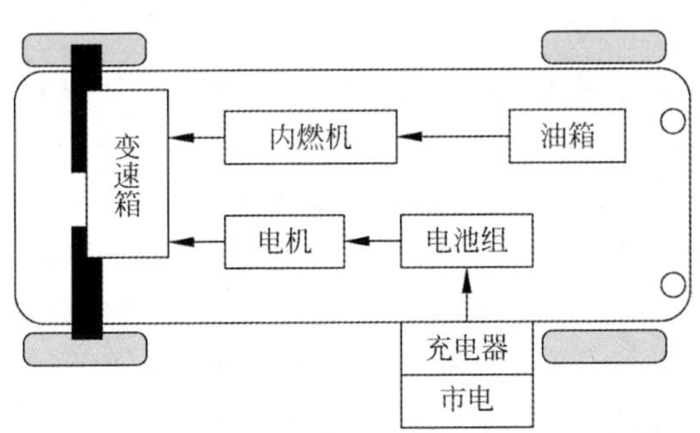

图 1　插电式电动车原理

发展插电式混合动力车的后果是：车厂卖车得利，用户买车实惠，而政府出了补贴等优惠，却得不到节能减排。

一定要实事求是的真节能，切不要追求数量的假减排！

3. 燃料电池电动车难节能减排

(1) 燃料电池需用高纯氢做能源，而氢无矿藏，问题多。

氯碱副产氢虽易纯化，但是其量太小！冶金副产氢含 CO 高，纯化太费能！电解水制氢发电，能效太低：用电网 10 度电电解水制氢，经过电解损耗、氢储运及充氢耗能、燃料电池发电，最后给到电动机的只有 3 度电，只相当于锂离子电池能量转换效率的 1/3(图 2)。

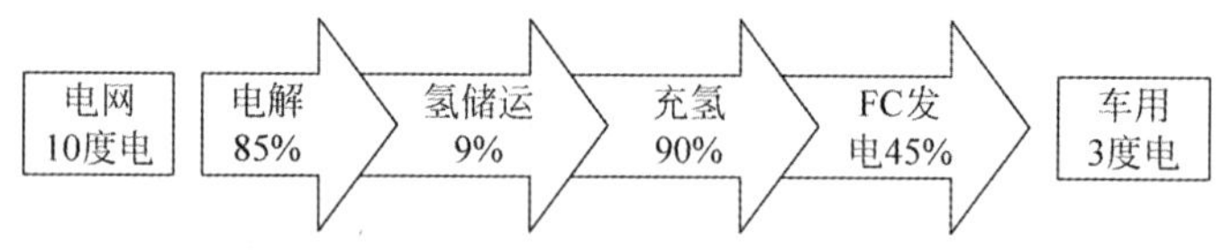

图 2 电解水制氢过程的能量转换效率

(2) 氢的安全储存、输运(尤其是远距离)、充氢等方面不仅投资大，而且耗材多！耗材多意味着实际的排放就多。

(3) 燃料电池及其部件质子交换膜、碳纸、气泵、高压储氢罐等价格高，生产制作耗能又多！

(4) 铂资源太少，无法支撑大规模发展燃料电池电动车，而研究无铂催化剂却属于世界性难题！

(5) 燃料电池必须与电池并用，只是起增程器的作用，从性价比、减少排放等各方面衡量，都难与其他增程器竞争！

目前燃料电池和部件的国产化还没做好，何必高补贴煽起进口部件装车热？

因此，有高纯副产氢的城市要量氢而行，综合考虑各方面因素。总而言之，要打牢基础、稳步发展，将经济账算清，减排账核实。

4. 微小型纯电动车真节能减排

我 10 年前建议的电动车发展路线：纯电动车以微小型为突破口，大中型车主要发展增程式。

微小型纯电动车电池少，安全性高，并且适应城市、乡镇交通的普遍需求，同时价廉，易推广。微小型纯电动车耗电少(合 2 L 多油每百公里)，可以用电网的谷电夜间充电，是真减排。220 V、5 A 的家用充电，不必扩容。微小型纯电动车还可用铅碳电池做低速车，更加安全；也可用锂离子电池做高速车，由市场决定。

交管部门要管理起低速车的交通，不要怕麻烦；政府部门要赶快出台低速车标准。政策要顺应人民需求，避免成为节能减排和经济发展的绊脚石。

5. 增程式电动汽车很节能减排

第一代增程式,电池的电将用完时发电机启动给电池充电;第二代,将发动机发电和电池两个电源并联,发动机排量减半,转速选取最经济点;电池量减了 2/3,车身减轻,更节能;电池组不会过充过放,寿命延长,安全性高;磷酸铁锂电池比能量合用,安全性更提高;电池少,补贴退坡甚至取消后的影响小,易推销;增程行驶比燃油车节油 50%以上,既省钱又减排;可以不外充电,免建充电桩,且能远距离行驶;在有充电条件的城市中行驶,百公里内节油率大于 80%;燃油车生产及加油设施可全继承,便于发展。因此,增程式并不是向纯电动的过渡车型,而是未来电动车的主力。

三、增程式电动汽车技术在继续发展

(1) 增程式电动汽车节油 50%的“五大法宝”:①电池与发电机并联互补,内燃机排量减小一半;②内燃机转速恒定在最经济点,热效率高;③红灯或堵车时内燃机关闭,而燃油车此时效率为“0”或很低;④回收刹车、下坡的能量,节油率 15%～20%;⑤装有优化能效的电力电子控制系统。要增程式节油就要掌握此“五大法宝”,其基础是“并联双电源”概念。

今后要进一步提高节油率,应该继续发展以下技术:①发展专用内燃机,不断提高热效率;②发展快充电池,以便能充分回收刹车减速的回馈能;③发展高效电机;④发展高水平的控制系统;⑤未来的发动机可不烧油而烧生物乙醇,这样就不会增加 CO_2 排放。

(2) 目前增程电动汽车发展不快,影响的因素有:

因素一,补贴政策过分优惠纯电动车,误导了企业。甚至 2019 年在补贴退坡中反而提高长里程电动车的补贴。这是为什么?追其根源,其实是片面地将燃油车的里程当作电动车的发展目标,而忽略了节能减排的宗旨。

因素二,不恰当地支持了假节能减排、技术又简单的插电式车。不过,发改委已列其为“燃油车”。科技部 2018 年认为“增程式是插电式的发展”,2019 年在“三纵”中增程式取代了插电式(但 2020 年又倒退将两者并列进“三纵”)。

因素三,“想当然的专家”们,干扰、影响政策的制订。他们说,内燃机发出的动力要经过机械能-电能-机械能两次转换,效率大打折扣。他们不细想两次能量转换效率折扣仅是零头而已!其实,任何电动车用电均是两次转换,只是转换场合有别而已。

因素四,技术概念理解有偏差,表现在节油率参差不齐。节油率参差不齐的原因是未全掌握节油"五大法宝",设计概念仍停留在第一代水平(表1)。例如,有人说:"增程式是串混",而不承认电池和发电机并联。实际上,两个电源只有并联才能互补,设计才能正确——发动机排量才可减半,转速才能定在最经济点,电池用量才能少,车重才能减轻——才能真正的节能!

表1　目前各公司做的车型及节油率

公　司	车	公　司	车
德国宝马 i3(一代)	小型	德州富路集团	低速车
美国通用汽车	A级	北京理想	SUV
加拿大 PlanB 公司	*大卡车*	吉利商业车集团	三种
日本日产汽车-NOTE	紧凑型	*北京科凌电动车*	*客车*
美国(中资)KARMA	豪华型	*华龙新能源汽车*	*客车*
广汽传祺 GA5	A级	*洛阳港东集团*	*SUV*
安徽奇瑞	小型		

注:表中斜体字的车节油率>50%。

(3) 要努力拓展节能减排收效大的5个领域:

领域1是增程式乘用车:大力提倡紧凑型,比如,出租车、家用车。

领域2是增程式商用车:燃油商用车量大、污染排放重,将增程式拓展到这个领域后,可有效节能减排。

领域3是军用装备动力增程化:意义重大。车辆增程电动化,舰艇的"全电驱动",既可以提高战斗力,又减轻后勤供油负担。

领域4是农用机械增程化:这个领域还是一片空白。在我国,大中型拖拉机有600多万台,小型拖拉机有1700多万台,总动力11亿多kW,另有排灌柴油机近1000万台。农机的柴油消耗量约占全国总用量的35%,超过6400万吨。农业机械增程化,将对节能减排做出大贡献。

领域5是运输船只动力增程化:可以一举三得。首先,内河船只超过16万艘,沿海船只有1万多艘,这些船造成严重排放污染;远洋船2500艘,总功力5400万kW。船只增程化后可以一举三得:减排、降运输成本和解决停船时生活用电问题。

有人说,增程式车还是要烧油。但是,他们不说能节多少油,何况,将来发动机可以不烧油而烧生物乙醇,就不会增排CO_2,实现碳中和。

生物乙醇的来源可有3个:①秸秆每年产7亿吨,可转化乙醇1亿多吨。②甜高粱可以在盐碱地、沙旱地种植,不与粮争地;秸秆榨糖和高粱米均可制乙醇。③用作饲料的陈粮:先将其淀粉发酵出乙醇,酒糟保留全部蛋白质是优良饲料——实现了循环经济。

于是,增程节能,绿色出行,可造福子孙万代和全人类。

结束语

(1) 建议企业：不必都去造整车，高能效的增程器更关键。我国最终应建立年产百万台增程器的工厂20座，用来生产不同功率、用各种低碳燃料的增程器。

要努力创建中国增程器世界名牌！

(2) 建议政府：①制定鼓励电动汽车节能减排的政策；按节能减排水平评定电动汽车正积分；②将大力发展增程动力车、船、农机列入“十四五”规划，使节能减排全面上一大台阶。

解读《新能源汽车产业发展规划（2021—2035年）》*

各位同志：大家好！

我今天讲的内容有如下几部分：第一部分，电动汽车要为“二氧化碳排放力争于2030年前达到峰值”做贡献；第二部分，《规划》中的技术路线；第三部分，《规划》中的燃料电池和氢能；第四部分，《规划》对百公里能耗的要求；第五部分，《规划》提出电池快充新要求；结束语——建议的政策。

一、电动汽车要为“二氧化碳排放力争于2030年前达到峰值”做贡献

国家主席习近平2020年9月22日在联合国成立75周年纪念峰会上宣布：“中国将提高国家自主贡献力度，采取更加有力的政策和措施，二氧化碳排放力争于2030年前达到峰值，努力争取在2060年前实现碳中和。”

国家主席习近平2020年9月30日在联合国生物多样性峰会重申：“采取更加有力的政策和措施，二氧化碳排放力争于2030年前达到峰值，努力争取2060年前实现碳中和。”

10月9日国务院常务会议通过《新能源汽车产业发展规划（2021—2035年）》（以下简称《规划》），开头就明确：“发展新能源汽车是我国从汽车大国迈向汽车强国的必由之路，是应对气候变化、推动绿色发展的战略举措。”

《规划》第一句突出了“气候变化”“绿色发展”，可以理解为，在《规划》的执行中，必须切实落实习主席代表国家所做的庄严承诺，减排二氧化碳。

我们热切盼望政府部门，制定的电动汽车政策要促进真正减少二氧化碳排放。在衡量政府部门的政绩时，也要考察真实减少了多少二氧化碳排放。

本论坛的主题是“进入中高级发展阶段的发展战略”，不应离开减排二氧化碳。新市场格局要为“二氧化碳排放力争于2030年前达到峰值”做贡献。

本报告试图理解习主席讲话和《规划》的精神，提出见解和政策建议！

---

* 因疫情影响，本文以PPT形式提请“中国电动汽车百人会论坛（2021）——新能源汽车市场论坛”在会上发放。

二、《规划》中的技术路线

规划提出:"深化'三纵三横'研发布局,强化整车集成技术创新。以纯电动汽车、插电式混合动力(含增程式)汽车、燃料电池汽车为'三纵',布局整车技术创新链。"

插电式混合动力汽车先用电后用油,并无所谓的动力混合;增程式是电池与油发电并联的纯电驱动汽车,与插电式迥异;所以,名为"三纵",实际是"四纵"!

纯电动汽车有高速长程与低速短程之分,所以,我国实际上总共存在五条技术路线!国际上也是如此。

1. 技术路线的选择与引导

《规划》的"基本原则"是,"市场主导,充分发挥市场在资源配置中的决定性作用,强化企业在技术路线选择、生产服务体系建设等方面的主体地位;更好发挥政府在战略规划引导、标准法规制定、质量安全监管、市场秩序维护、绿色消费引导等方面作用,为产业发展营造良好环境。"

《规划》要求强化企业在技术路线选择等方面的主体地位,说明现在还不够强;《规划》要求更好发挥政府在战略规划、绿色消费的引导作用,说明现在还不够好!

强化企业的主体地位与政府的引导,两者相辅相成。在我国,电动汽车能否实现"**市场主导**",还是决定于政府的掌控。要改变观念才能掌控得当!

2. 政府在战略规划、绿色消费如何引导

政府现在引导重点发展长里程纯电动车,纯电动车里程越长补贴和积分越高。而纯电动车里程越长,必然要求电池装得越多,于是电耗越高,在电网的电能主要来自燃煤的情况下,排放就越多。还有,电池生产链、废电池处置,耗能都很高,排放又增加。在新加坡,是以排放量定奖罚的。特斯拉车在新加坡受罚,就是因为追求长里程而多装电池,车重,耗电多,发电时排放多。从这点来看,新加坡官员减排意识很强,政策有力,法规得当。

我国的正积分也要以电动汽车真实的排放量为评定基准,排放越少,给的积分越高,并且要真正的、全过程计算的减排,而不要表面节油、实际重排放。同时,还要制定测准电动汽车节能减排的法规、标准。

3. 企业如何强化在技术路线选择的主体地位

技术路线多样化有利于创新,比较鉴别可以促进技术进步。

比较鉴别的基准应是电动汽车宗旨——节能减排。企业要盈利,同时要有2030年前排放达到峰值的良知与行动。强化企业技术路线选择的主体地位,同时也就强化了企业减排责任的主体地位。我对各种电动汽车节能减排的认识,供大家参考:长里程电动车不节能减排;插电式混合动力车假节能减排;燃料电池电动车难节能减排;微小型纯电动车真节能减排;增程式电动汽车很节能减排。

《规划》明确:“2021年起,国家生态文明试验区、大气污染防治重点区域的公共领域新增或更新公交、出租、物流配送等车辆中新能源汽车比例不低于80%。”

要抓住机遇,关键是选什么技术路线!我认为,增程式电动车是最好的发展路线。

第一代增程式:电池的电将用完时发电机启动发电机给电池充电,增加了里程,但节能很少。第二代增程式:两个电源并联,发动机排量减半,最经济转速;电池减2/3。燃油车生产、加油设施全继承。它的优势明显:电池组不过充过放,寿命长,很安全;安全性高的磷酸铁锂电池比能量合用;电池少,补贴取消的影响小,易推销;比燃油车节油50%以上,减排多;有充电条件的城市百公里内节油率大于80%;可以不外充电而远行,免建或少建充电桩。

增程式不是向纯电动的过渡,而是未来电动车的主力。

三、《规划》中的燃料电池和氢能

《规划》提出:“支持有条件的地区开展燃料电池汽车商业化示范运行。”“有序推进氢燃料供给体系建设:提高氢燃料制储运经济性。因地制宜开展工业副产氢及可再生能源制氢技术应用,加快推进先进适用储氢材料产业化。开展高压气态、深冷气态、低温液态及固态等多种形式储运技术示范应用,探索建设氢燃料运输管道,逐步降低氢燃料储运成本。”

支持有条件的地区开展燃料电池汽车商业化示范运行,应该理解为:不支持没有条件的地区开展燃料电池汽车商业化示范运行。一个地区是否有条件,最主要的是看氢源,理由是:

(1)氢的制备问题:氢无矿藏,需从其他能源转化。商业化运行就必须经济可持续;能源转化还必须算清排放账。①氯碱工业副产氢纯度较高、较易纯化;但仅少数地区有!这些地区就是“规划”中所说的“有条件的地区”!②冶金副产氢含CO高,纯化很难,且太费能。③从电解水制氢到燃料电池发电,几次能量转换和输运,能效低至动力电池的1/3,大量宝贵的电能浪费成无用的热。

可再生能源发电是为了代煤发电而减排,所以,低效使用可再生能源发的电,实质上就是增加了煤电,也就是增加了排放。而且应该看到,可再生能源发电也绝非有些人认为的那样是“零减排”,因为生产可再生能源发电设备的过程中,必然有大量的排放,应该分摊到发电设备发出的每一度电上!

(2) 氢的储运问题：必须同时考虑储运的经济性和排放量!

氢的储存、远距离运输、充氢,其设备的投资大,所以经济账要算清!

氢的储存、远距离运输、充氢,其设备的耗材多,耗能多,排放也多!

用“三北”的可再生能源制氢,可在当地车用,可惜的是用量不大；如想送到沿海就要认真算经济账和排放账!

《规划》提出要发展的“高压气态、深冷气态、低温液态及固态等多种形式储运技术”,多是高耗能过程,尤其是低温液态氢及固态氢,实验室里的科学实验可用,而作为商业储运技术发展,就需认真商榷了。应该远在开展示范应用前的技术研究立项时就应该先进行客观的、负责任的论证,算清能效账、排放账!更不必亦步亦趋地跟着外国人走。

有副产纯氢的地区要量氢而行；同时也要将经济账、排放账从头到尾算清楚。

总之,不能只看燃料电池发电这一个环节零排放,而应算出用氢全过程的排放。

四、《规划》对百公里能耗的要求

《规划》的“发展愿景”提出：“到2025年,我国新能源汽车市场竞争力明显增强,动力电池、驱动电机、车用操作系统等关键技术取得重大突破,安全水平全面提升。纯电动乘用车新车平均电耗降至12千瓦时/百公里。”

《规划》为纯电动乘用车立了标杆,要以此标杆对其他车种提出相应要求。插电式和增程式均用电和油,要建立它们真实耗能、排放的测算规范。例如：

等效电耗=行百公里的[用油量(升)×3.3+用电量(度)]

式中,1升油的 CO_2 排放量与3.3度电相当。

要切实防止这类烧油又用电的车用油不节油,用电重排放；也要杜绝它们算出虚假的能耗、排放数据。

五、《规划》提出电池快充新要求

《规划》提出：“积极推广智能有序慢充为主、应急快充为辅的居民区充电服务模式,加快形成适度超前、快充为主、慢充为辅的高速公路和城乡公共充电网络。”

要有对策解决发展快充的两个问题：

(1) 快充的难点不在充电器,而在电池的充电倍率。快充电池首要是开发廉价的高充电倍率正、负极材料(当然,极片工艺、电解液等对降低电池内阻也有贡献)。

(2) 快充加剧了安全性问题。慢充电情况下,安全问题很多发生在充电环节。快充发热更多,尤其是三元正极锂离子电池的安全性更该重视。

结束语——建议的政策

(1) 按节能减排水平评定电动汽车的正积分。

(2) 修定插电式和增程式电动汽车电耗+油耗及排放测试标准。

(3) 汽车设计标准中时速以120公里为限,减少功率及结构强度冗余量;不仅为了节能减排,而且可从根本上解决运输汽车的私自改装和违规超载问题。

(4) 燃料电池汽车商业化示范运行,在有高纯氢的地区开展。

(5) 尽快出台低速电动车标准,并将低速车交通认真管理起来。

(6) 推行快充电,要安排新材料研制,要进一步提高安全性。

(7) 车辆电动化延伸到农用机械和船只,节能减排潜力很大。

第二部分
电动汽车的发展路线

电动汽车发展与电能供应*

各位同志：大家好！

今天我主要讲以下 3 个方面：①发展电动车的目的意义；②各种类型电动车的供电需求；③几点建议。

一、发展电动汽车的目的意义

习近平总书记 2014 年 5 月在上海考察时指出：“发展新能源汽车是我国从汽车大国迈向汽车强国的必由之路。”

什么样才算“汽车强国”？

我认为：①依靠自主知识产权生产的汽车，其生产过程和行驶过程能耗最低、排放最少。②能够自主设计并生产指标最先进的零部件。③能够不断提出引领世界汽车发展的新思路、新观念、新技术。

车是集中体现，零部件和技术，是基础。

在燃油车发展阶段，我国已算“汽车大国”，但是丢了市场，没有换来技术；安于靠合资的二流技术分一杯羹，缺乏自力更生精神迈向汽车强国。

衡量燃油汽车水平最重要的指标是油耗。汽车强国追求油耗低的燃油汽车！汽车强国也必须能够生产能耗最低、排放最少的电动汽车。

有的电动汽车只节油，但不减排。特斯拉在新加坡受罚，就是因为追求长里程而多装电池，车重而耗电多，而发电时有大量 CO_2 等排放。

现在有些人开始觉悟了：核心技术是买不来的。迈向汽车强国必须自力更生发展并全面掌握先进的核心技术。

燃油车是汽车业的主力，也是汽车强国的支柱，必须首先由大而强。汽车强国应该也是电动汽车技术先进国家。汽车强国必须能够依靠自主知识产权生产能耗最低、排放最少的所有汽车。

汽车强国必然体现在若干个强企业上。在我国不是三两个，而应是 10 个、8 个。建立汽车强国，要有正确的技术路线。我在“十一五”期间从用好现有电池出发，提出了我国电动汽车发展路线：纯电动汽车以微、小型为突破口；大、中型汽

---

* 本文是 2017 年 9 月 22 日在北京“中国工程院/国家能源局第四届能源论坛”暨“‘能源革命与电力创新’国际工程科技发展战略高端论坛”上的演讲。

车应主要发展增程式。发展趋势越来越证明这句话是正确的,近些年欧、中的微、小型车兴起证实了前半句;增程式电动车日多,节油率高,证实了后半句。今天的题目是分析各种电动汽车的发展,考察它们的电能供应问题。

二、各种类型电动车的供电需求

(1) 必需充电的电动车:纯电动车。

(2) 需充电又用油、但不节油的电动车:插电式。

(3) 不充电而节油的电动车:油电混合式、燃料电池车。

(4) 充电使节油率更高的电动车:增程式。

充电要联电网,电动车将是用电大户。在电网的电能主要来自燃煤的情况下,节油的纯电动车不一定能够减少排放。电动车必须重点考虑减排指标。

积分制不该照抄美国加州与里程挂钩,不可片面强调纯电动里程而误导发展方向。

(一) 纯电动车的电能供应

纯电动车的全部电能来自电网。小型纯电动车电池少,安全性高。适应城市、乡镇交通普遍需求,价廉,易推广。小型纯电动车以 220 V、5 A 充电 8 小时,可行驶约 100 公里,耗电少,真减排。发展 1 亿辆小型纯电动车,夜间充电相当于 100 座百万 kW 的抽水蓄能电站,可省 1.5 万亿元建站费用。

中大型纯电动车要解除“四大焦虑”。①里程焦虑:里程长,电池要多;车加重,电耗高,节油不节电,排放加重——特斯拉为例。冬夏空调难。②安全焦虑:电池要多装,而且比能量要高,故里程越长的车危险性越大,使烧车事件接踵而来。③充电焦虑;密布充电桩费钱多、占地大,仍难满足要求。快充,使用的局限性大,对电网冲击大,电池寿命缩短。④价格焦虑:电池价格下降有限度,电池用量大的纯电动车价格高,补贴停止后竞争力低。“四大焦虑”纠集在一起,难题未解决前,决定了中大型纯电动车难成为电网的主要用户!

合理利用电能的几个问题:

(1) 夜间充电好处多。要拉开峰谷价差,消纳谷电,并解决弃风问题。减少抽水蓄能电站建设,节省建造费用。用铅酸电池的物流车消纳谷电作用不可轻估。

(2) V-2-G 目前不合算。用价贵的动力电池当价贱的储能电池用,贵材贱用;现在动力电池的寿命本来不如汽车长,V-2-G 就使电池比汽车寿命更短。只有电池寿命很长(例如 2 万次),细算出有利可图的结果后,V-2-G 才能可行。

(3) 快速充电还不宜过分渲染。快充对电网的稳定性冲击大,电池发热量大不利于提高安全性。目前主要可用于公交车等部分补充电池电量的场合。

(4) 用储能电站给汽车充电,效果好。夜间蓄的电白天用,低倍率充电而大容量放电;用铅炭电池可以盈利。

(二) 插电式混合动力车的电能供应

该车有纯电动系统与内燃机动力两大系统，车重，较贵；50公里内用电，故需充电；远距离用内燃机，仍是大马拉小车，不节油减排；有补贴时，或是给牌照优惠时，可以销售出去，但是无补贴后，难推销。这类车不是电网的重要用户。

(三) 油电混合动力车用油不充电

它是电动力与内燃机动力通过行星齿轮的组合，是名副其实的“动力的混合”。行星齿轮加工要求高、加工费高；电池组的电能来源于刹车能，不需外部充电；电能用于车的加速行驶。日本丰田利用镍氢电池安全性高、比功率高、寿命长的优势，发展普瑞斯及其系列产品，节油率逐步提升到50%，至2016年8月底已累计销量1000万辆。

镍氢电池比能量只有50 W·h/kg。这充分说明，比能量不高的电池只要用好了就能出好车；不善用电池而又总怪它“不过关”是何等的没道理！

(四) 燃料电池电动车用氢不充电

燃料电池用氢做能源，排放的是水，美妙之极可以比拟为人类社会发展的共产主义阶段。但要解决：①氢的高能效、低排放制备；②氢的安全运输、分布、储存；③燃料电池寿命不够长，价格高；④膜等关键材料国产技术差；⑤铂资源太少，要研究无铂催化剂这一大难题。

这些问题要在很长的研究过程中努力解决。在达到较高的成熟度之前让燃料电池大量上路，好比要在社会主义初级阶段实现共产主义分配原则，是冒进的路线，不是当前的汽车强国之路。

(五) 增程式电动汽车的电能供应

(1) 第一代增程式电动汽车，在纯电动车上加装增程器，单纯为了增加行驶里程，电将用完时增程器启动；电池重，增程器功率大，油耗高！车加重，耗能更多；加价15%！

增程模式的100公里油耗高：美国通用沃蓝达7.14 L(1.4 L排量发动机)；德国宝马i3为5.35 L(0.7 L排量发动机)。

(2) 第二代增程式电动汽车技术是燃油车与电动车的融合，优化电力系统，改变单纯延长续驶里程的局限性，节能减排。

华龙新能源汽车有限公司的12米增程式客车，市区公交模式百公里油耗12 L；公路模式百公里油耗16.3 L。电池驱动，燃气或燃油发动机发电；污染物排放减少 80%；三门低地板；空气悬架系统。

加拿大 PlanB e-Storage Ltd. 增程式卡车，电池驱动，涡轮发电机发电；3 倍行驶里程。高燃油经济性，百公里油耗 17 L，并降低 70%污染物排放。

卡车是耗油、排放大户，使用增程技术大有作为。如有充电条件，更好；不充电也节能减排，并可远行。

日产汽车 NOTE，紧凑型车，2016 年底上市。公司自称："e-POWER 动力系统属于串联式混合动力"。用一台 1.3 L 排量三缸燃油发动机发电，为 1.5 kW·h 高功率电池充电，免去从外部充电。通过轻量化设计，开发反应灵敏的电机控制方式，优化能源管理等手段，百公里油耗仅 2.7 L。

粗略估计，如果充电方便，在电池降价、油贵电贱的情况下多装点电池，此车百公里内的油耗有可能低至 1.5 L。

"第二代（节能）增程式"电动车优点突出：电池组不会过充和过放，寿命延长，安全性高；可以不外充电，免建充电桩，且能远距离行驶；电池少，补贴退坡、取消的影响小，易推广；燃油车生产、加油设施全继承，便于发展；节油率 50%以上；如有充电条件，城市百公里内节油率 80%以上；增程式电动车不仅是发展电动车的正确路线，而且是迈向电动汽车强国的优选方案。

有人会说：增程式还是要烧油，不是最终目标。我要提醒这些人两句话：①如果我国汽车的油耗降到一半以下，我国还能不算汽车强国吗？②目标要宏伟，但要脚踏实地搞节能又减排；要切实地对比技术路线，不要抱成见、认死理。

发展电动汽车的目的是节能、减排。凡是节能又减排的车都应鼓励发展，最后由市场裁决。凡是不利于节能又减排的规章制度都应改革，观念都该更新。

三、几点建议

（1）改革对国有汽车企业领导的考核制度，将汽车安全质量、汽车节能减排指标、逐年增加的电动车销售比例列为考核指标。

（2）建立汽车全寿期能耗、排放的计算标准，将汽车减排列为与节油同等重要的考核位置；积分制不要与纯电动续驶里程挂钩，避免增加排放；要在统一衡量节油与减排的思想指导下设计汽车。

（3）大力鼓励建电池蓄电站，多用谷电：要拉大峰谷价差，普及分时计价；要配合电网需求，建大型电池蓄电站；要在充电站内同建蓄电站，既对电网多方有益（避免充电大电流对电网的稳定性的冲击、销售谷电、减轻峰电负荷等），蓄电站又可盈利。

谢谢！

汽车强国的电动车必须低碳发展*

主持人董扬：我们下午的分论坛是“变革期的汽车强国之路”。在新一轮科技革命和产业变革中，在国家走向全面小康的进程中，汽车产业也面临很多新的情况、新的条件、新的问题。中国汽车产业也迎来了由大变强这样一个关键的机遇期。

下面第一位讲演的是杨裕生院士。杨院士，我已认识好几年，但是我还是第一次知道他原来是著名的核武器专家，现在以 80 岁高龄进入汽车领域，怀着一颗报国之心，对新能源汽车的动力电池进行深入研究。他今天讲演的题目是《汽车强国的电动车必须是低碳发展》，大家掌声欢迎。

杨裕生：各位同志下午好！

我是前 27 年在新疆搞核试验，最近的 27 年回到北京，主要搞电池，近 10 年从电池这个角度来看电动汽车该怎么发展，可能发表了一些外行的话。外行敢说，说错了也没有关系，但是我觉得，从电池这个角度，怎么把电池用好，电动汽车才能够更好的发展。从这个角度看，我觉得有些话可能还是有参考价值的，甚至比一些从传统的燃油车转过来的汽车内行讲的话，可能还更加贴合实际。所以我觉得可以继续在这里发表我的“谬论”。

我讲的第一个问题：怎么样才算是汽车强国。

我觉得汽车强国首先应该依靠自主知识产权生产汽车，生产的过程和行驶过程的能耗都是最低，排放最小。第二就是能够自主设计并生产指标最先进的零部件。第三是能够不断提出引领世界技术发展的新思路、新观念和新技术。集中表现的是第一条，后两条是基础。

迈向汽车强国必须自力更生发展，并且全面掌握核心技术。这和上午有些人讲的不一样，上午讲首先要有强的汽车企业。我觉得强的汽车企业只是一个外壳，实际上真正的核心问题是技术，必须有强的汽车技术才能叫强的企业。所以归根到底是要有强的技术，企业只是一个表现形式，是一个具体的执行单位。

汽车强国应该是电动汽车技术先进的国家。发展电动汽车的目的是为了节能减排，汽车强国必须依靠自主知识产权生产能耗最低、排放最少的电动汽车。如果

---

* 中国汽车工程学会于 2017 年 10 月 24—26 日在上海举办“第 19 届亚太汽车工程年会暨 2017 中国汽车工程学会年会暨展览会”，以“未来汽车与交通变革”为主题。25 日下午在“汽车强国与低碳发展(高层)论坛 ”上发表题为“汽车强国的电动车必须低碳发展”的演讲。本文根据大会录音整理而成。

做不到这一条，还不能叫做汽车强国。

电动汽车是不是都能够减排、低碳？实际上不是这样的。减排的电动车肯定是节能节油的车，而电耗高的纯电动汽车可能是排放很严重的车。所以，要以减排量来衡量电动汽车的水平，以追求低碳作为电动汽车发展的目标和推动力，而不是片面的追求行驶里程，行驶里程不是一个很重要的或者很难的技术，只要电池装多了，里程就能够行驶很远。

昨天付于武同志跟我讲，我们有一个做客车的厂，在一个 12 米的客车上装了 3.5 吨的电池，行驶里程很长。3.5 吨相当于 50 个人的体重，所以你到底是装人还是装电池？这变成一个"电池公交车"了，而不是一个运人的公交车了。所以，不要以纯电动里程作为一个很重要的目标。

那么补贴停止之后，主要用什么来激励电动汽车的发展？我觉得是积分，当然还可有其他的，比如说优惠政策之类的。积分必须能够引领电动汽车低碳发展，建成汽车强国。如果积分不能够引领低碳发展，积分制度就值得考虑。

接下来我讲第二个问题：解读一下五部署发布的积分管理办法。

五个部署就是工信、财政、商务三部，再加海关总署和质监局。先说今年 6 月份的征求意见稿，可以看到标准车型的纯电动汽车的积分办法是，$0.012\times R+0.8$，用这个公式来计算积分。这个 R 是纯电动行驶里程。到了今年 9 月份，正式公布的办法，这个公式没有变。但是，燃料电池车变了。燃料电池车在 6 月份的征求意见稿中是不同的里程有不同的分数：250 公里到 350 公里给 4 分，大于 350 公里的燃料电池给 5 分。9 月份的办法是 $0.16\times P$，这个 P 是燃料电池的功率。这里有一个变化，把里程给去掉了，取代的是燃料电池的功率数。也就是说，积分与燃料电池的功率挂钩了。

下面谈谈我的看法。第一点，积分与里程挂钩背离了低碳发展方向。

长里程的电动汽车需要多装电池，重量必然大。重量大了之后，耗电量就大，我们国家的电主要是来源于燃煤，而燃煤会有重排放，所以耗电量大的车，排放就必然大。排放越大的车给的积分越多，是个方向性的错误。此外，在这个办法里面还规定整备重量大的车，电耗随之放宽要求，这样就进一步鼓励了做重车，也就是背离了轻量化的发展方向。发展方向的问题，刚才董扬同志讲了，是一个争论的问题。真的，现在又要争论了，就是到底我们这个积分鼓励什么？

第二点，要讲一讲五部署的积分管理办法还有两个副作用。第一个副作用：车子自身不减排的车拿高积分，使得更加不减排的燃油车能够轻易的买到积分，这样就双重的背离了低碳发展的宗旨。所以，积分管理办法纵容了作为高油耗的燃油车，SUV 以后就可以拼命做，做了以后可以去买积分，因为积分很容易拿到。第二个副作用：长里程要求电池比能量高，安全性就自然地降到了次要的位置。为了提高锂离子电池的比能量，需要追求高电位的正极材料。三元材料中镍钴锰的比例从 333、424 到 523，这 3 种材料的安全性还比较好，现在又被鼓励提高到 622、811，镍的含量提高到 60%～80%。镍量增多，电压就增高了，比能量就提高，但是安全隐患也随之增大。再加上要多装电池，电动车的安全性更堪忧虑。

所以，此积分管理办法是鼓励做安全性差的电动车。

第三点，对比一下五部署的公式和美国加州的公式。

美国加州的公式：积分＝0.5＋0.01×纯电动英里；

五部署的公式：积分＝0.8＋0.012×纯电动公里。

两者外形非常相似。但是细看可见，我们这个公式比加州的放宽了很多。前面的常数项，他们是 0.5 我们是 0.8，第二项的系数他们是 0.01 我们是 0.012，再有加州按英里我们按公里算。如都按同一个公里数来算，一次充电的行驶里程分别是 100 公里或 350 公里，按照五部署的公式可以得到 2 分或 5 分，美国的公式得到 1.125 分或 2.688 分。我们的积分比美国多了将近一倍。这样的后果就是鼓励企业更积极的追求长的里程，并且使得企业更容易取得高积分，这样就滋养了高耗油燃油车的产销。

特斯拉电池用量很多，在美国加州可以得到高积分，它靠卖这个积分，每年得到美元数以好几个亿计，来弥补公司一直的亏本。而在新加坡，特斯拉的车由于高耗电，也就是高排放，而受罚，车主被罚了 11 000 美元。所以新加坡的政策是正确的，我们不应跟随美国加州的错误方向，更不该“青出于蓝而胜于蓝”。

第四点，五部署管理办法的积分环节复杂，既要考核里程，还要考核车的重量；考核的项目多了，能够钻的空子就多了。另外，所谓双积分制，就是企业平均燃料消耗的负积分与电动汽车正积分挂钩，积分实际上就是货币，这样诱惑力就太大了。空子多，加上诱惑力大，等于什么？所以，我想提醒官员们密切关注发展动向，严防类似金太阳工程和电动车两次骗补问题的再三发生——金太阳工程一次，前年电动车又一次，希望不会因为骗积分又出现第三次。

接下来讲第三个问题：讲一讲积分应该与减排贡献挂钩。

积分将是没有补贴情况下最有力的指挥棒。去年征求意见，我建议在积分里面加一个减排积分，没有被采纳。今年征求意见，我建议把所有的纯电动车都给 3 分，就不要跟里程挂钩，结果还是没有采纳。9 月 25 号公布这个办法，同一天我在网上发表了一篇文章，很凑巧，我的文章题目是《电动车积分与里程挂钩背离了低碳发展方向》。

同时我向工信部建议：“电动车的积分以燃油车平均油耗指标为对照，以减排量作为积分的尺度。”具体办法是，先依据工信部“乘用车的平均油耗指标”换算出其二氧化碳的排放量 A；再根据我们国家现在发 1 度煤电排放多少二氧化碳和煤电在整个发电量中的份额,就可从某一电动车的百公里电耗算出该车的二氧化碳排放量 B。$A-B$,就是该车的减排量。政府可以规定,每减排 2 千克二氧化碳(或其他某一个千克数 C)的车给一个积分。于是,电耗越低(即减排量越大)的纯电动汽车得积分越高,从而可以鼓励低碳化、轻量化。既烧油又用电的插电式和增程式车,可按规定行驶模式下测量百公里的耗电量和耗油量;每度电的排放量与上述纯电动车相同,每升油量的排放量按不同油品已有定数,从而可以计算出该车的总排放量,再与 A 值相减,按减排量给积分。

调整一个积分所需的减排二氧化碳千克数 C,就可以来控制正积分的总量。今后,全国每年公布一次每度煤电的煤耗和煤电在总发电量的占比,随着此二数不断减低,还有燃油车平均油耗指标的下降,积分将逐渐收紧;这样,积分制就可不断推动电动车技术水平提高,推动电动车数量不断增加。

所以,要再一次提请五部署不要再固执己见,而采纳"积分与二氧化碳减排挂钩"的意见。

最后讲讲第四个问题:增程式电动汽车技术是强国之路。

第一代增程式电动汽车是在纯电动车上加装增程器,它发电给电池组充电,电池组驱动电动机,单纯是为了增加行驶里程;车子增加重量,耗电也多,比纯电动车还贵 15%。这是德国宝马 i3 采取的做法,美国通用的沃蓝达也类似。

第二代增程式优化电力系统,改变单纯延长行驶里程的局限性,提高节能。国内外均有新产品,沈阳华龙 12 米的增程式客车,市区公交模式百公里油耗 12 L,公路模式百公里油耗 16.3 L,排放也减少很多。加拿大 PlanB 公司做了增程式卡车,百公里油耗 17 L。日本日产去年年底出了一个紧凑型车 NOTE 的电动版,有一个三缸发动机,电池仅 1.5 度电,百公里油耗 2.7 L。

第二代增程式优点很多,电池组不会过充过放,寿命延长,安全性高;电池少,补贴退坡、取消的影响小,易推广;燃油车的生产、加油设施全部可以继承,便于发展;增程行驶时比燃油车节油 50%以上,而且可以不用充电桩;如果有充电条件,城市百公里内节油率 80%以上。它还解除了纯电动车的里程焦虑、安全焦虑、充电焦虑、价格焦虑。这是纯电动车目前作为主要推动的技术路线所存在的 4 个问题,在增程式里面可以得到很好的解决。

第二代增程式也有美中不足的地方,主要是所有的电流全部通过电池,而充放电有能量损耗;再有就是电池用量还较大(相当于纯电动车的 40%左右,以满足最高速行驶的功率要求),价格还比燃油车高一些,还有减重、节能的潜力;电池始终高负荷工作,寿命受到影响。这些问题都应该值得改进。所以我们提出一个发电机发电、直接驱动电动车的新概念。这个新概念里,发电机发的电流不经过电池而直接送到电动机。我们把它叫做第三代增程式电动技术。它继承了第二代的全部优点，油耗、排放进一步下降，它的优点是，可以免除充放电的10%的能量损耗；可进一步减少电池用量，成本低了，车子也轻了；电池大电流工作的机会少，寿命也延长了；再算上高节油率，车辆全生命周期总费用可以远低于同级别燃油车的水平。这个技术适用于各种车辆，我们申请了专利“一种节能型发电直驱电动车”。这个技术符合低碳发展的要求。

最后一句话是一首打油诗：电池用量不宜大，安全减排全靠它，汽车强国需创新，发电直驱低碳化。

谢谢大家。

主持人董扬：谢谢杨院士。我今天刚拿到主持词，没仔细看。我说杨院士80岁研究电池，没有说研究几年，结果人家是60多岁研究电池，研究了20多年。这个时间超过在座，甚至是业内多数人研究电池的时间。我承认院士您的时间足够长，是专家。

刚才杨院士仔细分析了五部署发布的政策，我也知道这个政策，还是第一次看到有专家直指要害，把这些问题分析出来。杨院士讲的这些问题确实是存在的。如果我们说瑕不掩瑜的话，它还是毕竟有瑕，这个政策还是有一些弱项，它的政策的主要弱项之一就是对于长里程的鼓励。当然，在现阶段鼓励长里程，一部分专家认为利于技术的提高，所以采取了这样的价值取向。

而且刚才杨院士讲到的NOTE这个车子的系统我也很赞赏，包括对普瑞斯，采取比较排斥的做法，也是不一定完全的。而且多数国家的政府认为，在电动汽车发展领域，政府应该技术中立，由产业通过技术和市场来选择技术路线。感谢杨院士。

发展增程式电动汽车　迎战补贴退坡*

几百亿的补贴成就了我国电动车产量的世界第一，奠定了“增长期发展”的基础。

补贴退坡、停止，虽当其时，也出现新问题：纯电动车补贴最高，补贴又与纯电动里程挂钩；已经形成长里程纯电动车为主要发展方向的理念、习惯、体系。而且，在高补贴支持下，车价定得很高。补贴退坡后，如不降价很难卖得出去。现在，政府官员操心电动汽车产量大滑坡，企业老板不甘愿随补贴退坡降车价。但是，还能坚持生产纯电动车吗？微小型车有可能，靠廉价。A 级以上的车，难！长里程车更难。

发展纯电动车本来就要解除“四大焦虑”：

（1）里程焦虑：多带电池，仍怕断电；车重，不节电。夏热、冬冷空调的用电严重缩短里程。

（2）安全焦虑：电池多，而且比能量又要高，危险性大，燃烧爆炸事故多。

（3）充电焦虑；充电桩要密，投资大，仍难满足要求。

（4）价格焦虑：电池量大，价格高，竞争力低。

补贴退坡加重了用锂离子电池车的价格焦虑。

如何抵挡补贴退坡的冲击？如何保持电动汽车的发展势头迈向汽车强国？一靠政府新的支持政策，如减税、牌照等；二要有合适的技术路线，做卖得出去的节油、减排的车。

长里程纯电动汽车，难卖。增程式比纯电动汽车更安全、更减排、更便宜、更方便，里程长几倍！

第一代增程式电动汽车技术是纯电动车上加装增程器（有人说是“串混”），单纯为了增加行驶里程，比纯电动车价格贵、重，不减排。

第二代增程式电动汽车技术是节能的增程式，发动机减小，能效高；电池少，车减轻；可以不外充电，免建充电桩；比燃油车节油 50％以上，如有充电条件，城市百公里内节油率 80％以上，2～3 年的节油钱可补上电池费，运行成本低，用户十分合算；补贴退坡、取消的影响小，易推广！

第二代增程式电动车有美中不足。发电机发的电全流经电池，充电-放电中能量有损耗，电池寿命受影响；电池仍较多，车价仍较高，有减重节能潜力。

---

* 本文是 2017 年 10 月 31 日在“长兴政产学研合作大会”上的演讲。

我们提出了“**发电直驱电动车**”概念，可算第三代增程式电动汽车技术。车上发电机发的电不必经过电池而直接驱动电动机，电池用量可再减少。继承了第二代增程式的全部优点，克服了它的缺点。发电直驱电动汽车技术适用于各种车辆，均可大为节能减排，是迎战退坡之利器！

长兴县要在补贴退坡的这3年间，一方面充分享受补贴，生产电动小型车、物流车，更重要的另一方面要利用好这3年时间，为补贴停止后生产卖得出去的电动车，做好技术和装备准备工作。

谢谢！

节能减排的发电直驱电动汽车——第三代增程式*

同志们：

“硬科技”这个词出于西安。参加西安的硬科技创新大会，首先要来学习什么是硬科技，还要考虑讲的是否是硬科技？

一、补贴退坡与电动汽车的发展

这几年，几百亿的补贴成就了我国电动车产量的世界第一，并奠定了“增长期发展”的基础。但是过高的补贴，使中央和地方财政负担过重，还造成了2015年大规模的骗补、谋补这样的大丑闻，养成了朝野上下许多人的补贴依赖性。现在补贴退坡、停止，虽当其时，但是也出现了新的问题：纯电动车得补贴最高，而且补贴又与纯电动里程挂钩，于是车价定得很高，补贴退坡后如果不降价可能很难卖得出去。政府官员操心产量大滑坡，而企业老板又不甘愿降车价。在这样的局面下，还能坚持生产纯电动车吗？微小型车是有可能坚持生产的，主要是靠廉价，但是A级以上的车，就比较难了，而长里程的车就更难了！

我还要强调，发展纯电动车，本来就需要解除以下“四大焦虑”：

(1) 里程焦虑：即使是多带电池，仍怕断电；多带电池后，车身加重，同样不节电。夏天热、冬天冷，需要使用空调，就会严重缩短里程。

(2) 安全焦虑：当电池装载多了，而且电池的比能量又要高，危险性就会增大，燃烧爆炸事故也就多了。

(3) 充电焦虑；建设充电桩要密，需要的投资就大，即使这样仍难满足要求。

(4) 价格焦虑：电池用量大了，价格就会随之升高，竞争力就降低了。补贴退坡更加重了锂离子电池电动车的价格焦虑。

纯电动车宜做微小型，用铅酸电池，无补贴也可以大发展。但是现在在网上透露的“四轮低速电动车技术条件(草案)”规定，电池组的比能量必须大于70 W·h/kg，意在排除铅酸电池，势必使用锂离子电池，微小型车价格将上升。

习近平总书记2014年5月在上海考察时指出：“发展新能源汽车是我国从汽车大国迈向汽车强国的必由之路。”所以，发展电动汽车十分重要、十分必要。

---

* 本文是2017年11月8日在“2017西安全球硬科技创新大会——新能源汽车产业创新发展论坛”上的演讲。

那么，如何抵挡补贴退坡的冲击？如何保持电动汽车的发展势头迈向汽车强国？我认为：一靠政府新的支持政策，如减税、牌照等；二要有合适的技术路线，做卖得出去的车；三要政策与技术路线相容，不要自设障碍。

目前，电动汽车百人会和汽车学会、协会等正在起草新的政策建议。

现在比较担心的是政策背离发展宗旨，比如说积分与纯电动里程挂钩。

二、积分管理办法与电动汽车的发展

积分是补贴退坡后最有力的指挥棒，积分与纯电动里程挂钩，目的就是大力支持长纯电动里程车的发展。

工信、财政、商务、海关、质检五部署 9 月 29 日公布了积分管理办法(表 1)。

表 1　五部署 2017 年 9 月发布的电动汽车积分计算方法

车 辆 类 型	标准车型积分	备　　注
纯电动乘用车	$0.012\times R+0.8$	(1) R 为电动汽车续驶里程(工况法)，单位为 km (2) P 为燃料电池系统额定功率，单位为 kW (3) 标准车型积分上限为 5 分 (4) 车型积分计算结果按四舍五入原则保留两位小数
插电式混合动力乘用车	2	
燃料电池乘用车	$0.16\times P$	

纯电动车积分与里程挂钩，解除不了纯电动车“四大焦虑”，而且可以预料其不妙的后果有四条：

1. 积分与纯电里程挂钩背离了低碳发展方向

长里程纯电动汽车需多装电池，重量大，耗电量大；而我国的电主要来自燃煤，耗电量大的车，排放就大！排放量越大的车给的积分越多，是方向性错误！特斯拉 Model S 电池用量多，在美国加州可得最高积分，靠卖积分每年得美元数亿，弥补公司的亏本，而在新加坡受罚，就是因为追求长里程而多装电池，车重，耗电多，而发电时大量排放 CO_2 等有害物。

新加坡的政策正确！我国不应跟随美国加州的错误方向！

同样，燃料电池电动车积分与燃料电池功率挂钩，其实就是在鼓励使用大功率燃料电池，这样不但价格升高更不易推广，而且不利于节能减排。

我国的积分应该以减排量为衡量尺度。

2. 长纯电动里程给高积分助长高油耗车产销

五部署公式：积分＝0.8＋0.012×纯电动公里；

美国加州公式：积分＝0.5＋0.01×纯电动英里。

表 2 中列出由两个公式分别算出的积分。可见，五部署积分比美国加州的高出近一倍。其后果是自身不减排的电动车可以拿到高积分，又支持更加不减排的燃油车能轻易买到积分！双重违背低碳发展宗旨。

表 2　中、美两国积分-里程对比

公里数	积分	
	五部署	美国
100	2	1.125
150	2.6	1.438
200	3.2	1.750
250	3.8	2.063
300	4.4	2.375
350	5.0	2.688

积分管理办法不应纵容做高耗油的燃油车，应该改革！

3. 积分与行驶里程挂钩推动危险性高的电池

里程越长，积分越高，诱惑力越大。从而引导汽车企业使用比能量更高的电池——正极镍钴锰三元材料由 333、424、523 推向 622、811；镍量增多，比能量虽增高，但安全隐患也随之增大。再加上要多装电池，电动车的安全性更堪忧虑。

积分管理办法不应鼓励做安全性差的车！

4. 五部署管理办法的积分环节复杂

此办法中：整备质量大的车，电耗随之放宽要求！进一步鼓励做重车，背离了轻量化发展方向。积分既要考核里程，还要考核车重，空子多！

"双积分"办法中，"积分"实际上就是货币——将企业平均燃料消耗量的积分与电动汽车积分挂钩，诱惑力太大。

空子多加诱惑力大等于什么？一定要严防类似金太阳工程和电动车骗补问题的再三发生。

与纯电动里程挂钩的积分打分法，难以正确引导电动汽车的发展！

三、必须坚持发展电动汽车的初衷——用增程式技术走向电动汽车强国

发展电动汽车的宗旨和目的是节油、减排。必须依靠自主知识产权生产油耗最低、排放最少的电动汽车，兼顾其他性能，达到销路广的效果。

电动汽车的技术路线应符合发展宗旨，并为广大群众接受！长里程纯电动汽

车只是不用油,但不减排。增程式比纯电动汽车更安全、更减排、更便宜、更方便,里程长几倍!

第一代增程式电动汽车技术是纯电动车上加装增程器,单纯为了增加行驶里程,电池放完增程器启动发电;电池重,增程器功率大,油耗高。车加重,耗能多!德国宝马 i3,加装 0.7 L 排量发动机,增程模式油耗 5.35 L/100 km。价格比纯电动车贵 15%!美国通用沃蓝达,用 1.4 L 排量发动机;油耗 7.14 L/100 km。

第二代增程式电动汽车的发电机与电池组合成电力系统,发动机排量减小;发动机能效优化;电池少,降成本;车减轻,更节能。第二代增程式电动汽车国内外均有新产品:华龙新能源汽车有限公司的 12 米增程式客车,电动驱使,磷酸铁锂电池,燃气或燃油发动机充电,市区公交模式百公里油耗 12 L,公路模式百公里油耗 16.3 L。加拿大 PlanB 增程式卡车,电动驱使,降低 70%污染物排放;百公里耗油 17 L。日本日产 NOTE 紧凑型乘用车(公司给出其"e-POWER"动力系统图属于串联式混合动力,可能与实物不符),用三缸 1.3 L 排量发动机,百公里油耗仅 2.7 L,电池仅 1.5 kW · h。

第二代增程式电动车优点突出:电池组不会过放和过充,寿命延长,安全性高;电池少,补贴退坡导致的影响小,易推广;增程行驶时比燃油车节油 50%以上;可以不外充,免建充电桩,且能远距离行驶;如有充电条件,城市百公里节油率 80%以上;燃油车的生产、加油设施全都继承,便于发展。增程电动车运行成本低,用户使用十分合算(表 3)。以下是全寿命期按 60 万 km,与同功率普通燃油轿车的比较结果。

表 3　增程电动轿车运行成本(引自科凌公司)

成本费用科目	燃油轿车	增程电动轿车预计数
燃油费	60 万 km×9 L/100 km	30 km×3.66 L/100 km
电费	0	30 km×12 kW · h/100 km
保养费/万 km	2 次×600 元/次	2 次×300 元/次
发动机大修费	2 次×10 000 元/次	1 次×2000 元/次
电池费	0	0
合计比较	37 万	10 万元(节省 27 万元)

注:93 号汽油按油价 6.5 元/L,电价 0.57 元/(kW · h),出租车和家庭轿车平均约 10 年期。

此外,还有免征购置税和不限号等优惠政策!

第二代增程式电动车还有些美中不足,主要是其增程器发电给电池充电-电池给电动机供电-电流全部流过电池组所引起的问题:电池充电-放电过程中能量损耗约 10%;电池用量虽比纯电动车少,但因功率要满足最高车速要求,电池的用量仍有纯电动车的约 40%,于是车价仍可能高于燃油车;电池较多,重量较大,有减重节能潜力；电池始终高负荷工作，寿命受影响。

第三代增程式电动汽车技术。我们提出了"发动机发电直驱电动车"简称"发电直驱电动车"，车上发电机发的电不必经过发电机而直接驱动电动机。它继承了第二代的优点，克服了其缺点。直驱可减免电池充电-放电 10%能量损耗，节油率大于 60%；电池的大电流工作机会少，寿命延长；电池减少，车减轻，再降电耗；电池用量少，成本进一步降低；再算上高节油率，车辆全寿期总费用可远低于同级别燃油车的水平。技术适用于各种车辆，均可大为节能减排。申请专利：一种节能型发电直驱电动车。

发电直驱电动汽车技术——汽车强国之利器！

结束语

增程汽车优势大，补贴退坡也不怕；性能更好第三代，发电直驱低碳化。

谢谢！

补贴退坡后的电动汽车与电池应用*

各位同志：大家好！

今天我要讲的内容有以下三方面：第一，补贴退坡开启电动汽车的新格局；第二，增程式电动汽车技术是强国利器；第三，第三代增程式电动汽车更加节能。最后是结束语。

一、补贴退坡开启电动汽车新格局

1. 开始企业主导培育市场的阶段

电动汽车补贴开始实行退坡，2020 年后不补贴。今年 9 月 28 日，工信部等五部署宣布双积分制。政府主导培育市场模式将结束，开始企业主导培育市场新阶段。

3 年间，企业在拿补贴的同时，要开始切实开发满足积分要求而又卖得掉的电动车。车企必须依据市场选择经营之道和技术路线，而不要过分热衷于追求与纯电动里程挂钩高积分，以免迷失方向。

2. 汽车企业要主动消化补贴退坡的“差额”

有的企业已经宣称，补贴退坡，车价不降。这意味着补贴退坡的“差额”转嫁到用户头上。这些企业有如此大的把握：销量不会下降！？其实，在高补贴政策下，电动汽车的利润率普遍高于传统燃油车。所以，企业有不小的让利空间！再有，销量在增加，加上电池降价，车企可降成本。车企要主动消化“差额”，确保不增加用户支出。不要压低电池价格将补贴退坡主要转嫁到电池厂。

现在碳酸锂价格上涨，电池价格下降的空间有限！汽车企业要充分理解！

3. 积分与纯电里程挂钩，副作用不可轻估

五部署的积分计算公式：积分＝0.8＋0.012×纯电动公里。其问题有三：

(1) 纯电动里程长，需多装电池，质量大，耗电量大。电主要来自燃煤！耗电量大的车，排放就大！而排放越大的车给的积分越多，这就背离了低碳方向！特斯拉 Model S 在新加坡受罚，新加坡的政策正确！

(2) 自身不减排的车拿高积分，支持更加不减排的燃油车能轻易买到积分！纵容做高耗油的燃油车！

---

* 本文是 2017 年 11 月 16 日在北京“2017′第二届动力电池应用国际峰会”主论坛上的演讲，主论坛主题：“突破 · 决胜：高成本下的新机遇”。文后附“电池中国网”在报告后对杨裕生院士的采访报道。

(3) 引导汽车企业使用比能量更高的电池,安全隐患随之增大。再加上要多装电池,电动车的安全性更堪忧虑。结果是鼓励做安全性差的车!

可见,五部署的积分打分法,难以正确引导电动汽车的发展!

4. 发展电动汽车的初衷亟待重温

补贴退坡,政府官员最操心电动汽车产销量大滑坡;企业老板最担心车价高,卖不出去。双方的共同点:淡忘发展电动汽车的目的是节油、减排。

电动汽车都能减排、低碳吗?减排的电动车,肯定是节油、节能的车;而电耗高的纯电动汽车可能是排放严重的车。所以,要以减排量衡量电动汽车的水平;以追求低碳作为电动汽车发展的目标和推动力。

补贴停止后,积分将成为我国政府部门手中最强力的指挥棒。积分应该以减排量作为衡量尺度,才能引导电动汽车向节能减排的正确方向发展。

5. 补贴退坡后市场接受什么样的电动汽车

8 年来我一贯坚持,我国的电动汽车发展路线应该是:"纯电动车应以微小型为突破口,大中型车应发展增程式。"

微小型电动汽车包括高速和低速两类。我国正在建设全面小康社会,有几亿人使用不遮风、不挡雨的自行车、摩托车,亟待升级换代。低速的微小型电动汽车节能减排,廉价,为广大人民群众需求,又符合低碳发展的目标。

网上曝光的《四轮低速电动车技术条件(草案)》,排除了对环境影响并不比锂离子电池严重的铅酸电池。限制低速电动车的发展是倒行逆施。

二、增程式电动汽车技术是强国利器

第一代增程式电动汽车技术,是在纯电动车上加装增程器(有人称属于"串混"),单纯为了增加行驶里程,电池的电放完时增程器启动给电池充电;电池重,增程器功率大,油耗高!车加重,耗能多!

第二代增程式电动汽车的发电机与电池组合成电力系统,发动机排量减小;发动机能效优化;电池少,降成本;车减轻,更节能,国内外均已有新产品。第二代增程式电动车优点突出,并且解除了纯电动车的里程焦虑、安全焦虑、充电焦虑、价格焦虑,避免了插电式混合动力车发动机"大马拉小车"的不节能。

三、第三代增程式电动汽车更加节能

(为节省篇幅,此处从略,具体内容可参阅本书《节能减排的发电直驱电动汽车——第三代增程式》。)

结束语

(1) 汽车企业要生产卖得出去的车，主动消化补贴退坡的“差额”，确保不增加用户支出。

(2) 增程式电动车是消除补贴退坡影响的最佳技术路线，是建设汽车强国之利器！

(3) 增程式电动汽车节能的关键是巧用电池和发动机，不追求过高比能量的电池。

赞增程式电动汽车的打油诗一首：

电池能量不需大，安全减排都靠它；汽车强国需创新，发电直驱低碳化。

附：

杨裕生院士的说和做*

近期，一些媒体把“炮轰”一词当成了杨裕生院士的标签，喜欢用“杨裕生院士‘炮轰×××××’”来吸引读者眼球，乐此不疲。

在刚刚落幕的2017′第二届动力电池应用国际峰会上，杨裕生院士作了一场关于补贴退坡后电动汽车和动力电池应用的前瞻性报告，得到了现场专家和业内人士的普遍认可，现场参会人员为杨老的精彩演讲爆发出阵阵掌声。报告结束后，杨院士接受了电池中国网的采访。

事实上杨院士也确实对新能源汽车产业相关政策进行过针砭。杨院士总能敏锐地捕捉到政策可能存在的弊端，细致地分析出政策导向可能产生的后果，用渊博的知识、丰富的阅历来预测产业的发展方向，做出一些别开生面的深刻解读。在新能源产业发展的关键时期，杨院士频繁发声，正是体现出他对产业发展的忧虑，希望能为国家再效犬马之劳。

在接受采访过程中，85岁高龄的杨院士，始终目光坚定、炯炯有神，思维清晰，声音铿锵有力，衣着十分朴素，特别是老人脚上穿着的“解放鞋”，散发出老一辈建设者特有的气质。“居庙堂之高则忧其民，处江湖之远则忧其君”，也许便是杨裕生院士最好的写照。杨裕生院士早年从事核放射分析，创建了中国核试验烟云取样和核武器威力与性能的放化分析诊断技术。提出裂变燃耗、铀同位素全谱、锂燃

---

* 本文原载于2017年11月25日“电池中国网”(www.cbea.com)，作者杨硕。

耗、铀钚分威力等测试原理并指导研究成功。1998年杨裕生院士再次转行，进入电池领域的研究。1997—1998年筹建我军第一个化学电源实验室，从1998年至今一直从事高能密度二次电池、超级电容器等研究开发，是我国高能二次电池-锂硫电池的开拓者。

新能源汽车产业的发展时刻牵动着老人的心。2012年，80岁高龄的杨院士出版了自己第一本关于电动汽车的文集《纵论电动汽车和化学蓄电》，共收集了他的64篇文章、报告、访谈录，详细地阐述了我国"纯电动车应以微小型为突破口，大中型车应主要发展增程式"的有关电动汽车发展路线的观点。如今，五年时间过去了，杨裕生院士依然将电动汽车的发展路线作为自己研究的重点。五年来，杨裕生院士受各类论坛和学术会议邀请作了140余次演讲、报告，他将自己的发言稿件、报纸杂志刊登的文章和给领导写的信件，再次编撰成《纵论电动汽车和化学蓄电(续集)》和《续论电动汽车和化学蓄电》两本文集，结合2012年后我国新能源汽车发展的新形势，杨裕生院士重申了自己对于新能源汽车发展的思考。

在谈及可能出现的新能源汽车补贴政策调整和电池企业生存状况时，杨裕生院士表示，新能源汽车高额的补贴导致了一系列的问题的出现，补贴退坡是常态化的政策趋势。在政策调整过程中应当打好提前量，留给企业准备的时间，让补贴稳步退出；车企和电池企业一定要转变观念，形成紧密的产业融合体系，不能走以前传统汽车发展的老路。

对于国家未来新能源汽车的发展路线，杨裕生院士建议，还是应该走"纯电动车应以微小型为突破口，大中型车应主要发展增程式"的路线，赞成研究并发展高比能电池，但不欣赏为了追求纯电动里程而将比能量放在第一位、安全性放在第二位的行为。在传统燃油车向纯电动汽车过渡过程中，政府不应该给自己设限，政策要结合当前的国内生产力水平，而增程式汽车更符合当前形势的发展特点。当然，到底哪种路线更符合中国新能源汽车产业的发展，还有待市场的检验，但杨院士这种忧国忧民之心值得敬仰。

杨裕生院士曾表示："十多年来，在我参加了约300场论坛、研讨会后，得出一个强烈的印象，就是一些官员宣讲了政策后夹起皮包就离场，能继续坐下来听听技术进展和群众意见的是极少数。也许他们真的太忙了，但对于太需要学习的人而言，舍弃这种大好的交流、学习机会真是莫大的损失。"

今年1月份，在中国电动汽车百人会论坛(2017)上，针对还在草拟的《四轮低速电动车技术条件》标准相关技术要求，杨裕生院士直面国家某部委一位主管部门负责人，激动地呼吁政府相关部门对低速电动车的管理应该让市场主导，他说道："中国的低速电动车标准不应该限制铅酸电池，应该让市场当裁判员。"

10月25日，在2017中国汽车工程学会年会的"汽车强国与低碳发展"高层论坛上，杨裕生院士就“双积分”政策发表了自己的看法。他指出，发展电动汽车的目的是节能减排，新能源汽车补贴停止之后，我们主要依靠积分来激励电动汽车的发展，但是积分与里程挂钩严重背离了低碳发展方向。另外，对于整备质量大的车，电耗随之放宽要求，这也背离了轻量化发展的方向。

采访进行了 15 分钟后，杨裕生院士突然率性地打断了媒体记者们的提问，从椅子上站立起来，表示自己要去听会议接下来的报告。之后老人一直端坐在会场，仔细聆听每一场报告。

杨裕生院士曾说，专家学者要“畅利国利民之言”，不可“畅随心所欲之言”，要对自己的话负得起责，更要接受群众监督。杨裕生院士是这样说的，也确实是这样做的。

在江苏省新能源汽车能源与信息创新联盟揭牌仪式上的讲话*

各位领导,同志们:

今天,江苏省新能源汽车能源与信息创新联盟揭牌暨打造国家制造业创新中心启动,我致以热烈的祝贺!

习近平总书记指出:发展新能源汽车是我国从汽车大国迈向汽车强国的必由之路!国务院《"十三五"节能减排工作方案》将新能源汽车作为战略性新兴产业,要求加快发展壮大,使电动汽车成为中国的支柱产业。响应习总书记号召,贯彻国务院的决定,我们必须明确3个问题:

(1) 发展电动汽车的目的是什么?

(2) 怎样才算汽车强国?

(3) 如何发展电动汽车,迈向汽车强国?

第一,发展电动汽车的目的是节油(能)、减排,这是时刻也不该忘记的"初心"!

有的电动汽车不用油,但不减排。特斯拉在新加坡受罚,就是因为追求长里程而多装电池,车重,耗电多,而发电时大量排放 CO_2 等有害物。

有的人是为发展电动汽车而发展电动车,津津乐道产销数量,而回避节油、减排问题。有的人发展电动汽车的主要目的是拿补贴,哪种车的补贴高,就做哪种车。于是,多装电池的长里程车成为追求的时髦,而不顾我国高于70%的电能来自燃煤、耗电高的车必然排放重的事实,忘记了节油、减排的"初心"!

第二,汽车强国,必须能够依靠自主知识产权设计、生产油耗最低、排放最少的电动汽车,兼顾其他性能,建立起若干个有强大国际影响力的电动汽车企业和品牌。

电动汽车产销量大固然重要,没有大的电动汽车产销量就谈不上汽车大国,也就谈不上强国。但是对电动汽车强国而言,单讲产销量是远远不够的,而电动汽车的节能、减排技术水平更为重要。在所有电动汽车中,纯电动汽车是原理、结构最简单的车种,只要电池的比能量高,电池的装载量大,里程就会长,速度就会高。而要设计、生产能耗最低、排放最少的电动汽车,必须有更先进的汽车设计理念和更高的汽车技术水平。其中十分重要的理念是汽车全寿期的节能、减排水平;十分

---

* 本文是2018年6月14日在常州"江苏省新能源汽车能源与信息创新联盟揭牌仪式暨打造国家制造业创新中心启动大会"上的演讲。

重要的技术是汽车全寿期的节能、减排技术。汽车强国首先体现于此。

第三,如何发展电动汽车?实际上是做什么电动汽车才能市场化?也就是发展路线问题!

电动汽车必须市场化了,才能谈论它对汽车强国的贡献!

电动汽车要市场化,必须减少电池用量,降低车价,而不是片面追求长里程、多装电池;也不是拼命提高电池比能量、增加危险性。纯电动车存在里程焦虑、安全焦虑、价格焦虑、充电焦虑、电池寿命等五大焦虑,不是当前市场化的大道。燃料电池电动车市场化还要长期努力,远水难解近渴。

10 年来,我主张的原则是:用好安全、成熟的电池,发展节能、减排的电动汽车。我主张的技术路线是:以微小型纯电动车为突破口;大中型车发展纯电驱动的增程式。

简单说,一是微小型化,二是发展增程式电动车。微小型纯电动车,可用铅酸电池做低速车,也可用锂离子电池做高速车,由市场决定。增程式电动车是车上发电,与电池组合成节能、减排的供电系统,解除了纯电动车的五大焦虑,是补贴停止后电动汽车市场化最可行的车种。

中国电动汽车百人会 6 月 9 日举办的增程式电动汽车交流会,肯定了发展增程式电动车的重要性、必要性,交流了多种增程技术,将有力推动我国电动汽车的持续、健康发展。

建议江苏省新能源汽车能源与信息创新联盟重视车上高效率发电装备的技术进步,推动车上充电技术和设备市场的发展,在这两方面实现能源与信息的创新。

谢谢!

新能源物流车技术发展前途无量*

代序

自 2009 年国家启动“十城千辆”开始，我国的新能源汽车正式拉开序幕，特别是 2012 年国家出台的《节能与新能源汽车产业发展规划(2012—2020 年)》和其后制定的补贴政策，有力地促进了纯电动汽车技术和产业的发展。

经过近十年的努力，我国新能源物流车市场规模迅速扩大，成本快速下降，技术水平稳步提升，已经处于国际前列，各类汽车和三电企业异军突起。但是也应该看到，我们的新能源物流车及关键零部件产品质量参差不齐；在高补贴和技术单纯的双重因素作用下，路线基本以纯电动为主，消耗大量以煤为主要一次能源的电能，虽节油但不减排；电池用量大、比能量要求高，安全性令人担心；电池在经常高充高放下运行，寿命不长，第二套电池无着落，趴窝的纯电动车成片；企业过度依赖国家补贴，一旦补贴退出，纯电动物流车的销量将可能出现滑坡。

今后两年内，纯电动技术依靠国家补贴依然具备一定优势，但随着补贴的退坡，纯电动汽车的里程、安全、充电、价格“四大焦虑”日渐突出。燃料电池汽车的补贴虽然还会继续保留，但实现市场化还要解决氢高效、低排放的制备、安全运输与储存，以及寿命、价格、材料等难题，需要八年、十年甚至更长时间。我国电动汽车(含物流车)应该如何发展，已成为官产学研各界严重关切的问题。

增程式纯电驱动技术发展已有十几年，由于技术难度高于纯电动车，而补贴又只有纯电动车的一半，于是造成在我国发展缓慢的局面。但是补贴取消后情况就会发生逆转。与纯电动车相比，增程式车辆的电池用量只约 1/3，受补贴取消影响小，易推销；安全性高的磷酸铁锂电池的比能量已合用，且电池组不会过充过放，不仅寿命延长，而且安全性进一步提高。

与同等级别的燃油车相比，增程式车辆百公里节油率可达到 50%以上；如利用事先充的电，城市物流车百公里内的节油率可达 80%～90%，接近纯电动车的水平，而其他优点则是纯电动车所望尘莫及的。此外，它的全寿命运行成本可比燃油车节省 20 万～30 万元，还可享受免购置税的优惠政策。

新发展的第三代增程式——发电直驱电动车，其增程器发的电不再经过电池，

* 本文是为新能源物流车蓝皮书《中国新能源物流车发展报告(2018 版)》(复旦大学出版社)一书所写的序言。

而是直接驱动电动机，继承了第二代的全部优点，而减免了电池充电-放电过程的10%能量损耗。电池只起启动加速和回收减速能量的作用，可进一步减少电池用量，减轻车重，充分节能减排。此外，还可降低车价。

因此，增程式是目前电动汽车补贴退坡下走向市场化的最佳技术路线，也是建设汽车强国的利器。

对于未来可持续发展的低碳电动汽车，我设想，增程式电动汽车所需能量全部来自太阳能：由光伏、风能发出的电给增程式电动汽车电池充电；用太阳能制醇或制氢作为增程器（高能效的内燃机或燃料电池）的燃料。这样，低碳化、热效高、里程长、能源永不枯竭的增程式电动汽车，将是永久性的、涵盖各个领域的陆路运输工具——当然包括物流车。人民乐哉！人类幸哉！

杨裕生

2018 年 7 月于北京

电动汽车的市场化*

各位同志：大家好！

我今天要讲的内容是关于电动汽车的市场化。

首先讲前言：电动汽车发展，带动锂离子动力电池发展；补贴与纯电动里程挂钩，出现“人造三元风”；纯电动里程追赶燃油车，导致过度多装电池，电池量越大、比能量越高，汽车的安全性就越低。

于是，在现发展路线和政策下，电动汽车烧车事件频发；车价居高不下，难以市场化；车身重，耗电多，实际排放量也重；背离了电动车节能减排的宗旨。同时，高镍三元 622、811 锂离子电池的针刺试验不过关，竟然也允许上车；还在不断鼓动使用比能量更高的电池，真的是胆大妄为！

一、电动汽车的发展路线与市场化

国家科技部的“三纵”路线变了又变。最初是“纯电动汽车、混合动力汽车、燃料电池电动汽车”，后来改为“纯电动汽车、插电式混合动力车、燃料电池电动汽车”，现在是“纯电动汽车、增程式电动车、燃料电池电动汽车”。其中，纯电动汽车与燃料电池电动汽车始终未变，而混合动力电动汽车约占 2 年时间，插电式电动汽车约占 5 年时间，增程式是今年刚刚进来的。目前，燃料电池电动汽车补贴不退坡，就谈不上市场化。其他电动车的补贴退坡了，2020 年后取消补贴，要市场化了。靠纯电动车，能靠得住吗？

高补贴下发展的纯电动车必须解除以下五大焦虑：

①里程焦虑：车上多装载电池，但是仍怕断电；电池多，车身重，更加不节电；夏热、冬冷空调的用电严重缩短里程；②安全焦虑：电池多，而且比能量又要高，危险性大，燃烧爆炸事故多；③充电焦虑：充电桩要密，费钱，无地，还难以符合需求；④价格焦虑：电池用量大，价格就会升高，竞争力就低；⑤电池焦虑：电池寿命短于整车，第二、三套电池要用户自己另出钱。

目前耗电少、里程有限的微小型车不给补贴而能产、销两旺；而里程越长、原补贴越高的车，补贴停止后就越难卖出去！

所以说，长里程的纯电动车，难以市场化！

---

* 本文是 2018 年 8 月 25 日在北京“院士科创中心 2018 创新研讨会”上的演讲。

再说安全问题。正极上的氧化剂不同,电池发生热失控的温度不同;热失控温度越低,电池的安全性越差!三元正极材料电池安全性明显低于磷酸铁锂电池。特斯拉用三元电池2017年底以前烧车十几辆,堪称"冠军"!今年5月,特斯拉Model S两起起火事故,3死1伤。发生在美国的一起,前排两人遇难,后排一人被甩出车外受伤;第二起发生在瑞士南部的高速公路上,该车撞上中央隔离带,车辆翻转、起火,一名德国驾驶人被困在车内烧死。三元锂离子电池火势蔓延太猛,车里的人来不及逃生、车外的人来不及救援!去年我国山西的两座2 MW·h调频电站着火,用的是三星公司三元正极18650锂离子电池,但有说法,着火可能不是起因于电池。韩国烧了多座储能电站,其中2018年4月的4 MW/12 MW·h风电场储能电站先起火、后爆炸,用的也是三元锂离子电池。

电动汽车和规模储能都应该将安全放在第一位重要。安全性不高的车很难市场化。

二、十年来我的主张

十年来,我从用好电池出发,研究电动汽车的发展路线,提出的原则是:用好安全成熟的电池,发展节能减排的电动汽车;发展电动汽车的技术路线是:以微小型纯电动车为突破口;大中型车发展纯电驱动的增程式。

微小型纯电动车,可用铅酸电池做低速车,也可用锂离子电池做高速车,这应由市场决定。增程式电动车能够解决纯电动车的五大焦虑,市场化最为可行。

聊可欣慰的是,我的主张逐渐被接受!先是五部署的补贴政策将"增程式"包含进"插电式"给予同样的补贴。科技部长去年一月的中国电动汽车百人会上说,增程式是插电式的发展。在今年一月的中国电动汽车百人会上他将增程式列入了"三纵",替代了插电式。国家发改委7月《汽车产业投资管理规定(征求意见稿)》增程式列入了纯电动汽车类,插电式列入燃油车类。

三、增程式电动汽车是纯电驱动的节油减排汽车

纯电动车上加装增程器,即加装任何一种发电装置(包括燃料电池),在车上发电增加行驶里程。增程式电动车优点十分突出:①电池组不会过充和过放,寿命延长,安全性高;②电池少,补贴退坡-取消的影响小,易市场化;③城市工况下比燃油车节油50%以上,大为省钱;④可以不外充电,免建充电桩,且能远距离行驶;⑤如有充电条件,城市百公里内节油率80%以上;⑥燃油车的生产、加油设施全继承,便于发展。

第三代发电直驱增程式,更节油;电池更少用、寿命更长!

增程式电动汽车有两大关键部件:①增程器(发电装置)。要大力提高发动机的热效率,这是进一步提高增程式电动车节油率的关键(实际上燃油车、农机也需热效率高的发动机)。应大力推广天津大学苏万华院士的高热效率发动机新技术HCCI(均质充量压燃)着火燃烧,其热效率达到51%。②高倍率充电电池。

磷酸铁锂电池的安全性高,单体比能量已达180 W·h/kg;电池包比能量已到151 W·h/kg。在此基础上,发展电容型磷酸铁锂电池,高效吸纳刹车能量,具体方案是正极添加高导电性、高中孔率的多孔材料。我们研究用新工艺制成的碳气凝胶就是这种材料。负极用硬炭,也可添加少量硅以提高比容量。

有人会说:增程式还是要烧油,不是最终目标。

我要提请注意两点:①如果我国汽车的油耗降到一半以下,年节油2亿吨!环境改善,能源安全提高,我国由汽车大国向汽车强国迈进一大步,全国人民都会高兴!②纯电动车未必是最终目标!要以节能、减排为标准,制定考评技术路线。未来的增程式电动车很可能是不烧油而烧醇类。醇类由太阳能通过生物质转换而来,不增排 CO_2。

增程式不是“向纯电动汽车的过渡”,而是未来的主力。

四、结束语

(1) 电动车必须安全第一,电池的安全性要高。

(2) 在电动汽车市场化中,增程式电动车最具优势。

(3) 增程式电动车与磷酸铁锂电池是绝佳配对。

(4) 动力锂离子电池的重点发展方向:三元锂电池—磷酸铁锂电池—电容型磷酸铁锂电池。

谢谢大家!

增程式汽车　军民两用技术*

各位同志：大家上午好！

今天我讲以下几个部分：前言；第一部分，电动汽车发展路线的较量；第二部分，增程式电动汽车技术；第三部分，军用汽车要大力发展增程式；结束语。

首先，我们谈谈发展电动汽车的必要性。习近平总书记 2014 年 5 月在上海考察时指出："发展新能源汽车是我国从汽车大国迈向汽车强国的必由之路。"发展电动汽车的目的是节油、减排。汽车强国必须依靠自主知识产权生产油耗最低、排放最少的电动汽车。

有的电动汽车只节油但不减排。比如，特斯拉在新加坡受罚，就是因为追求长里程而多装电池，车重，耗电多，而发电时大量排放 CO_2 等有害物质。

军用汽车也要节油、减排，减少油料供应和军费负担，意义和作用十分重大。

一、电动汽车发展路线的较量

发展路线是解决安全与纯电动里程矛盾的关键性手段。

1. 国家科技部的"三纵"路线变了又变

最初是"纯电动汽车、混合动力汽车、燃料电池电动汽车"，2 年后是"纯电动汽车、插电式电动车、燃料电池电动汽车"，过了大约 5 年是"纯电动汽车、增程式电动车、燃料电池电动汽车"。出现这种情况，说得不好听是：对主要矛盾心中无数，路线摇摆，凭传统燃油车观念再加上主观臆断，将纯电动车作为了发展重点，将燃料电池电动汽车作为未来归属。实际上，长里程纯电动车要市场化很难靠得住！燃料电池电动汽车继续高额补贴，说明离市场化还很远。

2. 发展燃料电池电动车还要长期努力

为什么这么说，主要是因为要先解决五大难题：

（1）氢的高能效、低排放制备。

（2）氢的安全运输、储存；加氢站贵。

（3）燃料电池寿命不够长，价格高。

（4）质子交换膜等关键材料技术有待提高。

---

* 本文是 2018 年 10 月 11 日在北京"第四届军民融合发展高技术装备成果展览暨论坛"上的演讲。

(5) 铂资源太少；要用无铂催化剂，这是世界性难题。

解决这些难题是要花时间的！

燃料电池电动车拿补贴，可以，但毋谈产业化！而且，燃料电池的功率响应慢，跟不上车速变化要求，需用电池调节；实质上燃料电池已演变为车上发电增程，属于增程器类的一种，故要与其他发电的增程器在市场中平等竞争。

3. 高补贴下发展的纯电动车要解除五大焦虑

①里程焦虑；②安全焦虑；③充电焦虑；④价格焦虑；⑤电池焦虑。其中，里程与安全是一对矛盾。里程与价格的矛盾也很突出。

补贴停止后，里程越长、原补贴越高的车就越难卖出去！

纯电动车的安全性主要取决于电池的性能和数量，安全性与里程矛盾不解决，就市场化不了。

4. 电动汽车频发燃烧的根源

特斯拉用三元锂离子电池，已烧车十几辆，堪称“冠军”！今年上半年特斯拉又烧 4 辆。5 月份烧两辆特斯拉 Model S，3 死 1 伤。三元锂离子电池火势蔓延太猛，来不及逃生、救援！三元锂离子电池针刺试验过不了关，竟然允许在乘用车上敞开使用(表 1)。

表 1　2018 年到 9 月初国内新能源汽车自燃起火情况（引自欧阳明高院士）

序号	时间	地点	类型	动力类型	电池种类	事故起因
1	2018.1	重庆	乘用车	纯电动	三元 18650	未充电、未碰撞下，发生自燃
2	2018.3	合肥	乘用车	纯电动		自燃
3	2018.5	安徽	乘用车	纯电动		充电自燃
4	2018.5		乘用车	纯电动	三元 18650	充电自燃
5	2018.5.16	义乌	乘用车	纯电动	三元软包(144 W·h/kg)	充电自燃
6	2018.5.20	襄阳	乘用车	纯电动	三元 18650(98 W·h/kg)	行驶中自燃
7	2018.5.18	深圳	乘用车	纯电动		充电自燃
8	2018.6.1	厦门	乘用车	纯电动	三元(125 W·h/kg)	起火
9	2018.6.4	山东	乘用车	纯电动		行驶中自燃
10	2018.6.5	北京	乘用车	纯电动	三元(135 W·h/kg)	飞线充电起火
11	2018.6.12	北京	乘用车	纯电动	LFP	静置自燃起火
12	2018.7.11	深圳	物流车	纯电动		
13	2018.7.26	天津	乘用车	纯电动	LFP	涉水后起火
14	2018.8.6	厦门	乘用车	纯电动	三元(125 W·h/kg)	自燃
15	2018.8.21	江苏	乘用车	纯电动		自燃
16	2018.8.25	成都	乘用车	纯电动	三元 18650	试验车违规通电自燃

续表

序号	时间	地点	类型	动力类型	电池种类	事故起因
17	2018.8.26	铜陵	公交车	纯电动	圆柱形	行驶中自燃
18	2018.8.28	合肥	物流车	纯电动	三元	充电自燃
19	2018.8.31	广州	乘用车	纯电动	三元 18650	泡水后自燃
20	2018.8.31	长春	乘用车	纯电动	三元 18650	静置自燃
21	2018.9.5	珠海	乘用车	纯电动	三元 18650	自燃

频频发生烧车事件的根源有以下 4 个：

(1) 使用三元锂电池是频发烧车的技术原因：电动汽车补贴与纯电动里程挂钩，逼出“人造三元风”；补贴与电池比能量挂钩，诱出三元电池镍用量不断增多，镍钴锰的比例从 333、523 正逐步走向 622、811，能量密度越高危险性越大；纯电动里程追赶燃油车，又导致车上过度地多装电池。电池能量高、数量大，两者叠加，危险性倍增。

(2) 重点发展纯电动车是频发烧车的发展路线原因！

(3) 重金补贴长里程纯电动车是频发烧车的政策原因！

(4) 电动汽车发展的主要矛盾是安全与里程的对立统一。安全第一。而现在，里程作为矛盾的主要方面，安全性成为次要方面，是频发烧车的思想方法原因！

总之，现行的发展路线和政策导致：激化了安全与里程矛盾；电动汽车烧车事件频发；车价居高不下，难以市场化；车身加重，耗电增多，实际排放重；背离了电动车节能减排的宗旨。

那么，三元锂离子电池的安全性为何特别低？

(1) 电池组像汽油箱那样，是一种含高能物质的部件，是电动汽车安全性问题的主要诱因；

(2) 锂离子电池中的电解液是用易燃的溶剂配制而成；

(3) 正极氧化剂和负极还原剂只隔一层微米级厚的隔膜，内短路则产生大量热；

(4) 为求高比能量，使用的隔膜越来越薄，越易内短路；

(5) 充放电时，电池内阻生热；高功率时生热更多；

(6) 在达到一定温度时，正极上的氧化剂易与电解液发生化学反应，尤其是三元材料还会分解放出[氧]，氧化电池中的有机物，产生大量的化学反应热，造成热失控，产生大量气体，气压升高，就会使得电池破裂、燃烧和爆炸。

正极上的氧化剂不同，发生热失控的温度不同。热失控温度越低，电池的安全性越差。从引用的美国桑迪亚国家实验室的图 1 中可见，高镍(80%)三元正极电池的热失控温度最低，故其安全性低于磷酸铁锂电池。

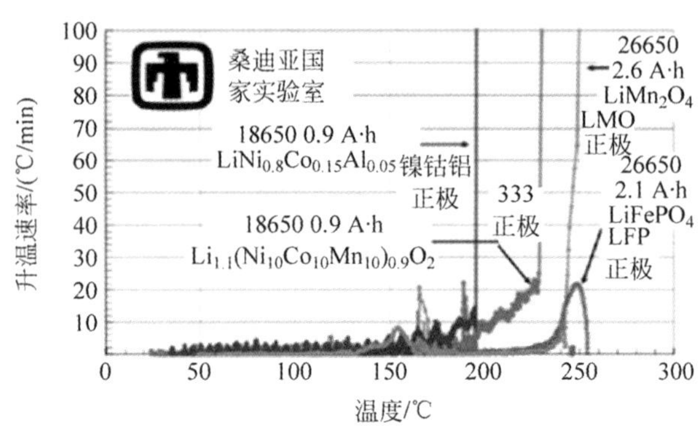

图 1　增程式电动车原理图

高补贴政策误导企业追补贴，形成“人造三元风”！车辆燃烧爆炸事故多！

5. 近十年来我的主张

原则：用安全成熟的电池发展节能减排的电动汽车。

技术路线：以微小型纯电动车为突破口；大中型车发展纯电驱动的增程式。微小型纯电动车可用铅酸电池做低速车，也可用锂离子电池做高速车，由市场决定。增程式电动车解决纯电动车五大焦虑。市场化最可行。聊可欣慰，我的主张渐被接受！增程式，科技部一月列入了“新三纵”。国家发改委七月《汽车产业投资管理规定(征求意见稿)》列入纯电动汽车类。

二、增程式电动汽车技术

我将增程式电动汽车划分为三代：

(1) 第一代增程式电动汽车。

(2) 第二代增程式电动汽车技术。

(3) 第二代节能的增程式电动车优点突出。

(4) 第二代增程式电动车的美中不足。

(5) 第三代增程式电动汽车技术。

(为节省篇幅，此处从略，具体内容可参阅本书《以创新打造中国电动汽车品牌》。)

三、军用汽车要大力发展增程式

(1) 几乎所有的军用车辆都可以通过增程式节油减排。

(2) 军车油耗降一半，油料保障量和费用就减少一半！省！

(3) 增程式车兼电源车，可多功能化，助推我军装备建设。

(4) 高耗电武器都可通过与增程式车辆结合而提高机动性。

(5) 许多后勤车辆可以通过增程式保证长时间运行和行驶。

(6) 军民通用车辆可以靠民品；但军事专用车辆不宜观望。

(7) 燃料电池增程的潜艇是燃料电池唯一、最现实的用途。

四、结束语

(1) 电动车的主要矛盾是安全与纯电动里程间的矛盾。

(2) 解决矛盾的最佳办法，是发展增程式电动车。

(3) 增程式电动车可以成为军民融合的典型。不必追求“全面先进”，应从节油、通用入手。

(4) 要大力发展多功能的增程式军用车辆。

电动汽车的发展路线与高安全性动力电池*

各位老师、各位同学：大家好！

今天我的演讲内容包括：前言；第一部分，电动汽车的类别和比较；第二部分，我国电动汽车的发展路线；第三部分，增程式电动汽车技术；第四部分，发展高安全性快充廉价电池；结束语。

习近平总书记指出："发展新能源汽车是我国从汽车大国迈向汽车强国的必由之路。"

发展电动汽车的目的和宗旨是节能(油)减排。

汽车强国必须依靠自主知识产权生产安全性高、能耗最低、排放最少的电动汽车。

有的电动汽车不用油，但不减排。特斯拉在新加坡受罚，就是因为追求长里程而多装电池，车重，耗电多，而发电时大量排放 CO_2 等有害物。

要切实对比各种电动汽车全寿期的节能、减排水平。

一、电动汽车的类别和比较

电动汽车按能源不同，可分为4类：

(1) 必需充电而不用油的电动车：纯电动车。

(2) 充电而又用油的电动车：插电式、增程式。

(3) 不充电而用油的电动车：油电混合式(全混或深混)、轻(微)混电动车。

(4) 不充电又不用油的电动车：燃料电池车(但要充高纯氢气)。

充电就要联电网，纯电动车将是用电大户，在电网的电能主要来自燃煤的情况下，虽节油但耗电高的电动车不一定能够减少排放。

1. 微小型纯电动车节能减排，大型的不行

纯电动车所用电能全部来自电网。微小型纯电动车电池少，安全性高，适应城市、乡镇交通普遍需求，价廉，易推广。微小型纯电动车以220 V、5 A充电8小时，可行驶约100公里，耗电少，真减排。发展1亿辆小型纯电动车，夜间充电相当于100座百万kW的抽水蓄能电站，可省1.5万亿元建站费用。

---

* 本文是2019年4月9日在西安交通大学电气工程学院的演讲。

2. 中大型纯电动车要解除“五大焦虑”

(1) 里程焦虑：需多带电池，仍怕断电；车重，不节电；夏热、冬冷空调的用电严重缩短里程。

(2) 安全焦虑：电池多，比能量又要高，危险性大，安全与里程矛盾尖锐。

(3) 充电焦虑；充电桩要密，费钱要地，仍难符合要求。

(4) 价格焦虑：电池用量大，价格高，竞争力低。

(5) 电池焦虑：电池寿命短于整车，第二、三套电池要用户另出钱。

多装电池，负重行车，耗电多，实际排放加重，背离了发展电动车的节能减排宗旨。政策以长里程纯电动车作重点发展，误导车企大用、急用三元锂离子电池，激化了安全与里程矛盾，导致烧车事件频发。

3. 插电式混合动力车的有弊端

此类车中，纯电动系统与内燃机动力两大系统皆备，比燃油车重，较燃油车贵；50 公里内用电，故需充电。远距离用内燃机，依然如燃油车一样是大马拉小车，不节油减排！不少用户不充电，当燃油车用；有的拆除电池，谋求减重省油，甚至有的卖掉电池，收取多重“优惠”。有补贴时，或是给牌照优惠时，可以销售出去，甚至“热销”；这种车销得越多，能量浪费越多，排放也越多。无补贴后，难推销。

4. 油电混合动力车是“节能车”

这种车，纯电动系统与内燃机动力两系统的动力通过行星齿轮组合。行星齿轮加工要求高，加工费高；电池组的电能来源于刹车能，不需外部充电；电能用于吸纳车的下坡、刹车的能量，也为加速、爬坡时助力。日本丰田利用镍氢电池安全性高、比功率高、寿命长的优势，开发了普瑞斯及其系列产品，节油率由 30%逐步提升到 50%，至 2016 年 8 月底累计销量 1000 万辆。所用的镍氢电池比能量只有 50 W · h/kg，比能量不高，但用好了就能出好车。

5. 燃料电池电动车用氢不充电

燃料电池用氢做能源，排出是水，表面上无排放，美妙之极。但要解决：

(1) 氢的高能效、低排放制备；电解水制氢供燃料电池，能效太低。

(2) 氢的安全运输、分布、储存；投资、耗能大！

(3) 燃料电池寿命不够长；价格高！

(4) 质子交换膜等关键材料技术差；工程化还没做好！

(5) 铂资源太少，要研究无铂催化剂；世界难题！

这些问题要经长期研究、奋斗才能解决。在解决基础材料之前不宜让燃料电池大量上路；重金补贴、猛推质子交换膜燃料电池产业化，将会造成浪费、骗补。

买国外的燃料电池来装车，无补于我国核心技术的发展。

二、我国电动汽车的发展路线

国家科技部的“三纵”路线变了又变。起初是“纯电动汽车、混合动力汽车、燃料电池电动汽车”，两年多后改为“纯电动汽车、插电式电动车、燃料电池电动汽车”，经过约5年现在又说是“纯电动汽车、增程式电动车、燃料电池电动汽车”。从混合动力电动汽车改为插电式电动汽车，又改为增程式电动汽车。说得好听是：技术发展下，认识水平提高了！实话实说是：论证不足，心中无数；重点不清，路线摇摆；水平不高、特权专行。

以长里程纯电动车作为发展重点，问题不少。补贴过高加上监管不严，导致2015年大骗补丑闻。长里程纯电动汽车着火事件频发。据不完整统计，我国2017年烧车103辆，2018年烧车51辆！其中90%以上是用三元锂离子电池的乘用车！特斯拉，2017年以前烧车十几辆，堪称“烧车冠军”！2018年特斯拉又烧11辆（表1），造成5死1伤；其中5月，美国前排两人遇难，后排一人甩出受伤。瑞士高速公路上一名德国驾驶人被困在车内烧死。12月在加州，“无故”自燃一辆，烧死一人。2019年2月26日佛罗里达特斯拉车失火，车主当场烧死。2019年3月26日凌晨，广州特斯拉Model S无故自燃。三元锂离子电池火势蔓延太猛，来不及逃生、救援！

表1　2018年1—8月特斯拉失火爆炸事故（王金良教授提供）

时　　间	地点	型号	事　　故	信 息 来 源
2018.1	重庆	Model S	自燃	今日头条
2018.2	广州	Model X	碰撞起火	新浪科技
2018.3	上海	Model S	充电起火	新浪科技
2018.3.23	美国	Model X	撞隔离栏爆炸，1死	中国网
2018.5.8	美国	Model S	撞墙起火，2死1伤	AI财经社
2018.5.11	美国	Model S	与卡车相撞起火	腾讯科技
2018.5.14	瑞士	Model S	撞隔离栏燃烧，1死	腾讯科技
2018.5.15	美国	Model S	自燃	新浪视频
2018.6	日照	Model X	撞护栏起火	新浪科技
2018.8.23	美国	Model S	撞掉零件起火	新浪科技
2018.12.18	加州	Model S	无故自燃，1死	网络

我国电动汽车频发燃烧的根源分析：

（1）电池技术原因——使用高镍三元锂离子电池。正极材料导致热失控温度越低，电池的安全性越差！三元正极的电池安全性最低。高镍三元电池更危险！

（2）发展路线原因——重点发展长里程纯电动车，电池量大。

（3）补贴政策原因——重补长里程车和高能电池！电动汽车补贴与纯电动里

程挂钩，补贴与电池比能量挂钩，诱出三元电池镍用量增多。镍-钴-锰比例从 333、523 逐步走向 622、811，能量密度越高，危险性越大！又过度多装电池——安全性更加下降。

(4) 思想方法原因——主要矛盾和矛盾的主要方面。电动汽车发展的主要矛盾是安全与里程的对立统一。现在，将里程作为矛盾的主要方面，安全性作为次要方面，是频发烧车的思想方法原因；是造成发展路线、政策、技术发生问题的根源。

应该端正态度，正确对待发烧车。

(1) 政府部门要如实、详细地统计、公布烧车事件，切实总结经验教训，真正变坏事为好事。

(2) 任何部门和企业都不得掩盖烧车事件，要勇于担当责任，恪守诚信。

(3) "担心公开烧车事件会影响不好"、因而删除信息、掩盖真相的做法，是不敢负责任、文过饰非行为，是极端错误的，应该立即纠正。

我在"十一五"期间从用好现有电池出发，提出了我国电动汽车发展路线。原则：用好成熟的电池，发展安全-节能-减排的电动汽车。技术路线：纯电动汽车以微、小型为突破口；大、中型汽车应主要发展增程式。微小型纯电动车可用铅酸电池做低速车，也可用锂离子电池做高速车，由市场决定。

十年来的发展趋势，证明我的观点是正确的：近些年欧、中的微、小型车兴起证实了前半句。增程式电动车日多，节油率高，证实了后半句。

三、增程式电动汽车技术

我将增程式车的发展划分为三代，介绍 6 个问题：

(1) 第一代增程式电动汽车。

(2) 第二代增程式电动汽车技术。

(3) 第二代增程式电动车的美中不足。

(4) 第三代增程式电动车技术。

(为节省篇幅，此处从略，具体内容可参阅本书《以创新打造中国电动汽车品牌》。)

(5) 进一步提高增程式电动车节油率，应该发展新发动机，例如，天津大学苏万华院士的 HCCI(均质充量压燃)着火燃烧，是柴油机与汽油机技术融合(图 1)。其"外特性"指标：热效率高于 51%，增压、气口喷射，低成本，可变气门技术，可变增压技术，IMEP≥14 bar，低速扭矩大，可以减少变速箱挡位和速比。

(6) 或许有人会说，增程式还是要烧油，不是最终目标。我要提请注意的有两点：第一点，如果我国汽车的油耗降到一半以下，年节原油 2 亿吨！环境改善，能源安全提高，我国就由汽车大国向汽车强国迈进了一大步！第二点，纯电动车未必

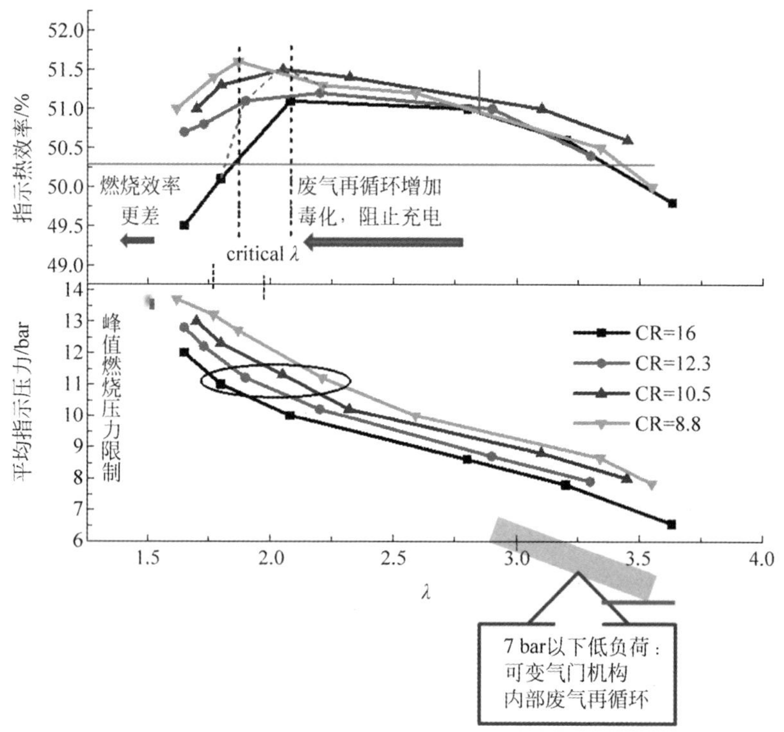

图 1　HCCI 着火燃烧

是最终目标。车上装的电池多，车身变重，耗电就会多，特斯拉在新加坡受罚就是一个很好的例子，因为它排放重。

对于电动汽车的考核，应考核全过程的节能减排。

未来的增程式电动车可不烧油，能量全部来自太阳，不增排 CO_2（图 2）。

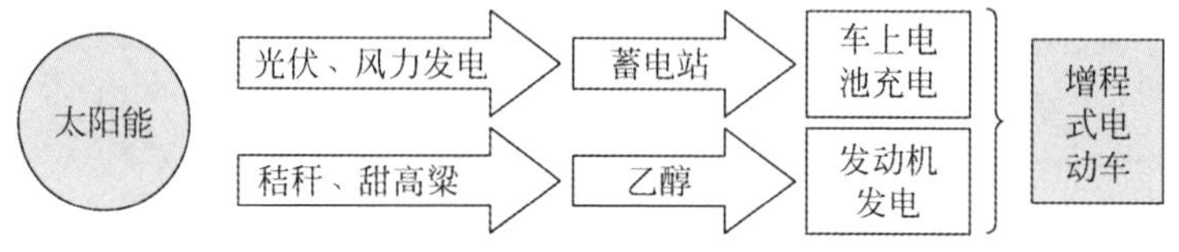

图 2　太阳为增程式电动车提供全部能量

增程式不是"向纯电动汽车的过渡"，而是未来的主力。

四、发展高安全性快充廉价电池

1. 磷酸铁锂电池是动力电池的主力

它有三大优势：安全性高，寿命长，不用短缺金属。现在普遍掌握了磷酸铁锂材料的微纳结构-碳包覆技术，弥补了电导率不高。单体电池比能量已提升至180 W·h/kg；电池包比能量已达到151 W·h/kg，增程式车完全合用。

全行业要向先进指标看齐，并进一步在生产中节能减排，磷酸铁锂电池将在市场公平竞争中大显身手。

2. 电动汽车发展需用新型电池

第三代增程式电动汽车电池用量可少。几秒钟内回收刹车能量，电池应有高倍率充电能力——需要5～8 C。还有，传统燃油车改轻混，电池用量更少（<0.5 kW·h），要求电池新品种组成48 V电池组，回收刹车能量应有大约35 C充电能力。现用的锂离子电池，负极为石墨，锂离子嵌入石墨慢，脱嵌速度快百倍，能够高倍率放电，而不能高倍率充电，低温下更不行。

3. 高安全性的动力型电容电池

超级电容器与电池两者"内并"，取长补短，简化线路，降低成本。我们提出高安全性的快充电池——电容型磷酸铁锂电池（申请专利：201910269491.2）（图3）。

此电池中，负极以硬炭代石墨——快充电而不易长枝晶；再复合纳米硅——提高比容量。正极中混入多孔炭——利用其双电层电容，提高比功率。

调节4种材料的配比和电极厚度，可得不同充电倍率的动力电池。此电池的比能量高于钛酸锂电池1倍以上，价格仅为其1/3。

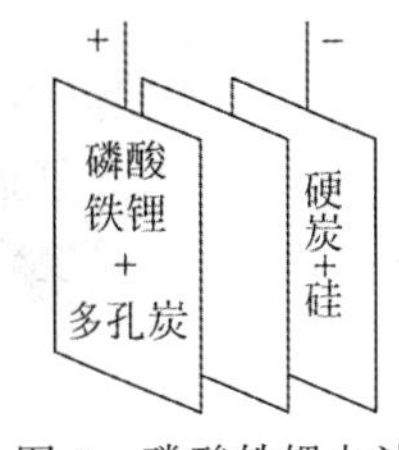

图3　磷酸铁锂电池

五、结束语

(1) 电动汽车发展的主要矛盾是安全与纯电动里程间的矛盾。

(2) 电动汽车要市场化，不论高速或低速，必须减少电池用量，提高安全性，降低车价。而不是片面追求长里程纯电动、多装电池，或拼命提高比能量、增加危险性。

(3) 坚持节能减排宗旨、提高安全性。办法有：

一是纯电动乘用车微小型化。

二是发展增程式技术，用于各种电动车。

三是发展新型磷酸铁锂电池，提高寿命和充电倍率。

最后，谢谢大家！

与赵福全教授的往来信件*

赵福全教授：您好！

阅读您领衔发表在《中国汽车报》2019 年 2 月 25 日及 3 月 4 日专论上的文章“应理性评估内燃机的挑战、潜力与机遇”，深为赞赏，也很有同感。还想讨教几个问题。

一、关于内燃机

在文中“**四、车用内燃机迎来优化机遇**”中提到“通过将内燃机的高热效率区由较大区间收窄到较小区间直至单点运行，综合热效率还可以进一步提升 20%（绝对值）以上”。这也是我多年来梦寐以求的内燃机。我曾设想一个收窄到较小区间的热效率示意图（图 1），请问，(1)此图如此表达，合适否？国内外有人在开发这样的内燃机吗？进展到什么地步了？

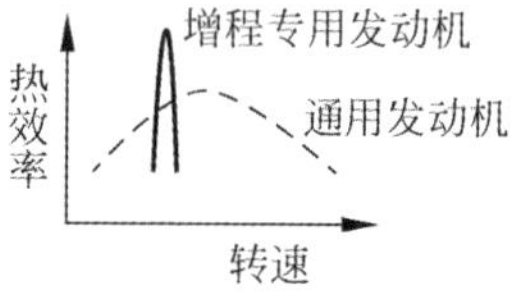

图 1　热效率示意图

我还真没有想到过“单点运行”的“理想内燃机”。请问，(2)这种内燃机的开发，难度很大吗？难在何处？

“插电式”是先纯电动 50 公里以上，然后开动内燃机按燃油车运行。请问，(3)收窄到较小区间直至单点运行的内燃机，能用于“插电式”车吗？

二、关于“插电式”混合电动车

“插电式”概念问世不久，我国就开始开发“插电式”混合电动车，科技部将其列进电动汽车“三纵”之一，四部委给予它相当于纯电动车一半的补贴，传统燃油车厂的生产设备可全用上，其效果是“插电式”取得了很快的发展。

请问，(4)去年的电动汽车百人会上，科技部长万钢宣布，“三纵”里的“插电式”以“增程式”代替；发改委今年 1 月 10 日起施行的“汽车产业投资管理规定”，将插电式混合动力汽车列入燃油汽车投资项目。对两部委的上述政策变动，您有何评

---

* 此信为杨裕生院士发给清华大学赵福全教授的求教信。赵福全教授于 5 月 1 日及时回了邮件，推荐了一篇文章：陈康达，赵福全，刘宗巍，郝瀚《满足未来中国燃油消耗量法规的行业技术路线选择》《汽车技术》2019 年 第 3 期。该文章中有部分问题的答案。为了进一步解惑，查阅了文章《赵福全对话苏万华：舍弃内燃机是根本的误判》，转引在本文后，并写下读后感。

论？您认为，在“双积分”制中，插电式的积分也应该有变动吗？

(5) 插电式混合动力汽车的不少用户不充电，将其当燃油车用(有的甚至拆除、卖掉电池，在减少了牌照费外还从电池上捞一把。)它有油-电两套系统，车身重，燃油行驶时理应比燃油车的耗能还多。按照您和苏万华院士对话中应该全寿期考核车辆节能减排的思想，“插电式”真能节能减排吗？清华大学有无对“插电式”的节能减排研究？(类似于对纯电动车节能减排的研究)

(6) 在文中“**五、‘汽车动力 2.0 时代’正在到来**”中提到“PHEV 的电池将越来越大，即通过增加纯电行驶里程来满足日益严苛的油耗法规”。电池将越来越大的后果是，在本来油-电两套系统已经很重的基础上车子将更重了，将更加费油。这样做，能满足日益严苛的油耗法规吗？它应如何发展才能够在补贴停止后保持现有的份额呢？

我提了六个问题，您如无时间解答，就请您的助手帮忙吧！但望您过目一下。

谢谢！祝您劳动节快乐！

杨裕生

2019 年 4 月 30 日

附：

赵福全对话苏万华：舍弃内燃机是根本的误判*

凤凰网汽车评论在全世界唱衰内燃机之际，关于新能源的路线反思却又硝烟再起。时间和市场会最终清算所有的路线之争。在这样的历史时刻，一场直率的顶级对话，显得弥足珍贵。

第十二季《赵福全研究院》，继续聚焦汽车技术创新，内燃机出身的清华大学汽车产业与技术战略研究院赵福全院长，请来主攻内燃机技术的中国工程院院士、天津大学苏万华院士。两个内燃机专家的终极对话就此展开。

技术专家大多开宗明义：“舍弃内燃机是根本上的误判。”苏万华院士表示，内燃机技术早就今非昔比，已经接近于零排放水平。在他看来，唱衰内燃机是不科学，也是危险的，内燃机技术还大有可为。

同时他也对混合动力和纯电动技术表达了自己的观点。“2020 年后，混动技术会大行其道。”最重要的，他认为，电池最核心的技术指标还没有完全突破，使用

---

* 此文原载于 2018 年 12 月 21 日“凤凰网”汽车版(auto.ifeng.com)，收入本书时有删减。

场景和区域受限。另外，他呼吁，要从能源转换的全生命周期考虑低碳化，比如电的来源，还有电池的生产和污染。

嘉宾：中国工程院院士、天津大学机械工程学院教授苏万华

主持人：清华大学汽车产业与技术战略研究院院长赵福全

摘要导读：

【舍弃内燃机是根本上的误判】

在中国火电占比仍70%以上时，以发展新能源汽车为由唱衰内燃机不科学，也危险。舍弃内燃机是根本上的误判。中国发动机技术早已今非昔比，不像想象得那样落后。莫让中国内燃机产业留下历史遗憾。

【内燃机处于近零排放的水平】

经过三十年，内燃机已经处于近零排放的水平。颗粒物和氮氧化物等有害排放物已经降低了99%，下阶段内燃机减排的最大挑战是汽车瞬态过程的排放。

【内燃机热效率中长期可接近85%】

内燃机热效率可以不受卡诺循环限制，短期可达60%，中长期可能接近85%。相当长时间仍将在移动式动力装置中占支配地位。2030年，使热效率达到60%的技术就会提上日程。

【2020混动技术会大行其道】

2020年后，混动技术会大行其道。混动不是一成不变，内燃机在不断进步，电气部分也在进步。但目前，改进发动机的成本要低于混动技术，因为电池和电机成本很高。

【要从全生命周期考虑低碳化】

现行法规没有从全生命周期来考虑低碳化，这是个大问题。电池的生产制造、报废处理等过程都产生有害物质，应计算在内。不全面、不科学的法规给内燃机发展制造了障碍。

【内燃机是国家支柱产业】

目前内燃机动力系统承担全国公路货运量77%，客运量80%～90%，几乎全部基础和工程建设；此外，还承担着农业机械、国防、海洋运输和内河运输等任务。盲目限制，不现实。

【盲目唱衰内燃机会造成人才断层】

内燃机的发展前景非常好，相关人才的工资待遇也很高，目前仍然处于人才短缺的状态，那些唱衰内燃机的不和谐声音，对青年学生的影响最大。

【内燃机长时间还将支配移动动力】

现在不应该是泄气的时候，而应该是鼓劲的时候。在相当长的时间内，内燃机仍将在移动式动力装置中占有支配地位。

杨裕生院士对二位内燃机专家对话的读后感：

内燃机发电与电池并联的增程技术是动力节能减排的绝佳配对，是未来移动式动力装置的主力。内燃机的热效率直接关系增程式电动车的进一步节能减排，是我们十分关心的问题，也是目前以燃油车为主要产品的整个汽车界应该重视的大事。赵福全教授与苏万华院士的对话对此作了权威性的回答。但因篇幅过大，本文集只摘引了“摘要导读”部分。

我认为：①内燃机是个好东西，人类离不开它；②石油还要烧几十年，要大力提高内燃机的热效率，力求节能减排；③将来内燃机可以烧生物柴油和生物乙醇，不增加 CO_2 排放；④内燃机技术应列入国家科技发展计划，努力提高我国内燃机技术水平；⑤奉劝青年要“风物长宜放眼量”，要认清内燃机有新技术，有前途，莫为目光短浅者所惑！

关于汽车积分管理办法提给工信部的意见*

工信部发布对《乘用车企业平均燃料消耗量与新能源汽车积分并行管理办法》进行了修改，向社会公开征求意见。现提出如下意见：

一、纯电动车型积分由基准分值和电耗调整系数（EC 系数）两部分相乘得出，弱化了纯电里程因素在车型积分设定中的影响，与我一贯的主张（积分应以节能减排水平衡量）接近了一步，我赞成这种改变的趋势。

但是，纯电动车型基准分值由 2～5 分降至 1.3～3.4 分，是不够的。因为，上限 3.4 分如乘以 EC 系数 1.5，则积分为 5.1 分；即使 EC 系数为 1.2，积分也达 4.1 分；而 1.2 的 EC 系数，是相当一部分企业都能做到的，与过去的最高分 5.0 分相差并不多，不足以缓解现在正积分严重过剩的尴尬局面。而且，现在燃油车的产销量在下降，电动车的产销量在上升，如不将电动车的积分降低到足够的程度，正积分过剩的尴尬局面还会进一步加剧。

因此，修正案（征求意见稿）中，基准积分＝$0.006 \times R + 0.4$ 的计算公式应修改。建议改为：基准积分＝$0.004 \times R + 0.4$；基准分值范围改为 1.0～2.4。

二、修正案（征求意见稿）中，PHEV 车型由 2 分下调至 1.6 分。1.6 分显得过高了，它比修正案（征求意见稿）中 150 公里纯电动车的积分 1.3 分还高，这显然是不合理的。建议改为 1.0 分，与我上述建议的 150 公里纯电动车的积分 1.0 分持平，这已属“照顾”了。为什么这么说？

我以为，插电式是“假节能减排”，“假”在如下四方面：①它装有燃油车和纯电动车两套完整的动力系统，车子比燃油车和纯电动车都重，能耗当然就高，说它节能减排就是假的。②电池的电用完后，稍远的距离就要用内燃机，仍有燃油车“大马拉小车”的通病，不节油减排。③插电式一贯标榜“油耗很低”，实际上是油耗计算方法不合理造成的假象。④相当多的插电式用户不给车充电而当燃油车用，费油、排放有增无减；还有的卖掉电池，加上补贴和牌照优惠，造成了“热销”，拿到了国家补贴，实际上对节能减排毫无意义。鉴于插电式的“假节能减排”，按理说，取消其积分也不为过。但是，考虑到有的部门可能架不住南方某些企业家们的“公关”，也照顾到插电式向来受到的“优待”，这次修正案可以暂且采取 1.0 分的折中办法。

---

* 2019 年 8 月 9 日工信部发布《乘用车企业平均燃料消耗量与新能源汽车积分并行管理办法》修改稿，向社会公开征求意见。本文是提交的意见。

目前，插电式企业坐享丰利，用户心安理得，政府部门政绩昭然，皆大欢喜，这种状况应该切实改变。2018 年 12 月国家发改委颁布的《汽车产业投资管理规定》已将插电式从电动车中除名，归到燃油车范围中了，这是正确的。今后插电式的发展，应从政策源头上加以降温。各部委之间在政策上应该相互协调，相向而行。

三、应给增程式电动车积分。近几年，修改的新能源车补贴政策已给增程式电动车补贴，文件中以"插电式(含增程式)"表示，故其补贴标准同插电式。同时，应该注意到国家发改委颁布的《汽车产业投资管理规定》已将增程式与纯电动车和燃料电池电动车一起归在电动车范围中了。因此我建议，增程式电动车的积分也可以与插电式相同，显示政府政策的连贯性和部委间的团结一致。

获取氢能并不那么“轻巧”*

今年以来，随着国家及地方对氢能源支持力度加大，这一产业的发展前景也备受期待，而“氢能是终极能源”的声音也在多个场合都可以听到。不过，在笔者看来，氢能的获取，有限度、有难度，并不是那么“轻巧”。科研人员应该在这方面多做些实事求是的分析，而不要炒作和鼓噪，以免误导公众。

原料氢气是不少，但不是规模能源

首先，自然界没有单质氢气可以开采，必须从含氢物质中提取。提取氢气的目的原本是用作化工原料，而用作能源的历史则很短。我国有些氢能工作者将化工原料氢气的产能也算进能源氢气的产能，难免有自壮声势之嫌，也容易引起人们的错觉。

例如，有人说：“中国煤化工行业有近千台气化炉在运行，合成气总量超过3000万立方米/小时，广泛分布于中国各地区，可以为各地的氢燃料电池新能源汽车的规模化示范运行提供有力支持。”这就是典型的误导。且不说合成气中高含量一氧化碳的分离是否经济可行，氢燃料电池新能源汽车规模化用氢后，煤化工生产还要不要正常运行？！

原料氢气和能源氢气，虽然都是氢气，但是原料氢气只有在不影响其原来生产使用的前提下，才能拿出一小部分用作能源，其量是十分有限的。更何况，现在工业产氢消耗的基本是化石能源，排放严重，不是“清洁的氢能”。如果燃料电池用这种氢气，岂不坏了自己清洁能源的美名？

氢能利用要讲究转化效率和经济效益

氢能不是一次能源，它像电能一样属于二次能源，要由一次能源转化而来。这一转化过程是需要消耗能量的，而且同时必然有一部分能量要变为“废能”，所以必须讲究能量转换效率。能量转换是要花钱的，所以还必须讲究经济效率。

从电网上取电电解水制氢的能量转换效率较高，约可达85%。将氢在燃料电池中发电，能量转换效率约50%，电-氢-电的能量转换总效率稍大于40%。于是有

---

* 本文原载于2019年11月11日《中国科学报》第7版。

些人就说氢能燃料电池电动车的能量转换效率“很高”。殊不知，他们有意无意地不谈如下的一系列“折扣”：燃料电池自身消耗的电能、氢气从电解池的低压状态压缩到输送的高压状态所消耗的能量、输送高压氢气到加氢站所消耗的能量、加氢站给车上储氢罐充氢所消耗的能量等。如此七折八扣，电解水制氢所耗的一度电送到车上电动机，粗略算来只剩下不到 0.3 度。

如果从电网上取电一度，经充电器的 AC-DC 变换和车上电池的充电-放电，两环节的能量转换效率都在 95%左右，送到电动车上电动机的电能将近 0.9 度。近三倍的能量转换效率差别一目了然，意味着节能减排效果相差悬殊。

能量转换效率既然不高，经济效率也不会乐观。

可见，从发展电动车节能减排的初心考虑，“由电网上取电-电解水制氢-氢能燃料电池”的路线是不可取的。

高温气冷堆也被说成可用以制氢。其实，用高昂的进口氦气作为工质的高温气冷堆发电，经济性本来就在推敲之中，现在却要将千度的高温热能取出来分解水制氢而不用去发电，要么是没事找事，要么就是为建高温气冷堆拼凑理由。

我国输氢远不及输电合理

有些人提出，可用“三北”地区的“弃风”“弃光”的电来电解水制氢，而且还举出德国用风能发电、电解水制氢的例子，证明这条路线可行。

但是，第一，我国“三北”地区的“弃风”“弃光”电解出的氢，在“三北”地区是消耗不了的，必须远距离输送到燃料电池电动车盛行的地区，耗能自不在话下，而高压纯氢对管道钢的氢脆更是一个难关。第二，我们还要看到，我国“三北”地区的“弃风”“弃光”是不正常、短期的现象，一旦造成这种现象的人为和技术原因消除了，也就无“弃风”“弃光”可用了，因为输电相比于输氢，无论是设备的建设或是运行，都要合理得多。第三，德国为了减少对进口天然气的依赖，用可再生能源发电、电解水制氢，将氢气掺入天然气中作燃料，浓度不超过 10%，不存在高压纯氢对管道钢的氢脆问题。而且，德国国土东西宽不过 500 公里、南北长 700 余公里，天然气管道密布，没有我国“三北”地区与燃料电池可能盛行地区间的长距离输送问题。在德国合理可行，不等于在我国亦然。

利用副产氢　难度不小

还有人提出，我们可将副产氢用于燃料电池。对此，原则上我完全赞成，但账到底怎么算要商榷，因为不是所有副产氢都可用于燃料电池。今年 7 月 1 日起开始实施的国家标准 GB/T 37244—2018《质子交换膜燃料电池汽车用燃料氢气》，规定了质子交换膜燃料电池汽车用燃料氢气的杂质含量要求，其中最重要的是一氧化碳体积分数应不大于 0.2×10^{-6}。

以焦炉炼焦行业为例，要将焦炉煤气中的几项重要杂质降到 B/T 37244—2018 的指标，尤其是 5%～8%的一氧化碳降低到千万分之二，不仅要解决一系列技术难题，还要消耗大量的能量。

最现实的是氯碱工业的副产氢。据说，2017 年全国放空的氯碱工业的副产氢为 25 万吨。此气不含一氧化碳，改放空为利用，适合于燃料电池。此外，丙烷脱氢、乙烷裂解等工业也有数量相当的副产氢。如果输送距离不远，在燃料电池电动车的演示阶段，这些副产氢绰绰有余。遗憾的是，这些副产氢的数量，远不足以担当未来“终极能源”的重任。

“氢能是终极能源”命题不成立

“氢能是终极能源”是美国前总统布什当政时首先提出的。在笔者看来，能源发展是没有终极的。难道有了氢能之后能源就不发展了吗？未来人们的节能减排意识将进一步加强，更加绿色的能源、更高效的能量转换方法，将是人类不断的追求。

“氢能是终极能源”，还可理解为人类将来用的能源全部是氢能。这显然是脱离实际的。即使说汽车完全用氢能，按我国未来 50%的人均汽车保有量计算，7 亿辆车、年用氢 10 亿吨，既没有这个可能，更没有这个必要。毕竟对于大多数电动车而言，直接用电网的电会更方便、更合算，何况还有其他能源可用，还有燃料电池自身的弱点引起的竞争力不强问题。

应该相信，随着氢气提纯技术的进步，其能耗和成本会不断下降，可用的副产氢数量会有所增加，“天花板”会有所升高。但是，也应该相信，“天花板”肯定是有的，“氢能是终极能源”的命题是不成立的。

真正清洁而又经济可用的氢能并不丰富，与几亿辆汽车所需的能源相比，它只是个零头而已。现在有些人已不认可“氢能是终极能源”了，但他们设想，未来燃料电池电动车会占汽车的 20%～30%。而按我上述的分析，乐观一些的估计氢能燃料电池电动车在未来汽车中的占比不会超过 5%。

当然，氢能即使是个零头，也该用好。但是，科研人员应该多做些实事求是的分析，而不要炒作和鼓噪，以免误导公众和官员。（作者系中国工程院院士）

我国电动汽车的发展与增程技术*

大家好：

今天我想讲3个问题。

一、我国电动车应该如何发展

电动汽车必须发展：一为减轻城市空气污染——特别是大城市空气污染、雾霾重；二为石油与国家能源安全——现在原油对外依存度已达70%；三为减少二氧化碳排放——烧1亿吨油产生CO_2约3亿吨。

电动汽车性能的基本要求：①安全性高——同龄车相比，烧车率要远低于燃油车；②真能节能减排——长里程纯电动车就不节能减排；③广大群众能买得起——销量大了，节能减排作用才大；④使用方便；⑤能源费少；⑥维修方便；⑦使用期长。

既安全又节能减排的车才有前途。特斯拉纯电动车2017年前烧十几辆！2018年烧11辆；2019年2月26日佛罗里达车主烧死；3月26日广州、4月21日上海、5月12日中国香港，7月30日德国，8月18日杭州，无故自燃。据不完全统计，我国2017年烧车103辆；2018年烧51辆（有删除消息、瞒报等现象，此数存疑。）90%以上是用三元锂电池的纯电动乘用车！今年4月21日后的一个月内烧车不止11辆。深圳市的电动物流车2018年烧5辆，4辆是电池自燃；今年3月6日、12日、16日用三元锂电池的北汽威旺电动物流车充电时自燃。全市停止这种车充电。

三元锂电池火势蔓延太猛，车里的人来不及逃生，车外的人来不及救援。高镍三元锂离子电池为何频频引发烧车？电池热失控温度越低，电池的安全性越差！三元正极的电池安全性最低。高镍三元电池更危险！补贴停止后，安全性将是电动汽车买主最看重的因素之一。

发展电动汽车要不忘初心，坚持节能减排宗旨。节能（油）减排要从电动汽车的全寿期衡量。节能（油）应与相同运力（而非重量）的燃油车比较。减排主要是减少温室气体二氧化碳排放（其他有害物也应考虑）。我曾对五类车（或称五条技术路线）作过定性的评价：①长里程纯电动车不节能减排；②插电式混合动力车假节

---

* 本文是2019年11月13日在北京“2019年中国电机工程学会年会”上的演讲。

能减排；③燃料电池电动车难节能减排；④微小型纯电动车真节能减排；⑤增程式电动汽车很节能减排。

十年经验教训中，选不准发展路线是主要问题。分析其原因，除了未将节能减排作为选择发展路线的根本条件之外，可能还有 4 条：①我国电动车发展受传统汽车势力支配——不是电动车内行，又未深究电动车的特殊性；②电动汽车的路线和发展重点严重受外国影响——师承洋人，依样画葫芦；③示范推广模式过分受奥运会、世博会左右——将不计工本的特例用到商品开发；④电动汽车研制被急功近利思想观念笼罩——政绩至上。

增程式电动车未能广泛发展的原因分析：①纯电动车补贴过高，太诱人！②增程式难度比纯电、插电大！③技术未与资金和资质相融合！

这些年增程式技术逐渐得到认可，发展机会来到！科技部“863”计划中，2011 年支持研制增程式轿车，2012 年又支持研制增程式客车；增程式“含”进五部署的插电式补贴范围；科技部长 2018 年将增程式列入“三纵”取代插电式；发改委 2019 年将增程式列为电动车，插电式为燃油车；电动车补贴退坡，即将停止，市场将起主导作用。

增程式电动车将撑起汽车节能减排的大旗；要坚定不移地发展增程式电动车！

二、认识增程式的节能减排本质

打消对增程式节能减排本质的误解。

误解 1：“增程式节油 50%以上，不可能”。

这是实际测量结果，可就有人不相信。他们的论点是：“内燃机发出的动力要经过机械能—电能—机械能两次转换，效率大打折扣。”

增程式节油 50%的 4 个因素：①增程式车上内燃机的排量减小一半，故耗油少；②内燃机调节在最节能的功率工况，热效率高；③普通汽车在红灯停车时内燃机“0”效率、堵车时的低效率状态，在此都不会发生；④能回收减速、刹车的能量。至于两次能量转换效率折扣，并非臆想的那么大，仅是“零头而已”！而且任何电动车用的电都必经两次转换，只是场所有别而已！何况，在车上的转换线路短、环节少，总效率高！

误解 2：“燃料电池是电动汽车的‘终极’”。

燃料电池的功率响应慢，不满足车速变化的需求，必须由储能电池并联供电。

由图 1 对比可见，实际上燃料电池只是起发电增程作用。

所以，燃料电池只是增程器的一种，而且从性价比等因素衡量难与其他增程器竞争，“红火”可能只是“虚火”一场。所以，如果电动汽车有所谓“终极”，那就是增

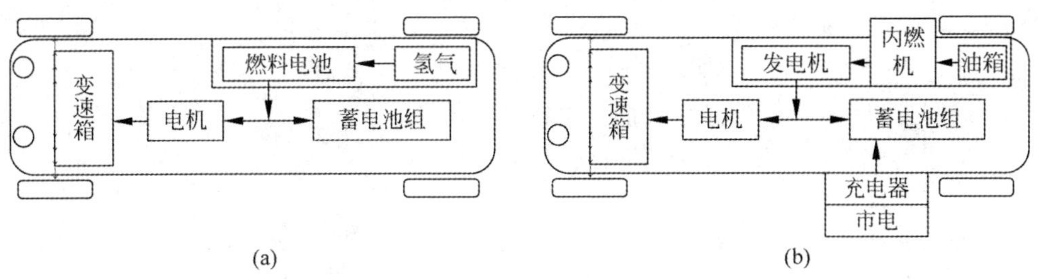

图 1　燃料电池发电增程(a)、内燃机发电增程(b)

程式!

误解 3:“增程式还是要烧油,不是最终目标”。

要请注意:①如果我国汽车的油耗降到一半以下,年节原油 2 亿吨!环境改善,能源安全提高,我国就由汽车大国向汽车强国迈进一大步!②纯电动车电池多,车重,耗电多;充电不便,未必是最终目标!特斯拉在新加坡受罚就是例证!

要衡量全过程的节能减排,这时,发动机与电池配合效果最佳。

未来增程式的发动机可不烧油;不增加 CO_2 排放(图 2)。

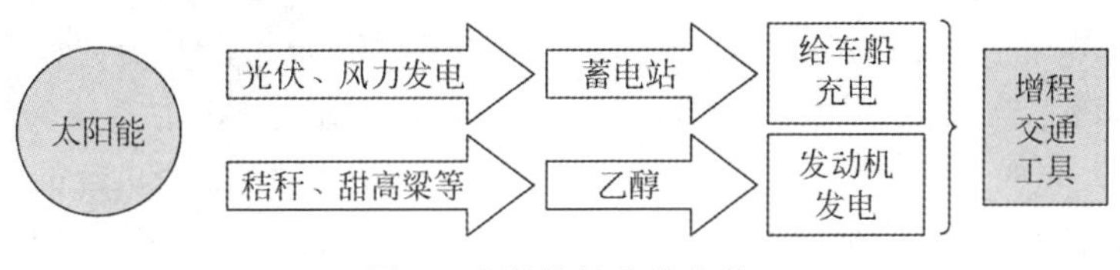

图 2　太阳能转化为电能

增程式不是“向纯电动汽车的过渡”,而是未来的主力。

三、对增程式电动车发展的建议

1. 发展增程式车,必须坚持节能减排的宗旨

紧凑型乘用车/大型物流车为先,车数量大,节能减排贡献大。

瞄准目标:乘用车百公里油耗低于 2.5 L,续驶里程 500 公里。载重 5 吨的物流车,百公里油耗低于 10 L。

设计原则:安全第一,节能,最高车速 120,不贵;大众化乘用车优先,不追求快加速等无意义的指标。

关键技术:高效燃油发动机;紧凑型轻量化车身;电池用量少;高充电倍率电池;供电调控最优化的电控系统。

远景目标:乘用车百公里油耗低于 2.0 L,每升油发电 5 度;靠节油攒积分,推动交通运输全面节能减排。

2. 创中国增程器名牌

燃油发动机名牌有康明斯；中国要创增程器世界名牌——超康明斯！

增程器是核心，增程器技术是核心技术！

增程器产业可以做大，利润不比整车低！

增程器产业做精，保护更有价值的知识产权！

增程器产业做大，更有利于技术发展提高！

生产各种功率增程器，促电动车全面发展！

增程式整车产业应大力发展，但非唯一的产业目标！

3. 超越竞争对手——油电混合动力车(HEV)

全混合动力车的内燃机系统和电机驱动系统各有一变速机构通过行星轮式齿轮机构结合，调节两者的转速关系。丰田普瑞斯(Prius)系列节油率提升至50%，已销出1000多万辆，降价站稳中国市场，还将"国产化"，是增程式的竞争对手。但是，行星齿轮加工要求高，国产全混合动力车势单力薄，发展慢。增程式机械加工费用低，节油多，应担当起竞争重任！

4. 从国外大公司生产增程式乘用车中找教训

凯迪拉克ELR增程式双门电动跑车，在美国售价为5.5万美元(约合人民币34万元)。该车与雪佛兰沃蓝达和欧宝Ampera共享增程式动力系统(直列四缸发动机、电动机和锂离子电池组)。2012年沃蓝达曾创月销售2289台的纪录，但好景不长。宝马i3纯电动车加配增程器，另加价15%，电-电未融合，油耗高。万向集团旗下在美国的Karma，生产豪华跑车，起价13万美元。这些车的共性是高档、高速、高价；节油率不高！小众市场。这些车不宜作为效法的目标。

日产NOTE e-POWER紧凑型车，上市3个月销量就超丰田普瑞斯系列，节油减排，与上述欧美车对照鲜明！这种车的设计思路值得参考。

我国要生产广大群众买得起、方便、耐用、省钱、少占地的车！

结束语

(1) 增程式电动汽车将成为交通运输节能减排的中坚力量。要以增程式引领交通运输的节能减排，提高国人的节能减排意识。

(2) 高水平增程器是核心部件。我国必须大力发展高能效的车上发电系统，最关键的是内燃机。未来"禁售"传统燃油车，有可能；发展高效发动机，很必需。

(3) 增程式电动汽车要坚持少用电池、用高安全性电池，降低成本，加速推广，以便尽快、极大造福全国人民。

谢谢！

未来汽车与未来汽车能源*

各位同志：大家好！

今天，我讲以下几个方面的内容：前言；第一部分，既安全又节能减排的车才有前途；第二部分，要冷静评估燃料电池电动车的前景；第三部分，节能减排的增程式电动汽车将大发展；第四部分，未来 15 年汽车动力与能源发展的预测；最后是结束语。

"未来汽车、未来汽车能源"的"未来"说 15 年，能基本看准 15 年就很不错，再长就更难说了。现正制定到 2035 年的中长期计划，需要见解，也是 15 年！

汽车能源与汽车密不可分，讨论汽车能源须同时讨论汽车种类及其性能。未来汽车应是高安全性的、节能减排的、智能化的、网联化的。15 年内的汽车能源应是多元的。高安全性、节能减排是汽车最本质的性能。要从汽车安全性、节能减排预测汽车能源。

一、既安全又节能减排的车才有前途

特斯拉纯电动车 2017 年前烧了十几辆！2018 年烧 11 辆。2019 年 2 月 26 日佛罗里达车主烧死；3 月 26 日广州、4 月 21 日上海、5 月 12 日中国香港，7 月 30 日德国，8 月 18 日杭州，无故自燃。

据不完全统计，我国 2017 年烧车 103 辆，2018 年烧 51 辆(存疑瞒报)；90%以上是用三元锂电池的纯电动乘用车！今年 4 月 21 日后的一个月内烧车 11 辆。三元锂电池火势蔓延太猛，车里的人来不及逃生，车外的人来不及救援！高镍三元锂离子电池引发长里程纯电动车频频燃烧，这是由于里程长要求多装电池，比能量又要高，安全性下降。

长里程纯电动车不节能减排。在电网的电能主要来自燃煤的情况下，长里程纯电动车耗电高，不能够减少排放。特斯拉车不用油，但在新加坡受罚，就是因为追求长里程而多装电池，车重，耗电多，而发电时大量排放 CO_2 等有害物。再有，电池生产链耗能很高，废电池处置也很耗能，都有排放。所以，里程越长的纯电动车越背离电动车的节能减排宗旨。

---

* 本文是 2019 年 12 月 15 日在"2019 年上海电化学能源器件工程技术创新论坛——未来汽车动力与能源之辩"上的演讲。

过高的补贴，驱使长里程纯电动车走成一条不安全、不节能、不减排路线；还带动高危险性电池的兴起！现在补贴即将停止，纯电动汽车将市场化发展，必须少用电池，提高安全性，节能减排，降低车价。而不是追求长里程纯电动、多装电池，造成浪费能源、增加排放、加大废电池处置量；更不该急速提高电池比能量、增加危险性。

少用电池的微小型纯电动车真节能减排，安全性还高。

未来纯电动汽车电池的发展，势必随之调整为安全第一，比能量、长寿命、低成本等因素兼顾。

二、要冷静评估燃料电池电动车的前景

燃料电池用氢做能源，氢无矿藏。要解决的问题多：

(1) 高能效、低排放制氢；用电网的电—电解制氢—燃料电池发电，能效太低。氯碱工业副产氢，易纯化但量太少。冶金行业副产氢中的CO含量太高，难纯化。

(2) 氢的安全运输、分布、储存等环节的投资大、耗能大。

(3) 燃料电池寿命不够长，价格高，制作耗能多。

(4) 质子交换膜、碳纸、气泵、高压罐等技术差，国产化还没做好。

(5) 铂资源太少，难支撑大发展；要研究无铂催化剂，这是世界性难题！

必须长期奋斗才能解决“不节能，不减排，不便宜”三不问题。政府尤需思考：高补贴煽起进口电池和部件装车热，有何益处？演示地点和规模要适当，只应在有氢(易纯化的)的城市进行。要防止少数人烧虚火！要切实判断与日本国情的差别，防止落陷阱！

请参阅我发表在《中国科学报》2019年11月11日的文章《获取氢能并不那么“轻巧”》，其要点如下：氢能的获取，有限度、有难度，并不是那么“轻巧”。用作原料的氢气是不少，但不是规模能源。氢能利用要讲究转化效率和经济效益。我国输氢远不及输电合理。利用副产氢难度不小。“氢能是终极能源”命题不成立。真正清洁而又经济可用的氢能并不丰富，与几亿辆汽车所需的能源相比，只是个零头而已。有些人设想，未来燃料电池电动车会占汽车的20%～30%。按我乐观一些的估计，在未来汽车中的占比不会超过5%。未来，质子交换膜燃料电池不会像有些人想象的那么兴旺！

三、节能减排的增程式电动汽车将大发展

第二代增程式电力系统优化：①发动机排量减小；②发动机能效优化；③电池少，降成本；④车减轻，更节能。

归纳其优点，电池组不会过充过放，寿命延长，安全性高；磷酸铁锂电池比能量合用，安全性更提高；电池少，补贴退坡、取消的影响小，易推销；增程行驶比燃油车节油 50%以上，大为省钱；可以不外充电，免建充电桩，且能行远距；有充电条件城市百公里内节油率大于 80%；燃油车生产及加油设施全继承，便于发展。无纯电动车的里程、安全、充电、价格、电池五大焦虑。

增程式车未能充分发展的原因分析：①纯电动车的补贴过高，太诱人！②增程式难度比纯电动、插电大！③“863”计划增程式项目资助强度低，技术未成熟，成果未推广！

现在，科技部将增程式列入“三纵”，发改委列它为电动车（插电式为燃油车），补贴即将停止，市场主导下增程式将大发展。与增程式节油水平相当的还有“油电混合动力车（深混）”，两者不同处是，增程式是车上发的电与电池并联供给电动机，深混式是燃油动力与电动动力在行星齿轮箱混合。两者相同处：①都是在车上用燃料发电，给电池充电；②都是通过电控，优化组合，达到节能。（插电式先用电后用油，两者没有动力的混合，更没有优化组合，故不节能，而费能。）

对质疑增程式节能减排的分析：

（1）“增程式节油 50%以上，不可能”。

（2）燃料电池电动车不是增程式的一种吗？

（3）“增程式还是要烧油，不是最终目标”。

（为节省篇幅，此处从略，具体内容可参阅本书《以创新打造中国电动汽车品牌》。）

四、未来 15 年汽车动力与能源发展的预测

1. 未来 15 年电动汽车技术的发展

新产改进的燃油车，如启停式、微混等车，继续产销。微混车在现燃油车上作少许变动，节油 15%，结合高效内燃机有一定市场。

微型短程纯电动车随节能减排意识加强而风行，与时俱进。

增程式与深混车，市场份额可能达 50%。

2. 未来 15 年发动机和燃料技术的发展

内燃机热效率提至 45%。汽油压燃机热效率提至 52%。

多种燃料逐步替代石油产品，CO_2 排放大为减少。

体积小、重量轻的微燃气轮机，技术发展值得关注。15 kW 微燃机发电组和 45 kW 微燃机发电组已经由迅玲腾风汽车动力科技（北京）有限公司开发成功，其核心技术是动静压混合式空气轴承、超高速电机、高性能回热器、回流燃烧室。

参数见表 1,还有提高余地。

表 1　15 kW 和 45 kW 微燃机发电组的参数

参 数 名 称	15 kW 微燃机发电组参数	45 kW 微燃机发电组参数
功率/kW	15	45
功率/%	≥32	≥33
NO_x 排放	满足国六 b 排放标准	满足国六 b 排放标准
噪声/dB	≤65	≤65
转速/(r/min)	140 000	80 000
寿命/h	>50 000	>50 000
燃料	多元化(煤油、柴油、汽油、酒精、天然气、氢气)	多元化(煤油、柴油、汽油、酒精、天然气、氢气)
体积/(mm×mm×mm)	660×470×350	500×500×1200
质量/kg	40	115

3. 未来 15 年动力电池技术的发展

(1) 磷酸铁锂电池优势突出,将是主力车种微小型纯电动车和增程式车的电源,还要再提高寿命。

(2) 锰酸锂电池要提高比能量和寿命,可混入三元材料;但是加多了会增加危险性。

(3) 三元锂电池提高安全性才有前途,应该控制镍的含量;混入锰酸锂可提高安全性。

(4) 全固态电池的实用,要准备打持久战,要降低调门将“全”字去掉,可少加点可燃的液体;或搞聚合物电池。

(5) 锂电池改进金属锂负极,可有安全性、高能量、长寿命。

(6) 发展能充分吸纳制动能量的新型可快充的锂离子电池,仅此一项技术即可节油 15%。

快充电池的用处:①传统燃油车改轻混,电池量少,需 35 C 充电能力。②第三代增程式电动汽车,要求 5~8 C 充电能力。③纯电动车中途需几分钟充满 80%,要 10 C 充电能力。

常用锂离子电池负极为石墨,难快充。钛酸锂负极电池价高、比能量低。

发展高安全性、快充、廉价的电容电池(原理见图 1),调节四种材料比例和电极厚度,可得不同充放电倍率和比能量的动力电池。比能量高于钛酸锂电池一倍,价格为其 1/3。

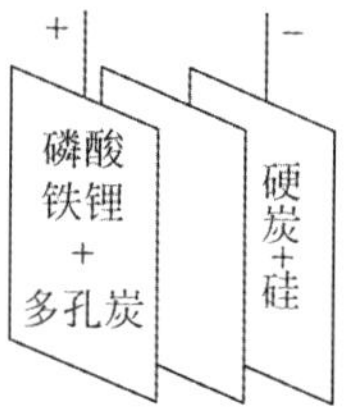

图 1　快充电池

结束语

(1) 内燃机汽车将继续产销,燃料多元化,微混化节能;内燃机热效率不断提高,也是高水平增程器的核心部件。

“禁售”传统燃油车——有可能;发展高效发动机——很必需。

(2) 电动汽车要用高安全性电池,少用电池,少生废电池。

(3) 提高电动汽车安全性、坚持节能减排宗旨——具体做法:

一是双积分与节能减排挂钩,不与纯电动里程挂钩。

二是发展增程式技术,用于各种电动车。

三是纯电动乘用车微小型化,不追求超长里程。

四是发展可快充的磷酸铁锂电容电池,提高寿命、充分吸收制动能。

谢谢!

坚持节能减排宗旨实现电动汽车市场化发展*

大家好！

今天准备讲5个问题。

一、坚持发展电动汽车的节能减排宗旨

凡是电动车都能节能减排吗？实际情况并非如此。

1. 长里程纯电动车不节能减排

在电网的电能主要来自燃煤的情况下，长里程纯电动车耗电高，不节能减排。特斯拉车在新加坡受罚，就是因为追求长里程而多装电池，车重，耗电多。电池生产链耗能也很高，废电池处置耗能也不少，都会产生排放。所以，里程越长的纯电动车，越背离电动车的节能减排宗旨。此外，还要多装高镍三元锂离子电池，引发长里程车烧车多！

2. 插电式混合动力车假节能减排

说它“假”，有根据：①它有纯电动与内燃机两套完整系统，车重，多耗能；②50公里内用电，电耗高。远距离用内燃机，排量大，仍是大马拉小车，不节油减排！③标榜“油耗很低”，实际上油耗计算方法造假象！④70%用户不充电，当燃油车用，费油、排放有增无减。有的还卖掉电池，再加上补贴和免费牌照，大优惠造成热销假象。

科技部前年剔它出“三纵”！发改委去年改它属“燃油车”！工信部尚未改变态度，可能是认识还不到位，或有其他隐情！

二、要冷静评估燃料电池电动车的前景

燃料电池用氢做能源，氢无矿藏。要解决的问题多：①高能效、低排放制氢；用电网的电-电解制氢-燃料电池发电，能效太低。氯碱工业副产氢，易纯化但量太少。冶金行业副产氢中的CO含量太高，难纯化。②氢的安全运输、分布、储存等环节的投资大、耗能大。③燃料电池寿命不够长，价格高，制作耗能多。④质子交

* 本文是2020年1月12日在北京“中国电动汽车百人会论坛(2020)”上的演讲。

换膜、碳纸、气泵、高压罐等技术差，国产化还没做好。⑤铂资源太少，难支撑大发展；要研究无铂催化剂，这是世界性难题！

必须长期奋斗才能解决"不节能，不减排，不便宜"三不问题。

提请政府考虑：高补贴煽起进口电池和部件装车热，对技术发展无益。冬运会演示很重要，但过多演示太浪费。要防烧虚火！"外国经验"有真伪，谨防误导；当心落入内外陷阱！

请参阅我的文章《获取氢能并不那么"轻巧"》，发表在2019年11月11日《中国科学报》。氢能的获取，有限度、有难度，并不是那么"轻巧"。原料氢气是不少，但不是规模能源；氢能利用要讲究转化效率和经济效；我国输氢远不及输电合理；利用副产氢，难度不小；"氢能是终极能源"命题不成立；真正清洁而又经济可用的氢能并不丰富，与几亿辆汽车所需的能源相比，只是个零头而已。有些人设想，未来燃料电池电动车会占汽车的20%～30%。按我乐观一些的估计，在未来汽车中的占比不会超过5%。未来，燃料电池不会那么兴旺！

三、微小型车真节能减排；低速车应管起来

微小型纯电动车的电池少，安全性高，车轻耗电少，价廉有销路。低速电动车适合三、四线城市、城镇结合部和农村几亿人民迫切需求；还可用铅炭电池，更安全；以家中电源夜间充电几小时，7～8度电可行驶100公里；电网的11亿度谷电有了销路。

公安部说，低速车不安全；高速与低速车并行，不好管理。

建议：①限制在三、四线城市、城镇结合部和农村行驶；②给低速车上专用粉色牌照；③用户要考X级驾驶证；④出台低速车标准，保证质量；⑤低速车自愿上保险。

愿景：政府部门很作为；用户守法得方便；国家经济有发展，节能减排有贡献！

10年来我从用好现有电池出发，不断呼吁我国正确的电动汽车发展路线。其原则：用安全成熟的电池发展节能减排的电动汽车。技术路线：以微小型纯电动车为突破口；大中型车发展纯电驱动的增程式。微小型纯电动车，可用铅酸电池做低速车，也可用锂离子电池做高速车，由市场决定。相信补贴停止后的实践将进一步证明此路线的正确性。

四、节能减排的增程式电动汽车最宜市场化

增程式的电力系统优化：①发动机排量减小；②发动机能效优化；③电池少，降成本；④车减轻，更节能。

由此得出明显的优势：电池组不会过充过放，寿命延长，安全性高；磷酸铁锂电池比能量合用，安全性更提高；电池少，补贴退坡、取消的影响小，易推销；增程行驶比燃油车节油 50%以上，大为省钱；可以不外充电，免建充电桩，且能行远距离；有充电条件城市百公里内节油率大于 80%；燃油车生产及加油设施全继承，便于发展。不存在里程、安全、充电、价格、电池五大焦虑。

第二代增程式是燃油车与电动车的技术融合，节能减排。

此技术已用于多种车辆，效果都很好。

五、事实越辩越明，分析对增程式的几个疑虑

(1) **"增程式节油 50%以上，不可能"吗？**实际测量结果如此，可就有人不相信。他们的论点是："内燃机发出的动力要经过机械能-电能-机械能两次转换，效率大打折扣"。

节油 50%的 4 个因素：①增程式车上内燃机的排量减小一半，故耗油少；②内燃机在最佳效率点恒定功率运行，既节能又减排；③普通汽车在红灯停车时内燃机"0"效率、堵车时的低效率状况，在此都不会发生；④能回收制动发的电能；两次能量转换效率折扣并非臆想的那么大——"零头而已！"而且任何电动车用电都经两次转换，场所有别而已！何况，在车上的转换线路短、环节少，总效率高！

(2) **"增程式那么好，为何发展慢？"**增程式车未能充分发展的原因分析：①补贴没有纯电动车的高，不够诱人！②增程式的难度比纯电动、插电式大！③"863"计划增程式项目支持范围小，技术成果又未推广！

2018 年增程式被科技部列入"三纵"，引起业内关注；发改委 2019 年《汽车产业投资管理规定》列为电动车类。如按全过程节能减排水平给积分，必将推动增程式快发展。减少石油进口是能源安全之需，增程式可对此做出大贡献。

(3) **"燃料电池电动车怎么是增程式的一种呢？"**燃料电池的功率响应慢，不满足车速变化的需求，必需由储能电池供电，实际上燃料电池只能起发电作用。所以，燃料电池只是增程器的一种，它面临其他增程器的竞争！而且其他发电技术优势突出，燃料电池要在竞争中求生，不容乐观。

(4) **"增程式还是要烧油，不是最终目标"**。我们应该看到：①要衡量全过程节能减排，而不是只看路上这段是否烧油。纯电动车电池多，车重，耗电多；电池生产、废电池处置很耗能，用得越多排放越重；充电又不便；未必是最终目标！②增程式的发动机发电与电池并联组合，能效高；发动机将来可烧来自太阳能的乙醇(像巴西汽车燃料 50%是甘蔗乙醇)，不增加 CO_2 排放。

增程式不是"向纯电动汽车的过渡"，而是未来的主力。

结束语

(1) 内燃机是燃油车和增程车的核心部件,要大力提高热效率;在此基础上,发展优质增程器专业生产,不必都去做整车!

(2) 补贴停止后,要制定政策继续支持节能减排的电动车发展,但少搞变相补贴,让电动车在市场中健康发展。

(3) 坚持电动汽车节能减排宗旨、提高安全性。具体做法:

一是双积分按综合节能减排打正积分,不与纯电里程挂钩。

二是推动增程式技术,可以不必充电,省建过多充电设施。

三是纯电动乘用车微小型化;管起低速车,不要怕麻烦。

四是发展可快充的电容型电池,提高寿命、充分吸收制动能。

谢谢!

关于增程式电动汽车会议的往来信件*

一、2020年7月26日给吉利、理想、科凌三公司负责人的信

吉利商用　孙国辉同志

理想　马东辉同志

科凌　杜炬同志

诸位老总：

今年一月的电动汽车百人会上，我曾倡议今年举行一次增程式电动汽车专题研讨会。一月下旬开始的疫情使此事搁浅了，现再从新议论，请就下列问题发表意见。

(1) 今年举行一次增程式电动汽车专题研讨会，合适不合适？何时(或几月份)举行恰当？

(2) 增程式电动汽车专题研讨会由谁出面主办为好？在何地举行为好？

(3) 此会的主题和重点研讨的问题，怎么提法？

(4) 会议所需经费如何筹集？(主要还是要"以会养会"。)

(5) 贵公司拟在此会议中扮演什么样的角色？

另外，我准备一个发言："增程式电动汽车发展之路"，开始拟提纲了，其第一部分讲各公司的产品概况，请你们帮助我完善(填充或校对)贵公司的数据，谢谢！

杨裕生

二、2020年7月27日吉利公司负责人的回信

杨院士好！

感谢您的支持与帮助！您所策划的这个会议，对中国的汽车市场应用与发展、技术路线的推广与应用都非常重要。

正如您所知晓的，我们吉利商用车就是依托增程式技术路线，强化环保与节能，核心是经济性，落地性应用到城市商用车的。对此，我们责无旁贷，我们可以来

* 本文是杨裕生院士发给3个重要增程式电动汽车生产公司负责人的信及对方回信。

承办这次会议,由杨院士您发起,范围控制在 20 到 30 个人。企业我们三家加上东风,协会请几个,部委请几个,大学请几个。会议地点可否放在杭州,就在我们商用车研究院。时间可能要再晚一点,比如 10 月以后。

以上建议,如果院士同意,我立即向公司请示。

再次感谢!

孙国辉

三、2020 年 7 月 29 日科凌(港东)公司负责人的回信

尊敬的杨院士,您好!

非常感谢您长期对增程式技术路线的大力支持!

我本人认为举办一次增程式的技术研讨会十分必要,时间放在本年度九或十月份比较合适,地点在北京最为合适,港东集团可以承办,费用我们也可以承担;当然,如果能够在之前举办一个小型碰头会,商议一下,由大家共同研究一个办法最好。

关于会议的主题、具体讨论的问题以及提法,我个人认为:增程式技术和产业座谈会;讨论的问题可以多样甚至是头脑风暴式的,每家都可以介绍一下自己的技术与产业发展情况,遇到的问题与对策,希望同行之间开展那些合作,希望政府给予什么样的支持等;关于提法,可以探讨形成本次会议共同宣言,也可以尝试讨论形成增程式产业联盟等。

关于经费,可以大家共同分担。

港东集团可以作为本次会议的发起人之一。

港东集团　杜炬 敬上

四、2020 年 7 月 30 日理想公司负责人的回信

杨院士您好:

最近在外地出差,没能及时给您反馈,抱歉!

1. 理想 ONE 的参数已经填好,见附件。

2. 关于研讨会,几点建议和想法:

2.1　时间上建议在今年 10 月份举办。

想法是 10 月份后,2020 年全年新能源汽车市场表现基本确定,不同技术路

线、品牌占比更加准确；另外，Q3组织讨论会，有利于在2021年及以后，在积分、补贴以及号牌等方面制定精准政策。另外，疫情届时也可能会有所好转。

2.2 主办方：百人会，来增加此次会议的影响力。协办方：理想汽车以及其他采取增程技术路线厂家。

地点：北京。

主题和研讨方向：技术交流、研讨＋政策上呼吁。

技术交流：技术先进性（无里程焦虑、不依赖充电条件）；纯电驱动，良好的驾乘用户体验；更好支撑智能化架构；城市零排放，节能减排；增程系统发展趋势。

政策上的呼吁：牌权、路权和补贴，应和纯电动EV相同政策和管理。

经费筹集：根据主办方需求，各方承担费用。

希望理想汽车有机会做主体发言，提供增程式理想ONE试乘试驾。

再次感谢杨院士！

马东辉

对《新能源汽车产业发展规划(2021—2035年)》征求意见稿的意见*

我对"《新能源汽车产业发展规划(2021—2035年)》征求意见稿"总的印象是,对能源问题要有充分论述。具体建议6条。

建议1:在第一章"第二节　我国新能源汽车进入加速发展新阶段"中加"**电能和燃料消耗过高**"。这一段改成为:

"经过多年持续努力,我国新能源汽车产业技术水平显著提升、产业体系日趋完善、企业竞争力大幅增强,产销量、保有量连续四年居世界首位,电动化跻身世界前列,网联化、智能化发展势头强劲,共享化应用市场孕育兴起,产业进入叠加交汇、融合发展新阶段。与此同时,我国新能源汽车也面临市场竞争日益加剧、发展动力亟待转换、核心技术供给不足、**电能和燃料消耗过高**,质量保障体系有待完善、产业生态尚不健全等新形势、新问题。必须抢抓战略机遇,巩固良好势头,充分发挥基础设施、信息通信等领域优势,不断提升产业核心竞争力,推动新能源汽车产业高质量可持续发展。"

建议2:在第二章"第一节　总体思路"中加"**持续降低能源消耗,减少温室气体排放,削弱石油进口依赖**"。这一段改成为:

"以习近平新时代中国特色社会主义思想为指引,全面贯彻党的十九大和十九届二中、三中、四中全会精神,坚持创新、协调、绿色、开放、共享的发展理念,以深化供给侧结构性改革为主线,坚持电动化、网联化、智能化、共享化发展方向,深入实施发展新能源汽车的国家战略,以融合创新为重点,突破关键核心技术,提升产业基础能力,构建新型产业生态,完善基础设施体系,优化产业发展环境,**持续降低能源消耗,减少温室气体排放,削弱石油进口依赖**,推动我国新能源汽车产业高质量发展,加快汽车强国建设。"

建议3:第三章的"专栏1新能源汽车核心技术攻关工程"中的"实施新能源汽车基础技术提升工程"一段,在"……攻克氢能储运、加氢站、车载储氢等氢燃料电池汽车应用支撑技术"一句中"车载储氢"的后面加"**车载醇类高效重整制氢**"。这一句改成为"……攻克氢能储运、加氢站、车载储氢、**车载醇类高效重整制氢**等氢燃料电池汽车应用支撑技术。"

---

* 本文于2020年8月7日提交中国汽车战略与政策研究中心方海峰主任。

建议 4：在第三章的"专栏 1 新能源汽车核心技术攻关工程"的三个"实施"后面加第四个"实施"：

"实施增程式纯电驱动汽车专用发动机工程。突破动力系统电气化中内燃机的高热效率，推动压燃乙醇、汽油的发动机产业化；将电池、电机和电控技术、转向系统电气化与内燃机深度融合成一体化机电动力体系，发展收窄转速动态范围（直至'定速'）的内燃机技术，简化内燃机结构，降低制造成本。"

建议 5：完善上述"专栏 1"最后的电耗和油耗指标。原文"到 2025 年，纯电动乘用车新车平均电耗降至 12.0 千瓦时/百公里，插电式混合动力（含增程式）乘用车新车平均油耗降至 2.0 升/百公里"，建议改为："到 2025 年，纯电动乘用车新车平均电耗降至 12.0 千瓦时/百公里，插电式混合动力（含增程式）乘用车新车**在用电量不大于 6 千瓦时的条件下**平均油耗降至 2.0 升/百公里"。

理由如下：一是插电式混合动力（含增程式）乘用车既用油又用电，电用多了就可少用油，所以油耗与电耗两者必须同时列出才能正确反映这类车辆的能耗真正水平；而原文的单项油耗要求是不完整的、有漏洞的；二是到 2025 年 1.0 升油可在车上发电 3 千瓦时，2.0 升油＋6 千瓦时电，正好与"纯电动乘用车新车平均电耗降至 12.0 千瓦时/百公里"的能耗水平要求一致。

建议 6：对附件名词解释 1 的修改建议。该名词解释的原文为："新能源汽车：是指采用新型动力系统，完全或主要依靠新型能源驱动的汽车。主要包括纯电动汽车、插电式混合动力（含增程式）汽车、燃料电池汽车。"

建议改为"新能源汽车：是指采用新型动力系统，完全或主要依靠新型能源驱动的汽车。**本规划所指新能源汽车**包括纯电动汽车、插电式混合动力（含增程式）汽车、燃料电池汽车。**有关依靠甲醇、乙醇等新型能源驱动的汽车发展另行规划。**"

发展增程电动技术　多为人民节能减排*

诸位同志：大家好！

我今天想讲的内容是发展增程电动技术，多为人民节能减排。

首先要明确，我国为何要发展电动汽车？一为了节能减排，实现限制大气温升承诺；二为了减少石油进口，提高国家能源安全。

要的是真正的、全过程计算的节能、减排；而不要表面的节油、实际的重排放。

增程式电动车通过电控优化电池和发电机两电源的并联互补，减小冗余设计，简化传动机构，提高能量利用效率。真节能、减排，并且解除了纯电动车的里程、安全、充电、电池、价格等焦虑。它是电池和发电机两电源并联的纯电驱动车，没有动力的混合，不是混合动力车或串混。可以不充电，不属于假节能减排的插电式。

一、国内外增程式电动汽车概况

近年来增程式电动车加速发展，水平不断提高。现不完全地汇集了10种乘用车、7种商用车和3条船的相关情况，以便分析问题。

1. 宝马i3(德国)

微小型乘用车在微小型纯电动乘用车上加装增程器，提价15%。发电机与电池不联合，单纯为了增加里程，不节能(表1)。称它为第一代增程式车！

表1　微小型增程式电动汽车与纯电动汽车相关参数比较

项　　目	增程式电动汽车	纯电动汽车
整备质量/kg		1255
发动机功率/kW	28	
发电机功率/kW		
驱动电机功率/kW	125	125
动力电池能量/(kW·h)	18.8	18.8
纯电续驶里程/km	150	160
纯电电耗/(kW·h/100 km)	12.5	11.8
纯电最高速度/(km/h)		

* 本文是2020年10月21日在北京“首届增程电动技术研讨会”上的演讲。

续表

项　　目	增程式电动汽车	纯电动汽车
增程续驶里程/km	320	
增程模式油耗/(L/100 km)	5.35	
增程最高速度/(km/h)		

2. 通用沃蓝达(美国)：豪华型乘用车

该车有不同配置，4.1 万美元起价，相当于美国市场上三厢乐聘(Aveo)起价的 3.4 倍(表 2)。

表 2　通用沃蓝达(美国)增程式相关参数

项　　目	增程式电动汽车	项　　目	增程式电动汽车
整备质量/kg		纯电电耗/(kW·h/100 km)	12.5
发动机功率/kW	28	纯电最高速度/(km/h)	
发电机功率/kW		增程续驶里程/km	320
驱动电机功率/kW	125	增程模式油耗/(L/100 km)	5.35
动力电池能量/(kW·h)	18.8	增程最高速度/(km/h)	
纯电续驶里程/km	150		

3. 奇瑞(中国)：增程微小型车和 A 级车

搭载奇瑞公司增程型电驱动系统(表 3)。2014 年投放市场。奇瑞公司的说明："以纯电驱动为主，增程为辅。在电池电量消耗至最低临界值时，增程器自动启动为其提供电能或直接驱动电机，使续航里程达到 300 公里以上。"

表 3　通用沃蓝达(美)增程式相关参数

项　　目	奇瑞瑞麒 M1	奇瑞 A5
车型	微型车	A 级车
整备质量/kg	990	1285
车型尺寸/(mm×mm×mm)	3601×1587×1527	4552×1750×1483
油耗/(L/100 km)	等速油耗(60 km/h)：4.5	综合工况油耗：7.40 市郊工况油耗：6.50

设计观念同宝马 i3，节油率不高！应属第一代增程式。

4. 日产 NOTE e-POWER(日本)：紧凑型增程式乘用车

此车电池很少；车价合人民币仅 8 万多元，NOTE e-POWER 版的油耗很低(表 4)；但是与 NOTE 燃油版油耗 4.1 L/100 km 相比，节油率仅 30%！

表 4　日产 NOTE e-POWER 增程式电动汽车相关参数

项　　目	参　　数	项　　目	参　　数
整备质量/kg		动力电池容量/(kW·h)	1.47
三缸发动机排量/L	1.2	油箱/L(只加油不充电)	41
发电机功率/kW	55	JC08 测试油耗/(L/100 km)	2.67
永磁同步电机功率/kW	80	增程续驶里程/km	1500

该公司公布的串联电源示意图(图 1),表明要靠 1.5 kW·h 电池驱动车辆,可能与实际情况不符。

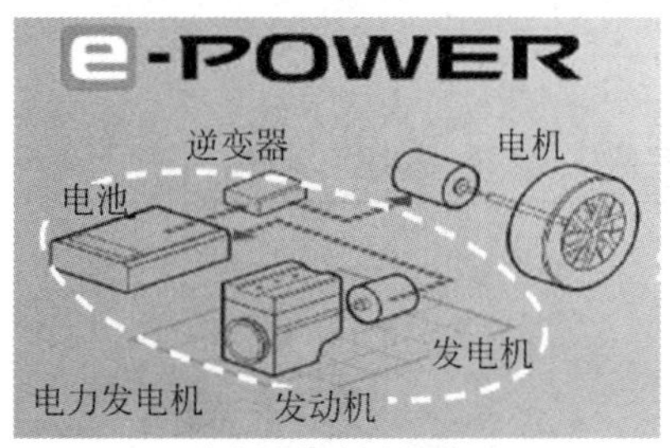

(一张存疑的串联线路图)

图 1　串联线路图

5. 广汽传祺 GA5:增程式 A 级乘用车

此车设计纯电动最高速度 180 km/h,远高于我国高速公路的限速 120 km/h,不知在什么路上跑?

其增程模式的油耗 7 L/100 km,节油率不高(表 5)! GA5 增程式电动车售价 19.93 万元起;与 NOTE e-POWER 相比,竞争力稍逊。

表 5　广汽传祺 GA5 EREV 增程式电动汽车相关参数

项　　目	参　　数	项　　目	参　　数
整备质量/kg	1700	纯电电耗/(kW·h/100 km)	
发动机功率(1.0 L)/kW	42	纯电最高速度/(km/h)	180
发电机功率/kW		增程续驶里程/km	> 520
驱动电机功率/kW	94	增程模式油耗/(L/100 km)	7
动力电池能量/(kW·h)	13	外形尺寸/(mm×mm×mm)	4800×1819×1484
纯电续驶里程/km	80		

6. 德州富路·途瑞:增程式微小型低速车

该车整备质量 900 kg;售价:3.2 万～3.5 万元;长×宽×高:3360 mm×1524 mm×1558 mm;使用铅酸电池,60 V×100 A·h;最高车速:50 km/h;发

电机的最大发电功率为 4.5 kW；电动机的额定功率为 4 kW。能耗：纯电模式续驶里程 80～100 km，合 7.5～6 kW·h/100 km；综合工况下 500 公里油耗 9 L（百公里油耗 1.8 L）。纯油模式百公里油耗 2.25 L（节油率 25%）。

增程式微型低速车的优点突出：①能耗很低；②微型低速车安全性高；目前事故较多，问题出在没有管理；③价格低廉，适合广大乡镇需求。

有些人要纠正对低速车的看法和态度。要为低速车开绿灯！建立管理办法；不要怕麻烦！

7. Karma（中资）：超豪华型增程式跑车

Karma 是浙江万向在美国的子公司。据该公司总经理信件告知，该车价格 13.5 万美元起，销售已超 3000 台（表 6）。

表 6　广汽传祺 GA5 EREV 增程式电动汽车相关参数

项　　目	参　　数
外形尺寸/（mm×mm×mm）	5065×2161×1331
整备质量/kg	2296
最高车速/（km/h）	>201
加速时间/s	≤4.5（0～100 km/h）
最大爬坡度	30%
电池组荷电/（kW·h）	28
纯电里程/km	≥98（美国 EPA）
增程器功率/kW	170（最大功率）
油箱容积/L	38
总行驶里程/km	≥509（高速公路-美国 HWFET 工况） ≥542（城区道路-美国 UDDS 工况）
百公里油耗/L	9.4（高速公路-美国 HWFET 工况） 8.8（城区道路-美国 UDDS 工况）

8. 理想公司：中大型增程式 SUV

理想公司的中大型增程式 SUV 售价 32.5 万元，销售已超 1.5 万台（表 7）。

表 7　理想公司中大型增程式 SUV 车相关参数

项　　目	参　　数
外形尺寸/（mm×mm×mm）	5020×1960×1760（轴距 2935 mm）
整备质量/kg	2300
最高车速/（km/h）	>172（电子限速）
加速时间/s	≤6.5（0～100 km/h）
最大爬坡度	40%

续表

项　目	参　数
电池组荷电/(kW·h)	40.5
纯电里程/km	≥180(其中条件 A：148 km)
增程器功率/km	55
油箱容积/L	45
总行驶里程/km	≥725(高速公路,NEDC 市郊) ≥950(城区道路,NEDC 市区)
百公里油耗/L	1.5(NEDC 综合油耗) 8.8(NEDC 条件 B 油耗)

9. 港东集团：豪华型增程式国马 SUV

该车的型号：SY6480REEV。50 辆车在高速公路上行驶 1500 余公里,平均百公里油耗仅 3.9 L,节油率高(表 8)。

表 8　国马增程式 SUV 车相关参数

项　目	参　数	项　目	参　数
外形尺寸/(mm×mm×mm)	4774×1870×1828	纯电里程/km	≥200
整备质量/kg	2050	增程器功率/kW	40
最高车速/(km/h)	>160	油箱容积/L	43
加速时间/s	≤8(0～100 km/h)	总行驶里程/km	≥1000(高速公路) ≥1800(城区道路)
最大爬坡度	35%		
电池组容量/(kW·h)	40	百公里油耗/L	3.9(高速公路)

10. 商用车：大客车

北京科凌电动车有限公司,是我国最早研制增程式动力系统的企业,2008 年研制成功 12 米增程式客车和 8.5 米增程式客车。12 米增程式客车,40 kW 发电机组,并联铅电池+超级电容器,使用寿命可达 5 年以上；百公里油耗不足 19 L。从北京开到扬州 1100 公里行驶两天,中途充电一次。

华龙新能源汽车有限公司(与科凌、港东同一领队)的 12 米增程式客车,2016 年生产,用磷酸铁锂电池；市区公交模式百公里油耗 12 L,公路模式 16.3 L。

上述大客车的节油率均高达 50%!

11. 吉利集团：商用车

研制了 e-GAPF 增程式动力系统,其中,发动机热效率 39.1%,发电机系统效率约 94%,GAPF 系统效率 36.75%。此动力系统用于三款商用车。

LEVC 新一代 TX5 车型,2018 年 1 月以来 2500 辆电动出租车在英国投放。

减少 6800 吨二氧化碳排放，削减氮氧化物排放量 99.5%。减少了约 85 万升化石燃料，为司机省了 385 万英镑(约合 3295 千万元人民币)的成本。到目前为止，LEVC 的里程总数已达 3380 万公里。RE500 增程式厢式运输车，2018 年 11 远程轻卡 RE500 在广州国际商用车展览会发布。此为一款城市物流车型，续航里程 500 公里，综合节油可达 30%。远程增程式旅居车，续航里程 500 公里，206.5 度电给房车日常使用，用电自给自足。

12. 加拿大 PlanB e-Storage Ltd.：车、船

PlanB 公司的增程式卡车，百公里油耗 17 L，减排 70%。

该公司还将多条船改为增程式。拖船：降低运营成本 25%，减排 70%；供给船：每年减排氮氧化合物 180 吨；海洋供给船 ：淘汰备用柴油发电机，降低 21% 的碳排放(图 2)。

增程式卡车

拖船

供给船

海洋供给船

图 2　加拿大 PlanB e-Storage Ltd. 的增程式车、船

二、国内外增程式电动车船的问题

纵观上述国内外增程式电动车船，可以得知存在如下问题：

(1) 节油率参差不齐，少数达到 50%，多数不足 30%。

(2) 观念的偏差："以电池纯电驱动为主，增程为辅；在电池电量消耗至最低临界值时，增程器自动启动为其提供电能。"此观念下，电池的容量及放电功率、发电系统的功率都要分别满足最高车速的要求，对平均车速而言都有很大的冗余量，大马拉小车，故总能效不高。

(3) 高能效的增程器是行业的短板。增程器的核心是内燃机，现在热效率不高、规格不全，更没有增程式专用内燃机。

(4) 乘用车热衷于通过豪华型创牌！这也未必不可，但是未建立“大节油减排”观念，我国缺少市场广阔的、10 万元以下的紧凑型增程式乘用车。

(5) 商用车节能减排潜力大，但未纳入双积分规定。

(6) 船舶节能减排潜力大。但在我国船用增程动力未引起重视。

为什么有的增程式车很节能？而好些企业的车节油率又参差不齐？

有的增程式车节油率高是实际测量结果，可是就有人不相信。他们想当然地认为：“内燃机发出的动力要经过机械能-电能-机械能两次转换，效率大打折扣”。其实，两次能量转换效率均在 95%以上，打折扣并非臆想的那么大，零头而已！

节油率参差不齐是由于未充分使用“节能五大法宝”：①电池配合下内燃机排量减小一半，重量又减轻，耗油少；②内燃机转速调节在最节能范围，热效率高；③红灯、堵车关内燃机，而燃油车此时是零效率、低效率；④能回收刹车(下坡)的能量；⑤优化节能的电力电子控制。

三、增程式电动车的节能设计新观念

(1) 将节能减排思想贯穿于设计的始终；以发电系统与电池系统的并联优化组合作为节油的首要措施。

(2) 以平均速度而非最高速度作为发电系统的设计基准；发电系统在窄的动态范围内能效最大化。

(3) 发电系统和电池功率之和，满足最高车速要求。

(4) 最高车速以高速公路 120 km/h 为限；削掉各种冗余功率设计，减轻部件和整车重量，降低能耗。

(5) 电池用量最小化，主要用作加力和吸收刹车能量；选用安全的、充电接受能力强的电池。

(6) 不与赛车攀比毫无意义的“加速到 100 km/h 的秒数”。

(7) 轻量化，小型化——节能、降成本。

通过增程式电动车的节能设计新观念，引领世界汽车消费新风尚，攀登全球节能减排最高峰。

四、增程电动技术及其应用的发展重点

(1) 十分重视发展核心技术：①更节油减排的高热效发动机(如压燃乙醇、汽油)；②发动机-发电机-控制器的一体化；③充分回收刹车能量的电池组和管理技术；④高能效的电动机和传动机构，配用轮边电机(而非轮毂电机)；⑤节能最优化

的电力电子控制。

(2) 创中国增程器世界名牌!

不必都去造整车;耗能低的增程器更为关键。我国最终应建立年产百万台增程器的工厂20座,生产不同功率、用各种低碳燃料的增程器。燃料电池也是一种增程器,要凭性价比参与竞争!

(3) 拓展增程电动技术应用于节能减排收效大的5个领域。

领域1:增程式乘用车大力提倡紧凑型。从出租车着手,兼顾家用、共享车。目标定在百公里油耗低于3 L;续驶里程>1000公里;价格≤北京出租车(现代)的车价+电池价;出租车用4个月、5万公里节油的钱抵偿电池价。比燃油车合算;比纯电动车安全、可靠、方便。

领域2:增程式商用车节能减排潜力大。可以有效解决数量大耗能多、排放重的问题。

领域3:军用装备动力增程化意义重大。全军车辆的动力增程化,可以提高战斗力,减轻后勤供油负担。舰艇的"全电驱动"和"能源舱",都与增程电动技术有关。

领域4:农用机械增程,还是一片空白(表9)。我国农用机械量大、耗油多。

表9 中国农用机械拥有量(数据来源:国家统计局)

年份	大中型拖拉机数量/台	小型拖拉机数量/台	总动力/亿千瓦	排灌柴油机数量/台
2014	5 679 500	17 297 700	10.81	9 361 300
2015	6 072 900	17 030 400	11.17	9 399 300

农业机械的柴油消耗量约占全国总用量的35%。2020年我国的"耕—种—收"机械化将接近70%,柴油消耗量可能会超过6400万吨。

领域5:运输船只动力增程化(表10)。

表10 中国船只拥有量(数据来源:国家统计局)

船只类型	数量/艘	总动力/万千瓦
内河	165 200	2995
沿海	10 947	1706
远洋	2456	1688

增程电动技术可减轻内河船只严重排放污染,并可解决现在"油改气"中存在的代价大等诸多问题。船只动力增程化可一举三得:减排;降低运输成本;停船时的生活用电。

五、交通运输节能减排的美好前景

将来增程式的发动机可不烧油而烧乙醇，不增加 CO_2 排放。能源全部来自太阳，我们完全可以期望全绿色又节能的增程电动技术(图 3)。

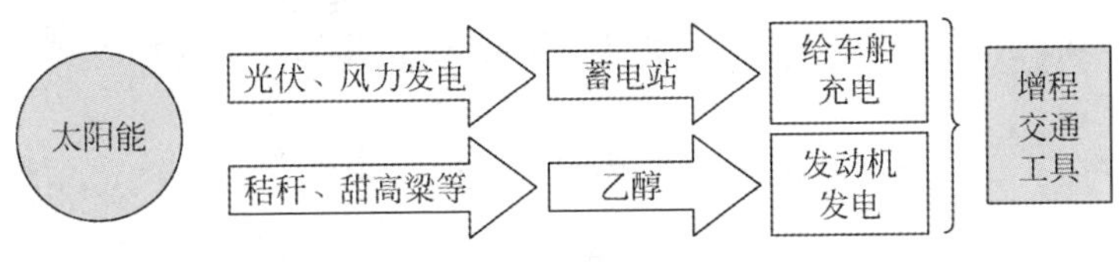

图 3　太阳能转化为电能

乙醇何处来？我国每年收获秸秆 7 亿吨，如用来生产乙醇可得 1 亿多吨。甜高粱可以在盐碱地、沙旱地种植，不与粮争地，其秸秆榨糖，和高粱米一起用来制乙醇；清华大学正承担国家项目开发此技术。我国存粮可供全国人民吃一年，每年要替换下来大量陈粮用作饲料。可先用其淀粉出乙醇，酒糟则保留了全部蛋白质，是优良饲料，进入循环经济。如此则，增程电动技术节能，实现绿色出行，造福子孙万代和全人类。

结束语——给政府部门 3 条建议

(1) 忠实贯彻电动汽车节能减排宗旨，积分与节能减排水平挂钩，而不与纯电动里程挂钩。

(2) 制定各种电动车真实节能减排测算方法。还要根据电网电能来源的变化，每年计算出每度电的排放量。

(3) 将全面、大力发展增程动力车、船列入“十四五”规划，使运输节能减排上一大台阶。

再接再厉开启增程电动技术节能减排新篇章*

首届增程电动技术研讨会开了一天半，完成了全部议程。

出席本次研讨会的共有 280 多人，22 位同志作了大会交流发言。研讨会的主要成效有三：

（1）交流了我国增程电动的整车技术、动力技术和电池技术、控制技术等领域的新成果。可以强烈感到，我国增程电动技术已经取得很好的进展，技术的应用除通用车辆外，更凸显在军事装备上，并已从汽车领域扩展到船舶领域，鼓舞了大家的信心。

（2）从事增程电动汽车及船舶研究与生产的同志在会上、会下进行了热烈而有效的技术交流，许多同志感到收获颇丰。大家的收获一定会有力推动今后我国增程电动事业的发展。

（3）用实例厘清了增程电动技术十分节能的原理，肯定了增程器与电池的并联关系，及两者功率加和的本质与优势，既能推动本技术的更快发展，又能解除少数一知半解者、想当然者的怀疑、误解，削弱他们对政府部门支持力度的负面影响。我和很多同志一样都深感，我国的增程电动技术发展步履艰难。我是 2008 年参观杜炬同志研制成功的 12 米和 8.5 米两辆增程式电动客车，当即理解这是最能发挥电池优越性、与车上发电组合成最能节能减排的电动汽车品种，开始为“长在深闺人不识”的增程动力技术路线摇旗呐喊。科技部高新司“863”计划 2010 年支持增程式轿车 2 个指标，2011 年支持增程式客车 2 个指标，各 1000 万，只相当于燃料电池电动车经费的零头。可惜的是研究项目迟迟才验收，成果又未作任何介绍、推广。对增程式乘用车虽然也给了补贴，但是既迟又少，与高补贴支持的纯电动车相比，处境十分不利。

我国增程电动技术取得如今的进展，主要源于在座诸位自觉贯彻党中央节能减排号召、甘愿作出精力和财力的奉献，在很多人两眼紧盯着纯电动车高补贴的大环境中特别显得难能可贵。

我们应该承认，增程电动技术还处于初级发展阶段，具体表现在：

（1）增程电动技术应用还不普遍。

（2）增程电动车节能减排水平参差不齐。

（3）增程电动节能减排的诀窍还未充分掌握。

---

* 本文是杨裕生院士 2020 年 10 月 21 日在北京“首届增程电动技术研讨会”上作为大会主席作的闭幕词。

通过这次研讨会的技术交流，讲清了道理，理清了思路。我们从事增程电动事业的同志们要理直气壮地、信心百倍地打起交通运输技术节能减排的大旗，进一步提高节能减排的水平，开启更加节能减排的增程电动技术大发展、大应用的新篇章。我们要欢呼：增程电动事业大有可为，前途十分光明，大家一起努力吧。

本次研讨会上，军队和地方领导机关的同志出席并坚持听取报告。感谢你们对本次大会的关注，相信今后增程电动技术的发展一定会得到你们力度更大的支持。

感谢从事增程电动汽车与船舶整机及零部件研究与生产的同志们对本次大会的热情参与和积极支持，预祝你们会后取得更大的成绩。

参加本次大会的同志中有些虽然与增程电动技术接触还不很深、但对增程电动技术表现出极大热情，感谢你们对大会的支持和参与，欢迎你们加入到增程电动技术的队伍中来。

媒体界的同志出席了大会，并且已经进行了及时的报道。感谢你们对增程电动技术的热情报道和积极宣传，希望今后合作愉快。

最后，我要代表大家感谢顾国彪院士和苏万华院士，你们对研讨会的精彩点评，就是研讨会的总结，也为我们指出了努力方向。

增程电动技术研讨会将持续举行，明年第二届大会我们再见！

谢谢！

节能减排的增程式应是电动汽车的主力*

今天讲 3 个问题。

一、10 月 9 日国务院常务会议通过：《新能源汽车产业发展规划（2021—2035 年）》

《15 年规划》明确："以纯电动汽车、插电式混合动力（含增程式）汽车、燃料电池汽车为'三纵'，布局整车技术创新链。"

插电式混合动力汽车与增程式纯电驱动汽车是动力系统完全不同的两类车，所以，名为"三纵"，实际是四条技术路线。

1. 技术路线多样化，要不要比较？比什么？

技术路线多样化有利于创新；比较鉴别可以促进技术进步。比较鉴别的基准应是电动汽车宗旨——节能、减排，要真正的、全过程计算的节能、减排；而不要表面的节油、实际的重排放。通过技术路线比较，筛选出最节能减排的电动汽车重点发展。

2. 技术路线多样化，政府要引导！如何引导？

《15 年规划》提出"基本原则"："市场主导。充分发挥市场在资源配置中的决定性作用，强化企业在技术路线选择、生产服务体系建设等方面的主体地位；更好发挥政府在战略规划引导、标准法规制定、质量安全监管、市场秩序维护、绿色消费引导等方面作用，为产业发展营造良好环境。"

政府用补贴引导重点发展长里程纯电动车。我们论证过，这样做不利于电动汽车发挥节能减排的作用。特斯拉车在新加坡受罚，是因为追求长里程而多装电池，车重，耗电多，发电时排放多。新加坡官员的节能减排意识强过我国，政策有力，法规对头。

补贴退坡后和停止后，积分成为政府引导的重要指挥棒。政府部门已开始注意将积分完全与纯电动里程挂钩改进为部分与纯电动里程挂钩。我们希望政府制定出全面鼓励节能减排的政策，引导为 2030 年排放到顶、2060 年碳中和做贡献。同时，要制定测准节能减排的法规。

---

* 本文是 2020 年 12 月 5 日在中国电动汽车百人会主办的"新能源与节能汽车多样化技术路线研讨会"上的演讲。

二、各种电动汽车节能减排的实情

节能减排的计算有清华大学等学者作详细的研究。简明的方法是，直接与燃油车比较节能(油)和减排二氧化碳量。今天对各种电动汽车作定性的衡量：①长里程纯电动车不节能减排；②插电式混合动力车假节能减排；③燃料电池电动车难节能减排；④微小型纯电动车真节能减排；⑤增程式电动汽车很节能减排。

1. 长里程纯电动车不节能减排

电动车如耗电高，在电网的电能主要来自燃煤的情况下，不能够减少排放。同时，电池生产链、废电池处置，耗能都很高。其结果是，纯电里程越长越背离节能减排宗旨。

而且，多装电池，比能量又要高，燃爆危险性大。所以，长里程纯电动车要解除里程、安全、充电、价格、电池五大焦虑。

《15 年规划》规定到 2025 年"纯电动乘用车新车平均电耗降至 12.0 千瓦时/百公里"。如欲达标，必须车减轻、电池少装、里程缩短！即使将来全用可再生能源，也不该多装电池浪费能源；何况，可再生能源设备的制造、安装过程中大量耗能，也是有排放的，这种排放应该分摊到所发的每一度电的头上。

2. 插电式混合动力车假节能减排

说它"假"有 4 点依据：①它有纯电动与内燃机两套完整系统，车重，多耗能。②50 公里内用电，需充电。远距离用内燃机，仍是大马拉小车，不节油减排！③标榜"油耗很低"，实际上油耗计算方法造假象！④不少用户不充电当燃油车用，费油排放有增无减。有的用户还卖掉电池，又能得到补贴和免费牌照优惠，造成热销假象。

车厂卖车得利，用户买车得实惠，但政府出补贴而不得节能减排。

正确的理念应是：**实事求是真节能，不追数量假减排！**

3. 燃料电池电动车难节能减排

燃料电池问题多：①用高纯氢做能源，而氢无矿藏。较易纯化的氯碱副氢，产氢少。冶金副产氢含 CO 高，纯化太费能。电解水制氢再在燃料电池发电，能效低至 30%。②氢的安全储存、运输、充氢设备，投资大、耗材多，排放就多！③燃料电池、质子交换膜、碳纸、气泵、高压罐等部件的价格高，生产耗能多！④铂资源太少，要研究无铂催化剂，这是世界性难题！

燃料电池必须与储能电池并用，它只是一种增程器，难与其他增程器竞争！

目前，电池和部件的国产化还没做好，何必高补贴煽起进口部件装车热？

有高纯氢的城市可量氢而行，但要打牢基础稳步发展，经济账要算清，减排账要核实。

4. 微小型纯电动车真节能减排

我10年前建议了电动车发展路线："纯电动车以微小型为突破口，大中型车主要发展增程式"。微小型纯电动车电池少，安全性高；适应城市、乡镇交通普遍需求、价廉，易推广。220 V、5 A夜间谷电充电，为电网削峰填谷。耗电少，真减排(相当于<2升油/百公里)。

微小型纯电动车可用铅炭电池做低速车，更安全；也可用锂离子电池做高速车，由市场决定。

管理低速车交通不要怕麻烦；并快出台低速车标准。顺应人民需求，避免成为节能减排和经济发展的绊脚石。

5. 增程式电动汽车很节能减排

第一代：电池的电将用完时发电机启动给电池充电。

第二代：发电机和电池两个电源并联，发动机排量减半，最经济转速；电池减2/3；车减轻，更节能；电池组不会过充过放，寿命延长，安全性高；磷酸铁锂电池比能量合用，安全性更提高；电池少，补贴退坡、取消的影响小，易推销；增程行驶比燃油车节油50%以上，省钱减排；可以不外充电，免建充电桩，且能行远距离；有充电条件城市百公里内节油率大于80%；燃油车生产及加油设施全继承，便于发展。

增程式不是向纯电动的过渡，而是未来电动车的主力。

三、增程式电动汽车技术在继续发展

增程式电动汽车节油50%的五大法宝：①电池与发电机并联互补，内燃机排量减小一半；②内燃机转速恒定在最经济点，热效率高；③遇红灯或堵车时内燃机关闭。而燃油车此时效率为"0"或低效率；④回收刹车、下坡的能量，可节油15%～20%；⑤优化能效的电力电子控制。

节油要掌握五大法宝，其基础是"并联双电源"概念。

今后进一步提高节油率，应该发展：①专用内燃机，提高热效率。②快充电池充分回收减速回馈能。③高效电机。④高水平控制系统。

未来发动机可不烧油而烧生物乙醇，不增加CO_2排放。

影响增程电动汽车快速发展的因素可归纳为4条：

因素一，补贴政策过分优惠纯电动车，误导了企业；而且在补贴退坡中2019年反而提高长里程电动车的补贴。其根源是，为发展而发展，追求数量而忽略节能减排宗旨。

因素二，不恰当的支持了技术简单、假节能减排的插电式车。不过，发改委已列其为“燃油车”。科技部长 2018 年认为“增程式是插电式的发展”，2019 年在三纵中增程式取代了插电式。但 2020 年又将两者并列进三纵，倒退了一步。

因素三，“想当然的专家”们，干扰、影响政策的制订。他们说，内燃机发出的动力要经过机械能-电能-机械能两次转换，效率大打折扣。他们没有深究，实际上这两次能量转换效率均在 95%左右，打的折扣仅零头而已！其实，任何电动车用的电均必经过两次转换，只是场合有别而已。

因素四，技术概念理解有偏差，具体表现在各企业的节油率参差不齐(表 1)。

表 1　目前各公司做的车型及节油率

公　　司	车	公　　司	车
德国宝马 i3(一代)	小型	德州富路集团	低速车
美国通用汽车	A 级	北京理想	SUV
加拿大 PlanB 公司	*大卡车*	吉利商业车集团	三种
日本日产汽车-NOTE	紧凑型	*北京科凌电动车*	*客车*
美国(中资)Karma	豪华型	*华龙新能源汽车*	*客车*
广汽传祺 GA5	A 级	*洛阳港东集团*	*SUV*
安徽奇瑞	小型		

注：表中斜体字的车节油率>50%。

主要原因是未全掌握五大法宝，概念停留在第一代的水平。

基本概念问题：有人说增程式是“串混”，而不承认是电池和发电机并联。必须承认，两电源并联才能互补，设计才能正确——发动机排量才可减半，转速才能定在最经济点，电池用量才能少，车重才能减轻——才能节能！

结束语

建议政府：

(1) 制定鼓励电动汽车节能减排的政策；按节能减排水平评定电动汽车正积分等。

(2) 制定测准电动汽车节能减排的法规。

(3) 设立专项基金重奖发电效率高的增程器；可设 5.0、4.5、4.0 度/升三档。

(4) 推动农用机械和船只动力增程电动化。

(5) 因地制宜发展生物乙醇和生物柴油。

谢谢！

电动汽车发展的技术路线与节能减排*

各位同志：大家好！

今天我要讲的内容有以下几个方面：第一部分，国务院常务会议通过《15 年规划》；第二部分，各种电动汽车节能减排的实情；第三部分，增程式电动汽车技术在继续发展；第四部分，电动汽车必须既安全又节能减排，以及结束语。

一、10 月 9 日国务院常务会议通过：《新能源汽车产业发展规划(2021—2035 年)》

《15 年规划》明确："以纯电动汽车、插电式混合动力(含增程式)汽车、燃料电池汽车为'三纵'，布局整车技术创新链。"插电式混合动力与纯电驱动增程电动是完全不同的动力系统，所以《15 年规划》提到的是 4 条技术路线！此外，长里程纯电动车与低速短程电动车早已分道扬镳，故而实际上我国发展电动汽车共有 5 条技术路线。

(1) 技术路线多样化，要不要比较？比什么？

技术路线多样化有利于创新；比较鉴别可以促进技术进步。比较鉴别的基准应是发展电动汽车宗旨——节能、减排。通过技术路线比较，筛选出最节能减排的电动汽车进行重点发展。

要真正的、全过程计算的节能、减排，而不要表面的节油、实际的重排放。

(2) 技术路线多样化，政府要引导！如何引导？

《15 年规划》定出"基本原则"："市场主导。充分发挥市场在资源配置中的决定性作用，强化企业在技术路线选择、生产服务体系建设等方面的主体地位；更好发挥政府在战略规划引导、标准法规制定、质量安全监管、市场秩序维护、绿色消费引导等方面作用，为产业发展营造良好环境。"

现用补贴与纯电动里程挂钩来引导发展长里程纯电动车，不利于节能减排。特斯拉车在新加坡受罚，是因为追求长里程而多装电池，车重，耗电多，发电时排放多。新加坡官员的节能减排意识强过我国，政策有力，法规对头。

《15 年规划》要"更好发挥政府在战略规划引导"，可以理解为政府要制定鼓励节能减排的政策，引导为 2030 年碳达峰、2060 年碳中和做贡献，而且要制定测准

---

* 本文是 2020 年 12 月 6 日在"南京市江宁经济技术开发区新能源汽车论坛"上的演讲。

节能减排的法规。

二、各种电动汽车节能减排的实情

节能减排的计算有清华大学等学者作详细的研究。简明方法：直接与燃油车比较节能(油)和减排二氧化碳量，今天对各种电动汽车作定性的衡量：

(1) 长里程纯电动车：不节能减排。

(2) 插电式混合动力车：假节能减排。

(3) 燃料电池电动车：难节能减排。

(4) 微小型纯电动车：真节能减排。

(5) 增程式电动汽车：很节能减排。

(为节省篇幅，此处从略，具体内容可参阅本书《当前电动汽车及动力电池产业的发展》。)

三、增程式电动汽车技术在继续发展

1. 增程式电动汽车节油率高

增程式电动汽车节油 50%的五大法宝：①电池与发电机并联互补，内燃机排量减小一半；②内燃机转速定在最经济点，热效率高；③红灯或堵车时内燃机关闭，而燃油车此时效率为“0”或低效率；④回收刹车、下坡的能量；节油 15%～20%；⑤优化能效的电力电子控制。

第二代增程式是燃油车与电动车的融合，所以节油率可达 50%，节能减排效果很好。

港东集团国马 50 辆增程式 SUV，从佛山经井冈山、武汉到达开封，1800 公里不充电；夏天气温 38～40℃全程开空调、平均时速 90 公里，百公里平均油耗 3.9 L。

华龙新能源汽车有限公司的 12 米增程式客车，用磷酸铁锂电池，市区公交模式百公里油耗 12 L，公路模式百公里油耗 16.3 L。

加拿大 PlanB 公司的增程式卡车，电池驱动，降低 70%污染物排放，百公里油耗 17 L。

日本日产汽车的 NOTE e-POWER 紧凑型乘用车，三缸 1.3 L 发动机，电池仅 1.5 度，百公里油耗仅 2.9 L。

山东德州富路集团的增程式低速车，用单缸 0.2 L 发动机，用铅酸电池，百公里油耗仅 1.8 L。2017 年上市，当年销售 1 万多台。

保证节油率，要掌握五大法宝，其基础是发动机与电池“并联双电源”概念。

如欲进一步提高节油率，就要发展：①专用内燃机，提高热效率。②快充电池充分回收减速回馈能。③高效电机。④高水平的电力电子控制系统。

2. 影响增程电动汽车快速发展的因素

因素一，补贴政策过分优惠结构简单的纯电动车，误导了企业；2019 年在补贴退坡中反而提高长里程电动车的补贴。根源：为发展电动车而发展，追求数量而忽略节能减排宗旨。

因素二，不恰当的支持技术简单、假节能减排的插电式车。不过，发改委已列其为“燃油车”。科技部长在中国电动汽车百人会上演说，2018 年认为“增程式是插电式的发展”，2019 年在三纵中增程式取代了插电式。但 2020 年他又将两者并列进三纵。似乎另有一股“影响力”在作用。

因素三，“想当然的专家”们，干扰、影响政策的制订。他们说，内燃机发出的动力要经过机械能-电能-机械能两次转换，效率大打折扣。其实，两次能量转换效率折扣仅是零头而已！

因素四，技术概念理解有偏差，具体表现为各企业的节油率参差不齐(表 1)。

表 1　目前各公司做的车型及节油率

公　　司	车	公　　司	车
德国宝马 i3（一代）	小型	安徽奇瑞	小型
美国通用汽车	A 级	北京理想	SUV
加拿大 PlanB 公司	*大卡车*	吉利商用车集团	三种
日本日产汽车-NOTE	紧凑型	*北京科凌电动*	*客车*
美国(中资)KARMA	豪华型	*华龙新能源汽车*	*客车*
广汽传祺 GA5	A 级	*洛阳港东集团*	*SUV*

注：表中斜体字的车节油率>50%。

有的车节油率仅 20%～30%，原因是未全掌握“五大法宝”；实质是有人坚持认为增程式是“串混”，还停留在第一代水平即“先纯电动行驶；电池荷电态近零时，启动增程器充电。”而未理解“电池和发电机必须并联”。只有并联两电源才能互补，所有设计才能正确，发动机排量才可减半，转速才能定在最经济点，电池用量才能少，车重才能轻，于是才能大节能！

2020 年 10 月在北京举行了首届增程电动技术研讨会，交流了技术概念，预期会后可望改善状况。

3. 要努力拓展节能减排收效大的五领域

领域 1：增程式出租车、家用车，大力提倡紧凑型。

领域 2：增程式商用车量大、污染排放大。

领域 3：军用车、舰动力电动化增程化，减轻后勤供油负担。

领域 4：农用机械动力增程化。我国有大中型拖拉机 600 多万台，小型拖拉机 1700 多万台，总动力 11 亿多千瓦；另有排灌柴油机近 1000 万台；农机的柴油消耗量约占全国总用量的 35%，超过 6400 万吨。内河船只有 16 多万。

领域 5：船只电动增程化。沿海船只 1 万多，严重排放污染；再加远洋船 2500 艘；总功力 5400 万千瓦。船只电动增程化可有一举三得：减排；降运输成本；停船时生活用电有保障。

4. 节能减排确保增程动力在技术路线竞争中不败

有人说，增程式车还是要烧油，并非最终目标。其实不然！

发动机发电并联电池，充分发挥了两者的优势，取得最为节能的效果，因而这是能够长久发挥作用的技术。今后，电池的电来自光伏和风力；发动机不烧油而烧生物乙醇，不增排 CO_2。

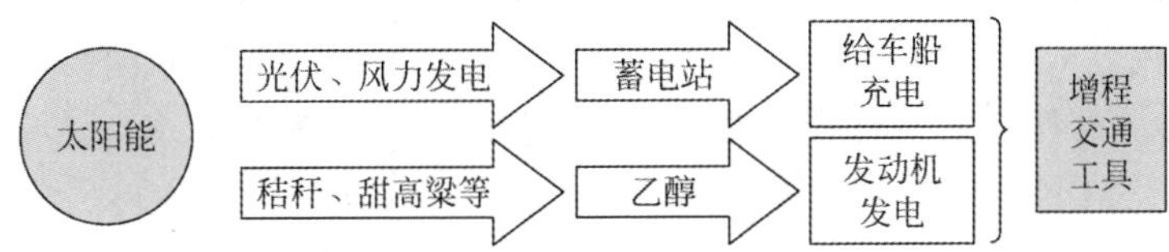

图 1　转化太阳能为增程式电动车供电

我国生物乙醇可有 3 个来源：①秸秆每年 7 亿吨，可产乙醇 1 亿多吨。②甜高粱可以在盐碱地、沙旱地种植，不与粮争地；将其秸秆榨糖，高粱米也可制乙醇。③每年有大量新粮替换下来的陈粮：先将其淀粉制出乙醇，酒糟保留了全部蛋白质是优良饲料，陈粮进入了循环经济。

在 2030 年二氧化碳排放达到峰值，2060 年实现碳中和的宏伟事业中，节能减排的增程电动技术当仁不让！

四、电动汽车必须既安全又节能减排

电动汽车的性能要求：①安全性高；②节能减排；③方便舒适；④价格低廉；⑤能源费少；⑥维修简便；⑦使用期长。

安全性高，必须放在第一位！现在安全事故频发，特斯拉纯电动车 2017 年前烧十几辆！2018 年烧 11 辆。2019 年 2 月 26 日佛罗里达车主烧死；3 月 26 日广州、4 月 21 日上海、5 月 12 日中国香港，7 月 30 日德国，无故自燃。三元锂电火势蔓延太猛，车里的人来不及逃生，车外的人来不及救援！据不全统计，我国 2017 年烧车 103 辆；2018 年烧 51 辆；90%以上是用三元锂电池的纯电动乘用车！2019 年 4 月 21 日后的一个月内烧车不止 11 辆。深圳电动物流车 2018 年烧 5 辆，4 辆是电池自燃！2019 年 3 月 6 日、12 日、16 日，用三元锂电的 3 辆北汽威旺电动物流车充电时自燃。全市停止了这种车充电！

高镍三元锂离子电池为何引发频频烧车？电池的热失控温度越低，安全性越差！三元正极的电池安全性最低。高镍三元电池更危险！高镍三元电池不应是动力电池的发展重点！全固态三元电池更“悬”，一是“全”字“悬”，二是功率“悬”，三是寿命“悬”！拭目以待吧！

《15 年规划》提出：**“积极推广智能有序慢充为主、应急快充为辅的居民区充电服务模式，加快形成适度超前、快充为主、慢充为辅的高速公路和城乡公共充电网络。”**

应该看到，快充的主要难点不在充电器，而在高充电倍率的新型动力电池，其关键在电极材料。

磷酸铁锂电池安全性高，应是主力；但其电导率低。这可用电容并联补偿。防化研究院研究**电容型锂离子电池**，负极用石墨，正极为磷酸铁锂。在正极中添加活性炭，利用其双电层电容效应与电池内并。效果有：①倍率性能提高；②电池寿命延长；③低温性能改善；④充放电的电压差缩小 100 多毫伏，能量转换效率提高(图 2)；⑤充放电曲线初期为斜线——电容作用。说明活性炭承担了大部分电流，可使车辆启动和刹车时减轻大电流对磷酸铁锂材料的冲击。

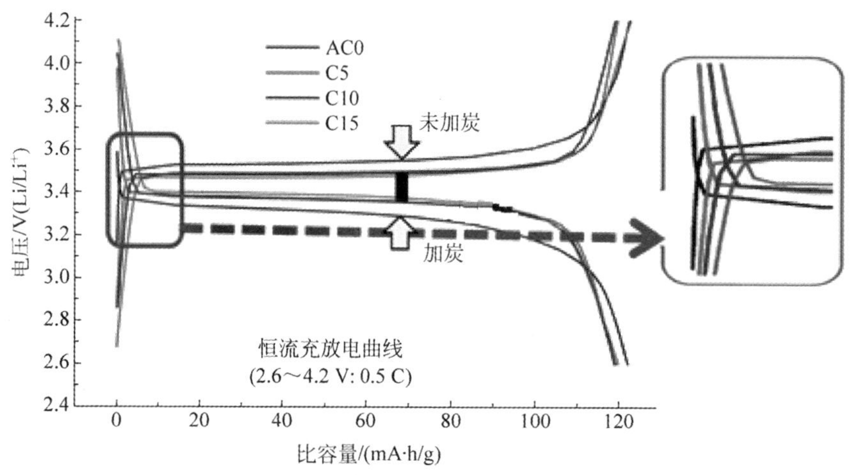

图 2　电容型磷酸铁锂电池恒流充放电曲线

但石墨负极可快放而难快充，此电池的低温性能和充电倍率还需提高！

此外，钛酸锂电池的价高，比能量低，难以普遍使用。

我们提出发展新型高安全性、廉价、低温快充电容电池(图 3)，其正极将活性炭改为高导电的碳气凝胶，其纳米孔径可调。该材料现已国产化生产。

负极用硬炭代替石墨，倍率高，低温性能好，不易长枝晶；为弥补硬炭的比容量偏低的弱点，添加少量比容量高的纳米硅。调节四个材料的比例和电极的厚度，可得不同充放电倍率和比能量。此电池的比能量高于钛酸锂电池一倍,价格为其1/3～1/4。南京行创新材料公司研制成功廉价的纳米硅,正在产业化。

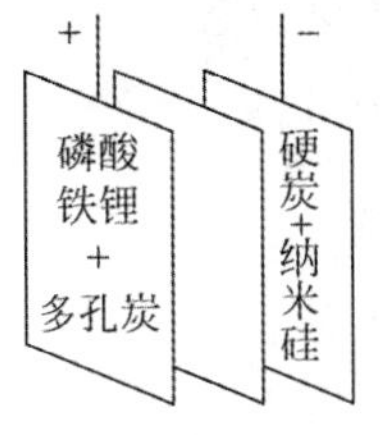

图 3　快充电容电池

结束语

(1) 建议政府：电动汽车和动力电池必须安全第一；制定鼓励节能减排的政策,正积分与纯电动里程脱钩,按节能减排水平评定正积分。不鼓励急速提高电池比能量、增加危险性。

(2) 建议企业：市场化下,目光要放远,强化企业在技术路线选择的主体地位,同时也要自觉担起节能减排的担子。应减少电池用量,提高安全性,节能减排；而不追求长里程纯电动、多装电池、加大废电池处置量、浪费能源、增加排放。

(3) 提高安全性、坚持节能减排宗旨,办法有：

一是纯电动车微小型化；鼓励发展低速车,电池随市场需求。

二是发展增程电动技术,用于各种车辆、农用机械和船只。

三是发展快充电、廉价磷酸铁锂电容电池,充分吸收刹车能。

谢谢!

第三部分
发展低速电动车

杨裕生院士炮轰低速电动车国标草案　建议修改*

日前，低速电动车技术条件国标草案曝光，根据草案要求，低速电动车多项技术条件较以往有所提升，如要求低速电动车碰撞测试须达到电动汽车标准，并且要求低速电动车使用锂电池。经过向低速电动车国标制定组组长董扬求证，此草案真实度非常高，最终标准将很快出台。

近日更有消息称，低速电动车将成为我国乘用车门类中的最新细分品类。作为一种长期的客观存在，低速电动车迫切需要走上合法合规的道路。那么低速电动车国标草案是否合理？对低速电动车产业将产生哪些影响？中国工程院院士杨裕生(图 1)对国标草案进行了相关解读。

图 1　中国工程院院士杨裕生

杨裕生首先对该草案中的部分内容表示不认可，他认为，新版《四轮低速电动车技术条件(草案)》的很多标准制定得不合理，将有可能扼杀了低速电动车的发展。

“草案界定的所谓‘低速电动车’除最高速度与高速电动车有点差别外，基本是按高速电动乘用车进行要求，该草案不仅没有显示低速电动车的特色，也没有和欧、美、日的低速电动车标准接轨。”杨裕生说。

在最为关注的低速电动车电池之争上，杨裕生指出，《四轮低速电动车技术条件

---

* 本文原载于 2017 年 10 月 20 日《中国汽车报》人物版，文：陈婷婷，编辑：李大鹏。

(草案)》虽没有正面限定使用何种电池,但仅凭"系统比能量不应低于 70 W·h/kg"一条规定,即排除了锂离子电池外的所有电池,而此项规定直接导致了低速电动车的成本将比用铅酸电池时提高至少 1 万元。单此一计,就可打掉低速电动车的"半壁江山"。

由此,杨裕生说:"《四轮低速电动车技术条件(草案)》将会严重打击低速电动车的发展,客观上保护了排放严重的燃油车。"

对于部分人士担心的低速电动车获国家认定后将冲击高速新能源车的影响,杨裕生认为,低速电动车国标草案根本不会对高速新能源汽车产生不利影响,高速新能源汽车有补贴和积分双重保护,而低速电动车不享受任何政策红利。

杨裕生说:"双积分办法中已明确规定,纯电动乘用车获取积分必须'30 分钟最高车速不低于 100 km/h、电动汽车蓄驶里程(工况法)不低于 100 km',低速电动车被明确排除在外。"

采访最后,杨裕生对低速车国标制定组提出了相关建议,他表示:"电池、电机、电控等部件的品种都很多,都应该由企业根据总体设计和市场进行选择,没有必要由标准越俎代庖。"

低速电动车在现阶段的中国有着比欧、美、日的低速电动车更为特殊的意义,有几亿人使用不遮风、不挡雨的自行车、摩托车,急待升级换代。所以,《四轮低速电动车技术条件(草案)》的制订要全面考虑各方利益,不可脱离中国实际、脱离广大群众的切实需求。

"我们现在看到的《四轮低速电动车技术条件(草案)》,即使真实度非常高,也还只是个'曝光版',还有修改的可能。我建议,有关部门和专家要改变观念,对此《四轮低速电动车技术条件(草案)》进行彻底修改后再行公布实行。"

附:

越俎代庖——杨裕生院士建议修改低速电动车电池标准*

导读:

对于工信部对低速电动车采用电池种类进行强制干预,杨裕生院士表示:"电池、电机、电控等部件的品种都很多,都应该由企业根据总体设计和市场进行选择,没有必要由标准越俎代庖。"

"中国的低速电动车标准不应该限制铅酸电池,应该让市场当裁判员。"满头白发的中国工程院院士杨裕生,站在交通运输部运输服务司副司长蔡团结的对面,激

---

* 本文原载于 2017 年 1 月 15 日"搜狐网"(www.sohu.com)汽车版,作者雷洪钧。

动地呼吁政府相关部门对低速电动车的管理应该让市场主导。

这是为期两天的 2017 中国电动汽车百人会论坛，电动汽车微型化与城市微出行分论坛上发生的一幕。作为最后的一场分论坛，杨裕生院士的演讲是两天会议当中，唯一一场参会者爆发雷鸣掌声和不由自主发出叫好声的演讲。显然，杨裕生院士说出了会场新能源汽车产业从业者的心声。

2016 年 10 月 18 日，《四轮低速电动车技术条件》标准工作组第一次会议在北京召开。第二次会议上，低速电动车的名称、速度、座位、安全等有了初步结论。

然而，杨裕生院士表示，在第一次工作组会议上工信部授意工作组排除铅酸电池，2016 年 12 月 30 日的第三次工作组会议上进一步明确了这个意图，现在已经成为会上、会外争论的焦点，到底要不要限定“不用铅酸电池”？

杨裕生院士表示：“电池、电机、电控等部件的品种都很多，都应该由企业根据总体设计和市场进行选择，没有必要由标准越俎代庖。”

他表示各种电池各有优点，应该允许公平竞争发展。不同种类电池各有缺点，都有待提高和完善，保证安全第一，确保燃烧爆炸的事故概率极低。

对于“锂离子电池是绿色的”的说法，杨裕生表示“这只是一知半解”。他解释到锂离子电池从原料即石墨开始，从含量百分之几的矿当中提取金矿，尾矿堆积如山，废水横流。从精矿当中分离出石墨需要用大量的铁和酸溶掉无机物，这又产生了大量废水；锂离子电池里面的六氟磷酸锂在制备当中用含氟的化学品，废电池处理当中六氟磷酸锂一遇到水汽立即就产生氟化氢；还有有机溶剂，生产中会挥发吡咯烷酮，废电池处理中排出大量的有机溶剂。这些都是锂离子电池对环境造成的危害，这个危害是可以治理的，但是现在还并没有治理得很好。

虽然铅酸电池产业链中出现过污染问题，但主要是由于法规不健全、管理不善、监管不力，而不是电池的过错。美国的铅酸电池产量和我国相当，但不属于污染产业。近几年工信部、环保部联手大力治理我国的铅酸电池行业，已经大为改观，我国放手使用铅酸电池表明政府有彻底整治的决心和信心。锂离子电池和铅酸电池行业中的污染，政府都要抓紧治理，不单单是铅酸电池。

对于铅酸电池产业的发展，杨裕生表示铅酸电池已经依靠技术进步克服缺点。中国工程院和中国电池工业协会连续举办了四届铅酸电池新技术研讨会，推广了很多新技术。2014 年工信部在“强基工程”里面支持了启停式用的铅炭电池，这是近年来铅酸电池里面一个巨大的进步。支持了两家企业，铅酸电池的水平和规模都上了一个大台阶，每一家大概支持了将近 2000 万元，现在如不让低速电动车使用这么好的电池，无异于给“强基工程”当头一棒。

同时，杨裕生院士认为部件品种应该由企业选择，市场当裁判员。电池、电机、电控等部件的品种都很多，都应该由企业根据总体设计和市场进行选择，没有必要由标准越俎代庖。“三电”当中单独限定电池品种更加没有道理。欧、美、日法规当中低速电动车标准里面都没有限定电池，未排斥铅酸电池，装有铅酸电池的中国品牌低速电动车行销国外。因此，中国的低速电动车标准不应该限制铅酸电池，应该让市场当裁判员。

目前的低速电动车大约有 95％使用铅酸电池，造就了低速电动车最为廉价且节能减排，它不要国家补贴，以 50％的年增长速度发展，但也对传统燃油车和享受补贴的电动车形成了威胁，可能这就是我国低速电动车标准推迟出台、落后国外几年的主要原因。现在开始制定低速电动车标准，当然应该表示欢迎，但是千呼万唤始出来的标准给人勉强、被动的感觉。我们每个人都应该扪心自问：我是从国家大局、从节能减排来对待低速电动车发展的吗？排斥铅酸电池是否意味着打压低速电动车？

铅酸电池全球、全国都在使用。每一辆燃油汽车都用一块铅酸电池，无一例外，全国现在已经有 3 亿辆燃油车，就有 3 亿多块铅酸电池，3 亿多块铅酸电池可以用，百十万辆的电动车为什么就不能用？启停车、观光车、物流车、电动自行车都允许用铅酸电池，火力发电厂、核电站、通信基站等也广泛在使用铅酸电池，为何不让低速电动车用，要讲清道理。不要搞双重标准，官员要讲原则才有威信，搞双重标准不得人心。官员们都是共产党员，要代表最广大群众的长远利益，不要自觉不自觉地站到利益集团的立场。

在会上，杨裕生院士给《四轮低速电动车技术条件》标准工作组谏言：

(1) 工作组是在起草法规，是非常严肃的一件工作，要对全体中国人民负责，而不是只对部门负责。

（2）制定《四轮低速电动车技术条件》标准的目的是“推动低速电动车向规范化方向发展”。要通过规范化达到发展。

（3）专家们要充分说理，说话要负责，要记录在案。工作要充分透明，要接受群众监督。可能有人会说，这样就会影响“畅所欲言”，我说不对，这里是制定法规，可以“畅所利国利民之言”，不可“畅随心所欲”之言。

评四轮低速电动车技术条件草案曝光*

一、《四轮低速电动车技术条件(草案)》(以下简称(草案))在网上曝光了！政府尚未发布的文件为何会泄露出来？其实，很大的可能性是有的部门在有意"曝光"。

"曝光"成为某些部门的"探空气球"和"防疫针"。他们自己对即将发布的政策、规定心存疑虑，故意"曝光"一下，看看群众有些什么样的反应，也让群众提前知道一下难以接受的问题，以免正式发布时反应过于强烈。

二、综观《四轮低速电动车技术条件(草案)》，强烈的印象有二：一是(草案)有别于欧、美、日低速电动车标准；二是总的意图要将四轮低速电动车的技术条件极力向高速乘用车靠近。汽车专家郭孔辉院士在2017年10月上海举行的中国汽车工程学会的年会上一针见血地指出："故意把低速电动车的指标提高到国际绝对领先的地位，大大提高其成本，使其不能生存，其实这是杀绝低速电动车的最妙的手段。"郭院士的论断我完全赞同。

三、《四轮低速电动车技术条件(草案)》要求电池"系统比能量不应低于70 W·h/kg"。体现了工信部装备司任命的低速电动车标准起草组组长今年2月著文的"立场"。文中写道："还有一个很大的焦点问题是允许不允许使用铅酸电池，我们的立场是不允许。理由是现在全国铅酸电池回收管理差，多地有铅污染，儿童血铅超标，个别企业管理得好是少数，只能根据全国状况作出此规定。"年初"不允许"用铅酸电池的"立场"，遭到了广泛的强烈反对，于是这次(草案)没有再正面"不允许"使用铅酸电池，而是换了个说法将铅酸电池实际排除在外。

起草组的"理由"是不成立的，因而(草案)规定以"系统比能量不应低于70 W·h/kg"实际排除铅酸电池也是错误的。首先，经过四年的整治，现在全国铅酸电池回收管理已经今非昔比。不去铅酸电池生产现场、按照老概念凭空设想的论点必然是过时的。其二。"多地有铅污染，儿童血铅超标"，是几年前的事，拿来作为今天不允许使用铅酸电池的依据，不符合实际情况。其三，"个别企业管理得好是少数"也非事实，而是大多数企业，并且给低速电动车供应铅酸电池的主要是超威、天能等"少数"几家特大型公司，恰恰是已经被承认"管理得好"的企业。不允许低速电动车使用这些特大型公司所产电池的理由显然自相矛盾。其四，全国在用的2亿辆汽车无例外地每一辆都用一块铅酸电池；平均每4年要换一块新电

* 本文原载于2017年11月19日"第一电动网"(www.d1ev.com)。

池，一年要更新 5000 万块；今年新增 3000 万辆汽车，又要多用 3000 万块铅酸电池。燃油车一年用了 8000 万块之多的铅酸电池是理所当然，为何轮到低速电动车用其不到十分之一的量就"不允许"了？这一对比，有充分理由应该允许低速电动车使用铅酸电池。

四、起草组组长还说："政府管理部门对此（指低速电动车使用铅酸电池）意见不统一，多数反对。"政府"多数"管理部门的这些官员们，每天都是坐汽车的（当然是高档的，不是低速的），也就是每天都在使用铅酸电池，你们却反对低速电动车使用铅酸电池！我相信，广大人民群众会说："共产党领导的社会主义国家里不允许发生这种不公正的事。"

政府"多数"管理部门的这些官员们，为了表现你们的原则性，你们要么与铅酸电池切割清楚从此不再乘坐装有铅酸电池的汽车，要么承认全体国人都有乘坐装有铅酸电池的低速电动车的权利。请你们郑重考虑，从现在起，在这两条中选择一条吧！

五、我主张，低速电动车使用什么电池，要由市场决定，就好比，谈婚论嫁，要由男女双方自主。如今（草案）要求低速电动车的"电池系统比能量不应低于 70 W·h/kg"，背离市场经济规律。我相信，有一天，锂离子电池的安全性提高到可与铅酸电池比美，价格降到与铅酸电池一样低廉，全寿命的环境污染也得到与铅酸电池一样成熟的治理，再加上它比能量高的原有优势，毋庸《四轮低速电动车技术条件》作规定，市场必将使锂离子电池替代铅酸电池。

六、党的十九大报告提出："中国特色社会主义进入新时代，我国社会主要矛盾已经转化为人民日益增长的美好生活需要和不平衡不充分的发展之间的矛盾。"我国正在全面建设小康社会，不平衡不充分的发展也表现在有人乘坐高档汽车，还有几亿人正在使用不遮风、不挡雨的自行车、摩托车，急待升级换代以改善生活条件和工作效率。所以，《四轮低速电动车技术条件（草案）》应该改弦更张，作出合乎国情也与欧、美、日低速电动车标准接轨的修改，成为推动我国低速电动车发展的积极力量。

让群众使用微型低速电动车*

大家下午好：

我谈谈对于微型低速电动车的一些看法。微型车可以做高速，像现在做的A00级的车，应该说在微型车的范围。按照“双100”“双80”的标准去做。但是我今天说的是让群众使用的微型低速电动车，也就是说不上高速公路，而是一般的马路上行使，主要是在城镇里面。

我想讲的第一个问题是，微型低速电动车生命力旺盛、前途无量。

因为它低速微型，优点很多，我把它归纳为7点，第一耗电少，真节油又真减排；第二用材省，可以再节能一大块；第三车身短，利于减轻堵车；第四体瘦小，少占停车场的面积；第五价格低、广大群众很欢迎、市场宽；第六是自行车、摩托车的升级产品；第七是不要国家补贴，还可以以50%的年增速发展，提高GDP。

当前，低速车为建设全面小康社会做出了重要的贡献。将来，随着节能减排意识加强、面子观念减弱，低速微型电动车将风靡全国、长期发展。我这里讲一个观点，现在我们社会有一种观念：以车子的大小来衡量社会地位，或者说他的经济实力。随着社会的进步，这一种陈腐的观点慢慢会被节能减排所取代。

在全球，欧、美、日都早已有低速车标准，国产低速车出口有市场，刚才发言的赵总也已经说明这个问题。

我认为，应该以技术创新争取低速电动车的美好前景，以规范管理迎接低速电动车的新高潮。具体提出七条：①欢迎制定符合国情的《技术标准》，实现规范化。②按《技术标准》要求组织生产，不断提高质量。③坚持低速与微型相结合，适应最广大群众的需求。④不断采用新技术、新材料，发展不同档次的新产品。⑤重视欧美标准，积极开拓欧美和新兴国家的市场。⑥促进建立低速电动车驾驶执照、提高交通安全性。⑦行业要自律，有序竞争；要合理规模布局、降低成本。

我觉得，要有思想准备，道路就是崎岖的，仍须奋斗。

我想讲的第二个问题是，《四轮低速电动车技术条件》将决定低速电动车的命运。

《四轮低速电动车技术条件草案》在网上曝光了，综观草案，强烈的印象有两

---

* 2017年12月15日，在北京国家会议中心举行了以“重新定义汽车·零排放出行倒计时”为主题的“第八届全球新能源汽车大会”，本文是在“微型车论坛”上的演讲。当晚“盖世汽车”在网上发表录音稿时改用题目《中国工程院院士杨裕生：低速电动车电池技术路线应由市场决定》，本文按照“盖世汽车”的录音稿整理而成，仍使用原演讲题目。

条：第一是草案有别于欧、美、日低速电动车的标准；第二是总的意图是要将四轮低速电动车的技术条件极力向高速乘用车靠拢。

汽车专家郭孔辉院士在10月上海举行中国汽车工程学会的年会上一针见血地指出，把低速电动车的指标提高到国际绝对领先的地位，大幅提高其成本，促使其不能生存，其结果将是杀绝低速电动车。郭院士的论断我完全赞同。

《四轮低速电动车技术条件草案》要求电池"系统比能量不应低于70 W·h/kg"，体现了工信部装备司任命的起草组组长今年二月所著一文的立场，当时他说"还有一个很大的焦点问题是允许不允许使用铅酸电池，我们的立场是不允许，理由是现在全国铅酸电池回收管理差、多地有铅污染、儿童血铅超标，个别企业管理得好是少数，只能根据全国状况作出此规定。"

年初不允许用铅酸电池的立场，遭到了广泛强烈的反对，于是在这一次《草案》就没有再正面地提"不允许"使用铅酸电池，而是换了一个说法：比能量每公斤70瓦时，这其实就是把铅酸电池排除在外。

我们来分析一下文中列举的"理由"。

第一，经过四年的整治，铅酸电池企业由3000多家减少为300家，现在全国铅酸电池回收管理已经今非昔比，不去铅酸电池生产现场而是按照老的概念凭空设想的论点，必然是过时的。

第二，"多地有铅污染，儿童血铅超标"，这是几年前事。把几年前的事拿来作为今天不允许使用铅酸的电池依据，不符合实际情况。

第三，"个别企业管理得好是少数"，这一句话也不是事实，而是大多数企业现在管理得好。并且，给低速电动车供应铅酸电池的主要是超威、天能等"少数"几家特大型的公司，我们在山东考察时看到的绝大部分都是用的超威、天能电池。这几家特大型的公司恰恰是被认为管理好的"少数"企业。所以，将不符合实际、自相矛盾的事实作为"理由"，理由当然是无效。

第四，全国在用的2亿辆汽车无一例外地每一辆都有一块铅酸电池；这些车平均每四年要换一块新电池，也就是说一年要更新5000万块左右。今年要新增近3000万辆汽车又要多用近3000万块铅酸电池。燃油车一年新用了8000万块之多的铅酸电池是理所当然，为何轮到低速电动车用其不到1/10的量就"不允许"了呢？这样一对比，有充分的理由低速电动车使用铅酸电池。

综上所述，文中的"理由"是不成立的。因而《草案》以电池"系统比能量不低于每公斤70瓦时"的规定排除铅酸电池是没有根据的，也就是错误的。

起草组组长还说："政府管理部门对此(指低速电动车使用铅酸电池)意见不统一，多数反对"。我们只能相信起草组同志的话，政府多数管理部门反对低速电动车使用铅酸电池。这可就奇怪了！政府“多数”管理部门的官员们每天都要坐汽车的(当然不是低速而是高档的)，而任何一辆汽车都必用一块铅酸电池，也就是说你们每天都在使用铅酸，却反对低速电动车使用铅酸电池。

提请政府多数管理部门的这些官员们注意：为了表现你们的原则性，你们应该二选一。要么与铅酸电池切割清楚，从此不再乘坐装有铅酸电池的汽车；要么承认全体中国人都有乘坐装有铅酸电池的低速电动车的权利。请你们郑重考虑，在这两种选择中选一条吧！

我主张，低速电动车使用什么电池要由市场决定。

我相信，将来有一天，锂离子电池的功率特性、安全性提高到可与铅酸电池比美，价格降到与铅酸电池一样低廉，全寿命的环境污染也得到与铅酸电池一样成熟的治理，再加上它比能量高的原有优势，毋庸《四轮低速电动车技术条件》作规定，市场必将使锂离子电池替代铅酸电池。

我想讲的第三个问题是，微型低速电动车身份之争。

2014 年中国电动汽车百人会设立了微型电动车课题组，组长是中国汽车工程学会理事长付于武。这个课题提出了发展路线与标准管理的建议——引导微型电动车有序发展、疏堵结合、主推以四轮摩托车产品类来管理微型电动车。

在今年的十二届全国人大会议期间，32 位人大代表提议，将四轮低速电动车纳入摩托车类别管理；将微型低速电动车与高速车区别对待，差异化管理。

会后，工信部关于对十二届全国人大第 6432 号建议的答复说：

“低速四轮电动车不宜按照摩托车类别产品进行管理。”

“对于您(指 32 位人大代表)提出的将四轮低速电动车纳入摩托车类别管理的建议，因涉及对四轮低速电动车的定位和使用管理方式，社会各界以及相关部门间意见分歧较大。”

“我部认为低速电动车是特殊一类机动车辆，应根据其微型、短途、低速、特定区域内载客使用的定位，来界定其外廓尺寸、重量、驱动功率、核载人数等技术指标、安全性能以及车辆管理方式。”“从国外情况看，欧、美、日等国家(地区)也出现了低速电动车这类产品，其对四轮低速电动车的管理模式也不尽相同。”

工信部的答复没有说清为什么不按摩托车类别来管理的理由？而只用了一个“特殊一类机动车辆”这样一个名词把 32 位人大代表就打发了，实际上这是埋下了伏笔，为了把低速电动车的指标提高到国际绝对领先的地位而使其不能生存。

工信部在答复里承认了欧、美、日等国家(地区)也出现了低速电动车这类产品。那么，我们把国外的标准和我们的草案作一个简要的对比，见表 1。

表 1　低速电动车标准的对比

国家(地区)	定位	电池	最高设计车速	碰撞试验要求
日本	超小型交通工具	不限规格		未提碰撞要求
美国	低速车辆类别	不限规格	不高于 40 km/h	未提碰撞要求
欧盟	L6、L7 类车辆	不限规格	不高于 45 km/h	满足针对三轮助力车/机动三轮车的技术要求
中国(《草案》)	"特殊一类机动车辆"(?)	比能量不低于 70 W·h/kg	不高于 70 km/h	要求正面碰撞和侧面碰撞试验

从表 1 可以看到,在定位方面,日本是叫做超小型交通工具,美国叫做低速车辆类别,欧盟是 L6、L7 类车辆,中国叫做特殊一类机动车辆。在电池方面,3 个外国都不限规格,只有中国要求比能量不低于 70 W·h/kg。最高设计车速,日本没有,美国是不高于 40 km/h,欧盟不高于 45 km/h,而我们的《草案》提出来 70 km/h,也就是放宽到与乘用车的 80 km/h 只差 10 km/h,为要求进行正面碰撞和侧面碰撞试验预立根据。而在碰撞试验要求上其他 3 个外国都没有提到,体现了低速车的特点。《草案》这么做,实际上也是要把车的成本提高,"是杀绝低速电动车的最妙的手段"之一。

"关于车辆电池、我们倡导使用技术性能高,污染低的新能源动力电池。"对这一句话,我这做电池的人想说些不同的、符合实际情况的看法:

(1) 电池都是用化学材料,处理不当都会污染环境,锂离子电池的污染并不低,这一点要很好地注意。锂离子电池是用石墨做负极,主要是天然石墨,先要从矿里面选取精矿,尾矿堆积如山、废水横流。再从精矿中分离出石墨,要用大量的碱,又产生大量的废水。锂离子电池的电解质六氟磷酸锂在制备中使用氟化氢、氟气等气态有害物,极可能严重污染环境。锂离子电池生产过程中用的有机溶剂还有百分之二三十排到大气里面。锂离子动力电池用量大,废电池处置是个化工过程,要处理大量的有机溶剂,含氟废物的处置也可能造成严重污染。锂离子电池的污染问题并不比铅酸电池轻,只是未能引起关注;废电池处置刚才开始,问题尚未暴露而已。锂离子电池也好,铅酸电池也罢,有污染都该治理。铅酸电池在美国不是污染行业,是因为他们既有治理的法规,又有按法规治理的行动,不是官员们简单地"倡导"一下就达标的。

(2) 工信部是提出"倡导"新能源电池,而标准起草组是不允许用铅酸电池,这是有原则性区别的。倡导新能源电池,不等于不允许用铅酸电池;或者说,倡导锂离子电池是应该允许用铅酸电池的。我认为,工信部对人大代表的答复是十分严肃的事情,人大代表是我们人民选出来的,人民代表大会是最高权力机构,政府是个执行机构。工信部既然对人大代表的回答是"倡导"新能源动力电池,政府的下属机构在执行时就应该按“倡导”来执行，所以标准起草组应该以此为根据，把“不允许用铅酸电池”这样一个想法去掉。也就是说，你标准起草组可以倡导锂离子电池，但是你不能够不允许用铅酸电池，这是不符合工信部对人大代表答复的承诺的。

总之，所有的电池都存在环境污染和安全两类隐患，都要通过管理和技术进步来消除，而非“不允许使用”了事。对于锂离子电池和铅酸电池行业中的污染，政府都要抓紧彻底治理。在比较电池的优点和缺点时，盲目偏好锂离子电池，是于国于民不利之举！

最后，讲结束语。

党的十九大报告提出：“中国特色社会主义进入新时代，我们社会主要矛盾已经转化为人民日益增长的美好生活需要和不平衡、不充分的发展之间的矛盾。”不平衡、不充分的发展也表现在有人乘坐高档汽车，还有几亿人正在使用不遮风、不挡雨的自行车、摩托车，亟待升级换代以改善生活条件和提高工作效率。

所以，《四轮低速电动车技术条件（草案）》应该作出合乎国情的修改（也与欧、美、日低速电动车标准接轨），成为推动我国低速电动车发展的积极力量。

铅酸电池安全、廉价、技术成熟，全球各国都在使用，除每一辆燃油车都使用铅酸电池外，启停车、观光车、物流车、电动自行车都准许使用，现在的发电厂、核电站、通信基站等也广泛地将铅酸电池作为储能的电源，因此，不允许低速电动车使用是毫无道理的。

我要高声呼吁：不要搞双重标准！官员讲原则才有威信！多学点科学知识，不要再给铅酸电池泼脏水了！让广大人民群众用上节能又减排的微型低速电动车吧！

谢谢大家。

顺便说一句，我把最近五年我对于电动汽车的一些观点的文章收集在第二本论文集《续论电动汽车和化学蓄电》，总共400多页，书店里面已经出售。包括我今天讲的主要观点也包括在里面，希望大家指正，谢谢大家。

《四轮低速电动车技术条件》不应用作杀绝低速电动车的手段*

我谈谈对于微型低速电动车的一些看法。

微型车可以做高速，像现在有的厂做的A00级车，可按照“双100”“双80”的标准去做，主要用在一、二线城市。我今天说的是让更广大群众用的微型低速电动车，也就是说不上高速公路，而是主要在三、四线城镇的一般的马路上行驶。

低速电动车优点：第一耗电少，真节油又真减排；第二是用材省，可以再节能一大块；第三车身短，有利于减轻堵车；第四是体瘦小，少占停车场的面积；第五是价格低，广大群众很欢迎；第六是市场宽，是自行车摩托车的升级产品。用铅酸电池的低速电动车不要国家补贴，还以50%的年增速发展。这是因为人民需要这样的产品，更得力于铅酸电池安全、廉价、实用可靠的优良性能。

《四轮低速电动车技术条件》将决定低速电动车的命运。《四轮低速电动车技术条件(草案)》在网上曝光了，综观草案有两个强烈的印象、第一个是草案有别于欧美日低速电动车的标准；第二个是总的意图要将四轮低速电动车的技术条件极力向高速乘用车靠拢。最明显的一点是最高速度定为70 km/h，而非欧美不需做碰撞试验的45 km/h。汽车专家郭孔辉院士2017年10月在上海举行中国汽车工程学会的年会上一针见血地指出：“故意把低速电动车的指标提高到国际绝对领先的地位，大幅提高其成本，促使其不能生存，其结果将是杀绝低速电动车。”郭院士的上述论断，我完全赞同。

《四轮低速电动车技术条件(草案)》要求电池组的比能量不能低于70 W·h/kg。此规定体现了《四轮低速电动车技术条件(草案)》制订组长在2017年初所说的“立场”。他说：“还有一个很大的焦点问题是允许不允许使用铅酸电池，我们的立场是不允许，理由是现在全国铅酸电池回收管理差、多地有铅污染、儿童血铅超标，个别企业管理得好是少数，只能根据全国状况作出此规定。”。

但是，不允许用铅酸电池的“立场”遭到了广泛强烈的反对，所以在这一次曝光的《四轮低速电动车技术条件(草案)》将“不允许”变换了一个说法：电池组的比能量不得低于70 W·h/kg。其实，这还是要把铅酸电池排除在外。

2017年的百人会上我说过，电动车用什么电池，应该由市场选择。现在《四轮

---

* 本文是2018年1月20日在北京“中国电动汽车百人会论坛闭门会”上的发言。

低速电动车技术条件（草案）》既然实际上排除了铅酸电池，今天我要谈一下《四轮低速电动车技术条件（草案）》中的这一条是错误的，而应该允许使用铅酸电池。

为什么？

第一，铅酸电池行业经过四年的整治，铅酸电池企业由3000多家减少为300家，现在全国铅酸电池的回收管理已经今非昔比。几年前多地有铅污染、儿童血铅超标的事，今天已不存在。大多数企业（而不是"个别"）现在管理得好，并且给低速电动车供应铅酸电池的主要是超威、天能等少数几家管理得好的特大型公司。其实，所有电池都用化学品，政府抓不好都可能造成环境污染。锂离子电池行业从原料生产到废电池最终处置，也存在许多有待治理的环境污染问题。但是也不能因噎废食而简单化地不允许使用锂离子电池。

第二，全国在用的2亿辆燃油汽车无一例外的每辆都有一块铅酸电池，这些车平均每四年要换一块新电池，也就是说一年要更新5000万块左右。2017年新增约3000万辆汽车又要多用3000万块铅酸电池。可见燃油车一年新用了8000块电池是理所当然，为何用于低速电动车的铅酸电池量还不到其1/10，就不允许用了呢？这一对比，强有力地说明低速电动车有充分的理由使用铅酸电池。

第三，《四轮低速电动车技术条件（草案）》制定组长说："政府管理部门对此（指四轮低速电动车用铅酸电池）意见不统一，多数反对。"反对四轮低速电动车用铅酸电池的"多数政府管理部门"的这些官员们，每天都坐汽车（当然不是低速的而是高档的），而每一辆汽车都必有铅酸电池，也就是说他们每天都在使用铅酸，而却反对低速电动车使用铅酸电池。

我现在要对上述"多数政府管理部门"的这些官员们说一句掏心窝的话：为了表现你们的原则性，你们应该二选一：要么与铅酸电池切割清楚，从此不再乘坐装有铅酸电池的汽车；要么承认全体中国人都有乘坐铅酸电池低速电动车的权利。二者必须选一！请你们郑重考虑，从现在起，在这两种选择中选一条吧！

除了汽车之外，无线通信系统的200多万个铁塔，几乎全用铅酸电池；你用手机通话，你实际上就用了铅酸电池。火电、核电等各种发电厂都以铅酸电池为备用电源；你用电灯照明，你实际上也用了铅酸电池。还有各行各业无数电子系统的不间断电源也在用铅酸电池，可见铅酸电池与每个人有着千丝万缕的联系。

最后归纳为几句话：

低速电动车使用什么电池要由市场决定，而不是应该由某一些习惯于对市场指手画脚的官员来操纵。

《四轮低速电动车技术条件（草案）》要求低速电动车电池系统比能量不应低于70 W·h/kg的条款，是无理的，应该取消。

我欢迎制定符合国情的《四轮低速电动车技术条件》，实现规范化。同时强力呼吁，不要用《四轮低速电动车技术条件》来扼杀四轮低速电动车！

要不怕麻烦，负起责任，管理低速电动车的行驶，建立低速电动车驾驶执照，提高交通安全性。

我的第二本文集已出版发行，收集了最近五年我对于电动汽车和化学蓄电的文章、演说，共 400 余页。希望大家指正。

谢谢大家。

第四部分
电动汽车的安全问题

补贴退坡中电动汽车的发展*

一、补贴退坡启动了电动汽车发展的新的阶段

1. 开启企业主导培育市场的阶段

2015 年，四部委就已经发出通知，“十三五”时期要开始逐步退坡补贴，到 2020 年时，将停止财政补贴。2016 年，工信部宣布将要实行积分制。2016 年年底，新的补贴政策公布了，也就是我们政府主导培育市场模式将要结束，开始步入企业主导市场的阶段。

对于补贴退坡，首先企业要淡化补贴的诱惑，强化市场意识，还有 4 年的缓冲期，企业在拿补贴的同时，要开始切实开发满足积分要求，而又能够满足消费者需求的电动汽车。

2. 发展电动汽车的任务落实到企业

补贴退坡＋积分制是政府“十三五”电动汽车政策的核心，也是电动汽车市场化的关键措施。企业应该接受积分制，承担责任，努力降低成本，生产消费者青睐的产品，成为市场化的主角。

企业接受积分制是积极发展电动汽车的实际行动。但是现在有些合资企业认为积分制方案的指标太高，它们的理由是“来不及”，也就是准备得不够。实际上，是企业对发展电动汽车的积极性不高。因为，我国政府在 5 年前就公布了电动汽车是我国七大战略性新兴产业之一。现在，这些企业应该尽些责任了。

3. 汽车企业要主动消化补贴退坡

有的企业已经宣称，退坡补贴，车价不降。这意味着补贴退坡的“差额”将要转嫁到消费者头上。这些企业宁可企业销量下滑，也不降价，因为今年还没有实行积分制，也就是说，即使电动汽车的产量不够，也不会影响收入。

其实在高额补贴的政策之下，电动汽车的利润率普遍高于传统燃油车，所以，企业应该有不小的让利空间。再有，随着销量增加和技术的创新，企业是可以逐渐

---

* 2017 年 3 月 17 日，由中国电动汽车百人会指导，中国汽车流通协会、金华市政府主办的“中国新能源汽车小镇暨新能源汽车高峰论坛”在金华市举办，主题是“新能源汽车关键领域技术创新与产业化”。本文为在高峰论坛上的发言。中国电动汽车百人会发稿时将题目改为《补贴退坡启动电动汽车发展新阶段》，在编印《续论电动汽车和化学蓄电》时遗漏了此文。

降低成本的。

因此，企业要主动消化“补贴退坡”，确保不增加消费者的支出，高姿态支持补贴退坡。

4. 发展以减排为核心要求的纯电驱动汽车

第一，节油、减排是发展电动汽车的两大主要目的，大家对节油已经有共识，但是对减排的意识还不是很强。我国已经成为世界上二氧化碳排放量的第一大国，人均二氧化碳排放也超过了欧美。2016 年 9 月 3 日，习近平总书记向联合国秘书长递交了《巴黎协定》批准书，正式承担减少二氧化碳排放的责任。

第二，减排的电动车，肯定是节油、节能的，而长续驶里程或豪华型纯电动汽车是排放严重的车，不宜鼓励。长续驶里程纯的电动汽车要多装动力电池，会导致整车重量大、风阻大、耗电量大。而中国的电主要来自燃煤。特斯拉 Model S 这个车装的电池多，在美国加州可得最高积分——4 分。而在新加坡由于高耗电，即高排放而受罚。

二、关于锂离子电池相关的政策和技术问题

1. 补贴(以及未来的积分)与续驶里程挂钩的问题

从目前的补贴政策看，电动汽车的续驶里程越长，补贴越高，所以很多企业都在不断地提高电池的比能量。但是，随着电池比能量的提高，电池的安全问题也被逐渐放大。

目前，电动汽车的减排问题和安全性问题都与补贴政策相关联，未来实行的积分制也有这个问题，鼓励长里程是不妥当的。我希望，积分制的计算方式不要与续驶里程挂钩，美国加州的积分制方式可以参考，但不宜照抄。

2. 锂离子电池的污染问题

目前有种说法，说锂离子电池是“绿色”的，铅酸电池是“污染”的，我认为这是一知半解。

实际上，过去在铅酸电池的生产过程中，有些企业对铅的控制不够严格，政府的管理也没有完全到位，造成了铅对环境的污染。但最近三四年内，工信部和环保部都做了大量整顿工作，企业从 3000 家减到 300 家，铅酸电池对环境的污染也有了很大改观，现在还在继续努力。

但是，锂离子电池的问题还没有完全得到解决，问题较为严重。例如，锂离子电池的负极用的是石墨，石墨要从粗矿中提炼，即从 2%、3%含石墨的矿里面提取精矿，从精矿提取石墨过程中，要用到酸碱，会产生大量废水。这样一来，就导致尾矿堆积如山，废水横流。所以，政府要抓紧治理锂离子电池行业中的污染问题。再

有,六氟磷酸锂生产中要用大量的氟,锂离子电池的生产过程中排放吡咯烷酮,对环境的污染问题尚未很好解决。更为严重的是,废弃锂离子电池的处置问题。铅酸电池在处理过程中有价值的是铅,铅可以回收再用,且能有盈余。但锂离子电池的最终处置中,六氟磷酸锂一遇水汽立即生成有毒的氟化氢,还有有机溶剂挥发,都有害于环境。现在的锂离子电池怎能说成是“绿色”的呢?锂离子电池成分比较复杂,回收的化工流程很长、很繁复,又没有很集中的材料,所以能否盈利还是个问题。现在,废弃的动力电池会越来越多,如何处置这些大量的废弃电池而不污染环境,是需要政府及早考虑和规划的。

3. 锂离子电池的降价问题

随着补贴退坡,动力电池的价格可能是整车厂首先开刀的对象。因为在我国,整车厂打压锂离子电池的价格,这已是“惯例”。但是,过分压价之后,就可能会产生影响产品质量的现象,实际上,对车企来说是很不利的。

所以,出路是要梯次利用,在动力电池的全寿命周期中分期分担成本。要按质量回收“废弃电池”,重组之后再卖给合适的下家,这样车用电池的价格可能会得到一些弥补。最安全的梯次利用是把电池包全部拆解,然后进行分级,再组装。但会出现一个问题,就是动力电池的焊接点可能会被破坏。所以,要使用全免焊接成组技术。

4. 研制安全性、比能量都高的电池

动力电池发展的方向之一是全固态电池,现在已经成为电池界研究的热点。它不用有机溶剂,降低了可燃性,安全性高;也更加环保,因为它没有六氟磷酸锂电解质。全固态电池既可以用金属锂作为负极,比能量可能达到锂离子电池的3倍,也可以用金属纳作为负极,可使用的资源也多了。

全固态电池的前景很好,但要做到循环寿命长、制造成本低,真正实用化,还要经历较长时间的努力;用在电动汽车上,还要再等几年。

5. 用增程式解决里程、价格、减排、安全问题

增程式电动汽车有一个内燃机,功率很小,控制在最佳工况下运行,节油率能够达到50%以上。而且增程式汽车可以不用充电,又可以长距离行驶。

在补贴政策之下,我国增程式汽车存在两个问题:一是参与研发的单位很多,但是量产者很少,主要原因是补贴远低于纯电动汽车,积极性也就远抵不过;二是增程式汽车的技术难度比插电式混合动力汽车大,而补贴相同,所以很多企业会选择做插电式混合动力汽车。

补贴退坡之后,尤其是取消补贴之后情况就不同了。纯电动车续驶里程不能满足消费者需求,成本、价格难降。而插电式车节油效率不高,缺少竞争力。所以,

这个时候的增程式汽车将是推动电动汽车发展的中坚力量。我认为，现在是发展增程式汽车的好时机。

6. 关于燃料电池电动车发展的两个问题

1）燃料电池车要积极发展，但步子要稳

第一，国产燃料电池的寿命太短，技术进步需要时间。第二，近年来，国外燃料电池价格下降快，而我国补贴标准没有更新。有些人就用进口（或美其名曰合作）燃料电池，装在国产车上来挣取差价，这种做法对我国燃料电池的发展是没有好处的。第三，国内加氢站太贵、太少，这也是燃料电池技术发展的瓶颈。

2）防止骗补、谋补事件的发生

过去燃料电池是并联锂离子电池，用以调节功率。现在是燃料电池为锂电池增程，它变成一个增程器，所以所需燃料电池功率可减少一半，成本大大降低。所以要降低补贴，将这些资金用来建设示范性的加氢站。

三、我国正在大力研发的新型储能器件

1. 钠基储能电池

钠基储能电池列入国家科技部“十三五”国家重点研发计划。钠资源十分丰富，适合规模储能。但理论比容量只有锂的 30%，而且钠离子半径较大，开发难点较多，预计 8～10 年后可能可以使用。另外水体系钠电池的比能量较低，但安全性高，在电动车上有可能找到用途，这当然也是正在研究的内容。

2. 锂硫电池

锂硫电池被汽车界认为是下一代的动力电池。全国几十家院所企业都在大力研究，全世界也很重视锂硫电池。它是以金属锂为负极，硫黄为正极，比能量能够达到 500 W · h/kg，但是难度很大，正极物质易溶解于电解液，所以寿命不长。防化研究院研制的硫复合物正极，可克服上述缺点，寿命能够做到百次。

但是锂硫电池比功率低，而且充电时锂会生长枝晶，有安全隐患。预计 5 年内，很难使用于车上。

3. 水体系电池

目前，复旦大学、清华大学、南京精研能源公司、哈尔滨工程大学都在研究以锰为原料的电池；张家港智电芳华蓄电研究所有限公司正在研究锌锂锰二次电池，这些都是水体系含锰正极，比能量向 100 W · h/kg 前进，安全性高。

张家港智电芳华蓄电研究所有限公司的新电池目标，安全性高于锂离子电池，而其他性能与之相当；价格与铅酸电池相当，但比能量大于铅酸电池；在使用方便性上优于液流电池，而全寿命期总储能量与之相当；即集三者的优点，避三者的缺

点。性能要达到上述目标，难度很大。预计首先用于规模储能，后用于低速车上。

4. 第四类超级电容器

为什么叫第四类？过去超级电容器只有三类：双电层电容器、准电容电容器、混合电容器，这三种都有它的优点和缺点。最近，超级电容产业联盟提出存在第四类超级电容器，它是在双电层电容器的电极中复合电池活性材料，其比能量接近甚至高于铅酸电池，使用寿命达几万次，比功率可以达到几千瓦/公斤。该技术的研发还要继续努力。

第四类超级电容器在公交车、轨道车、增程式车上等领域很有应用前景。

四、结语

第一，汽车企业要主动消化补贴退坡之后的“差额”，确保不增加用户的支出。

第二，政府要抓紧治理锂离子电池行业的污染，尤其要管理好废锂离子电池的最终处置。

第三，充分用好“圆柱锂离子电池全免焊接组合技术”，节省成本，便于梯次利用。

电动汽车的安全性问题*

各位同志：

我今天就电动汽车的安全性问题讲如下内容：

一、电池组着火事件频发；二、几个基本观念；三、影响安全的因素；四、安全性的衡量尺度问题；五、已可采用的安全措施；结束语。

一、电动车着火事件频发

特斯拉已烧了十几辆车。我国的乘用车、大客车烧了也不少。“捂着”的不少；媒体报道的热情开始“平和”些了！锂离子电池进入了电动自行车，电池组事故频发，柳州、徐州、合肥、海口、嘉善、沈阳、株洲、北京、南京都有烧车事件；河南省最多。

电动汽车的安全性很重要！但如何提高安全性呢？

电动汽车的安全性基本上就是电池的安全性，这是个复杂的问题。

二、几个基本观念

首先，要承认电池组像汽油箱那样，是一种含高能物质的部件。而且，锂离子电池中的电解液是用易燃的溶剂配制而成的，正、负电极上的氧化剂和还原剂只隔一层约 20 μm 厚的隔膜，在达到一定温度时氧化剂和还原剂均易与电解液发生大量生热的化学反应，何况电池组又是在高电压、大电流下运行。因此，电池本质上是具有危险性的，且随着电池比能量和比功率的提高，发生事故的危险性将增大。

其次，要将使用电池作为使用易燃、易爆物品和高电压器件一样对待。要制定并严格执行安全设计标准和使用规范。

再次，要认识到，安全性是一个事故概率问题，安全因素控制得好，发生危险事故的概率就降低。

三、影响安全的因素

1. 电池的品种

在各种动力电池中，锂离子电池的比能量最高。这是其优点，也可能因此而有

---

* 本文是 2017 年 12 月 24 日在天津“动力电池产业发展与技术创新高层论坛”上的演讲。

多种原因引起化学副反应大量放热，易造成电池内温度、气压升高，重则爆炸，轻则电解液泄漏而易燃烧。

镍氢电池和铅酸电池的电解液分别是碱性和酸性的水溶液，泄漏时有腐蚀的危险。在充电时会电解水生成氢气和氧气。这个问题已经得到较好解决。

2. 电池的总容量

电池的总容量＝电池的单体数×每个单体的容量

不言而喻，这是与事故概率成正比的基本因素。为了追求电动汽车的续驶里程和最高速度而过多装载电池，不仅浪费了能量和材料，价位提升而市场减小，而且充放电中的热量更难散发，增加了事故发生的概率。

这是传统汽车专家们"燃油车惯性思维"下，不顾当前的电池水平盲目追求高指标而误导出的严重安全隐患。

3. 电池的比能量

为了追求电动汽车的续驶里程而提高比能量，主要靠提高正极的电压，是升高事故概率的重要诱因。电压提高，对有机溶剂的氧化作用增强，助推热失控的发生，造成严重的安全隐患。

4. 电池的设计水平

锂离子电池正极材料如用磷酸亚铁锂，安全性要高于其他正极材料，当然也会发生些问题。

负极如用不易长枝晶的硬炭，安全性可优于石墨类；电解液、隔膜的优选均有可能提高电池的安全性。但是这些技术往往以牺牲电池的比能量和比功率为代价，应该综合考虑。

5. 电池的生产质量

同样以磷酸亚铁锂做正极的锂离子电池，有些厂家生产的电池发生的事故多些，有的就少些，还有的根本没有发生事故。同一个厂，改进生产工艺、加强质量管理后，电池发生事故的概率明显下降。这些都充分说明提高产品质量对改善安全性的重要作用。电池单体的品质还表现在寿命、容量、内阻和自放电率的一致性上，它们也与安全性密切相关。

6. 使用时间的长短

也可用充放电次数或行驶里程来表达此因素。电池组持续使用后，各单体的容量下降和内阻升高的程度不同，而且使用时间越长此等差别越大，发生问题的概率随之上升。

7. 安全措施的有效性

管理系统是保证电池组正常工作的有效部件，管理系统失灵可能产生严重后果。电池的泄压机构(安全阀等)可有效地防止电池爆炸,其可靠性越高,发生爆炸的概率越低。但是,从泄压机构泄出的电解液或气体,与空气相遇后仍有燃烧的危险性,这可能就是软包装和塑料壳电池不爆炸而会燃烧的原因。

8. 使用的合理性

不按电池组的特性行事,后果将会严重。目前,电池组的使用存在快充电、充满电、放完电、超负载等问题。过充和过放不仅会缩短电池的寿命,而且也增加发生事故的危险性。即使是按标称容量全充全放,也不应受到鼓励。

超限的载重和速度均需用过大的电流,电池温度将陡然上升,如过流保护机构缺失或失灵,将可能触发安全事故的发生。

9. 其他因素

例如,电动汽车对各种意外因素(如对严重的撞击、意外事故危害)的调控力和适应性等。

四、安全性的衡量尺度问题

安全性的实质就是事故概率。既然是概率,它就可以用数值来表示。例如核反应堆设计时,安全性要达到 10^{-5} 或 10^{-6}/(堆·年)。客机的安全性要达到 10^{-9}/飞行小时。要达到如此高的安全性,一要有高水平的设计、制造能力;二要在运行中有一套严密的操作规程和严格的维修保养制度来保障。

电动汽车和电池设计、制造中必然要考虑许多安全措施,也应该有量化的形式来最后集中表达其安全程度,例如 10^{10}(100 亿)车·公里发生燃烧、爆炸事故不超过一件;或用 10^{-10}/(千瓦时·公里)等其他表达形式,目前尚未订立。

我国现有约 2 亿辆燃油汽车,平均每天发生一起自燃事故;每辆汽车平均按每天行驶 50 公里计,事故概率正是 10^{10} 车·公里发生一起燃烧事故。现在媒体和公众对此似乎可以接受为安全指标。如果电动汽车的事故概率也降到这样的水平,也应该能予以接受了。但是,①如何将此指标落实(分配)到电动汽车(主要是电池)的各项设计措施中;②如何通过汽车实际达到的各项性能计算出该汽车的安全水平(或事故概率);③如何通过计算出的各汽车事故概率指导该汽车提高安全性。这是一个重要而复杂的课题,很应该开展研究。

五、已可采用的安全措施

1. 提高锂离子电池的安全性能

电解液很重要:研究对水不敏感的电解质;减少溶剂用量的聚合物(或凝胶)

电解质；电解液中添加阻燃剂；添加防过充或防过热的聚合物单体等。研究固态电解质可能是一出路，但距使用，为时尚早。

研究耐热、不收缩隔膜（新基材），隔膜涂陶瓷微粉，减低电池内阻，减少电池温升，全极耳、极耳与极柱一体化等专利技术应该推广。

2. 电池组防火功能设计

包括：优良的管理系统；牢靠的连接方法；有效的散热途径；稳妥的空气隔绝；及时的监测报警；正确的灭火措施等。贯彻这些防火设计原则和相应的技术措施，将有助于提高动力电池组的安全性。电池组有效散热和隔绝空气相结合的专利技术，对于防止电池燃烧很有价值。

3. 发展安全性高的微小型纯电动汽车

微、小型纯电动汽车用的电池容量小，从根本上降低了电池的事故概率。最近几年，纯电动的 A00 级车、紧凑型车在国内外产销两旺，开始形成潮流。这种车还可用铅酸电池，不仅价廉，而且安全性比锂离子电池好。

4. 发展增程式电动车，解除中大型纯电动车的"四大焦虑"

(1) 里程焦虑：里程长，电池要多；车加重，电耗高，节油不节电，排放加重（特斯拉）；冬夏空调难。

(2) 安全焦虑：电池要多装，而且比能量要高，故里程越长的车危险性越大——烧车事件接踵而来。

(3) 充电焦虑：密布充电桩仍难满足要求。快充，使用的局限性大；对电网冲击大；缩短电池寿命。

(4) 价格焦虑：电池价格下降有限度，电池用量大的纯电动车价格高，补贴停止后竞争力低。

我将增程式车的发展划分为三代：

(1) 第一代增程式电动汽车技术是纯电动车上加装增程器，单纯为了增加行驶里程，电用完了增程器启动；这一代车的电池重，增程器功率大，油耗高！车加重，耗能更多。

(2) 第二代增程式电动汽车技术的发电机与电池组成电力系统，优化组合：①发动机减小；②发动机能效优化；③电池少，降成本；④车减轻，更节能。

第二代增程式是燃油车与电动车的融合，改变单纯延长续驶里程的局限性。节能减排。

(3) 第三代增程式电动车技术是我们江苏公爵新能源汽车有限公司提出的"发动机发电直接驱动电动车"新概念，简称"发电直驱电动车"。与第二代增程式不同，车上发电机发的电不必经过电池而直接驱动电动机；电池用量可再减少。

继承了第二代增程式的全部优点，克服了它的缺点。预计节油率＞60％。

发展电动汽车的目的是节能、减排。凡是节能又减排的车都应鼓励发展，最后由市场裁决。凡是不利于节能又减排的规章制度都应改革，观念都该更新。

结束语

(1) 将安全性提高到电动车的第一重要地位。

(2) 需要立项，系统地研究电动车的安全性规律和用数值来表达安全性(即事故概率)。

(3) 以电池发展为依据规划电动汽车发展路线；用好现有的各种电池，生产相应的高安全性电动汽车。

谢谢！

电池发展中的几个问题*

刘董事长好！大家好！

今天我讲的内容有：一、锂离子电池安全第一！二、铅酸电池要居安思危！三、燃料电池如何使用？四、锂硫电池是下一代动力电池吗？结束语。

现在电池发展空前迅速，主要原因有四：①发展电动汽车，迈向汽车强国；②利用可再生能源，改善环境；③科技进步，全面实现自动化；④国防现代化，武器装备电气化，可以说，处处需要电池！而且不同用途对电池的要求重点不同。

一、锂离子电池安全第一

习近平总书记2014年5月在上海考察时指出："发展新能源汽车是我国从汽车大国迈向汽车强国的必由之路。"电动汽车必须大力发展。

发展电动汽车的目的是节油(能)、减排。汽车强国必须依靠自主知识产权生产油耗最低、排放最少的电动汽车。电动汽车是电池发展的第一推手，动力电池的产销量和性能要求节节上升。

我认为，动力电池性能要求的排序可分为三档：第一位重要的是高安全性，不易爆、易燃。第二位的要求是循环寿命长、高比功率、高比能量、转换效率高、价格低、耐寒热。第三位的要求是资源丰富、环境友好、使用方便、易维护。

综合各种性能，锂离子电池首屈一指。现在，补贴和即将实行的积分与纯电动里程挂钩，误导将比能量排在首位，而忽略电池比能量越高，安全性越低的问题！当前，三元电池最兴时，而且镍钴锰的比例从333、523变向622、811。很多人在问，如此增加镍的含量，倾向对不对？磷酸铁锂电池还有无前途？

我要说，高补贴发展的纯电动车难以市场化！这种车要解除四大焦虑：①里程焦虑：多带电池，仍怕断电；车重，不节电。夏热、冬冷空调的用电严重缩短里程。②安全焦虑：电池多，而且比能量又要高，危险性大，燃烧爆炸事故多。③充电焦虑；充电桩密，投资大，仍难满足要求。④价格焦虑：电池用量大，价格高，竞争力低。有补贴时，可发展中等行程的物流车等特种车辆，但是第二套电池要用户另出钱；补贴停止后，里程越长、补贴越高的车就越难卖出去！

说说十年来我的主张。我认为发展电动汽车的原则：用好成熟的电池，发展

---

* 本文是2018年4月12日在保定风帆有限责任公司的演讲。

安全节能减排的电动汽车。技术路线：以微小型纯电动车为突破口；大中型车发展纯电驱动的增程式。微小型纯电动车，可用铅酸电池做低速车，也可用锂离子电池做高速车，应由市场决定。增程式电动车，可用安全性高的磷酸铁锂电池，能够解决纯电动车的四大焦虑问题。

增程式电动汽车是纯电动车上加装增程器，即发电系统。第一代增程式单纯为了增加行驶里程；此种车的电池重，增程器功率大，车重，油耗高。第二代增程式优化了动力系统，节油率可达 50%！江苏公爵提出第三代"发电直驱电动车"。车上发电机发的电不必经过电池而直接驱动电动机，继承了第二代的全部优点，节油率可>60%。

要以节能、减排为标准考核各种技术路线。安全性最好的磷酸铁锂电池完全符合增程式的需求，其比能量已在 140～180 W · h/kg；寿命 3000 次；10 MW · h 以上的采购量，单体现款价格 1 元/(W · h)；小量采购，1.1 元/(W · h)；成组的价格降至 1.2 元/(W · h)；寿命 2000 次(保持率 80%)。

可以设想一下未来可持续发展的低碳化电动汽车，它由太阳能提供全部能量；光伏、风力发电给动力电池充电；秸秆转化出乙醇、给增程器的发动机供燃料，我国每年有 7 亿吨秸秆可得 1 亿吨生物质乙醇；甜高粱糖、陈粮等也是制乙醇的原料。燃料电池也是一种增程器，可用乙醇在车上重整制氢，供燃料电池发电，但热效率不一定高于乙醇通过内燃机直接发电。

二、铅酸电池要居安思危

铅酸电池以安全性高、价格低廉、残值高占据重要地位。但长期以来备受一些官员们以"古老、落后、污染"等不实之词的打压！

2010 年"首届铅酸电池新技术研讨会"上我提出了铅酸电池的三大任务："加力、延寿、摘帽"。加力——提高比能量，目标是 60 W · h/kg，未来是 80 W · h/kg。延寿——提高循环寿命；会议组织报告介绍了铅炭电池技术；摘帽——消除全行业铅污染，会上介绍了湿法回收法。

9 年来，在政府支持和全行业的努力下，三大任务的后两项很有进展；当然还需继续推进！唯有提高比能量的工作进展不大，虽然也有一些。提高比能量是铅酸电池行业增加利润的主要途径，是铅酸电池提高竞争力、巩固阵地的必要手段。在锂离子电池成组的价格降至 1.2 元/(W · h)时，按单次蓄电成本计算，已是铅酸电池(按 300 次计)的 1/3——这就是铅酸电池使用成本的危机。如铅酸电池比能量达到 60 W · h/kg，价格可降低 33%，使用成本还比锂离子电池高一倍。但加上其他有利因素，铅酸电池还有生存竞争力。提高比能量至 60 W · h/kg 是铅酸电池当务之急！

铅酸电池比能量提高到 60 W·h/kg，有可能吗？完全可能！铅酸电池正、负极活性物质的利用率；各家不同，但均在约 40%。只要提高到 60%，比能量就到 60 W·h/kg。何况正、负极板栅的材质、结构还有改进的余地。要提高这么大的幅度，难度当然有！勇者胜！

三、燃料电池如何使用

氢燃料电池要解决五大难题：①氢的高能效、低排放制备；②氢的安全运输、储存，且建加氢站很贵；③燃料电池寿命不够长，价格高；④质子交换膜等关键材料技术有待提高；⑤铂资源太少，要发展无铂催化剂。解决这些问题需要时间。

氢燃料电池用在车上，由于空气污染太严重，空气作为助燃剂输入时带进过多的硫化物、一氧化碳、氮化物，造成铂催化剂中毒，迅速降低燃料电池的发电性能。空气(雾霾)中的固体颗粒也容易堵塞燃料电池正极的流道，而净化空气会使系统复杂化，抬高成本，增加能耗。

氢能转成电能的转化率和排放量要从源头算起。氢能不是一次能源，制造过程就要消耗一次能源。转成氢气后压缩、运输、充瓶又要耗费能源。制造复杂的燃料电池动力系统，更要消耗能源。消耗的这些一次能源都会排放 CO_2。所以，“氢能转化率高”和“氢能清洁”，都是有条件限制的说法。要实事求是地按照“全寿命”计算，从一次能源直到转换成动力，计算能量总转换效率、总的排放，而不能“断章取义”地只算汽车行驶的这一小段。

要技术创新，提高全过程的能源利用效率！

燃料电池用在车上也有技术路线问题。是否质子交换膜燃料电池最好？运行温度是 80℃好，还是 120℃、180℃好？固体氧化物燃料电池可烧天然气，有无竞争力？氢的供应方法，车上甲醇重整、乙醇重整制氢与加氢站-高压容器相比，各有利弊，应如何选择？总之，燃料电池电动车如何市场化尚在摸索之中。重金补贴、强推产业化，将可能造成浪费、骗补。

燃料电池用在潜艇上，这些问题都能较好解决。在德国的燃料电池潜艇下水前两年，我就曾提出将燃料电池用在潜艇上，认为潜艇是当前燃料电池的唯一好用途。现在德国的燃料电池潜艇不仅下水了，还出口。中国的燃料电池潜艇还做不做？怎么做？

我建议中船重工考虑：将固体氧化物燃料电池用于潜艇。理由：

(1) 国内固体氧化物燃料电池技术有基础，如中国矿业大学(北京)彭苏萍院士团队，中国科学院上海硅酸盐研究所、宁波材料研究所、中国科学院过程工程研究所等。现在多数人关注重点用在电动汽车，电池 700℃运行，间隙式热胀冷缩，电池寿命不长——用非所长。而在潜艇中，固体氧化物燃料电池持续运行，温度恒定，寿命长，以稳定功率、高效运行，充分发挥其静音的长处。

(2) 中船重工在工程集成上有基础，液化天然(石油)气可用作为燃料，其储、运技术成熟；液氧的储、运、用，在斯特灵发动机中已有。并联铅酸、铅炭电池或其他高安全性电池为辅助动力，组成发电直驱的增程动力系统。

四、锂硫电池是下一代动力电池吗

“下一代动力电池”？“后锂离子电池”？这是单纯从“理论比能量”一项考虑而得的推论。我的经验是锂硫电池“进门容易”，而“越做越难”。它安全性低；体积比能量低；放电倍率低；能量转换率低；循环次数低。必须基本解决了这“五低”问题，才可能用作车用动力电池。

要分析引起“五低”的原因，以探索解决五低的途径。①安全性低主要是由于锂枝晶穿透隔膜。硫自古以来是纵火剂，而锂离子电池的正极系非易燃物。②体积比能量低有 3 个因素：一是硫的密度低。二是金属锂消耗醚类溶剂，电解液必须大过量。于是存在减少电解液用量与循环寿命矛盾！三是提高正极单位面积载硫量与放电倍率矛盾。③放电倍率低是由于硫是电子绝缘体，又是锂离子的“离子绝缘体”“离子绝缘体”打引号——离子扩散系数极低；负极金属锂的表面积太小，也影响大电流放电。④能量转换率低是由于硫的放电产物多硫离子在正极与负极之间的穿梭效应。⑤循环次数低主要是由于电解液干涸——加大电解液用量可延长寿命，但与提高比能量有矛盾；硫化锂的不可逆沉积、充电时硫在正极上的不可逆氧化，也导致容量下降快。

常听到：锂硫电池技术“突破”了；发表了多少文章；“国内领先”“国际先进”；甚至“国际领先”等说法！其实，高比能量只是其中最“容易”达到的一项指标，如果不计寿命和放电倍率，“800 W·h/kg”也可能！

要达到车用，还有很大距离，还要沉着奋战。长寿命很重要，3000 次以上的循环寿命；0.3 C 以上的放电倍率；高安全性第一位重要，等等，我估计，三年五载很难用上，十年八载不算悲观。

锂硫电池可能首先用于电动汽车以外的场合，如寿命只要百十次或一次电池，或体积宽松而重量严格受限制之处等。

还有人提出“下下一代”动力电池——锂空电池？“比能量 700 W·h/kg，汽车里程赶上燃油车。”此电池的难题更难：安全性不高；能量转换效率过低；寿命短；比功率低，特别是氧还原-氧生成的“双功能氧正极”。问题比锂硫电池更难，很可能是“远水解不了远渴”，成为动力电池更渺茫。

经过反复思考、论证，我决定不研究锂空电池。去年美国阿贡实验室研究计划也未再列入锂空电池。

结束语

(1) 电动汽车要卖得出去，必须减少电池用量，降低车价。而不是追求长里程、多装电池；或拼命提高比能量、增加危险性。办法是微小型化+增程式。

(2) 继续解决铅酸电池的三大任务：

提高比能量是当务之急——增加利润和生命力！

延长寿命将利国利民——节省能量和减少三废。

湿法处置废电池一举两得——环保和掌控原料。

(3) 要研究发展安全的水体系、高比能量电池。如能达 100 W·h/kg，就可以进入现有电池的各领域！

谢谢！

规模储能和电动汽车的电池安全问题及对策*

同志们：大家好！

我将大规模储能电池要求的十大性能（“十全十美”）分为三层次：第一位重要的是高安全性（刚性要求）；第二位的要求是循环寿命长、转换效率高、价格低廉、使用方便（弹性要求）；第三位的要求是高比能量、高比功率、资源丰富、环境友好、可耐寒热（塑性要求）。

今天专题讨论安全性问题。

一、化学蓄电有安全问题

（1）电动汽车着火事件频发：到去年底为止，特斯拉已烧了十几辆；我国的乘用车、大客车也烧了，媒体报道的热情似乎“平和”了一些！

（2）锂离子电池进入电动自行车，电池组事故频发，柳州、徐州、合肥、海口、嘉善、沈阳、株洲、北京、南京都有，河南省最多。

（3）储能电站着火：2011 年日本钠硫电池电站烧了两座。2017 年 5 月以来山西锂离子电池集装箱电站烧了两座。韩国烧的锂离子电池储能电站更多。

电动车和电站的安全问题来自电池的安全性和电力系统两方面。化学会上重点讨论的应是电池的安全性。

要建立几个基本观念：

首先，要承认电池组像汽油箱那样，是一种含高能物质的部件；可以说，没有绝对安全的电池。尤其是锂离子电池，其中的电解液是用易燃的溶剂配制而成的，正、负电极上的氧化剂和还原剂只隔一层不足 20 μm 厚的隔膜，在达到一定温度时氧化剂和还原剂均易与电解液发生大量生热的化学反应，何况电池组又是在高电压、大电流下运行。因此，电池本质上是具有危险性的，且随着电池比能量和比功率的提高，发生事故的危险性将增大。

其次，要认识到安全性是一个事故概率问题，既然是概率，它就可以用数值来表示。例如核电站要求事故概率小于 10^{-5}/（堆·年）。化学蓄电站可用 10^{-10}/（千瓦时·年）等其他表达形式。化学蓄电站和电动车事故概率的量化表达和分解，是一应该研究的难题。有关部门应该鼓励有志者参考核电站的经验开展研究。

---

* 本文是 2018 年 5 月 6 日在杭州“中国化学会 2018 年会——第三十三分会：公共安全化学”上的演讲，原报告题目为“规模储能和电动汽车发展带来的电池安全问题及对策”。

再次,要将使用电池作为使用易燃、易爆物品和高电压器件一样对待。要制定并严格执行安全设计标准和使用规范。

一定要把安全放在储能电池的第一位重要性,极力降低事故概率!

二、影响电池安全的因素

1. 电池的品种

在各种动力电池中,锂离子电池的比能量最高,可能有多种原因引起化学副反应大量放热,易造成电池内气压升高,重则爆炸,轻则电解液泄漏而易燃烧。

镍氢电池和铅酸电池的电解液分别是碱性和酸性的水溶液,泄漏时有腐蚀的危险;在充电时会电解水生成氢气和氧气。这些问题已经得到较好解决。

2. 电池的总容量

电池的总容量=电池的单体数×每个单体容量,不言而喻,是与事故概率成正比的基本因素,为了追求电动汽车的续驶里程和最高速度而过多装载电池,不仅浪费了能量和材料,价位提升而市场减小,充放电中的热量更难散发,而且增加了事故发生的概率。这是传统汽车专家们“燃油车惯性思维”下,不顾当前的电池水平盲目追求高指标而误导出的严重安全隐患。

3. 电池的比能量

为了追求电动汽车的续驶里程而提高比能量,现在主要靠提高正极的电压。正极电压提高,对有机溶剂的氧化作用增强,助推热失控的发生,是升高事故概率的重要诱因。磷酸铁锂和锰酸锂为正极的热失控温度较高,电池安全性高;三元材料中镍含量越高的电池,安全性越低。所以,“比能量和安全性没有必然联系”的说法是错误的。

4. 电池的设计

锂离子电池正极材料如用磷酸铁锂,安全性要高于其他正极材料,但做得不好也会发生问题;负极用硬炭,安全性可优于较易长枝晶的石墨类;电解液、隔膜的优选均有可能提高电池的安全性。但是这些技术措施往往以牺牲电池的比能量和比功率为代价,应该综合考虑。电池单体越大,聚集的热量越多,中心部位的热量散发的距离越长,而散热的比表面积又越小。这些因素均造成大电池温度更高、更不均匀,影响电池寿命和安全性。

5. 电池的生产质量

同样以磷酸亚铁锂做正极的锂离子电池,有些厂家生产的电池发生的事故多些,有的就少些,还有的根本没有发生事故;同一个厂,改进生产工艺、加强质量管理后,电池发生事故的概率明显下降。这些都充分说明提高产品质量对改善安全性的重要作用。电池单体的品质还表现在寿命、容量、内阻和自放电率的一致性,它们也与安全性密切相关。

6. 使用时间的长短

也可用充放电次数或行驶里程来表达此因素。

电池组持续使用后,各单体的容量下降和内阻升高的程度不同,而且使用时间越长此等差别越大,电池组发生问题的概率将随之上升。

7. 安全措施的有效性

管理系统是保证电池组正常工作的有效部件,管理系统失灵可能产生严重后果。电池的泄压机构(安全阀等)可有效地防止电池爆炸,其可靠性越高,发生爆炸的概率越低。但是,从泄压机构泄出的电解液或气体,与空气相遇后仍有燃烧的危险性,这可能就是软包装和塑料壳电池不爆炸而会燃烧的原因。

8. 使用的合理性

不按电池组的特性行事,后果严重。目前,电池组的使用存在快充电、充满电、放完电、超负载等问题。过充和过放不仅会损伤电池的寿命,而且也增加发生事故的危险性。即使是按标称容量全充全放,也不应受到鼓励。超限的载重和速度均需用过大的电流,电池温度将陡然上升,如过流保护机构缺失或失灵,将可能触发安全事故的发生。

9. 其他因素

例如,电动汽车对各种意外因素(如对严重的撞击、意外事故危害)的调控力和适应性等。使用易燃的保温材料,将扩大次生火灾。

安全因素控制得好,发生危险事故的概率就降低。

小结以上所述,提出可采用的安全措施如下:

1. 提高锂离子电池的安全性能

使用热失控温度高的正极,如磷酸铁锂。

电解液很重要:对水不敏感的电解质;减少溶剂用量的聚合物(或凝胶)电解质;电解液中添加阻燃剂;添加防过充或防过热的聚合物单体等。可以研究固态电解质,但使用为时尚早。

耐热、不收缩隔膜——新基材,涂陶瓷微粉。

减低电池内阻,减少电池温升;全极耳、极耳与极柱一体化等专利技术应该推广。

2. 电池组防火功能设计

优良的管理系统,牢靠的连接方法;有效的散热途径,稳妥的空气隔绝;及时的监测报警，正确的灭火措施等。

贯彻这些防火设计原则和相应的技术措施，将有助于提高电池组的安全性。“有效散热和隔绝空气相结合”专利技术，对于防止电池燃烧很有价值——在不介意重量的储能电站中可用。

3. 发展安全性高的电动汽车

(1) 微、小型纯电动汽车。微、小型纯电动汽车用的电池容量小，从根本上降低了电池的事故概率。这种车还可用铅酸电池，不仅价廉，而且安全性比锂离子电池好。

(2) 增程式电动汽车。电池组不会过充和过放，寿命延长，安全性高；磷酸铁锂电池合用，安全性进一步提高；而且里程长，电池少，节油 50%以上，易推销。

三、电动车退役锂离子电池不宜在大规模储能中梯次利用

电动车退役锂离子电池量大，且越来越大；应该梯次利用，以物尽其用，合理分担电池成本。但是，这种电池“年老、体弱、多病”，不宜合并用于大规模储能，以确保安全。贪便宜会误大事！

梯次利用要掌握几点原则：

(1) 化整为零，串并联节数宜少不宜多。

(2) 要拆解、检测、分级、重组，不可图省事。

(3) 为保证拆解中不损伤电池，圆柱形电池成组时应使用“全免焊接技术”(杭州波谱莱公司)。

(4) 梯次利用与废电池最终处置要统一安排、统一核算。

四、大力发展安全性高的水体系电池

可再生能源发展迅速，需用 GW · h 级规模的大储能电站配套运行。锂离子电池即使优点很多，但含有大量易燃的有机溶剂，一旦失火将烧掉所有优点。水体系电池具有安全性高的特点，应该为 GW · h 级规模的大储能电站大力发展之。

(1) 稳定专用炭材料的质量，生产高水平铅炭电池；当前即可大量应用。

(2) 发挥水体系液流电池高安全性、超长寿命的优势，提高其性能：全钒液流电池要进一步降低成本，提高能量转换效率；性价比全面超越的铬铁液流电池要争取政府支持，加快示范应用；锌镍单液流电池要进一步延长寿命、降低成本。

(3) 政府要加大新型水体系储能电池研究的投入，目标 100 W · h/kg(5500 次循环，15 年寿命)，专项发展资源无限的有机电极材料电池和资源丰富的锌锰系电

池等下一代规模蓄电专用电池。

(4) 政府采取得力措施,推动企业介入储能电池新体系的工程化开发,将科研成果转化为生产力!

结束语——五点建议

(1) 必须采取严格的安全技术措施和管理制度。

(2) 价格问题应让位于安全性。磷酸铁锂为正极的电池安全性优于三元锂离子电池,比能量已达 180 W·h/kg,寿命高至 12 000 次,应抓紧在电动车推广使用。

(3) 充分发挥张北风-光-储示范基地的示范作用,“开足马力”运行尽快获取大量数据,为全国的大规模储能工程无偿提供指导。不能让所有要搞大规模储能工程的人,都从头开始搞示范、“表演”,浪费时间和财力。

(4) 政府要有鼓励坦荡对待安全事件的奖罚机制,营造不隐瞒、说实情的风尚,实事求是分析、总结经验成为全民财富。

(5) 政府领导研究建立蓄电站、组安全评价体系;要培养蓄电安全人才。

蓄电站、组是否安全不是建造者自己说了算,也不能含混地定性评价了事,而应该像核电站或大飞机那样定量设计、分析事故概率。

蓄电站要有国家标准和安全指标。安全性应列为蓄电站国家标准的重要内容;蓄电站在建站时必须提出安全性定量指标;各类电动汽车也应提出安全性定量指标。

谢谢!

动力锂离子电池的安全利用与回收*

大家好！今天我讲 6 个问题。

一、锂离子电池产业目前的问题

（1）补贴过高造成电动汽车骗补；为对付骗补而“提高补贴门槛”，带来副作用——行驶 X 万公里后给补贴款，形成了以政府部门为龙头的债务链，处于债务链末端的电池和电池材料企业苦不堪言。

（2）要求锂离子动力电池企业必须有 X(8,4)G 瓦时产能，催促快速发展，造成产能过剩；指望电动车的发展来缓解锂离子动力电池产能过剩问题，要时间！

（3）电池产能过剩使电动车厂更处于强势地位，加速锂离子动力电池价格下降，利润下滑。

（4）我国钴、镍资源少，价格受控于人；难支撑千万辆电动车生产。另一方面，引起对磷酸铁锂电池市场的怀疑。

（5）补贴政策误导安全性沦为次要位置！

补贴（以及即将实行的积分）与纯电动里程挂钩，于是电池比能量被排上首位，忽视安全性；为了提高比能量，三元电池的镍钴锰比例由 333、523 进而 622、811，增加镍含量以提高电压，于是热失控温度越来越低！有人认为“安全性与比能量无直接关联，”此说法是不对的！同时，电池用量越大，安全性更降低！为了提高三元锂离子电池的安全性，要采取多重措施，其结果是成组后比能量并无太大优势！

三元锂离子电池也被用于储能电站，近年中、韩发生 3 次大火，（2 次 2 MW · h，1 次 4 MW · h），韩国烧的小电站更多。

一定要将安全放在首位，不要片面追求高比能量。另外，利用旧电池于规模储能，应该很慎重！

二、要从源头上减少废电池产生量和处置量

纯电动车有五大焦虑要解除：①里程焦虑；②安全焦虑；③充电焦虑；④价格

---

* 本文是 2018 年 7 月 26 日在北京“2018 中国动力电池回收与循环利用高峰论坛”上的演讲。

焦虑；⑤电池焦虑。补贴停止后，里程越长、原补贴越高的车就越难卖出去！而且这种车电池用量大，产生的废电池多，长里程纯电动车产生的废电池更多；要处理的废电池就多，耗能多，难度增加！所以，应该发展电池用量少的电动车。

十年来我的主张如下。

原则：用好成熟、安全性高的电池，发展安全节能减排的电动汽车。

技术路线：以微小型纯电动车为突破口；大中型车发展纯电驱动的增程式。

微小型纯电动车可用铅酸电池做低速车，也可用锂离子电池做高速车，由市场决定。增程式电动车用安全性高的磷酸铁锂电池，解决纯电动的五大焦虑问题。

增程式电动汽车是纯电动车上加装增程器。第一代单纯为了增加行驶里程；电池重，增程器功率大，车重，油耗高。第二代优化动力系统，发动机排量和电池量减半。节油 50%！江苏公爵提出第三代“发电直驱电动车”。车上发电机发的电不必全经过电池而直接驱动电动机；继承了第二代的全部优点，节油率可大于 60%，电池寿命长。

要以节能-减排为标准，评判技术路线。纯电动车未必是节能-减排的最终目标！最终很可能是不烧油而烧醇类的增程式电动车，醇类由生物质而来——最高效利用太阳能。增程式的电池量少寿命长，废电池处置量省去一大半。

三、锂离子电池的梯次利用

梯次利用锂离子电池应该注意如下问题。

1. 坚持安全第一

旧电池利用要比用新电池更重视安全性。要承认电池组像汽油箱那样，是一种含高能物质的部件，有危险性的本质。引起事故的主要因素有：①$Co(Ni)O_2$ 是强氧化剂，温度升高时能氧化有机物(尤其是电解液中的有机溶剂)生成 CO_2、O_2，热，高气压。②锂枝晶穿透隔膜，短路，产生大量热。③电池外短路，内部短路，温度升高，引发一系列放热化学反应，造成电池热失控——爆炸与燃烧。

旧电池的缺陷增多，安全性下降！梯次利用要始终将安全性问题放在首位。

2. 梯次利用和处置要有事先打算

提高“梯次利用率”和“工作效率”，要从电池包设计-生产时就考虑为梯次利用提供方便！建立可追溯管理系统，利用大数据等信息化手段，为梯次利用前的电池筛选提高工作效率、降低成本；为梯次利用中的电池提供预警。

电池包要醒目标注电极材料，便于分类利用。

电池厂-成组厂-汽车厂要事先“平等”共商梯次利用方案。

3. 梯次利用先从“化整为零”做起

旧电池梯次利用方式的选择，要以安全第一为准绳：

拼合利用：不宜急于拼成大型储能电站。而宜先由大化小。

模块利用：电池包中“健康电池模块”直接利用(kW·h级)；将“残废电池模块”废弃。这种做法浪费较大！

拆解利用：剔除已坏的电池，其余的分级利用(如充电宝，或电动自行车、低速电动车)。此方式的工作量大，利润减薄，但较稳妥可靠。

4. 锂离子电池使用全过程免受损伤

新电池使用时都很小心，不易受损伤。但车上卸下的旧电池往往待遇不佳。要使旧电池备受爱护，全过程免受损伤。

“18650”等圆柱形电池以焊接进行串、并联，存在问题：①焊点多，焊接、拆解时易损伤电池，造成内短路、漏液；②焊接成组生产线价格高；③梯次利用时工作量繁重。正极焊接而负极不焊接，前进了一步(杭州赛恩斯、苏州安考)。在保证接触良好的前提下，正极、负极最好都不焊接。

杭州波谱莱公司技术原创圆柱形锂离子电池全免焊接组合技术，解决焊接、拆解时损伤电池和可靠串并联问题，优势：①全免焊接，绝无电芯焊穿短路风险；②全机械加工模式，生产设备一致性好；③全套设备价格只有焊接成组线的40%；④无焊接设备，生产易掌控，费用低廉；⑤电芯外观无损伤，回收再用无悬念；⑥电芯梯次使用方便，有效降低再生成本。

多家使用此技术，效果良好。

5. 认真学习，总结已有锂离子电池梯次利用的经验

德国用宝马i3车的旧锂离子电池组并联成2 MW/2 MW·h的大型光伏电站储能系统，长期效果不详，可去考察；日本和美国将Leaf车的旧电池用于家庭储能，效果如何值得借鉴。我国梯次利用100 kW·h旧电池于储能系统示范工程，2014年6月在京通过验收，至今未见运行报告，应该改进这种状况。

四、重视锂离子电池生产全过程的污染

锂离子电池中化学品多，全过程的各个环节都可能有污染。

石墨：从含量百分之几的粗矿中选取精矿，尾矿堆积如山，废水横流；从精矿提取石墨要用大量碱溶，又产生大量废水。

六氟磷酸锂：制备中用含氟化氢、氟气等含氟化学品；废电池处理中，六氟磷酸锂一遇到水汽，立即就生成氟化氢；最后的固体废物中，还有氟化物(钙)要妥善

处置,简单的填埋可能造成地下水的氟离子污染。

有机溶剂:电极片生产过程中挥发出吡咯烷酮难以全部回收;灌注电解液时、废电池处置中都排出有机蒸气。

要纠正笼统地说"锂离子电池是绿色的"错误观念!任何一种电池,只有污染控制好了,方才可以算是绿色的。锂离子电池从材料生产到电池生产全过程的污染必须严格控制,废电池处置尤应规范。

五、磷酸铁锂电池优点多

磷酸铁锂电池安全性好,铁资源丰富,比能量够用,循环寿命长。

单体比能量已在140～180 W·h/kg;寿命3000次以上;量大时单体现款价格0.8元/(W·h);成组的价格降至约1.0元/(W·h);磷酸铁锂电池在梯次利用中更凸显安全性!磷酸铁锂电池中高值物质少,废电池处置时微利甚至无利、亏本。

怎么办呢?一要研究高水平的处置工艺流程;二可作为公益事业给予政策优惠;三与有利可图的梯次利用相捆绑。

六、锂离子电池回收、处置要创新

政府已发文件,有原则性要求,有待具体组织实施。

要明确,是汽车企业主导,或电池企业主导?还是都可以!商业模式要创新。

要严禁填埋废锂离子电池,制止污染土地;违者罚。废电池处置要做到高度环保!鼓励创新环保型废电池处置工艺流程,做到资源全部循环利用。

在商业模式上,可探索将梯次利用与废电池处置"捆绑","以丰补歉"。废电池处置可按公益事业运作,在税收上给予政策优惠。

结束语

(1) 电池应该回收利用!但是如同任何资源的回收利用一样,首先要从根本上减少旧、废电池的产生量。

(2) 发展节油减排又省钱的增程式电动车不仅可以实现电动车市场化,而且可以大量减少废电池的产生。

(3) 电池从材料生产到废电池处置全过程,现都大量耗能、排污。应该发展全过程的绿色、节能生产工艺。

(4) 电池梯次利用和处置要作事先打算、系统性安排；技术和商业模式都需创新。

(5) 统一术语及其含义(建议)：

① 电动汽车退役的动力电池——旧电池。

② 旧电池(旧动力电池)的利用——梯次利用。

③ 无梯次利用价值的电池——废电池；不要笼统地叫"废旧电池"。

④ 旧电池的回收。目的是为了梯次利用；废电池的集中。目的是为了最终处置；废电池的处置。目的是资源再生，防止污染。

谢谢！

应重视磷酸铁锂电池发展*

近些年，电动汽车的快速发展带动了动力锂离子电池的发展。作为电动汽车的动力来源，电池性能的好坏不但关系到整车续驶里程的长短，而且关系到产品的安全性和可靠性。可以说，动力电池决定着纯电动汽车的现在与未来。

一、电动汽车必须把安全性放在第一位

在众多新能源车型中，我国给予纯电动汽车的补贴最高，而且补贴与纯电动里程挂钩，于是近些年在我国出现了一阵“人造三元风”。在政府部门倡导电池比能量指标一年更比一年高的情况下，三元材料中镍钴锰的组合由安全性尚可的 333、523 一步一步地迈向 622、811。随着镍量的增加，在材料比容量提高的同时，电池的热失控温度和安全性逐步下降。在另一种镍钴铝三元材料中(特斯拉所用)，镍的份额也占八成，同样存在类似问题。

说“三元风”是“人造”的，是因为它不是因技术优势自然形成的，而是片面追求纯电动长里程政策引导的结果。“大风起兮尘飞扬”，连一向坚持“铁电池”的大企业也被迷了眼，成了“跟风者”。当然，这也不难理解，毕竟企业要逐利。这也从另一个角度证明，政策力大无穷，不管什么方向的风，要刮就能刮起来。

同时，纯电动汽车的里程指标正在追赶传统燃油车，除了使用高比能电池外，还导致过度多装电池。这两个因素叠加，使电动汽车的安全性更受威胁，事故频发。工信部曾一度放话，要求暂停使用三元锂离子电池，但在强大的三元“队伍”的强烈呼吁下最终不得不做出妥协，同意乘员少的乘用车可用三元锂离子电池，三元锂电池客车在通过热失控试验和热失控扩展试验测试的前提下，也可申请推荐目录。

用三元锂离子电池的乘用车，乘员少就能安全逃生吗？且看近期发生的事故。今年 5 月初，美国佛罗里达州发生一起特斯拉 Model S 以每小时 90 英里(约合 144 公里)的速度撞墙后立即起火事件，车内前排两人在大火中不幸遇难，坐在后排的一人被甩出车外受伤。5 月 10 日，在瑞士南部的高速公路上，一辆特斯拉 Model S 撞上中央隔离带，车辆翻转、起火，一名德国驾驶者被困在车内烧死。一周之内，两起特斯拉电动汽车起火事故，三人丧生。可见，三元锂离子电池火势蔓延太猛，乘

---

* 本文原载于 2018 年 9 月 3 日《中国汽车报》第 4 版专论。

用车里的乘员自己来不及逃生，别人也难以救助。

面对多次失火事件，特斯拉表示传统汽车碰撞也会燃烧。这是典型的强词夺理。更何况，传统汽车碰撞而不燃烧的情况比比皆是。

我国也发生过多起电动汽车燃烧事件，虽然频度不及特斯拉，但不能据此得出我国的三元锂离子电池比特斯拉的三元锂离子电池更安全的结论，而应考虑的因素是，我国大多数电动乘用车的里程和电池量比特斯拉少，上高速公路的比例不及特斯拉高，而且我国高速公路限速 120 km/h。作为载客量大、乘客逃生需时长的电动客车，更应该高度重视产品的安全性。

笔者认为，对电动汽车来说，不论是商用车还是乘用车，都事关人命，必须把安全性放在第一位，其他问题为之让路。

二、动力电池的安全性极其关键

电动汽车的安全性主要取决于动力电池的安全性。

电池组像汽油箱那样，是一种含高能物质的部件。锂离子电池中的电解液是用有机溶剂配制而成的，其易燃的程度不亚于汽油。正极的氧化剂和负极的还原剂只隔一层微米级厚的隔膜，内短路则生热；充放电时，电池内阻也生热。在达到一定温度时，正极上的氧化剂可与电解液发生化学反应。大量的化学反应热会造成热失控，产生大量气体，导致气压升高、电池破裂，继而出现车辆燃烧、爆炸情况。

正极的氧化剂不同，电池发生热失控的温度也不同。使用热失控温度越低的正极材料，电池的安全性越差。特斯拉用的三元锂离子电池，热失控温度不足200℃，尤其是三元材料在达到一定温度时还会分解释放出极活泼的初生态氧，即使在没有外界氧气供应的情况下，这种电池内部就“完整地具备”燃烧三要素。试想，其安全性能高吗？这也是三元锂离子电池起火后，火势蔓延迅速且难以扑灭的原因。

相比之下，磷酸铁锂分子里的氧被牢固地束缚在磷酸根中，很难成为助燃剂，磷酸铁锂电池的热失控温度要高得多，其安全性高得多。现在，磷酸铁锂单体电池比能量已提升至 180 W·h/kg，电池包比能量已达到 151 W·h/kg，其功率型电池的性能完全能满足增程式电动汽车的需求。

我国有发展磷酸铁锂电池的优势。由中国电池工业协会牵头，成功申诉 3 家外资企业磷酸铁锂电池专利无效，从而让中国磷酸铁锂电池产业彻底摆脱国外专利束缚，为我国发展新能源汽车扫除阻碍；我国众多企业掌握微纳结构碳包覆技术，弥补了材料电导率不高的缺点；我国已建立完整的材料生产链，价格日趋合理；电池生产水平不断提高，产品性能稳定。笔者认为，磷酸铁锂电池应成为动力电池的发展重点，应鼓励继续研究、提高产品性能。

同时，笔者认为，电力系统的规模储能用三元锂离子电池也不可取，甚至用锂离子电池也值得商榷。打个比方，这就像一座堆满燃烧弹的活火山。去年我国山西省有两座2 MW·h调频电站起火，用的就是三星公司的三元正极18650锂离子电池。虽然火灾起因尚在论证，有人认为可能不是电池而是电气部分的原因，但无可争辩的事实是电池烧完了。如果换成不含有机溶剂的电池，情况就不会这么惨烈。今年7月，韩国风电场的4 MW/12 MW·h储能电站起火并爆炸，据报道，这是该国第四个发生燃烧事故的三元锂离子电池储能电站。这些事故应该引起我国锂离子电池储能电站决策者和建设者们的警惕和深思。

三、增程式电动车与磷酸铁锂电池是绝佳配对

增程式电动车是指纯电动汽车上加装增程器(任何一种发电装置)，通过在车上发电增加行驶里程。这类车的优点突出：电池组不会过充和过放，寿命延长，安全性高；电池少，补贴退坡、取消的影响小，易于市场化；城市工况下比燃油车节油50%以上，更为省钱；可以不外接充电，少建充电桩，且能远距离行驶；如有充电条件，城市百公里内节油率80%以上；可沿用燃油车的生产、加油设施，便于发展；新近提出的发电直驱增程式电动汽车，可免去大电流的充电和放电，不仅更节能(油)，而且电池寿命更长。

如果把安全性高的磷酸铁锂电池用于增程式电动汽车，不但能够提高车辆的安全性，而且比能量、比功率完全够用，使用寿命长。此外，我国锂资源丰富，不存在钴、镍资源受制约的问题。

所以，我国应将磷酸铁锂电池作为发展重点，使之有力地支持增程式电动汽车的市场化，它可以有效免除纯电动汽车的里程、安全、价格、充电、后续电池五大焦虑。

有人认为，增程式还是要烧油，不是发展电动车的最终目标。言下之意，发展增程式电动车意义不大。对此，笔者想着重强调两点：

一是如果我国汽车的油耗能降一半以上，年节油近2亿吨，这有助于环境改善、提高能源安全。

二是纯电动汽车未必是最终目标。我们要以节能减排为标准，考评各条技术路线。未来，增程式电动车的发动机很有可能不烧油而烧醇类，类似现在巴西的汽车烧乙醇。醇类由太阳能生物质转换而来，不增加CO_2排放，如果再加上发展热效率很高的发动机，我国汽车的节能减排将取得很大突破。

所以，笔者认为，增程式电动车并不是“向纯电动汽车的过渡”，而是未来车辆的主力。尤其是增程式电动车和磷酸铁锂电池配对，更是如虎添翼。

提高安全性　发展电动汽车*

一、电动汽车频发燃烧的根源分析

1. 使用三元锂离子电池是频发烧车的技术原因

特斯拉用三元锂离子电池，去年以前烧车十几辆，堪称“烧车冠军”！今年5月特斯拉又烧了4辆，其中两辆Model S，造成3死1伤：美国佛罗里达州的一起车祸，前排两人遇难，后排一人被甩出车外受伤；瑞士南部高速公路上的一辆特斯拉撞上中央隔离带，车辆翻转、起火，一名德国驾驶人被困在车内烧死。

由表1可见，国外2018年1—6月新能源汽车自燃起火6起，用的三元锂离子电池均出自“名门”，制作工艺应该不是主要问题。事故起因主要是严重碰撞后起火和无故自燃，这就不得不从三元锂离子电池内在的不安全性上找原因。

表1　国外2018年1—6月新能源汽车自燃起火情况（引自欧阳明高院士）

时间	地点	厂家	车　　型	电 池 类 型	事 故 起 因
3.16	泰国曼谷	Porsche	Panamera（PHEV，纯电里程32/50 km）	Sanyo/Panasonic，32 km版本的为104节串联的24.5 A·h电池，共9.4 kW·h；新款为14.1 kW·h	细节尚未披露，充电时起火
3.19	西班牙	BMW	i3，续航330 km，2017全球销量3.15万辆	三星SDI，94 A·h，电芯比能量约为175 W·h/kg，8个模组组成，每个模组为12节电芯串联	无故自燃
3.23	美国加州	Tesla	Model X，续航381 km，2017全球销量为4.65万辆	松下18650NCA电池，电芯为3.1 A·h，74并96串，比能量为252 W·h/kg	严重碰撞后起火
5.08	美国佛罗里达州	Tesla	Model S，续航约400 km，2017全球销量为5.47万辆	松下18650NCA电池，电芯为3.1 A·h，74并96串，比能量为252 W·h/kg	严重碰撞后起火，并再次复燃

* 本文是2018年10月19日在海口“海南新能源汽车发展峰会(2018)”上的演讲。

续表

时间	地点	厂家	车　　型	电池类型	事故起因
5.15	瑞士	Tesla		松下 18650NCA 电池，电芯为 3.1 A · h，74 并 96 串，比能量为 252 W · h/kg	严重碰撞后起火
6.16	美国洛杉矶	Tesla	Model S，2017 全球销量为 5.47 万辆	松下 18650NCA 电池，电芯为 3.1 A · h，74 并 96 串，比能量为 252 W · h/kg	无故自燃

目前我国的高镍三元锂离子电池针刺试验过不了关，竟然允许在乘用车上敞开使用，甚至可在商用车上有条件使用，实在是大胆妄为。表 2 是不完全统计的我国 1—9 月电动汽车的频发烧车事件，严重程度令人震惊。

表 2　国内 2018 年 1—9 月新能源汽车自燃起火情况(引自欧阳明高院士文章)

序号	时间	地点	类型	动力类型	电池种类	事故起因
1	2018.1	重庆	乘用车	纯电动	三元 18650	自燃
2	2018.3	合肥	乘用车	纯电动		自燃
3	2018.5	安徽	乘用车	纯电动		充电自燃
4	2018.5		乘用车	纯电动	三元 18650	充电自燃
5	2018.5.16	义乌	乘用车	纯电动	三元软包(144 W · h/kg)	充电自燃
6	2018.5.20	襄阳	乘用车	纯电动	三元 18650(98 W · h/kg)	行驶中自燃
7	2018.5.18	深圳	乘用车	纯电动		充电自燃
8	2018.6.1	厦门	乘用车	纯电动	三元(125 W · h/kg)	起火
9	2018.6.4	山东	乘用车	纯电动		行驶中自燃
10	2018.6.5	北京	乘用车	纯电动	三元(135 W · h/kg)	飞线充电起火
11	2018.6.12	北京	乘用车	纯电动	LFP	自燃
12	2018.7.11	深圳	物流车	纯电动		
13	2018.7.26	天津	乘用车	纯电动	LFP	涉水后起火
14	2018.8.6	厦门	乘用车	纯电动	三元(125 W · h/kg)	自燃
15	2018.8.21	江苏	乘用车	纯电动		自燃
16	2018.8.25	成都	乘用车	纯电动	三元 18650	试验车违规通电自燃
17	2018.8.26	铜陵	公交车	纯电动	圆柱形	行驶中自燃
18	2018.8.28	合肥	物流车	纯电动	三元	充电自燃
19	2018.8.31	广州	乘用车	纯电动	三元 18650	泡水后自燃
20	2018.8.31	长春	乘用车	纯电动	三元 18650	自燃
21	2018.9.5	珠海	乘用车	纯电动	三元 18650	自燃

电池组像汽油箱那样，是一种含高能物质的部件；是电动汽车安全性问题的物质基础。锂离子电池中的电解液是用易燃的溶剂配制而成的；正极氧化剂和负极还原剂只隔一层微米级厚的隔膜，内短路则生热；现在为追求高比能量，隔膜更薄，越易内短路！充放电时，电池内阻生热；高倍率时生热更多；在达到一定温度时，正极上的氧化剂易与电解液发生化学反应，尤其是三元材料还会分解放出[O]，一种比氧气活泼得多的状态，极易与还原性物质起化学反应。大量的化学反应热造成热失控，产生大量气体，气压升高：电池破裂，燃烧、爆炸。

美国桑迪亚国家实验室的图（图1）说明，正极活性材料（氧化剂）不同，电池发生热失控的温度不同。以高镍三元（镍钴铝中镍占80%）为正极材料的电池热失控温度最低，电池的安全性最差。镍钴锰各占1/3的次之，锰酸锂正极电池安全性更好些，而磷酸铁锂电池的安全性最好。

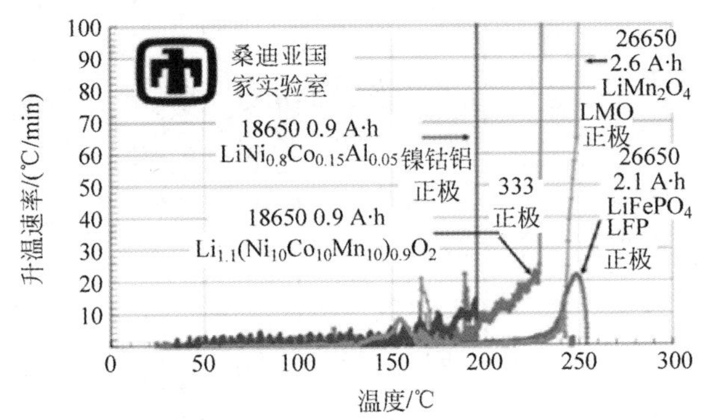

图1　不同正极锂离子电池的热失控温度

由于三元锂离子电池内部具备"燃烧三要素"，在隔绝空气条件下的电池内也能维持持续的燃烧直至爆裂；高热量再引燃周围的电池，形成"连锁反应"。所以，三元锂离子电池一旦起燃，火势很难扑灭，而且蔓延太猛，来不及逃生、救援！

2. 重点发展纯电动车是频发烧车的发展路线原因

国家科技部主导的电动汽车"三纵"发展路线变了又变：

纯电动汽车—混合动力汽车—燃料电池电动汽车；

纯电动汽车—插电式电动车—燃料电池电动汽车；

纯电动汽车—增程式电动车—燃料电池电动汽车。

其中，始终不变的是纯电动汽车和燃料电池电动汽车，而混合动力约经2年改为插电式，维持了约5年，2018年又改为增程式。说得不好听是对主要矛盾心中无数，路线摇摆。燃料电池电动汽车要解决许多难题，继续依赖高额补贴，离市场化还很远。凭传统观念＋主观臆断，将纯电动车作为发展重点。

但是，高补贴下发展的长里程纯电动车要解除五大焦虑：

（1）里程焦虑：多带电池，仍怕断电；车重，不节电；夏热、冬冷空调的用电严重缩短里程。

（2）安全焦虑：电池多，而且比能量又要高，危险性大，燃烧爆炸事故多。

（3）充电焦虑：充电桩要密，费钱，费地，仍难满足要求。

（4）价格焦虑：电池用量大，价格高，竞争力低。

（5）电池焦虑：电池寿命短于整车，第二套、第三套电池要用户另出钱。

补贴停止后，里程越长、原补贴越高的车就越难卖出去。目前只宜做耗电少、安全与里程矛盾小的微小型电动车！

纯电动车追求长里程，导致三元锂离子电池的镍含量一再提高，又过度多装电池，安全性下降。所以，发展路线成为烧车频发的原因！

3. 重金补贴长里程纯电动车是频发烧车的政策原因

电动汽车里程指标以及补贴与纯电动里程挂钩，逼出全国性的“人造三元风”；补贴与电池比能量挂钩，诱出三元电池中镍的用量不断增多，镍钴锰三者的比例从333、523逐步走向622、811；而电压越高危险性越大！

所以，补贴政策是频发烧车的原因！

4. 里程作为矛盾的主要方面是频发烧车的思想方法原因

电动汽车的主要矛盾是安全与里程的对立。里程被认作矛盾的主要方面，安全性被认作矛盾的次要方面，“安全服从里程”，是思想方法的错误，是造成发展路线、政策、技术发生问题的根源。

小结：发展路线和政策，误导大用、急用三元锂离子电池，激化了安全与里程矛盾。其后果是电动汽车烧车事件频发。而且，车重，耗电多，实际排放重，背离了电动车节能减排的宗旨。

二、用增程技术解决安全与里程矛盾

近十年来我的主张归结为两句话。原则：用好安全成熟的电池，发展节能减排的电动汽车。技术路线：以微小型纯电动车为突破口；大中型车发展纯电驱动的增程式。

微小型纯电动车可用铅酸电池做低速车，也可用锂离子电池做高速车，由市场决定。增程式电动车能解决纯电动车五大焦虑，市场化最可行。

我的主张渐被接受！增程式，科技部一月列入了“新三纵”；国家发改委七月《汽车产业投资管理规定（征求意见稿）》列入纯电动汽车类。可以预期，补贴停止进入市场化阶段后，微小型纯电动车和增程式电动汽车将有快速的发展。

我将增程式电动汽车技术的发展划分为三代。

(1) 第一代增程式电动汽车是纯电动车上加装增程器,单纯为了增加行驶里程,电用完了增程器发电。如德国宝马 i3,如加 0.7 L 排量发动机发电的增程器,则加价 15%;增程模式的百公里油耗为 5.35 L。该小型车的电池重,加装增程器后重量更高,增程器发电与电池简单串联,所以油耗较高!

(2) 第二代增程式电动汽车技术的电力系统优化:①发动机减小;②发动机能效优化;③电池少,降成本;④车减轻,更节能。第二代增程式电动汽车的优点:电池组不会过充和过放,寿命延长,安全性高;磷酸铁锂电池比能量合用,安全性进一步提高;电池少,补贴退坡-取消的影响小,易推销;增程行驶时比燃油车节油 50%以上,大为省钱;可以不外充电,免建充电桩,且能远距离行驶;如有充电条件城市百公里内节油率 80%以上;燃油车的生产及加油设施全继承,便于发展;无里程、安全、充电、价格、电池五大焦虑。

第二代增程式是燃油车与电动车的融合,改变第一代单纯延长续驶里程的局限性,节能减排。此技术已用于多种车辆,效果都很好,例如:华龙新能源汽车有限公司的 12 米增程式客车,磷酸铁锂电池,市区公交模式百公里油耗 12 L,公路模式百公里油耗 16.3 L。加拿大 PlanB 公司的增程式卡车降低 70%污染物排放,百公里油耗 17 L。日产汽车 NOTE,"e-POWER 动力系统属于串联式混合动力",三缸 1.3 L 排量发动机。电池 1.5 kW · h;百公里油耗仅 2.9 L。山东德州富路集团的增程式低速车,用铅酸电池,单缸 0.2 L 发动机,油电效率 299 g/(kW · h),百公里油耗仅 1.8 L。2017 年已销售 1 万多台。

(3) 第二代增程式电动车的美中不足:增程器发电充给电池,电池给电动机供电,电流全部流过电池组——不足之处有:①电池充电-放电过程中能量至少有 10%损耗;②电池用量虽比纯电动车少,但因功率要满足最高车速要求,电池的用量仍有纯电动车的约 40%,致使车价仍明显高于燃油车;③电池较多,重量较大,有减重节能潜力;④电池始终高负荷工作,寿命受影响。

(4) 创新的第三代增程式电动汽车技术是我们江苏公爵新能源汽车公司提出"发动机发电直接驱动电动车",简称"发电直驱电动车",车上发电机发的电不必经过电池而直接驱动电动机,克服了第二代增程式缺点,具有第二代的所有优点,并可减免电池充电-放电 10%能量损耗。其特点是:电池进一步减少,车减轻,再降电耗;电池的大电流工作机会少,寿命延长;电池用量少,成本进一步降低;再算上高节油率,车辆全寿期总费用可远低于同级别燃油车的水平。

该技术适用于各种车辆,均可大为节能减排。

(5) 有人会说:增程式还是要烧油,不是最终目标

要提请注意:①如果我国汽车的油耗降到一半以下,年节原油 2 亿吨!环境

改善，能源安全提高，我国由汽车大国向汽车强国迈进一大步，全国人民都会高兴！②纯电动车未必是最终目标！装电池多，重，耗电多。特斯拉在新加坡受罚！应考核全过程的节能减排。

未来的增程式电动车可不烧油，而烧乙醇，节能又不增加 CO_2 排放。

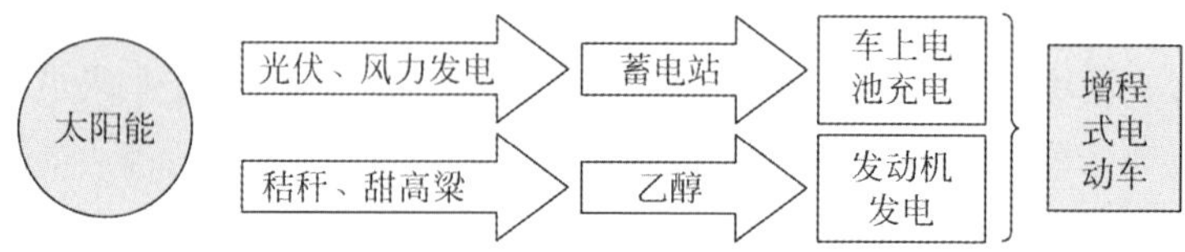

图 2　转化太阳能为增程式电动车供电

增程式不是“向纯电动汽车的过渡”，而是未来的主力。

结束语

(1) 电动汽车发展的主要矛盾是安全与纯电动里程间的矛盾。

(2) 电动汽车要卖得出去，不论高速或低速，必须减少电池用量，提高安全性，降低车价。而不是片面追求长里程、多装电池，或拼命提高比能量、增加危险性。

(3) 办法：一是微小型化，二是发展增程式电动车(或：微小型化＋增程式)；这是应对补贴退坡、走向市场化的最佳技术路线！

(4) 增程式电动车与磷酸铁锂电池是绝佳配对——解决了安全与里程的主要矛盾，最能推进市场化。

谢谢！

力神公司电话采访杨裕生院士的谈话记录*

杨裕生，中国工程院院士，核试验技术、分析化学专家，创建了我国核试验烟云取样和核武器威力与性能的放化分析诊断技术。主持完成20多次核试验的取样分析任务，提供大量测试结果成为验证和改进这些武器设计的直接依据。获多项国家级奖励。1996年发起“中国士兵系统”及其电源的研究，创建了“军用化学电源研究与发展中心”，研究锂-硫电池、超级电容器、液流电池、铅炭电池等新型电源，参与推动我国的氢能与燃料电池、电动汽车增程技术的发展。

一、锂电技术发展前景

不能一味追求比能量而忽视安全性问题。

电动汽车与电池关系密切，力神在做动力电池方面是很有成绩的。现在的电动汽车补贴与里程挂钩，强推电池比能量的提高。虽然提高比能量是电池永恒的主题，但是很多车厂为了追求高补贴，而不顾安全性要求锂电厂家快速提高比能量，锂电厂家不得不采取改变电池正极材料的办法，三元材料中镍钴锰的比例由333、523，改成622，现在又要到811，比能量提高了，但安全性也随之发生问题，今年全国已发生几十例的烧车事件。据深圳的媒体报道，一月到八月底有时间又有地点的烧车事件发生38起，有时间没有地点或有地点没有时间的烧车记录还有十几起。宁德时代的电池是做得比较好的，但是也烧了10辆车，惊动了政府部门前去调查。总之，不能诱导电池企业去一味地追求高比能量，还是要把安全性高的磷酸铁锂电池做好。增程式车是发展方向，磷酸铁锂电池比能量已够用。

所有的电动汽车和电池企业都要考虑，在补贴退坡之后怎么发展？继续追求长里程的纯电动车是不是还会有好的市场？

我以为，纯电动车要以微小型为突破口，大中型车要做增程式。

增程式车有很好的节能减排效果，磷酸铁锂电池的本质安全性好，两者可以很好地配对。磷酸铁锂电池也可以提高比能量，比如南昌恒动公司的磷酸铁锂电池已经做到180 W·h/kg，成组可以做到151 W·h/kg，这和三元电池成组的160 W·h/kg已很接近。提高磷酸铁锂电池的比能量是有可为的，它的成本也在降低。

---

* 本文是2018年11月力神公司对杨裕生院士的电话采访。由力神公司整理、提供。

总之，安全性要放在第一位。

二、锂电应用市场预测

继续做好手机电池，很赞赏力神在这方面工作，这是一个很好的经营范围，把这个技术做好是有很稳定的和有前景的市场。

用锂离子电池储能可以做，但一定要在安全上下功夫；不必要追求储能的大规模，要从小型的储能做起，因为锂离子电池里用的是易燃的有机电解液。储能也是要用磷酸铁锂电池，不宜用三元电池，要在生产工艺和产品本身的安全性方面下功夫。

力神是国有企业里做电池的老大。在国有企业要树立榜样，拿出国企特色，做出自己的特点，没必要执意追求产量第一。质量、品牌、利润率和安全性能要做到最前面。

力神也在向国外销售电池，电池出口是很好的市场方向。国内电池销售回款不好，而出口的回款率高，还可以退税，可大大提高企业利润率。

三、对力神的建议

力神在人才培养上为国家做了许多贡献，好多人从力神走向全国。反过来讲，这对力神的技术积累也有了负面影响。国企人才流失是个严重问题，上级公司需要在人才待遇方面给予力神一定的自主权，因为与民营企业相比，力神在人才待遇方面竞争力较弱，灵活性较差，生产和研发人员(尤其是关键人员)的待遇不够高。同时，也要加强政治思想工作，要从多方面考虑如何稳定人才。

专访杨裕生院士：
详解三元电池安全问题和下一代动力电池*

过去两年来，三元动力电池因其高能量密度、行驶里程远等特性，在动力电池江湖中傲视群雄，市场份额节节攀升。今年前9个月，我国三元锂电池累计实现装机16.9 GW·h，在累计总装机量中的比重已经过半，提升到了58.54%。

但是两个月前，中国工程院院士杨裕生发表了一篇署名文章，旗帜鲜明地反对大力发展高镍三元动力电池，应重视磷酸铁锂电池发展。此文一出，引发了三元动力电池相关厂商的猛烈回击。对于这些回击，杨裕生表示，欢迎业内进行广泛讨论。

因在我国核相关方面的突出成就，1995年5月，杨裕生当选为中国工程院院士。1998年，他开始研究电池，从1998年至今一直从事高能密度二次电池、超级电容器等研究开发，是中国高能二次电池-锂硫电池的开拓者。

11月8日，作为电池领域的权威专家，杨裕生院士接受了能见的专访(图1)，就三元电池安全问题，以及电动汽车发展路线与下一代动力电池进行了详细解答。

图1　杨裕生院士

三元动力电池安全问题暂时无法解决

能见：杨院士，您上次撰写的文章影响非常大，当然有些三元电池相关厂商也进行了回应，他们中一部分人可能认为您的观点并不科学，您如何看待他们的回应？

杨裕生：首先来看一个现象，特斯拉采用的是高镍三元电池，去年年底以前已经烧了十几辆车，它可以叫“烧车的冠军”。今年特斯拉又烧了4辆车，就在5月份烧了2辆车，烧死了3个人、烧伤了1个人。今年，我们国家已经烧了38辆车，90%以上是乘用车，主要采用的是三元电池。当然这个统计数据并不太完整准确，

---

* 本文由“能见”采访杨裕生院士并于2018年11月8日发表在“新材料在线”(www.xincailiao.com)。

但是总体可以反映一个情况。

三元锂离子电池一旦着火，火势蔓延太猛，来不及逃生。实际上，三元锂离子电池针刺实验过不了关，以前国家标准里面是要求必须进行针刺实验检测的，但是现在已经把这个实验检测放在一边了，而且允许乘用车上敞开使用。

现在已经形成了以提高比能量为首要指标的“惯性思维”。所以，镍钴锰比例从 333、523、622 到 811，危险性依次不断地在增加，其中最危险的当然是镍含量最高的“811”。三元电池现在要采取许多附加措施来提高安全性，成组之后的比能量并不是很高，比如三元电池现在成组能够到 160 W·h/kg 多一点，而磷酸铁锂电池现在有的公司也已经做到 150 W·h/kg，单体做到 180 W·h/kg。

能见：质疑您的观点中，有这样一种声音，您说三元电池有危险性，出现车辆自燃现象，但是也有磷酸铁锂电池也发生过燃烧，您如何看待这个观点？

杨裕生：这是本末倒置。磷酸铁锂电池比三元电池安全，是从技术层面来看是这样，但是并不代表磷酸铁锂绝对的安全，也不代表所有的厂家生产出来的质量都非常好。从工艺层面上看，有的磷酸铁锂动力电池制造企业可能不过关，这可能也会导致安全问题。

安全性高低，应该用事故概率来表达。从过去发生燃烧的电动汽车案例来看，三元电池的占比最大。在同样的条件下，三元电池要比磷酸铁锂电池危险得多。

能见：三元电池安全性差的技术原理是什么？

杨裕生：电池组像汽油箱那样，是一种含高能物质的部件。锂离子电池中的电解液是用有机溶剂配制而成的，其易燃的程度不亚于汽油。正极的氧化剂和负极的还原剂只隔一层微米级厚的隔膜，内短路则生热；充放电时，电池内阻也生热。在达到一定温度时，正极上的氧化剂可与电解液发生化学反应。大量的化学反应热会造成热失控，产生大量气体，导致气压升高、电池破裂，继而出现车辆燃烧、爆炸情况。

正极的氧化剂不同，电池发生热失控的温度也不同。使用热失控温度越低的正极材料，电池的安全性越差。特斯拉用的三元锂离子电池，热失控温度不足 200℃，尤其是三元材料在达到一定温度时还会分解释放出极活泼的初生态氧，即使在没有外界氧气供应的情况下，这种电池内部就“完整地具备燃烧三要素”。试想，其安全性能高吗？这也是三元锂离子电池起火后，火势蔓延迅速且难以扑灭的原因。

相比之下，磷酸铁锂分子里的氧被牢固地束缚在磷酸根中，很难成为助燃剂，磷酸铁锂电池的热失控温度要高得很多，其安全性就高得多。

能见：您觉得三元电池安全性差，是从理论上来说根本就无法解决，还是因为目前工艺问题无法解决？

杨裕生：从理论上来说，高镍三元锂离子电池的安全性问题是非常难以解决的，起码目前业内水平是无法达到，想解决高镍三元电池的安全问题，难度非常大。

补贴一旦取消，三元电池将受到巨大冲击

能见：既然明知安全问题无法解决，为什么还要大力发展高镍三元电池，而且近两年三元电池市场份额提升得非常快？

杨裕生：主要是利益机制。国家的补贴机制鼓励超高能量密度的电池，电池厂商为了追逐利益在缺乏科学性的情况下，大力发展高镍三元电池。

能见：他们不担心吗？

杨裕生：我国是没有汽车召回制度的，即便该批次汽车出现问题，比如动力电池安全性问题，目前也没有召回制度，缺乏对厂商的制约和监管。

能见：最近有些媒体报道，明年新能源汽车补贴整体退坡 40%，2020 年再退坡 40%，直至全部退出。这对动力电池格局会有什么样的影响？

杨裕生：补贴一旦取消，对于高镍三元电池的影响将非常大。既然没有补贴，汽车厂商肯定愿意采用更为安全的磷酸铁锂电池，而不会去采用风险特别大的高镍三元电池。

电容型锂离子电池才是下一代动力电池

能见：有人说固态电池、铝空气电池等是未来的主流，您如何看？

杨裕生：目前业内开始研发全固态锂离子电池。这是针对锂离子电池液态电解质易燃烧、爆炸而产生的下一代电池。固态电解质除了自身的电导率问题之外，最要害的是其与活性物质之间的界面电阻随充放电而增加，这是由于活性物质在充放电时必然的体积胀缩而与电解质脱离接触，内阻陡然上升。不仅正极材料体积胀缩不可避免，负极材料也有这个问题。界面的稳定性是全固态电池的一个最根本的问题，除非将来能够做到像橡皮那样的全固态电解质，它要有很大的弹性，能随着活性物质体积的变化而变化，保持两者界面的稳定。

现在研究者降低了调门，不叫全固态了，改成含糊其辞的“固态电池”，实际上是半固态或准固态，还是要加点液体。包括功率、寿命、成本等都还有许多问题没有完全解决，效果如何，拭目以待。

“后锂离子电池”，这是日本人提出来的名称，又称下一代动力电池，是锂硫电池。它的理论比能量高，但是单从比能量看问题是有片面性的，它安全性低，容易产生锂枝晶；体积比能量低；放电倍率低；能量转换率低；循环次数低。这“五低”

问题真正解决之后才能用到车上，还要做很大努力。

下下一代是锂空气电池，比能量达到 700 W·h/kg，行驶里程都可以赶上燃油车了。但是这个电池问题更多，很可能是“远水解不了远渴”。也有五个问题，而且问题比锂硫问题更大，要成为动力电池更加渺茫。

能见：您觉得未来哪种技术路线可以胜出？

杨裕生：我提出发展电容型锂离子电池，我认为这将是下一代动力电池。

电容型锂离子电池是在正极材料里加活性炭。这样，电池倍率性能提高，电池寿命延长，低温性能改善，充放电的电压差减小 100 多毫伏，即没有加炭的充放电的两根线的距离比较大，加了炭之后充放电的两根线的距离就大大缩小，说明了能量转换效率提高。充放电时，活性炭承担了大部分大电流，其电容在电池里面起了好作用。使得车辆启动和刹车时候免于大电流对磷酸铁锂材料的冲击。

能见：电容型锂离子电池现在发展的情况怎样？

杨裕生：电容型锂离子电池已有多人研究。我们不同的是提出高倍率充电电容型锂离子电池，其关键在新材料。负极主要要求是不长枝晶，高比容量，长寿命；方向是硬炭或硬炭＋纳米硅。正极加的多孔炭主要要求是电导率高，中孔率高，密度高，纯度高，比表面高，性价比高；这些指标相互制约，要寻求最佳配合，特别是孔径要适用于不同直径阴离子的扩散和建立双电层电容。目前公司已经研制成功最可几孔径 5～100 nm 任意可控的碳气凝胶，可满足寻求最佳孔径的标准。

增程式电动车已得到国家认可

能见：您如何看待动力电池与电动汽车之间的关系？

杨裕生：只有电池真正的进步，才能推动电动汽车水平的提高，冒进就要吃苦。就是说，电池如果不成熟，实际上是处于一种不稳定状态的电池，如果把它大量地用在汽车上，就要出问题。

发展电动汽车的主要矛盾是安全和里程的对立。安全性是矛盾的主要方面，里程是次要方面，不可颠倒。任何事物都要分析它的主要矛盾，矛盾当中主要方面跟次要方面也要分清楚，如果不分清楚，把主要矛盾、主要矛盾方面搞错了，最后我们就要走弯路。

主要矛盾反映在电池上，是危险性与比能量的矛盾，电池的危险性制约“电动汽车里程随心所欲提高”，我这里讲的随心所欲提高，是我们现在每年都在提高要求：瞄准了 250 公里、300 公里、400 公里，现在还想冲击 500 公里，这就是随心所欲。

能见：您之前一直呼吁的增程式可以解决目前行业问题吗？

杨裕生：国家科技部的"三纵"新能源汽车路线最初提出是"纯电动汽车、混合动力汽车、燃料电池汽车"，后来混合动力汽车就改成了插电式电动汽车，再后来插电式电动汽车又改成增程式电动汽车，这个变化前后大概10年的时间。今年1月，科技部长在百人会上新讲的"三纵"中，增程式代替了"插电式"。

10年来我的主张是，要用安全成熟的电池发展节能减排的电动汽车，技术路线是，微小型纯电动车作为突破口，大中型车发展纯电驱动的增程式。微小型电动车可以用铅酸电池做低速车，也可以用锂离子电池做高速车，这个由市场决定。增程式电动车解决了纯电动车的五大焦虑。它是市场化最为可行的一个车种。

现在我的主张逐渐被接受了，很不容易，十年了。今年7月，国家发改委在《汽车产业投资管理规定(征求意见稿)》当中，把增程式列入到纯电动汽车内。现在企业也在纷纷做小型车或者发展增程式电动车、增程器。

能见：增程式技术路线对于动力电池有什么要求？

杨裕生：第一代增程式是纯电动汽车上面装了一个增程器，就是车上发电再给电池充电。第二代是把电力系统和电池进行了优化，所以电动机的功率和电池都减半了，车子减轻了。它的优点很突出，电池组不会过充和过放，寿命延长、安全性高，电池少，补贴退坡取消的影响小，易市场化。城市工况下比燃油车节油50%以上，用户可以省钱。它可以不充电，免建充电桩，如果有充电条件，节油率可以在80%以上。燃油车的生产设施、加油设施全部可以继承，便于发展。现在我们提出第三代增程式，叫发电直驱增程式，就是发电机发的电不经过电池组，直接给电动机，这样更加节能，电池更少，电池寿命更长。

磷酸铁锂电池比能量已经够用，可以高倍率放电，寿命可以达到万次，价格在下降，满足了第二代增程式的要求。第三代增程式的电池用量少，为了能够吸纳刹车初始几秒的回馈电能，要求下一代电池应该具有高倍率的充电能力。而我主张的快充电容型锂离子电池就可以解决这个问题。

能见：有人说增程式车还是要烧油，不是最终目标，您如何看待这个质疑？

杨裕生：如果我们的汽车油耗降到一半以下，年节油2亿吨，环境改善了，能源安全提高，我国由汽车大国向汽车强国迈进一大步，全国人民都会高兴。纯电动车未必是最终目标，装电池多、重，车子重、耗电多，而现在发电主要靠烧煤。所以，应该考虑全过程的节能减排，不是只考虑在电动汽车行驶过程这么一段的节能减排问题。

未来的增程式电动车可以不烧油而烧生物乙醇，不增加二氧化碳排放；同时可以从太阳能、风能来的电给电动汽车提供能量。可从秸秆、甜高粱等这一类有机物产生乙醇，给发动机发电提供能量，这样增程式就全部靠太阳能来发动。

关于坚持要讲三元材料安全性问题的回信[*]

田月同志：

开会、发言，要讲真话、实话，而不讲假话、虚话。

做人、做事，要从国家大局、人民长久利益出发，而不能只顾局部利益、眼前利益。

这次你们主办会议的主题是“突破 · 变革 电动汽车发展安全之道”，要“做电动汽车安全技术创新方面的分享，共同探讨电动汽车发展的安全之道”。欲达此目的，必须讲三元锂离子电池，否则，是不可能找到真正的安全之道的。

韩国的三元锂离子电池产业很兴旺，技术上也有些独到之处。但是韩国的储能电站烧了20多座，我国太原烧的两座储能电站用的也是三星的三元锂离子电池；而且，这些电站烧起来很猛烈，不但灭不了火，而且有的还发生爆炸。三元锂离子电池的安全问题难道还不该引起大家的充分重视吗？

我的发言希望能对电动汽车行业有所帮助，而不要产生误导，尤其在“双挂钩”补贴政策影响下，发生如此严重的烧车现象，不做全面的分析，就不能认清事物的本来面目，也无助于探讨电动汽车发展的安全之道。

当然，我的发言只是一家之言，对大家也只是一种建议，采纳与否，各随尊便；就像你的建议一样，我采纳多少，我要心中有数。

我欢迎有人在会上提出不同意见，真理总是越辩越明的。

贵公司对我国汽车的发展，做出了很大贡献，令人钦佩。同时，也有些经验教训值得认真总结，以便更好前进。

杨裕生

2019年6月15日

---

* 本文是杨裕生院士给某汽车公司会议联系人的回信。

杨裕生院士：很多电动汽车并不能实现节能减排*

内容摘要：6 月 21 日，由中国电力企业联合会(下称“中电联”)、中国氢能源及燃料电池产业创新战略联盟(下称“中国氢能联盟”)、中国能源报联合主办的“2019 全球新能源汽车领袖峰会——新能源汽车动力变革论坛”在广州举办。中国工程院院士杨裕生在“2019 全球新能源汽车领袖峰会——新能源汽车动力变革论坛”上做了精彩发言。

动力电池既引领电动汽车，又跟随电动汽车的发展。未来电动汽车使用需保障安全，并真正实现节能减排，也与未来动力电池的发展相关联。

很多电动汽车并不能实现节能减排

发展电动汽车的目的是实现节能减排，但事实上，长里程纯电动汽车并不节能减排，插电式混合动力车也是假节能减排，而燃料电池电动车难实现节能减排。

在电力主要来自燃煤的情况下，节油而耗电高的长里程纯电动车并不能减少排放。以特斯拉纯电动汽车为例，它在新加坡受罚，就是因为追求长里程而多装电池，车重、耗电多，而且发电环节不环保。即使未来电力主要来自太阳能等清洁能源，由于多装电池燃爆危险大、电池生产和废电池处置耗电多、多装电池浪费能源、价格高降低竞争力、电池寿命短于整车等原因，长里程纯电动车也未必可取。

插电式混合动力车，车重且耗能高。50 公里内用电需充电，远距离用内燃机，仍是大马拉小车，并不能节能减排。这类车标榜油耗很低，实际油耗计算方法常常有造假现象；不少用户仍当燃油车用，油耗高、排放有增无减。

燃料电池汽车，也难以实现节能减排。燃料电池用氢做能源，但氢能研发投资大，电池价格高、制作过程耗能高，还有膜、纸、泵、罐等材料或设备的国产化还有待推进，此外，因为铂资源稀少，还需解决无铂催化剂难题……

针对这些问题，有关部门需反思，基础材料研发 20 年，但生产仍未过关的原因到底是什么？进口电池和部件装车，对我国技术发展又有哪些好处？如何走向市场化？

---

* 本文原载于 2019 年 6 月 21 日《中国能源报》，由记者武晓娟整理成文。

微小型、增程式电动车是节能减排主力

我认为，安全、节能减排是我国电动汽车发展的原则。纯电动车应以微、小型为突破口，大、中型汽车应主要发展增程式。微小型电动车的电能全部来自电网，电池少、安全性高，适应城市、乡镇交通普遍需求，价格便宜，容易推广。以 220 W、5 A 车型为例，充电 8 小时行驶约 100 公里，相当于 3 L 油耗。如果发展 1 亿辆这样的小型纯电动车，夜间充电相当于 100 座百万千瓦的抽水储能电站，可省 1.5 万亿元建站费用。

增程式车电动汽车发展经历了三代：第一代是纯电动车加装增程器，单纯为增加行驶里程，电用完后增程器发电，但电池重，增程器又加重量，油耗高。第二代是燃油车与电动车的融合，突破第一代单纯延长续驶里程的限制，对电力系统进行了优化，同时，电池寿命延长，安全性高，增程行驶比燃油车节油 50%以上。在有充电条件的城市，百公里内的节油率大于 80%。第三代车的发动机发电不必经过电池而直接驱动电动机，免除充放电过程中的能量损耗，电池组用量可再减少，预计节油率可大于 60%。

尽管增程式电动汽车还需燃油，但如果我国汽车油耗降到一半以下，每年可节省原油 2 亿吨。未来增程式发动机也可以不烧油而烧生物乙醇，不增加二氧化碳排放。增程式并不是“向纯电动汽车的过渡”，而是未来的主力。

必须保证安全第一

长里程纯电动车及其电池安全性差，事故频发，电动汽车发展需用新型电池。

目前来看，高镍三元等高能电池不应是发展重点，全固态电池能否成功，有不确定性。我认为磷酸铁锂电池是主力，但要不断提高性价比。磷酸铁锂电池安全性高，寿命长，既不用镍也不用钴等金属，而且掌握了微纳结构—碳包覆技术，弥补电导率不高。

传统的燃油车改轻混，回收刹车能量要求电池快充电，第三代增程式电动车的电池用量少，也要求电池能够快充。随着充电桩市场规模逐渐增加，电动车的电池数量相应减少，这样就可以用快充的办法增加里程。目前石墨负极可以快放电但不能快充；钛酸锂电池可以快充也可以快放，但价格很高。因此，新型电池，需发展高安全性、廉价的快充电池。

值得注意的是，电动汽车与动力电池必须强调安全第一。我认为，电动汽车要发展，必须要实现市场化，减少电池用量，降低车价，而非追求长里程纯电动而多装

电池，造成能源浪费、增加排放、加大废电池的处置量，更不该急速提高比能量，增加危险性。

总之，提高安全性的同时，要不忘节能减排初心。一方面积分制应与节能减排挂钩，而不是与纯里程挂钩；另一方面，纯电动乘用车要微小型化，不追求超长里程，同时发展增程式技术，用于各种电动汽车；此外，还要发展新磷酸铁锂电池，提高充电倍率和寿命。（记者 武晓娟）

我国动力电池产业发展趋势分析*

同志们好!

首先讲前言。

不能脱离电动汽车谈论动力电池的发展!

节能减排是发展电动汽车的宗旨。

节能(油)减排要从电动汽车的全寿期衡量,衡量的结果是:

(1) 长里程纯电动车不节能减排。

(2) 插电式混合动力车假节能减排。

(3) 燃料电池电动车难节能减排。

(4) 微小型纯电动车真节能减排。

(5) 增程式电动汽车很节能减排。

个人的观点,赞成者众多,反对者个别,争论是好事,事实胜于雄辩。

一、动力电池在电动汽车中的作用

(1) 动力电池是电动汽车的心脏,是汽车的安全、里程、速度等关键性能的决定性部件。

动力电池服务、促进、制约电动汽车。动力电池服务于电动汽车,须按照后者的要求发展;动力电池性能好,则促进电动汽车更好、更快发展;“有什么动力电池做什么车”,制约电动汽车发展。

反过来,电动汽车利用、带动、引领动力电池。利用电池,要会用,用其所长;不滥用,避其所短。引领作用非常重要:汽车发展路线,引领电池路线!

(2) 动力电池比能量低于汽油,要做小电动车。

铅酸电池比能量在低于 30 W·h/kg 之前,为电瓶车服务了百余年;寿命、比功率、安全性不断提高;现在比能量正迈向 60 W·h/kg。锂离子电池比能量从 90 W·h/kg 提到 250 W·h/kg,但仍远低于汽油;无论用铅酸电池的低速车,还是用锂离子电池的微、小型高速车,车轻耗电少;电池少,安全性高。广大乡镇用户可以用家中电源 220 V、5 A 充电 8 小时,8～9 度电可行驶约 100 公里,真节能减排(相当于不足 3 L 油)。所以说,微小型纯电动车,真节能减排。

---

* 本文是 2019 年 9 月 19 日在南京“中国新能源汽车动力电池产业发展论坛”上的演讲。

(3) 比能量低的电池也可能做出好车。锂离子电池比能量到 200 多 W·h/kg,有人仍嫌它低;有些人说,电池不过关,影响了车的发展。此话太偏颇。

日本丰田公司用镍氢电池,比能量仅约 50 W·h/kg,做混合动力车,其系列产品节油率逐步提高到 50%;2016 年 8 月已销售 1000 多万辆。该车安全性高,没有里程焦虑。电池与燃油动力结合好了,能够做成安全又节能减排的车。我国不承认它是电动车,叫它"节能车"。

丰田会用电池,不嫌镍氢电池比能量低;丰田更会做车,将电池和车巧妙地结合。不像有些人睡不着怪床帮!

好的技术路线配上合适的电池就能出好车!何必苦追超高比能量!

(4) 很节能减排的增程式不需过高比能量的电池。

磷酸铁锂电池适合用于增程式车,安全性高。此种车比燃油车节油 50%以上,而且无里程、安全、充电、价格、电池五焦虑。未来增程式的发动机可不烧油而烧生物乙醇,不增加 CO_2 排放。

增程式不是"向纯电动汽车的过渡",而是未来电动汽车的主力。

(5) 电池比能量的提高不可急速、不必过度。

目前采取补贴与电池比能量挂钩的政策,诱使企业飞速提高电池的比能量。新型电池不经充分考验,就匆忙上车使用。

口号很明确:充电一次行驶 500 公里,赶上燃油车里程!特斯拉纯电动汽车采取多重安防措施,不惜大幅降低电池包比能量,但仍然一碰撞就着火,成了不用雷管的燃烧弹。

电池比能量高意味着电池里的氧化剂量大——电位高、还原剂量大——电位低,分隔它们的是很薄的隔膜,且都与电解液相混。只要温度合适,就会产生大量化学反应热——热失控。

热失控温度越低,电池的安全性越差!三元电池正极的安全性最低。高镍三元电池更危险!电池比能量过度提高,将造成电动汽车安全性隐患增加!

特斯拉纯电动车 2017 年前烧十几辆!2018 年烧 11 辆。2019 年 2 月 26 日佛罗里达车主烧死;3 月 26 日广州、4 月 21 日上海、5 月 12 日中国香港、7 月 30 日德国、8 月 18 日杭州,连续无故自燃。

深圳电动物流车 2018 年烧 5 辆,4 辆是电池自燃!今年 3 月 6 日、12 日、16 日用三元锂离子电池的北汽威旺电动物流车充电时自燃。全市停止这种车充电!

据不完全统计,我国 2017 年烧车 103 辆;2018 年烧 51 辆,90%以上是用三元锂离子电池的纯电动乘用车。今年 4 月 21 日后的一个月内烧车不止 11 辆。

电池的比能量要稳步提高,要经充分的考验、优化才能上车,不可操之过急。要在确保安全的前提下提高比能量,把安全放在第一位,不可本末倒置。

二、安全节能的车需用什么电池

1. 补贴停止后，长里程纯电动车将失去优势

高镍三元锂离子电池前景难以预料，原因有四：

（1）安全性低于磷酸铁锂电池，尤其是高镍三元电池。

（2）单体比能量虽高，采取多重安全措施后只高10%左右。

（3）镍、钴我国短缺，价格受制于人。

（4）全固态高镍三元锂离子电池，"全"字悬，路程远！

圆柱形三元锂电池生产效率高，价格低廉。叠片式正在开发新设备，追赶生产速度。要提高低镍电池安全性，而提高比能量要适可而止。

电动车补贴停止后，国产油电混合动力车配镍氢电池，或可畅销。

2. 增程式电动车将助推磷酸铁锂电池成主力

（1）磷酸铁锂电池在锂离子电池中安全性最高。

（2）它在锂离子电池中寿命最长。

（3）单体比能量已达 180 W·h/kg、成组 151 W·h/kg，满足增程电动车需求。

（4）不需短缺、价贵的原料。

综合利用纳米化、单晶化、掺杂、包覆等技术进一步提高磷酸铁锂密度、功率、寿命。当升公司开发出磷酸锰铁锂正极（LMFP），电压提升至 3.8 V，能量密度提升约 15%。

3. 高倍率充电电池有需求

电动车充分回收刹车能量需用 5 C 快充电池；微混车（48 V 电池）回收刹车能量需要 35 C 快充。现在电池用的石墨负极，可快放而难快充。钛酸锂电池价高，比能量又低，缺乏竞争力。

需要发展高安全性、廉价、可快充的电容型电池。我们提出这种电池的设计，负极用可快充的硬炭，且不易长枝晶；添加纳米硅提高比容量。正极加高导电的多孔炭，利用其双电层电容与电池内并。通过调节正极活性物质磷酸铁锂与上述三材料的比例及电极厚度，可以调控充放电倍率和比能量。此电池的比能量可高于钛酸锂电池一倍，价格仅为其 1/3～1/4。

4. 难成高能动力电池的三个"神器"

（1）全固态电池可能不存在。

正负极活性物质在充放电时体积皆会发生胀缩，其原来与固态电解质紧密接

触的界面因巨大的应力而迅速脱离，电阻剧增，电池很快失效。所以，这个“全”字可能不可用。

加一点液体的准固态电池或半固态电池则可行！但功率和寿命要研究。

(2) 锂硫电池——日本人称“下一代”动力电池、后锂离子电池。

这是单纯从“理论比能量”一项考虑而得的推论，锂硫电池“进门容易”，而“越做越难”，因为存在“五低”：安全性低；体积比能量低；放电倍率低；能量转换率低；循环次数低。

必需基本解决了“五低”问题，才能用作车用动力电池！

(3) “下下一代”动力电池——锂空电池？

“比能量 700 W·h/kg，汽车里程赶上燃油车”，设想很美妙，但难题更多，很可能是“远水解不了远渴”！安全性问题；氧还原-氧生成的“双功能氧正极”问题；能量转换效率过低问题；寿命短问题；比功率低问题，也有五个。

锂空电池的问题比锂硫电池更大，成为动力电池更渺茫。锌空、铝空电池研究几十年了，至今未能充电，而锂空电池的电极过程更为复杂！

少数人可长期坚持研究；企业不必急于介入！

结束语

(1) 政府的政策要稳妥：动力电池必须安全第一；新电池要有充分时间考验，不该要求急速提高比能量、增加危险性。

(2) 市场化下，电动汽车必须(也必然)减少电池用量，提高安全性，节能减排，降低车价。而不是追求长里程纯电动、多装电池、浪费能源、增加排放、加大废电池处置量。

(3) 动力电池产业进入调整期——电动汽车产量增速下滑，增程式车电池用量少，电池新企业还在建，产能过剩一时难免。在此形势下，企业一定要坚持提高品质、降低成本。坚持才能胜利。

谢谢！

发展安全又经济的电池储能*

大家好!

很高兴首次来参加上海的“**东方科技论坛**”,我就“**面向社会需求的能源环境材料**”这个主题,谈谈“**发展安全又经济的电池储能**”问题,讲电池储能的安全问题、电池储能的经济效益、推进铅炭电池的发展和应用、探讨安全又经济的液流电池技术实用化,最后讲结束语。

前言

规模储能的重要性:可再生能源取之不尽,用之不竭,是能源的未来天下。

规模储能可解决可再生能源的不稳定、不连续、不可控等问题。

电化学储能的优势在能量转换效率高,不挑地点;电化学储能要解决的问题是安全性、价格、寿命;解决问题的关键是发展新体系、新材料、

我将规模储能电池要求的十大性能分为三层次:第一位重要的是高安全性,是刚性要求,一票否决;第二位的要求是循环寿命长、能量转换效率高、价格低廉、使用方便——统一在“经济效益”中;第三位的要求是高比能量、高比功率、环境友好、可耐寒热、资源丰富。

不讲究安全者,蛮干的莽夫也。不讲究能量转换效率及经济效益者,败家子也。

一、电池储能的安全问题

1. 电池储能有安全问题

美国夏威夷群岛几个岛上蓄电站曾多次失火。2011 年日本钠硫电池电站烧了两座。至 2019 年 5 月,韩国发生了 23 起储能电站(主要用三元锂电池)起火及爆炸事故,强制暂停了大批电站。我国近 3 年也连续发生了 3 次电池储能电站起火(山西 2 次是三元锂电池,江苏一次是磷酸铁锂电池)。当然,电站的安全问题不完全是来自电池,电气系统也是安全性问题的源头。所以,需要从全系统做好安全

* 本文是 2019 年 9 月 23—24 日在上海“第 334 期东方科技论坛‘面向社会需求的能源环境材料’学术研讨会”上的演讲。

设计、全面采取安全措施。

要建立几个基本观念。首先,电池是主体,其安全问题不容小视。要承认电池组是一种含高能物质的部件。没有绝对安全的电池,特别是锂离子电池,电解液是用易燃的溶剂配制而成的;正、负电极上的氧化剂和还原剂只隔一层约 20 μm 厚的隔膜;在达到一定温度时氧化剂和还原剂均易与电解液发生大量生热的化学反应——热失控。因此,锂离子电池本质上是具有危险性的,且随着电池比能量和比功率的提高,发生事故的危险性将增大。其次,要认识到安全性是一个事故概率问题,既然是概率,它就可以用数值来表示。例如:核电站要求事故概率小于 10^{-5}/(堆·年)。电池储能可用 10^{-10}/(千瓦时·年)等其他表达形式。储能电站事故概率的量化表达和分解,是一难题,应该研究。再次,要将使用电池作为使用易燃、易爆物品和高电压器件一样对待,尤其是含大量有机熔剂的锂离子电池。蓄电站/组是在大电流、高电压下运行,还有直-交流变换。要制定并严格执行安全设计标准和使用规范。把安全放在蓄电站的第一位,极力降低事故概率!

2. 影响电池安全的因素

我归纳出 9 条:①电池的品种。如锂离子电池的热失控,钠硫电池的内部燃烧。②电池的总容量。与事故概率成正比。③电池的比能量。提高正极的电压助推热失控。④电池的设计水平。结构和材料要优选。⑤电池的生产质量。严密的质量管理和控制。⑥充放电次数或使用时间。容量和内阻差别随使用时间而扩大。⑦安全措施的有效性。BMS、防爆安全阀,仍有可能失效。⑧使用的合理性。如避免过充过放,超限的功率。⑨其他因素。严重的撞击,易燃的保温材料等。

3. 电池储能的安全分级(表 1)

"电池储能本体技术"安全分级的依据是正、负极材料和电解液的 3 个方面:①易燃、易爆的程度;②燃烧、爆炸物的量;③燃烧扑灭的难易程度。

表 1 电池储能本体技术安全等级

等级	电池名称	类型
七级	全固态电池	全固态锂离子电池
六级	水系电池	铅炭电池、铬铁液流电池、全钒液流电池、水系钠离子电池等
五级	准固态电池	准固态锂离子电池、聚合物锂离子电池
四级	有机系电池	磷酸铁锂电池、电容型锂离子电池、钛酸锂电池、钠离子电池
三级	易燃物量大的电池	锂浆料电池、钠镍电池
二级	碱金属负极电池	锂电池、钠电池
一级	内部可燃烧电池	钠硫电池、三元锂离子电池

区别对待不同安全级别的电池的发展：

(1) 七级：全固态电池，可能不存在，姑且放着。

(2) 安全级最高的实际上是六级的水系储能电池。应该充分重视其发展。建议政府拨专款，支持其创新，跟踪监督。

(3) 五级：准固态的聚合物锂离子电池已经实用；准固态锂离子电池可以研发、试用。

(4) 四级、三级安全性较差，应控制使用。不要学韩国。

(5) 二级、一级安全性差，不应鼓励使用。尤其是内部可燃烧电池(钠硫电池、高镍三元锂离子电池)最好不用。

在其他场合可用的电池，但在规模储能不一定合用。

二、电池储能的经济效益

这些年抽水蓄能建设成本上升，而电池的采购成本迅速下降、寿命不断延长，可有下式看出电池储能的优势上升。蓄电的直接经济效益以指数 YCC 表示：

$$\mathrm{YCC}=\frac{\mathrm{kW\cdot h}\,电价_{出}-\dfrac{\mathrm{kW\cdot h}\,电价_{进}}{能量转换效率}}{\dfrac{输出\ 1\ \mathrm{kW\cdot h}\ 的初投资}{循环寿命次数\times 充放深度}+输出\ 1\ \mathrm{kW\cdot h}\ 的运营成本}$$

YCC>1，表示储能企业盈利；YCC－1＝储能企业的毛利率。

优化运行参数，以使经济效益最大化，办法是求(循环寿命×充放深度)的极大值。例如：能量转换效率为 90%；电价进、电价出分别为 0.30、1.00 元/(kW·h)；输出 1 kW·h 电能的初投资为 1200 元；输出 1 kW·h 的运营成本为 0.06 元，设充放深度为 60%，储能装置的循环寿命为 5000 次；得 YCC＝1.45，表示储能企业的毛利率为 45%。若充放深度为 40%，储能装置的循环寿命延长为 10 000 次；得 YCC＝1.85，表示储能企业毛利率 85%。

不同电池的经济效益不同。安全第一下追求效益！明摆着安全性不高或不能盈利的技术，不应用于储能！真想发展储能，不可依赖补贴，而要靠创新！

三、推进铅炭电池的发展和应用

一年半内，政府部门四次发文推动铅炭电池！2016 年 4 月 7 日，国家发展改革委国家能源局发布《能源技术革命创新行动计划(2016—2030 年)》。2016 年 6 月 20 日，国家发展改革委、工业和信息化部、国家能源局：《中国制造 2025——能源装备实施方案》。2016 年 8 月 5 日，工信部《轻工业发展规划(2016—2020 年)》。

2017 年 9 月 22 日，国家发改委、财政部、科技部、工信部、国家能源局《关于促进储能技术与产业发展的指导意见》。

“铅炭电池”优势明显：安全性高、寿命长、价格低廉，能量转换效率高，使用方便；可做其他电池难做好的事。

防化研究院与杭州南都电源公司合作研究铅炭电池，使用析气少、电导率高、中孔率高的多孔炭，解决了负极硫酸盐化问题。该公司已在国内建成多座民用削峰填谷储能电站；还替德国建了电网调频储能电站，运行情况良好。上华电源科技(常州)有限公司发明了塑铅复合板栅，1000 A·h 电池的正板栅每片可减少用铅量 300 g。2 V 1000 A·h 铅炭电池可少用铅量 9 kg；100 万 kW·h 电池可节省铅量 4500 吨，价值 7000 万元，同时电池比能量可大幅提高。国内某上市铅酸电池企业，CNSA 认证实验室检测数据，电池比能量高于现市场铅酸电池 32%以上(表 2)。

表 2　CNSA 认证实验室检测数据

电池编号	电池重量/g	2 h			3 h			10 h		
		容量/(A·h)	能量/(W·h)	比能量/(W·h/kg)	容量/(A·h)	能量/(W·h)	比能量/(W·h/kg)	容量/(A·h)	能量/(W·h)	比能量/(W·h/kg)
1#	5524	20.66	251.34	45.48	23.37	286.18	51.78	26.99	332.16	60.10
2#	5701	21.43	259.03	45.44	23.72	288.28	50.57	27.31	333.35	58.48

(1) 建议电网公司响应政府号召，用铅炭电池建调频、调峰、光储、风储等储能电站。提供与锂离子电池公平竞争的条件。

(2) 建议国家能源局、国家电网推动家庭电池储能：夜间蓄电白天用——余电上网——H2G，削峰填谷与抽水蓄能规模互补，选择合适城市试点；组织试制家用蓄电器、直流用电器。

四、探讨安全又经济的液流电池技术实用化

发展蓄电与电化学合成的双功能液流蓄电池。在电化工中，电子是电合成的“干净试剂”，可在温和条件下以简捷步骤合成许多纯度高、附加值高的产品，特别是有机产品。在本体系中，储能充电时，正极生产有机产品，负极的三价钒还原为二价，反应为：

正极：$[OC]_{RE}-e^- \longrightarrow [OC]_{OX}+H^+$　(H^+ 通过膜扩散去负极)

负极：$V^{3+}+e^- \longrightarrow V^{2+}$　(以 H^+ 维持负极溶液的电荷平衡)

式中，$[OC]_{RE}$—可氧化的有机化合物原料；$[OC]_{OX}$—已被氧化的有机产物。

放电时，正极改用空气电极，负极的二价钒氧化三价，发电反应为：

正极：$O_2+4e^-+4H^+ \longrightarrow 2H_2O$　(O_2 还原所需的 H^+ 由负极扩散来)

负极：$V^{2+}-e^{-}\longrightarrow V^{3+}$

储进一份电能，生产、蓄电双重利用，节能可达50%多，增加利益（国家自然科学基金资助）。

(1) 有机物在酸性介质中的电氧化合成（图1）。

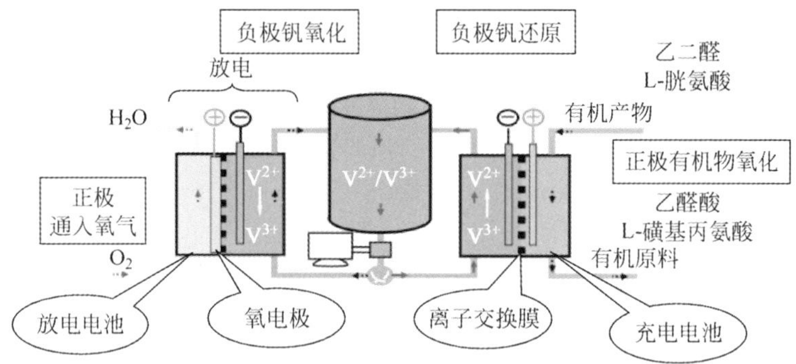

图1 有机物在酸性介质中的电氧化合成

(2) 有机物在碱性介质中的电氧化合成——负极沉积锌（图2）。

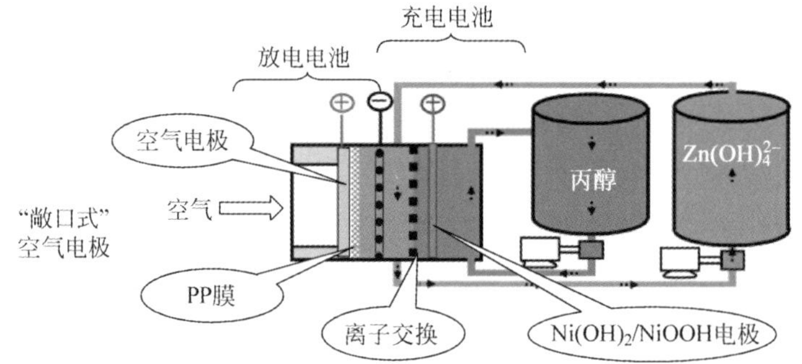

图2 有机物在碱性介质中的电氧化合成——负极沉积锌

(3) 有机物在碱性介质中的电氧化合成（图3）

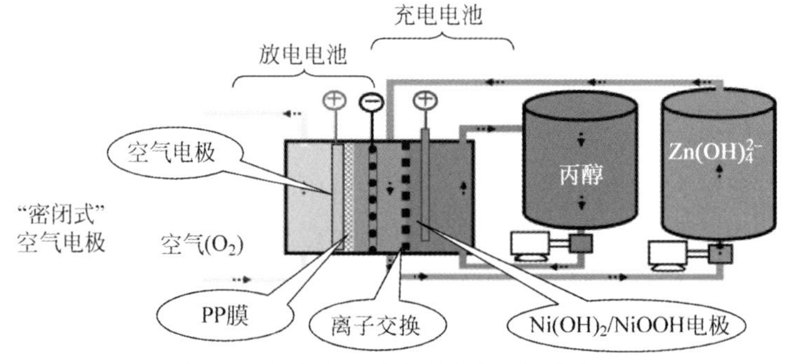

图3 有机物在碱性介质中的电氧化合成

结束语：建议上海研究分散的(家庭)光储的可行性

分散光伏发电-储能在经济发达国家已经推行,可借鉴。上海地区的经济发展水平,不亚于许多发达国家。

上海的煤和电,基本上全部远距离输来,代价大,有风险。我国光伏发电的成本正在接近煤电的水平。

上海周围光伏工业发达；上海有能力研发更高效率的技术。

上海的储能技术研究力量强冠全国,可以向产业化努力。

上海有非常巨大的墙面和屋顶面积可以利用。

上海人民有高度的节能减排意识和觉悟。

当然,上海也有难处和问题,要论证可行性和发展路径!

谢谢!

第五部分
新型电池和材料

锂离子电池梯次利用的原则*

大家好!

我的发言包括以下几部分：前言；一、锂离子电池的价值应充分利用；二、锂离子电池梯次利用安全第一；三、梯次利用先宜“化整为零”；四、锂离子电池使用全过程免受损伤；五、避免“跳水式衰退”电池的进入；六、落实部委意见，明确各方责任；结束语。

前言

在讨论电池梯次利用前有必要先明确有关的几个术语含义及其目的：

(1) 汽车退役动力锂离子电池，叫作“旧电池”。

(2) 旧动力电池的梯次利用。

(3) 无梯次利用价值的电池，叫做“废电池”；不要笼统地叫“废旧电池”。

(4) 旧电池的回收，为了梯次利用；废电池的集中，为了最终处置。

(5) 废电池的处置，目的是资源再生。

一、锂离子电池的价值应充分利用

国务院2012年7月印发《节能与新能源汽车产业发展规划(2012—2020年)》，其中：“(五)加强动力电池梯级利用和回收管理。制定动力电池回收利用管理办法，建立管理体系，明确各相关方的责任、权利和义务。引导动力电池生产企业加强对废旧电池回收利用，鼓励发展专业化的电池回收利用企业。严格设定动力电池回收利用企业的准入条件，明确各环节的技术标准和管理要求。加强监管，督促相关企业提高技术水平，严格落实各项环保规定，严防重金属污染。”

我国电动汽车正在大发展，动力锂离子电池用量大。2020年达产200万辆计，平均每辆用电池以20 kW·h计，则需电池40 GW·h。比能量衰退20%～30%后汽车里程缩短，退役的“旧电池”日益增多，仍有梯次利用价值。从资源考虑，我国稀缺钴、镍、铜，要充分利用。从成本考虑，锂离子电池的价格下降终将有限，电动车补贴退坡后，锂离子电池降价压力大，要通过梯次利用，合理分担成本。

---

* 本文是2017年7月21日在力神集团学术委员会(苏州)的演讲。

二、锂离子电池梯次利用安全第一

要承认电池组像汽油箱那样是一种含高能物质的部件,有危险性的本质。

①Co(Ni)O_2 是强氧化剂,温度升高时能氧化有机物,生成 CO_2、H_2O 气体,使电池内气压升高;②负极生长锂枝晶,锂枝晶穿透隔膜发生短路,产出大量热;③电池外短路或使用中温度升高时,隔膜发生热收缩,引起电池内部短路;温升会引发正极分解、电解质分解、负极与电解质反应等一系列放热反应:造成电池热失控,引起爆炸与燃烧。

旧电池的缺陷增多,容量、电压、内阻等分散性加剧,安全性下降!梯次利用要始终将安全性问题放在首位。

三、梯次利用先宜"化整为零"

利用方式应先由大化小,积累经验,不宜急于拼成更大的规模。

按模块利用方式,应选电池包中的"健康电池模块"降级利用(kW·h 级),而将"残废电池模块"按拆解利用方式,在拆解中剔除已坏的电池,其余的分级利用(如充电宝,或组装成电动自行车电源)。日本、美国将 Leaf 车的二手电池用于家庭储能,可以考察其经验。

德国用宝马 i3 车的旧锂离子电池组并联成 2 MW/2 MW·h 的大型光伏电站储能系统,长期效果不详。我国 100 kW·h 梯次利用电池储能系统示范工程,历时两年 2014 年 6 月在京通过验收,至今未见公布运行报告。这些拼成更大规模的储能系统的使用经验很宝贵,应该认真总结、介绍。

四、锂离子电池使用全过程免受损伤

新电池在使用中不易受损伤,但车上卸下的旧电池往往待遇不佳。既要梯次利用,就要使旧电池倍受爱护,全过程免受损伤。圆柱形"18650""26650"等电池以焊接进行串并联,焊接点多。焊接、拆解时易损伤电池;梯次利用时工作量繁重!近年来,正极焊接而负极可以不焊接,前进了一步(赛恩斯、比克)。

杭州波谱莱科技公司的圆柱形锂离子电池全免焊接组合技术,能保证接触良好,解决了焊接、拆解时损伤电池和可靠串并联问题。

该技术的优越性:

(1) 全免焊接,绝无电芯焊穿、短路风险。

(2) 全机械加工模式,批量生产成本低廉。

(3) 无焊接设备,生产易掌控,费用低廉。

(4) 电芯外观无损伤,100%回收再无悬念。

(5) 电芯梯次使用,有效降低电池包成本。

申请了专利,多家使用此技术,效果很好(图 1)。

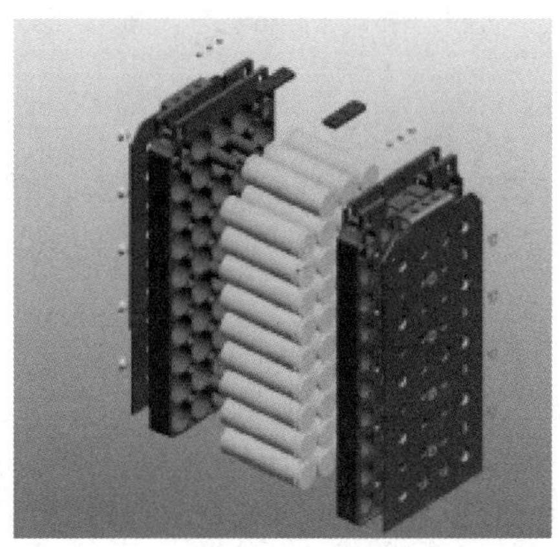

图 1　18650 电池免焊成组

五、避免"跳水式衰退"电池的进入

不同电极材料的锂离子电池,容量衰退曲线不同(图 2);磷酸铁锂电池容量衰退曲线是平缓下降;有些其他电池容量衰退曲线有"跳水"式。不同类别电池不宜混联;要避免"跳水式衰退"电池进入梯次利用。

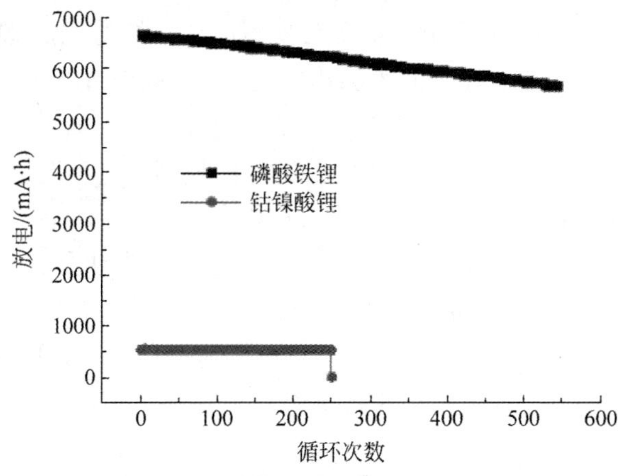

图 2　不同电池的容量衰退曲线

六、落实部委意见，明确各方责任

从国务院2016年2月发布《节能与新能源汽车产业发展规划（2012—2020年）》提出“加强动力电池梯级利用和回收管理”，到2016年12月1日工信部发布《新能源汽车动力蓄电池回收利用管理暂行办法》（征求意见稿），历时4年半，效率不高，但很慎重。

征求意见稿的要点有：

“落实生产者责任延伸制度，汽车生产企业承担动力蓄电池回收利用主体责任。坚持产品全生命周期理念，遵循经济效益、社会效益和环境效益有机统一的原则，充分发挥市场作用。”

“国家支持开展动力蓄电池回收利用的科学技术研究，引导产学研协作，鼓励开展梯级利用和再生利用，推动动力蓄电池回收利用模式创新。”

“鼓励汽车生产企业、电池生产企业、回收拆解企业与综合利用企业等通过多种形式，合作共建、共用废旧动力蓄电池回收利用网络。”

“汽车生产企业应采取多种方式为新能源汽车用户提供方便、快捷的回收服务，通过回购、以旧换新、给予补贴等措施，提高用户移交废旧动力蓄电池的积极性。”

“工信部将会同有关部门研究制定财税优惠、产业基金、积分管理等激励政策，研究探索动力蓄电池残值交易等市场化模式，促进动力蓄电池回收利用。”

2017年2月工信部、商务部、科技部发布《关于加快推进再生资源产业发展的指导意见》，其中有：“开展新能源动力电池回收利用示范工作，重点围绕京津冀、长三角、珠三角等新能源汽车发展集聚区域，选择若干城市开展新能源汽车动力蓄电池回收利用试点示范，通过物联网、大数据等信息化手段，建立可追溯管理系统，支持建立普适性强、经济性好的回收利用模式，开展梯级利用和再利用技术研究、产品开发及示范应用。”任务、要求和做法都已明确。

《指导意见》还提出要“明确各相关方的责任、权利和义务”。权利自会去享受，关键是明确责任的问题。我认为要明确的责任有：

（1）承担示范项目者有责任如实公布实践结果，成为社会财富。

（2）汽车生产企业承担动力电池回收利用主体责任。

（3）旧电池的经营（回收-重组-出售）单位要承担电池梯次利用的安全责任。

（4）最后的梯次利用者，有责任将废电池送到废电池最终处置厂或废电池收容站。乱扔废电池者，罚。

工信部作为负责组织部门，要认真处理不负责任者！

结束语

动力锂离子电池回收、重组、梯次安全利用，情况远较新电池使用复杂！

“梯次利用率”和“工作效率”的提高，要从电池包设计、生产时就考虑为梯次利用提供方便！电池厂、成组厂、汽车厂要“平等”共商解决方案。

汽车生产企业、电池生产企业、回收拆解企业与综合利用企业组成联盟，利共享、责共担！

旧电池、废电池各有属主。汽车生产企业既然承担动力电池回收利用主体责任，就应执行有效措施，提高用户移交旧电池、废电池的积极性。

谢谢大家！

我国超级电容器技术与应用主要进展*

大家好!

先介绍一下我们中国超级电容产业联盟。联盟是在国家工信部相关司局的指导下,在中国电子工业标准化技术协会大力支持下建成的。中国超级电容产业联盟2016年12月16日在京召开了第一届理事大会,选举杨裕生为联盟第一届理事长,成会明、卢文、夏永姚、阮殿波、崔凤钊、华黎、黄浩宇等11人为联盟第一届副理事长,高波为联盟秘书长。选举通过27家常务理事单位。

为贯彻落实《"十三五"国家战略性新兴产业发展规划》,引导全社会资源投向,发改委组织编制了《战略性新兴产业重点产品和服务指导目录》2016版,并于2月4日在发改委网站发布。超级电容器入选国家"十三五"《战略性新兴产业重点产品和服务指导目录》。目录涉及战略性新兴产业5大领域8个产业、40个重点方向下的174个子方向,近4000项细分产品和服务。超级电容器列于:1.3.4 高端储能,显示了重要性。

参加本次会议的有我们联盟的成员中车青岛四方所、中车新能源、新宙邦、九康电气、欧铂新材等多家超电容企业。

我今天准备讲三个问题:一、超级电容器与电池的融合;二、超级电容器的技术进展;三、超级电容器的应用进展;结束语。

一、超级电容器与电池的融合

超级电容器的主要不足是比能量不高,而电池的主要问题是要提高比功率和延长循环寿命,二者并联使用在一定程度上可以互补而得到较好的效果。

1. 外并——电池与超级电容器并联使用(图1)

并联电源的比功率和寿命均比电池提高,但电路复杂、体积庞大、价格昂贵、使用不便。

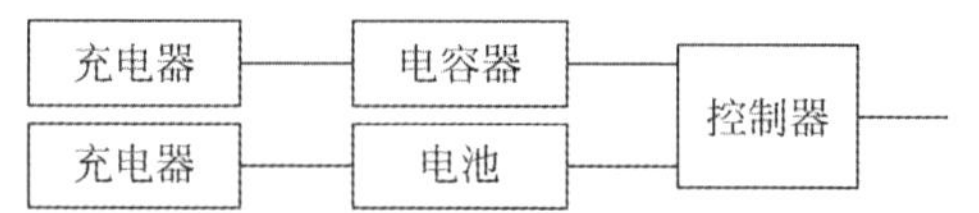

图1 电池与超级电容器并联使用示意图

---

* 本文是2017年7月27日在横店"第三届中国储能工程大会——储能技术与储能材料关键技术论坛"上的演讲。

2. 电容器与电池的“外并”改“内并”

近些年,超级电容器和电池进行内部“融合”,即超级电容器里加入电池的电极材料,也在电池中添加活性炭,统称为“内并”。超级电容器中融合电池材料,比能量有所提高;电池中增加电容器功能,可提高比功率和寿命。内并的优越性:省去并联线路;自动调整电压,简化管理系统;加快电池充电。

随着研究进展,衍生出许多不同的组合方式,归纳于表1。

表1 超级电容器不同组合方式

<table>
<tr><th colspan="3" rowspan="2">分类、名称</th><th colspan="2">电极材料举例</th></tr>
<tr><th>负极</th><th>正极</th></tr>
<tr><td rowspan="4">超级电容器及变种</td><td colspan="2">双电层电容器</td><td>活性炭</td><td>活性炭</td></tr>
<tr><td colspan="2" rowspan="2">混合型超级电容器</td><td>活性炭</td><td>氧化铅、镍</td></tr>
<tr><td>钛酸锂、碳</td><td>活性炭</td></tr>
<tr><td colspan="2">电池型电容器</td><td>钛酸锂</td><td>活性炭+锂盐</td></tr>
<tr><td rowspan="4">电池添加活性炭的变种</td><td colspan="2">电池电极与活性炭电极并联=超级电池</td><td>活性炭电极并联铅电极</td><td>PbO_2</td></tr>
<tr><td>铅炭电池</td><td rowspan="3">电池的电极中加入部分活性炭——电容型电池</td><td>铅+活性炭</td><td>PbO_2</td></tr>
<tr><td>锂离子电池</td><td>石墨</td><td>锂盐+活性炭</td></tr>
<tr><td>镍氢电池</td><td>AB_5 型储氢合金+活性炭</td><td>NiO</td></tr>
</table>

3. 锂离子电池正极添加活性炭

加入正极后可观察到5个现象:

现象之一:电池放电倍率性能显著改善;由图2可见,加入5%、10%、15%活性炭与不加的比较,放电倍率越高,炭量的作用越显著。

现象之二:电池寿命延长。

现象之三:电池低温性能显著改善。

现象之四:电池比能量提高。

现象之五:比能量提高——协同效应 ΔQ。

$$\Delta Q = Q_r - Q_p = \text{实际比容量} - \text{理论比容量}$$

即加入活性炭后对正极活性物质容量发挥的增进作用,观察到此数为正值。Q_p 为理论比容量,即磷酸铁锂LFP和活性炭两者容量的线性加和。

$$Q_p = (f_{LFP} \times Q_{LFP} + f_{AC} \times Q_{AC})$$

式中,$f_{LFP} = m_{LFP}/(m_{LFP} + m_{AC})$;$f_{AC} = m_{AC}/(m_{LFP} + m_{AC})$。

我们归纳超级活性炭(SAC)在正极中的作用机制有4种:

机制一:SAC双电层储能——平缓大电流冲击;减轻正极的极化。

机制二:SAC孔中储存电解液——就近收储、提供离子。

机制三:SAC参与导电网络——减小正极电阻。

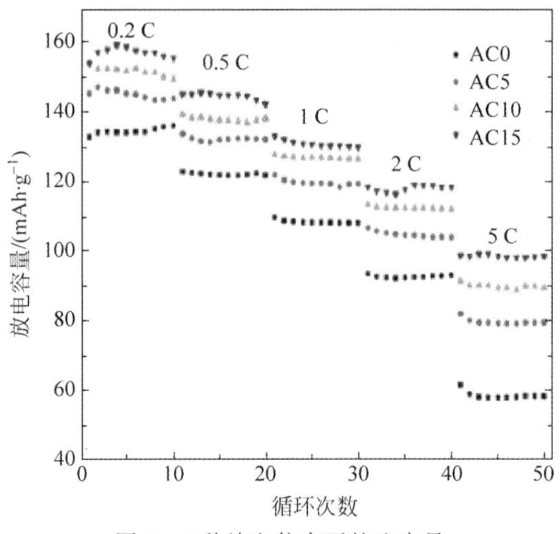

图 2 5 种放电倍率下的比容量

机制四：PF_6^- 离子参与传导电荷——增强电解液离子输运。

总的效果是降低电池内阻，增强比功率和比能量，延长电池寿命。

4. 超级电容器的新分类

经典著作认为电容有两种：双电层电容和赝电容。两种电容可组合成 3 类超级电容器：①双电层电容器，正负极均为双电层电容；②赝电容器，正负极均为赝电容；③混合电容器，一电极为双电层电容，另一电极为赝电容。

我建议，根据科技发展应列出第四类——电池型超级电容器，已获得中国电容器产业联盟确认。电池型超级电容器是超级电容器的电极中加入电池的电极材料，即此超级电容器的正极和(或)负极中兼有双电层和氧化还原储能反应。其比能量堪比铅酸电池，寿命几万次，比功率几千瓦/公斤。可用于公交车、轨道车、增程式车等领域；中车等公司已开发出产品，小批量生产。

超级电容器的新分类将其分为 4 类(表 2)。

表 2 超级电容器的新分类

分类、名称			电极材料举例	
	类	名称	负极	正极
超级电容器	1	双电层电容器	活性炭	活性炭
	2	赝电容器		
	3	混合型电容器	活性炭	氧化铅、氧化镍
			钛酸锂	活性炭
			石墨	活性炭
	4	电池型电容器	钛酸锂	活性炭＋锂盐
			石墨	活性炭＋锂盐

二、超级电容器的技术进展

1. 提高比能量

提高比能量是超级电容器的首要目标。主要努力方向有两个。

(1) 提高电极材料的比电容。

该公司用同一种方壳,配不同体积比容量的碳材料,研制出 7500 F、9500 F、12 000 F 等不同容量的超级电容器,适应不同用途(表 3)。

表 3 宁波中车能源公司的超级电容产品系列

类　　型	电容量/F	电压/V	直流内阻/mΩ	比能量/(W·h/kg)	比功率/(kW/kg)
双电层、圆形	3000	2.7	<0.23	5.7	14.7
双电层、方形	7500	2.7	<0.20	5.71	6.85
双电层、方形	9500	2.7	<0.20	7.3	6.28
双电层、方形	12 000	3	<0.20	11.65	19.01
电池电容、方形	30 000	2.8	≤0.60	21.49	2.15
电池电容、方形	60 000	3.6	<0.60	38	1.8
电池电容、方形	17 000	3.8	<0.40	20.42	7.96

新型高比容量碳材料层出不穷,多孔石墨烯、立体石墨烯作为主材料(价格很高)。此外,还可引入准电容储能材料。

(2) 提高电解液的分解电压,减小电解质离子半径。

将四氟硼酸四乙胺电解质分子中 4 个乙基两两成环,改成四氟硼酸螺环季铵($SBP\text{-}BF_4$),提高稳定性,减小离子体积,电容器电压提升至 3.0 V,比能量提高了 23%(图 3)。

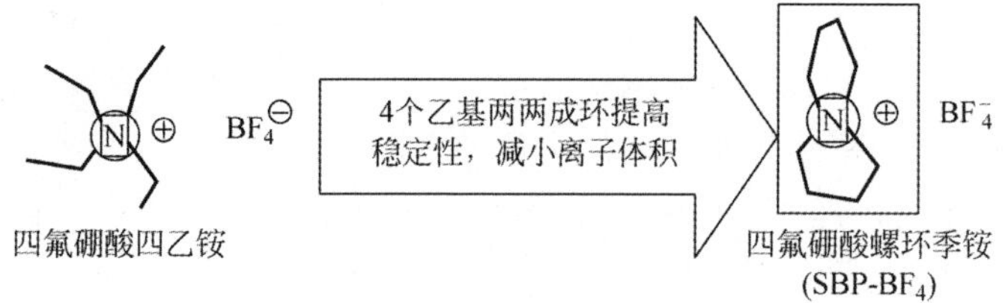

图 3 新电解质四氟硼酸螺环季铵

2. 提高比功率

添加石墨烯等导电剂; 铝箔预先涂覆导电炭层,增强活性层与铝箔的电接触,降低电极内阻。

3. 增长寿命

减少炭材料的杂质和水分，调节官能团。长寿命和高功率是超级电容器的两大优势，要在保持此二优势下提高比能量。

4. 环保化

开发高安全性、高性能超级电容器，研究无毒的溶剂，替代乙腈。

三、超级电容器的应用进展

1. 超级电容器在电动汽车中的应用

混合动力汽车；汽车启停系统、燃料电池汽车中，与其他能量部件(发动机、蓄电池、燃料电池)并联工作：提供车辆启动需求的高功率；承受制动能量全回馈的高功率冲击。

“十城千辆”节能与新能源汽车示范工程曾以混合动力为主，C/C 有机体系超级电容器，是回收刹车能量的首选。在混合电动车使用，可节油率 15%～20%。

增程式电动汽车(EREV)只有电动机驱动，故属纯电驱动，行驶前电池组充电，途中小功率发电机在最佳工况下发电——节能；发电机与电源组并联驱动电动机也给电源充电。高功率电池或储能电池＋超电容，提供/回收电能，50 公里内可以不用油；长途仍需用油，但可省油一半以上；科技部“863”计划支持发展增程式；四部委给它补贴(同插电式)。2008 年，北京科凌电动汽车公司最早研制出两辆增程式电动大客车，用 10 万元超级电容器与 5 万元铅酸电池并联，节油率 50%。

2. 超级电容器电车

上海奥威科技开发有限公司是国内最早研制超级电容器电车的厂家之一，承建了多条线路，如 2006 年上海城隍庙“超级电容电动城市客车商业化运行”，2010 年上海世博园，2014 年保加利亚索菲亚，2016 年贝尔格莱德公交线、以色列特拉维夫公交线、雅安第七路公交线、新疆 BRT 样车。2016 年 1 月，西南首条有轨电车在成都新津线带电试跑，2016 年 4 月，云南蒙自市首条有轨电车线路进入技术验证，2016 年 11 月，武汉光谷有轨电车首列车成功下线，10 年来，使用超级电容的公交线累计运营近 1500 万公里，载客超过 1 亿人次。2017 年 5 月 12 日，白俄罗斯首都明斯克首台 18 米超级电容客车运行，使用成都新筑路桥机械公司参股的奥威超级电容器动力电源，电源系统、充电设施。该超级电容器商品已为阿尔斯通、庞巴迪等国际轨道产品进行配套，远销塞尔维亚、奥地利、保加利亚、以色列、伊朗等地。

中车宁波能源科技有限公司开发了多条电容有轨电车，见表 4。

表4　中车宁波能源科技有限公司电容有轨电车

应用城市及线路	技术路线	线路长度/km	投入使用时间
广州海珠线有轨	7500 F超级电容器	7.9	2014年
淮安有轨电车	9500 F超级电容器	21	2015年
武汉大汉阳线有轨	9500 F超级电容器	20	2016年
深圳龙华线有轨	9500 F超级电容器	21	2016年
东莞华为松山湖线	12 000 F超级电容器	1.8	2017年
云南弥勒线	12 000 F超级电容器+60 000 F超级电容器	18	2017年

该公司还对宁波市的超级电容公交车快速发展做出贡献,2015年建成196路,2016年建成177路、909路和639路,2017年5月建成601路、102路、138路和910路。

此外,还为奥地利的格拉兹市提供超级电容器无轨电车。

3. 无网超级电容器有轨电列车

中车长客股份有限公司研发制造了超级电容器有轨电列车。全长34.8米,每列车5节编组,最高运行时速可达70公里,可容纳360人,用于武汉。

4. 超级电容加锂电池推进系统纯电动货运船投运

2017年1月,由湖州市港航管理局和上海瑞华集团联合研发的500吨级新能源纯电动货运船。往返于嘉兴乍浦港与长兴电厂码头装运煤炭,运营成本只有同吨级柴油货船的1/6。船上还装有风力发电和太阳能发电设备,辅助提供船上生活用电。

5. 超级电容电机车

2017年5月9日,中铁科工集团机械院宣布,由该院研制的10台新能源超级电容电机车,在武汉、常州、上海、宁波等地地铁施工中成功运用一周年,各项性能达到设计要求。

长期以来,我国施工运输电机车的动力采用的是铅酸蓄电池。超级电容电机车,标志着"武汉造"轨道交通又一高端装备研制成功。

6. 超级电容器在电网中应用

超级电容器用于电网的调频,瞬时电压波动的平抑,风力发电机的浆距调节。

风电变桨控制系统备用电源应用领域是目前超级电容最大和最成熟的应用领域,全球市场规模接近1.2亿美元。国内最大的用户为金风科技,在其全系列兆瓦级风电机组的变桨控制系统中全部使用超级电容作为备用电源。

7. 超级电容器在节能中应用

回收位能是超级电容器的拿手绝活，如港口机械、电梯等。

中车四方所门机势能回收利用系统服役青岛港，该40吨门机高至40米(约13层楼高)，每月耗电量4万余度，每月抓起约18万吨的货物，负重大、耗能高。装用势能回收利用系统后，节能率超过20%。

中车宁波超级电容器储能应用领域包括石油修/钻井机和起重机势能回馈装置，储能式充电站，内燃机启动电源，地铁制动能量回馈装置，乘用车启停技术，自卸车储能系统，矿山机械设备等。

结束语

电池型电容器的优点突出，应引起足够重视。

高性能活性炭是关键，要做出能实用的国产材料。

超级电容器价格昂贵是主要问题，要从拓宽应用着手。

谢谢！

铅酸电池的新技术及应用*

大家好!

很高兴被邀请到有色金属和贵金属冶炼工业城市济源来考察、学习。

会议组织者要我多讲一些,今天准备讲七个问题,要耽误大家一个多小时:一、化学电源——简称电池;二、铅酸电池生机勃勃;三、发展新能源需要储能;四、铅炭电池可为电动汽车做大贡献;五、不要冤枉铅酸电池;六、彻底治理铅的污染;七、几点建议。

一、化学电源——简称电池

电池包括化学电源和物理电源两大类,我只熟悉化学电源(图1)。

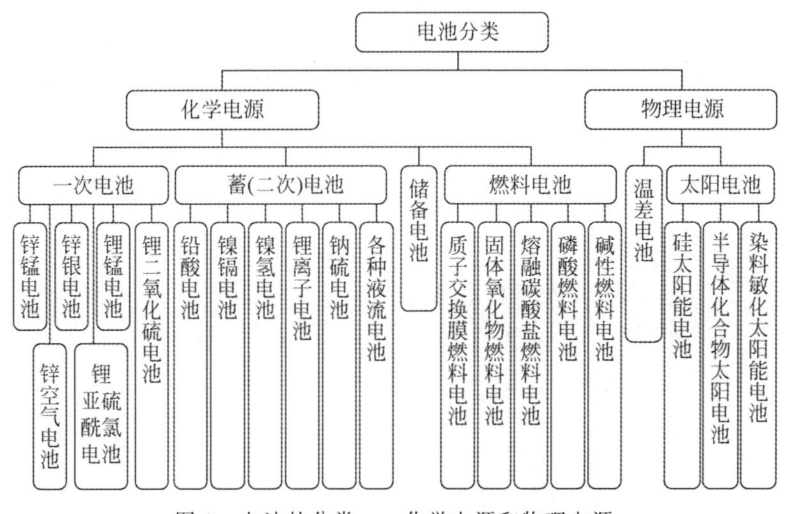

图1　电池的分类——化学电源和物理电源

化学电源是将化学能直接转变为电能的装置。电池的作用用“无处不在”来表达一点也不为过:风电、光电中大规模储能,起稳定化作用;通信工程、手机、电子计算机的电能来源;各种汽车和内燃机车的启动;电动两轮、三轮、汽车的动力及军事应用等,不胜枚举。用途广,要求不同,品种规格多。

---

* 本文是2017年9月13日在济源市政府召开的“院士专题报告会”上的演讲。

电池的构成：正极、负极、电解液三者组成电化学体系，三者改一个就是改了电化学体系，三者改一个性能如提高就有“创新”。

电池的性能：电压，V；比能量，W·h/kg（或能量密度，W·h/L）；以上两项主要决定于电化学体系。容量，A·h；比功率（电池承受工作电流的大小），W/kg；寿命，循环次数、使用年限；储存性能，自放电（漏电）；还有最重要的是安全性，即不易爆炸、燃烧、漏液（腐蚀性）；以上诸项除与电化学体系有关外，主要决定于电池的设计和制作工艺。可以根据用途研制电池，按照需要调节性能。

其他性能有价格、易维护、环境友好等。我国是电池生产大国，实力不弱，但非最强。

二、铅酸电池生机勃勃

铅酸电池占二次电池储能份额的70%。它的优点突出：安全性高；功率特性、高低温性能好；廉价；回收、再生率较高等。

电动车和可再生能源的兴起，正推动铅酸电池的生产扩展和新技术的研究，水平提高。我国企业引进国外技术，如卷绕电池、管式电池、再生设备，主要企业的技术水平不断提高；以超级电池、铅炭电池为代表的新技术在我国推广，与发达国家的差距正在缩短。铅酸电池的弱点是比能量较低，循环寿命偏短；正在克服中。但是，政府限制铅酸电池发展，科研投入极少。

古老铅酸电池有新技术。中国工程院能源与矿业学部与中国电池工业协会联合，已共同主办了每两年一届的四届铅酸电池新技术研讨会，交流、推广新技术，主要有：一、铅炭电池——活性炭解决了负极硫酸盐化问题；二、铅-稀土合金和铅-石墨烯合金——解决了正极板栅腐蚀和活性物质软化问题；三、生产自动化、精密化、清洁化水平进一步提高；四、比能量60 W·h/kg电池；五、湿法再生，解决烟尘污染问题，提高回收率。现在铅酸电池继续保持高安全性，而寿命不断延长，比能量逐渐提高。

我国正大力发展铅炭电池。防化研究院与两家公司合作研制铅炭电池：杭州南都公司——密封式；泰州双登集团——卷绕式，取得完全成功，解决了严重析气问题，正在降低超级活性炭成本。铅炭电池已引起政府部门重视：工信部列入2014年“强基工程”，4000万支持双登和南都两家公司提高生产能力。

科技日报2013年12月6日报道，四川能宝与电子科大合作，研制成铅炭电池；天能公司宣布，铅炭电池研制成功。

现在介绍一下铅炭电池技术。

大家都知道，铅酸电池的活性物质，正极为二氧化铅，负极为铅。为了提高铅酸电池的性能，在铅酸电池的负极加活性炭。将活性炭做成一片活性炭电极贴在负极的铅上，这种电池叫做超级电池(ultra battery)，其优点是充放电倍率高、循环寿命延长。另一种做法是将活性炭粉混合在负极的铅中，这种电池叫做铅炭电池，其优点是比超级电池工艺简单，基本不必增加生产设备。

两种电池的共同特点是，活性炭材料很关键，它是特种的多孔碳质材料。其性能指标与超级电容器的电极材料相当，我们曾归纳为"六高"，即高比表面、高中孔率、高电导率、高纯度、高密度和高性价比。这"六高"之间存在着许多相互矛盾，要通过细致研究调节到最佳状态。

南都-防化研究院合作研制的铅炭电池，保持铅酸电池价廉、安全、可靠、原料易得等优点，主要性能见表 1。

表 1　南都-防化研究院合作研制的铅炭电池与普通铅酸电池的性能比较

同尺寸电池(75 A·h)	比功率	比能量	10 C 倍率放电时间	HRPSoC 放电循环寿命	−20℃下放电时间	快充能力
普通铅酸电池	150 W/kg	41 W·h/kg	无法放电	8000 次	4200 s	
铅炭电池	240 W/kg	41 W·h/kg	96 s	>16 万次	5050 s	1 h 充 95% 2 h 充满
铅炭电池性能提高	60%	未变	远好于普通电池	>20 倍	20%	远好于普通电池

2013 年 5 月 17 日国家能源局组织鉴定，鉴定结论：达到国际先进水平。

铅炭电池有良好的大电流放电特性，放电倍率可达到 10 C；可实现 1 小时内快速充电充满 95%，2 小时可完全充足。同时，充电电压降低，放电电压升高，即充-放电能量转换效率比普通铅酸电池提高，见图 2。

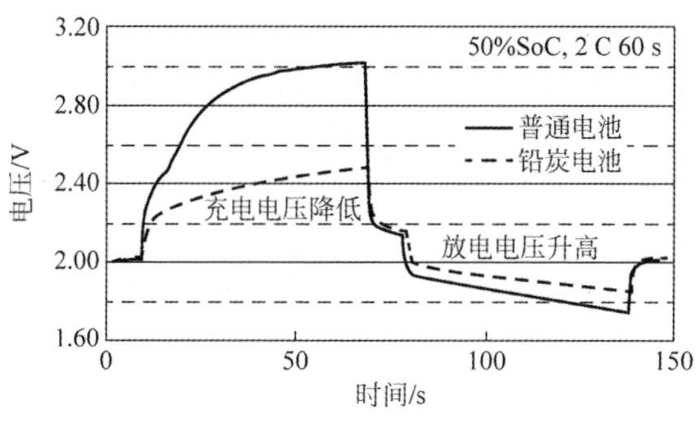

图 2　铅炭电池能量转换效率提高

铅酸电池性能还有提高的空间。一要提高比能量：铅酸电池活性物质的利用率远低于锂离子电池和镍氢电池；板栅可以轻量化。二要提高循环寿命，正极很关键。

发达国家一直没有中断铅酸电池新技术的研究；先进铅酸电池已在电动汽车中进行批量路试，新型电池不断进入产业化。美国铅酸电池产量与我国相当，不是污染产业。美国政府大力支持铅酸电池技术发展。奥巴马上台不久，给新一代电池及材料拨款 15 亿美元，约合人民币 100 亿元，其中的铅酸电池及材料 3 项，支持电池生产两项分别为 3430 万和 3250 万美元，共约合人民币 4.7 亿元；支持高能密度纳米碳生产 2100 万美元，约合人民币 1.5 亿元（表 2）。

表 2　奥巴马上台不久支持铅酸电池和碳材料发展生产

申请人	美国能源部经费/百万美元	技　术
Exide Technologies with Axion Power International	34.3	生产用于微混和轻度混合动力车中的铅炭电池
East Penn Manufacturing Co.	32.5	生产用于微混和轻度混合动力车中的超级电池
EnerG2 Inc.	21	生产用于超级电容器的高能量密度纳米碳

三、发展新能源需要储能

能源：自然界为人类提供的能量资源。

传统化石能源：煤、石油、天然气。大量使用化石能源会产生二氧化碳，再加上工业废气排放，使大气中温室气体浓度增加，加剧自然灾害发生：气温升高、冰山融化、干旱、暴雨、强风、沙尘、沙漠化、森林火灾。

可再生能源：太阳能、风能、水能、潮汐能、生物质能、地热能。

新能源：可再生能源＋核能（裂变、聚变）、氢能。

大气中二氧化碳浓度已由工业革命前 280 ppm 上升到 395 ppm；再加上 CH_4、NO_2、HFCS、PFCS、SF_6 等，是近百年以来全球气候变化的主要原因，危及地球生态安全和人类生存与发展。应对气候变化的核心是控制和减缓温室气体排放。

《巴黎协定》——世界共同意愿。到 21 世纪下半叶，全球要实现二氧化碳净零排放，建立以新能源和可再生能源为主体的低碳甚至零碳能源体系。将"全球气温控制在升高 2℃以内"作为目标，大气二氧化碳浓度应控制在 450 ppm 内。

1. 2015 年中国能源消费

我国的 GDP 总量占全球的比重为 15.5%，人均 GDP 为 7808 美元，属中上等收入国家。而能源消费总量是 43.6 亿吨标煤，占全球 22.9%，人均能耗：3.2 吨标煤。单位 GDP 能耗为 405 吨标煤/百万美元，比全球平均值高出 47.7%。电力消费总量为 5.55 万亿 kW · h，人均消费：4080 kW · h，二氧化碳排放总量为 94.42 亿吨 CO_2，占全球的 27.8%，单位能耗 CO_2 排放强度高于全球平均值 21.3%。

2. 中国能源发展面临的挑战

中国是世界上能源消费量、碳排放量第一的大国：中国 GDP 只占全世界 15.5%而能源消耗占全球的 22.9%、排放二氧化碳占全球的 27.8%。能源安全有问题，进口石油已占全球的 68%（美国已下降到 45%以下）。中国正处于工业化、城市化发展的过程中，大量的基础设施建设消耗大量的钢、水泥、有色金属等高耗能的物资，能源消费量还将进一步增长。能效的提高需要经历较长时间的持续努力。减少二氧化碳排放，共创低碳绿色世界，应该是全国人民、全世界人民的共同理想和永远追求。国务院《能源发展战略行动计划（2014—2020 年）》要求，到 2020 年非化石能源占一次能源消费比重达到 15%，煤炭消费比重控制在 62%以内。到 2030 年，非化石能源占一次能源消费比重提高到 20%左右。我国要大力发展非化石能源及新能源发电：①太阳能；②风能；③生物质能；④地热能；⑤海洋能；⑥氢能；⑦核能。

但是，风能、太阳能发电受季节、昼夜、天气等因素影响。要用储能解决风能、太阳能发电的不稳定性问题。

3. 太阳能永不枯竭

2009 年财政部、科技部、国家能源局联合发布了《关于实施金太阳示范工程的通知》。2009 年财政部与住房城乡建设部实施“太阳能屋顶计划”。金太阳示范工程是以国家财政补贴（原则上定为每瓦补贴 20 元）的形式，支持国内光伏市场的启动，在全国建立大型光伏发电示范项目。2013 年 5 月，“金太阳”财政补助被要求全面进行清算。我国大力兴建大型太阳能光伏发电场，但多个省区 2015 年“弃光”30%。

4. 太阳能电池的光电转换效率竞相提高

多结电池的效率高，成本也高，主要用于军工和航天领域。砷化镓-聚光、砷化镓-薄膜晶、单晶硅-聚光、单晶砷化镓、硅异质节、单晶硅、铜铟镓硒-聚光、铜铟镓硒、碲化镉、钙钛矿型电池、多晶硅、薄膜晶硅，效率依次减小。其中效率和成本相适应者，产业化推广多，如单晶硅、多晶硅、碲化镉、铜铟镓硒、砷化镓等。

5. 风能发电

1 千瓦风电每年减排 CO_2 2 吨，减排效果十分显著。我国陆上离地面 50 米的可开发资源 6 亿千瓦，其中 65%在内蒙古；新疆、甘肃两地各有 11%、14%。海上水深 20 米以浅的风能资源 1 亿千瓦。

我国拟兴建 8 个千万千瓦级风力发电场，发展快速。2015 年，全年风电新增装机容量 3297 万千瓦，累计并网装机容量 1.29 亿千瓦，占总装机的 8.6%；风电发电量 1863 亿千瓦时，占全部发电量的 3.3%；新增风电核准容量 4300 万千瓦，同比增 700 万千瓦；核准在建容量 8707 万千瓦。

问题也有。北方夜间风大，增加电网调峰负担；存在“几不稳 ”，影响供电质量，风电成了“垃圾电”；输送不畅，接受不爽，弃风严重。2015 年，全国风电平均利用小时数 1728 小时，同比下降 172 小时。利用小时数最高地区是福建，2658 小时；利用小时数最低的地区是甘肃，1184 小时。2015 年，弃风限电加剧，全年弃风电量 339 亿千瓦时，同比增加 213 亿千瓦时，平均弃风率 15%，同比增加 7 个百分点。其中弃风较重地区是：内蒙古弃风电量 91 亿千瓦时、弃风率 18%；甘肃弃风电量 82 亿千瓦时、弃风率 39%；新疆弃风电量 71 亿千瓦时、弃风率 32%；吉林弃风电量 27 亿千瓦时、弃风率 32%。

必须大力发展低成本、规模化的蓄电，变“垃圾”为“宝”。

6. 储能：可再生能源发电的规模蓄电

2015 年底全球储能装机 143.6 GW（1 GW＝1000 MW），中国储能装机 22.8 GW，99.5%是抽水蓄能电站；电化学储能仅有 105.5 MW，66%是锂离子电池，铅电池占 15%，液流电池占 13%，超级电容占 6%，还有少量其他物理方法。

抽水蓄能是最成熟的大规模蓄电技术，晚上把水从低处抽到高处的水库，白天流下发电。到 2014 年底，我国装机 2183 万千瓦，2020 年底将达到 7000 万千瓦，主要用于核电的调“峰”，优点是寿命长、运行费低，缺点是要有合适场地建设上、下水库；几十万千瓦“整起整落”，不能灵活切换。

潮汐和波浪发电在海边开发中，规模尚小。飞轮、超导储能的规模不大，能量转换效率低。物理电容器的储能可用于脉冲式补偿，优点是寿命长，结构简单，使用方便，但能量密度小。超级电容器，兼有电池与物理电容器优点，虽然价格较高，但寿命长达百万次循环，分摊在单次蓄电的成本并不高。

压缩空气储能。德、美、日曾各建了一座地下气库储存压缩空气，将电能转换为空气的内能，“放电”时是用压缩空气助燃天然气，提高燃气轮机效率。此法要有合适的地质条件，工程量大，日本停了。我国中科院工程热物理所的压缩空气储能有创新：超临界液化存储，结合蓄热-蓄冷，效率可达 60%，不需地下气库储气，不消耗天然气。

充分利用电网的“谷电”，是节能减排的易行而有效措施。大规模电池储能应该大显身手。大规模储能电池应该具有的性能：高安全性；长寿命、低价格、高能效、易维护；比能量、比功率、高低温性能、环境友好。

储能“削峰填谷”是商业行为，必须讲究经济效益。我们提出了蓄电的直接经济效益计算方法*,以指数 YCC 表示：

$$\text{YCC}=\frac{\text{电价}_{\text{出}}-\dfrac{\text{电价}_{\text{进}}}{\text{能量转换效率}}}{\dfrac{\text{输出 1 kW·h 的初投资}}{\text{循环寿命}\times\text{充放深度}}+\text{输出 1 kW·h 的运营成本}}$$

YCC>1,表示储能企业盈利；YCC－1＝储能企业的毛利率。

式中,循环寿命,次数；电价$_{进}$、电价$_{出}$,元/kW·h；输出 1 kW·h 电能的成本(元/kW·h),分为初投资与运营成本两项。

用铅炭电池储能的经济效益显著,举例说明：设充放深度为 60%,储能装置相对应的循环寿命为 5000 次；能量转换效率为 90%；电价$_{进}$、电价$_{出}$分别为 0.30、1.00 元/kW·h；输出 1 kW·h 电能的初投资为 1200 元；输出 1 kW·h 的运营成本为 0.07 元,得 YCC＝1.45,表示储能企业的毛利率为 45%。不同的运行参数(充放深度和相对应的循环寿命),产生不同的经济效益,搞透电池充放深度与循环寿命的关系,是优化蓄电站经济效益的技术关键,潜力巨大。

7. 政府部门资助发展铅炭电池用于可再生能源储能

南都电源公司的铅炭电池用于多项与可再生能源发电配套：新疆吐鲁番新能源城市微电网示范工程；浙江鹿西岛 4 MW·h 新能源微网储能项目；珠海万山海岛 6 MW·h 新能源微电网示范项目；南方电网光储一体化储能电站联合设计项目；西藏、青海等光明工程光伏储能电站；大连通信数据传输用光伏储能电站；内蒙古风电移动储能示范系统；国电南瑞、中电普瑞 40 kW/100 kW·h 储能系统；国能电力风电路灯示范系统；南非 MOBAX 风光储能电站；南都公司内部 2 MW·h 光储一体化微网储能电站等(表 3)。总计 325.64 MW·h；与 2017 年订单的总和为 1600 MW·h。

表 3 南都 2016 年与用电大户已签商用储能项目共 9 项

序号	储能/微网项目	电站规模/(MW·h)	投资运营方式
1	徐州中能企业级储能电站	12	协鑫投资＋运营
2	苏州腾辉电子企业级储能电站	12	南都投资＋运营
3	苏州高景科技储能电站	25.6	南都投资＋运营
4	荆玻集团企业级储能电站	9	南都投资＋运营
5	苏州锦祥纺织储能电站	24	南都投资＋运营
6	苏州建屋发展储能电站	19.04	南都投资＋运营

* 杨裕生,程杰,曹高萍.规模储能装置直接经济效益的判据.电池,2011(41)：23-25。

续表

序号	储能/微网项目	电站规模/(MW·h)	投资运营方式
7	镇江新区能源互联网基地储能	100(一期) 600(总容量)	南都投资+运营
8	江苏天工国际智慧型储能电站	100	南都投资+运营
9	上海福耀储能电站	24	南都投资+运营

四、铅炭电池可为电动汽车做大贡献

电动汽车按动力划分为两大类：纯电驱动类和混合(双)动力类。纯电动类有：①纯电动车(EV)；②燃料电池电动车(FCEV)：燃料电池发电，与电池并联；③增程式纯电动车(EREV)：内燃机发电，与电池并联。这类车只有电动机一种驱动动力。

混合(双)动力类有：①油-电混合电动车(HEV)，还分为轻、中、全等不同混合程度；②电-油混合电动车(PHEV)又称插电式混合动力车；③启停式(微混)汽车：绿灯电启动—燃油行驶—红灯熄火。这类车有内燃机和电动机两种动力。

电动汽车在我国又称新能源汽车，其发展目的和宗旨是节油减排。电池是电动车发展的首要决定性因素，关键是要用好现有电池，越过电池水平发展电动汽车产业，是一种冒进行为。要确保安全，其次才考虑性能和成本等因素。

铅炭电池可在下列电动车中应用占有优势。①微混(启停)汽车的启动电源；②微型(低速短程)汽车动力电源；③增程式电动汽车动力电源；④强混(深度混合)电动汽车电源。以下分别具体介绍。

1. 微混(启停)汽车的启动电源

南都铅炭电池用于微混启停的循环寿命，按日本混合动力启停测试标准(SBA-S-0101)，目前已循环 165 000 次，优于古河超级电池的 75 000 次。按 SBA 标准规定，按每天 30 个循环计，10 000 次相当于实际运行 1 年。可见，铅炭电池非常适用于微混电动车。

燃油车数量大，微混化只要做少许变动，技术成熟可靠，可减少城市污染，并节油 10%。微混型汽车的发展已成国际趋势，北美、欧洲、日本等发达国家已明确 2020 年全部淘汰纯燃油车，实现新产汽车全部转为微混的更新换代。廉价的铅炭电池将成为该应用领域的主导电源。我国也应制定燃油车微混化的进程时间表，根据此进程表提前形成配套铅炭电池活性炭的量产。

2. 微型(低速短程)汽车动力电源

小型低速纯电动车我国 2016 年全国销售 100 万辆，近几年以年 50%增长，适合国情，广大群众需求它；充电一次的行驶里程 100 km，速度 50 km/h。现用价廉、安全性高的铅酸电池，如改用铅炭电池，寿命将延长，功率(速度)提高，有可能达到“双 80”国标。

此类车节材、节能，使用、维修方便；立即可大量节省汽油、减轻城镇空气污染；可夜间充电，功率相当于一个“家用电器”，电表无需增容，并可对电网起“填谷”的作用，支持国民经济可持续发展。

从全球看，微型(低速短程)车欧、美、日均早有标准，国产低速车出口很有市场。我国政府要为小型低速纯电动汽车开绿灯，要允许使用各种电池，让市场裁判；要鼓励发展真节能减排的电动汽车，而不是片面追求长里程；要充分发挥企业发展电动汽车的主体作用，促使企业努力发展性价比高的电动汽车，而不是单纯靠补贴；交通管理部门要制定能够推动小型低速纯电动汽车发展的交通管理法规，成为推动电动汽车迅速产业化进程的促进者。大家都应该看到，低速短程车大量跑起来是利国利民的大好事，不该阻挡，也难阻挡，势将风靡全国。

3. 增程式电动汽车动力电源

“增程式”电动车节油又安全。北京科凌电动汽车公司研制的增程式大客车，以铅酸电池＋超级电容器为电源，从北京开到扬州，两天行驶 1100 公里，中途充电一次，百公里油耗 19 L，(均速 50 km/h 下)。如改用铅炭电池，可能省去 10 万元的超级电容器；与锂离子电池或以锂离子电池＋超级电容器相比，更廉价、更安全。

增程式是自带发电机的纯电驱动电动车，电机可由各种燃料的内燃机提供动力，行驶前电池组充电，可有 50 km 以上的纯电动行程；电池组不会缺电和过放电，寿命延长，安全性高；可以不用充电桩，且能远距离行驶；也可晚间在停车场充电，既推销电网的“谷电”，用户又可享受峰谷电价差而节省开支；电池少，成本较低；节油率 50%以上。

德州富路公司的“途瑞”增程式低速车，很有价值。其整备质量 900 kg，长×宽×高：3360 mm×1524 mm×1558 mm；用 60 V 100 A · h 铅酸电池，最高车速 50 km/h；里程 1000 km；售价 3.2 万～3.5 万元：发电机最大发电功率为 4.5 kW；电动机额定功率为 4 千瓦。纯电模式续驶里程 80～100 km，合 7.5～6 kW · h/百公里；综合工况下能耗：500 公里油耗 9 L，百公里 1.8 L；纯油模式油耗百公里 2.25 L。从此例又可看到，低速增程式节油率很高，而且可以远距离行驶。

4. 强混(深度混合)电动汽车电源

日本本田公司在强混电动汽车中试验以古河(Furukawa)公司的超级电池代替镍氢电池，取得成功，价格可以下降。但是古河卖给山东圣阳的技术，实际上是铅炭电池。

五、不要冤枉铅酸电池

铅酸电池本身不污染环境。现在全世界每一辆燃油汽车都有一块铅酸电池，乘车人干净、方便，但是有的人下车就污蔑它，打压它。

铅酸电池生产和废电池再生铅加工过程中，如管理不善，可能会对环境造成危害。这是由于法规不健全、监管不力而造成的铅中毒事件，算在铅酸电池的账上是不公平的。

我国铅酸电池因"古老""落后""污染" 等不实之词，受到压制；还要抽消费税！有的官员诬蔑铅酸电池古老、落后、污染环境，将铅酸电池列为"限制发展"的电池。国家发改委原副主任刘铁男更说："清华大学研制铅酸电池低速短程车，真丢清华的脸"。虽然这样的人不多，但由于他们在位时掌握着权力，他们对铅酸电池存有的无知偏见，严重干扰铅酸电池行业的发展，这种消极因素的负作用是不能轻估的。刘铁男作为国家发改委的副主任，其贬低铅酸电池的偏见肯定传染给了发改委内、外的官员。但是刘铁男的倒台，持类似观点的官员们并未改弦更张不再打压铅酸电池，低速电动车标准(草案)禁用铅酸电池就是一个例证。

有些官员深受铅污染、中毒事件纠结而烦恼，诬称 "铅酸电池污染环境"，实在很不在理，就如同说"猪肉污染环境"，一样可笑(图 3)！

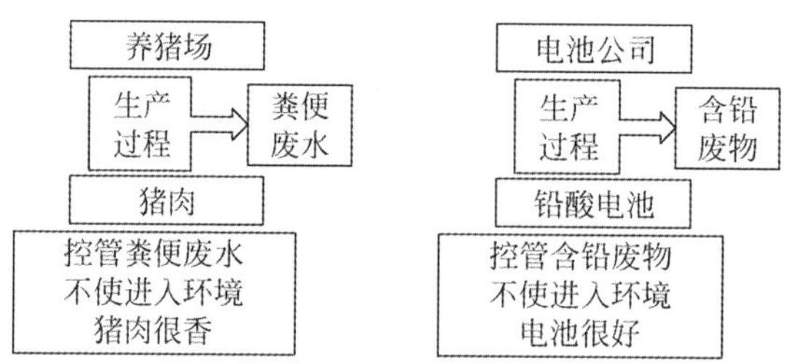

图 3　养猪场与电池公司类比

政府部门要认真抓各种电池造成污染的治理，被宣扬的铅酸电池要抓，还未引起足够重视的锂离子电池也要抓。企业也要自强、争气。

抽铅酸电池消费税，不合理！

因铅酸电池"污染"，要抽消费税限制其发展。其实，锂离子电池含化学品多，全过程问题并不少。石墨，从含量百分之几的粗矿中选取精矿，尾矿堆积如山，废水横流；从精矿中分离出石墨，要用大量碱、酸溶液除去无机物，产生大量废水；六氟磷酸锂制备中用氟化氢、氟气等含氟化学品；废电池处理中，六氟磷酸锂一遇到水汽，立即就生成氟化氢；有机溶剂，电池生产过程中挥发出吡咯烷酮；废电池处理中排出大量有机溶剂，含氟固体废物处置不当很容易污染地下水。请问税务总局,为何不抽锂离子电池的消费税?

六、彻底治理铅的污染

铅酸电池生产和再生铅加工过程如管理不善、监管不力,可能会对环境造成危害。

(一)我国正在治理铅的污染,是铅酸电池产业的新机遇

铅污染主要来自三方面:一是铅锌矿开采、冶炼;二是铅酸电池生产;三是废铅电池中铅的再生。

1. 铅酸电池生产的污染治理任重而道远

铅酸电池生产企业"准入"过程,就是"减污"的斗争;已经准入的企业仍须继续努力。有的集团在偏僻地区的分公司需做很大努力才行!

2. 铅生产小作坊的污染严重

矿冶和再生两环节中,大、小企业并存。小作坊片面追求利益,使用低成本高污染的生产方式,铅提取率低,浪费资源,污染重,易发生血铅事件。

3. 废电池和再生铅无序流动,后患无穷

不良后果有:①使提取率高、排放低的正规再生厂原料不足,成本上升,严重影响发展的积极性,反过来又为污染严重的再生铅小作坊提供了生存和扩大空间。②再生出的金属铅不受控管,可以任意卖给无生产资质的电池小作坊,"滋养"了无生产资质的"地下"电池小作坊,将使整顿的成果付诸东流。

铅的流通控管和污染治理密不可分,必须同时并进。

(二)铅污染能够治理

现在美国铅酸电池的产量与我国相当,美国铅酸电池行业已不在污染环境的行业之列。美国铅酸电池行业能做到的,中国铅酸电池行业为何做不到?一定能!核电站用的铀能做到不污染环境,铅酸电池的铅为何做不到?一定能!"世界上怕就怕认真二字,共产党最讲认真。"中国的环保官员和铅酸电池企业家,大多数都是共产党员,应该认真做好共产党员该做好的事。

(三)铅污染治理"法、德、技"三管齐下

1. 以"法"治铅

严格准入制度,排放总量控制,这两项措施一定要认真执行。还要严格控管铅

的流通，应该参考烟草专卖、炸药控管，或过去对紧缺物资的“统购、统销”等办法，制定法规和一套针对铅流通的管理制度。必须从铅料源头开始，严格控管铅的流通。建议：由相关的人大代表或政协委员提出议案。

要立法：明确铅料和废铅电池是有危害的物资，实行严格控管。要明确私自买卖废铅电池的行为一律为非法。建议实行“统购”：政府应该制定废电池回收准入规定。只允许有资质的废品收购站收购废电池，收购的废电池只允许卖给有资质的再生企业，不允许流入电池再生小作坊。实行“统销”：有资质的冶炼企业和再生企业产出的铅产品，只允许卖给有资质的电池生产企业，而不允许卖给无生产资质的小作坊和小企业。建议“执法必严”：要责成工商局、公安局严格执法，对私自非法买卖废电池者、铅料者要依法从重处理。

2. 以“德”治铅

铅企业生产要发展，但必须搞好环境保护，防止污染；铅企业要降低成本，但必须爱护职工、搞好劳动保护；铅企业可向低工资区迁移，但不能以邻为壑污染他乡。铅企业家是要挣钱，但不能唯利是图、忘记社会责任。

铅企业造成污染、中毒事件，董事长和总经理应该自觉公开道歉，公布整改措施；“捂盖子”，“私下摆平”的企图，是错上加错，应该受到鄙视和谴责。有些基层政府为了引资和税收，默许采用低成本、高污染的生产方式。这是要政绩、缺“政德”，应该受到问责和处罚。

铅企业中有全国环境友好企业，其领导人的社会责任心强，是榜样，大家要学习！

延长电池寿命是重大的节能和环保　电池生产-运输-回收-再生的循环过程大量耗能，电池再生的过程产生含铅的“三废”。相当多的电池生产企业不愿将电池寿命做长，不考虑能源和环保问题，是唯利是图的表现。电池生产企业要提高社会责任心，讲诚信。建议将电池的价格与寿命挂钩，或实行电池租赁经营，推动生产企业做长寿命。还有的电池使用者不将电池寿命用长，其中有的是不懂电池的习性；也有的是保质期末“故意”滥用坏去换新电池，投机取巧。

储能企业可吸收电池生产企业参股，利害共享。

3. 以“技”治铅

降低铅污染的技术和工艺很多。再生铅的提取，数量很大。要改进工艺，将污染降至最低。铅酸电池每年消耗 400 多万吨铅，生产与回收平衡后每年要再生处理 400 多万吨铅。再生收率如为 98%，每年就有至少 8 万吨铅流入“三废”！有的企业进口了再生装置，干法为主，是一进步。再生铅提取要大力发展湿法工艺，进一步提高再生收率，降低能耗，将污染降至最低。在第一、第二次全国铅酸电池新技术研讨会上北京化工大学介绍的湿法再生工艺，已经进入中试阶段。

七、几点建议

(1) 加强管理：严格执行铅行业的准入条件，不断进行整顿，治理环境污染，优化工业卫生，彻底摘除铅全生产链的污染帽子。

(2) 大力支持技术进步。铅酸电池的生命力在于提高比能量和寿命。还要进一步提高再生铅工艺的收率，降低能耗。

(3) 用好铅炭电池：①储能；②允许电动车使用，给铅电池微型电动汽车发“准生证”、发牌照。

(4) 本市全面发展第三产业，加强非资源型产业，为可持续发展创条件。控制资源开采、利用，为子孙后代留财富。

谢谢！

中国超级电容器产业年会暨应用展览会开幕讲话*

各位来宾、同仁们，大家上午好！

欢迎大家出席“中国超级电容器产业年会”！

2017 年是实施“十三五”发展的重要一年，在这一年中，超级电容器不仅被列入国家专项扶持重点项目，同时，入选“新兴产业重点产品”。密集的政策支持表明超级电容器迎来发展的机遇，预示着未来的强劲增长前景。我讲三点：

一、关于中国超级电容产业联盟

中国超级电容产业联盟成立了整一年，目前已经有会员 160 家，集中了国内与之相关的原材料、电容器件、生产线与上下游各类设施设备的配套供应单位，以及相关高校与科研院所等研究单位。据统计，联盟涵盖了国内超级电容领域 90%以上的相关从业单位，已经具有号召力与权威性。

中国超级电容产业联盟肩负的使命包括三大方面：①在产学研之间，建立起一条坚实的纽带，实现信息共享，集思广益，提高效率，促进实业发展。②制订国家、行业、社团标准，引导中国超级电容产业事业的健康发展与明确方向，不但要加强与国内其他产业的合作，而且要与国际接轨。③紧盯国家需求，跟上国家清洁能源发展的重大契机，力争扩大市场与应用领域，为建设美丽中国、节能降耗、碳减排与清洁空气计划做出应有贡献。

二、关于超级电容器的发展

我们都知道，超级电容器的特点是高功率、长寿命，弱点是比能量低、成本较高、市场有待开拓。要克服弱点，有两个问题尤其值得重视：第一是要发展国产高性能超级活性炭，促进国际市场降低价格，从而大幅降低超级电容器的成本。现在通过国内自建和国外收购，山东、浙江、黑龙江等地有几条生产线已经或正在建设，预计 2018 年将有相当规模的产量，是一重大进展。

---

* 本文是杨裕生院士 2018 年 1 月 6 日在天津“中国超级电容器产业年会暨应用展览会”开幕式上作为超级电容产业联盟理事长主持会议所作的开幕词。

第二是要充分发挥超级电容器的优势，继续开拓其他储能器件难以竞争的应用领域。提高电容器的比能量是我们超级电容界的梦想。我们联盟统一了认识，在三类经典的电容器(双电层电容器、赝电容器、混合电容器)基础上，创新地提出第四类——电池型电容器——的分类，确立了它的定义，为电容器创建新体系、新性能开拓了新空间。这类电容器兼顾高比功率和高比能量，寿命超过电池，并能按照特定的要求调节比功率和比能量。可以预料，电池型电容器未来可能在电动汽车、储能电站等各领域中获得越来越多的应用。

当然，关键技术之一也在于研制适用于不同体系的多孔炭材料，有待我们共同来攻关。

我们在充分肯定成绩的同时，也应该看到，目前的超级电容器产业规模还比较小。我们在应用场景、盈利模式、标准规范等方面还需要进一步探索推进。借此机会，我对 2018 年的行业工作提两点建议，供大家参考。

建议一，大力协同，对国产超级电容炭进行广泛、认真的试用，发现问题及时改进，尽快实现稳定生产，提高性价比，进入国内、国外两个市场。我们联盟要做好组织、协调、服务工作。

建议二，在进一步提高双电层电容器的性能、开拓其用途的同时，主动联合用户开发满足特定用途的电池型电容器。有条件的企业可以成立自己的“超级电容器应用开发部”，大力开拓自产电容器的应用领域和市场。

三、关于这次年会

举办年会是一次总结、交流和促进提高的机会。我们成立中国超级电容产业联盟，就是要致力于超级电容产业健康成长。我们要抱团取暖、共谋发展、共同富裕。我希望大家利用这次年会，多多讨论产业技术进步和市场拓展，多多交流不同应用场景的项目和成功案例。

2017 年，联盟的会员单位不断奋进，有影响的事情接二连三。因此，联盟也借此年会，以“高起点，高标准，权威性”的标准来设奖，表彰先进，树立典型。我们以后的年会要继续评优、奖先进，推动行业发展。

中国超级电容产业联盟的发展，得到了工信部等国家部委领导长期的、坚定不移的大力支持，在此表示诚挚感谢。

超电联盟中各项事务的高效率、超预期推进，是各会员单位饱满热情与积极参与的结果。同时，也是秘书处的高效工作与无私奉献，在此一并感谢。

最后，祝大会圆满成功。谢谢大家。

光伏储能的需求与发展建议*

大家好！

今天讲三个问题：一、光伏发电与储能；二、现有储能电池评述；三、建议。

一、光伏发电与储能

1. 光伏发电要求储能电池

能源出路在发展可再生能源发电。可再生能源发电，1千瓦每年减排二氧化碳2吨。太阳能，光转为电能，永不枯竭。但太阳能发的电无法恒定，必须有储能装置配套运行；太阳能发电与用电不同步，必需有储能装置调节。化学储能装置（电池）能效高，机动灵活，规模可大可小，技术进步快速。储能电池是微电网不可缺少的部件，已可胜任。缺点是寿命较短，电压低。

2. 储能电池技术评价的要素

我将大规模储能电池要求的十大性能分为三层次：第一位的要求是高安全性；第二位的要求与经济效益有关，包括高转换效率、长循环寿命、价格低廉、使用方便；第三位的要求是资源丰富、环境友好、可耐寒热、高比能量、高比功率。针对评价要素，推进技术进步。

3. 安全性是储能电池技术评价的第一要素

从上海车库里的客车（2010）、825路公交车（2011）起，锂离子电池组着火事件不计其数。美国特斯拉的Model S汽车用松下的约8000只18650镍钴铝锂离子电池，2013年10月1日起5个月烧了5辆车，至2017年累计十几辆。美国夏威夷群岛的多个储能电站中，超级电容器和电池着火。三星的2MW18650锂离子电池用于山西电网调频，2017年5月烧光；2018年1月同地又烧一次。

日本规模储能用钠硫电池，优点是比能量高，转换效率尚可，寿命较长。不足之处是300℃高温运行，启动慢；价贵，万元/(kW·h)；最令人担忧的是安全性差。日本储能电站2011年两次失火，9月的一次，烧了两星期。钠硫电池事故概率高约10^{-3}/(站·年)。所以，不要盲目追技术“新”，而要安全第一。

各种电池都可能发生燃烧、爆炸事故，绝对安全的电池可以说是没有的！首

---

* 本文是2018年3月26日在北京“2018中国‘光伏＋储能’技术融合创新应用大会”上的演讲。

先,要承认电池组像汽油箱那样,是一种含高能物质的部件,具有危险性的本质。其次,要将使用电池作为使用易燃、易爆物品和高电压器件一样对待。**最后,要认真研究降低电池事故概率的措施**。

当然,各种电池的安全性差别很大。影响安全的因素:①电池的品种;②电池的总容量;③电池的比能量;④电池的设计水平;⑤电池的生产质量;⑥使用时间的长短;⑦安全措施的有效性;⑧使用的合理性;⑨其他意外因素。

安全性是一个事故概率问题,既然是概率,它就可以用数值来表示。例如 10^{10}(100 亿)车·公里发生燃烧、爆炸事故不超过一件;或用 10^{-10}/(千瓦时·年)、10^{-3}/(站·年)等其他表达形式。但是遗憾的是,迄今为止尚未见研究结果。

总之,把安全放在储能电池的第一位,认真降低事故概率!

4. 经济效益是储能电池第二要素

蓄电的直接经济效益　以指数 YCC 表示:

$$\mathrm{YCC}=\frac{\text{电价}_{\text{出}}-\dfrac{\text{电价}_{\text{进}}}{\text{能量转换效率}}}{\dfrac{\text{输出 1 kW·h 的初投资}}{\text{循环寿命}\times\text{充放深度}}+\text{输出 1 kW·h 的运营成本}}$$

YCC>1,表示储能企业盈利;YCC－1=储能企业的毛利率。

公式中,循环寿命,次数;电价$_{\text{进}}$、电价$_{\text{出}}$,元/(kW·h);输出 1 kW·h 电能的成本(元/(kW·h)),分初投资与运营成本两项。此公式体现了,长寿命、低成本、高能效的电池经济效益高。

二、现有储能电池评述

1. 铅酸电池是目前规模储能的首选

其优点突出:安全、廉价、成熟、功率特性好、高低温性能优越、有单体万安时的大型产品。现在,治理了冶炼、制造、回收中的铅污染。新技术的铅炭电池寿命长,已经在储能电站中大量使用。

2. 镍氢电池储能有潜在优势

其优点:安全,环境友好,比功率较高,资源可循环利用,循环寿命较长,能量转换效率较高。不足之处:比能量不及锂离子电池;初投资高(原料用镍和稀土)。但是,废电池的残值高,应可补偿电池的高价。

3. 锂离子电池"两头冒尖"

优点:比能量高,能量转换效率高;比功率高、循环寿命较长。不足:价格还不够低,有安全隐患。锂离子电池中的电解液是用易燃的溶剂配制而成的,正、负电极上的氧化剂和还原剂只隔一层约 20 μm 厚的隔膜；电池组运行(甚至停放时)中，某一节电池达到一定温度时，氧化剂和还原剂均易与电解液发生大量生热的化学反应，引发热失控；某一节电池热失控，极易引起连锁反应！大规模储能中一旦发生事故，后果不堪设想。必须采取严格的安全技术措施和管理制度。

4. 各种不同体系液流电池在竞争中

(1) 全钒液流电池安全、长寿。我国曾有近十家公司研发。2012 年大连融科演示 5～10 MW · h 储能电站；前年立项 200～800 MW · h 的新电站，拟用 35 亿元人民币开建，每 kW · h 电合 4000 余元。

此种电站的建费高、能效较低、维护较繁、五价钒有毒、放电倍率较低。如设寿命 10 000 次，转换效率 70%，毛利率仅约为 0.15。现在钒的价格看涨，利润率行将下降。

(2) 铬铁液流电池“返老还童”。Cr/Fe 液流电池是美国 NASA 首先提出的液流电池体系。原先存在正负极溶液离子互串的问题，Fe^{+2}/Fe^{+3}-Cr^{+2}/Cr^{+3}。马志启技术团队的铬铁电池的正极、负极电解液均用 Cr-Fe 的混合物，容许正负极离子互串。正极溶液的组分：$Fe^{+2}/Fe^{+3}+Cr^{+3}$；负极溶液的组分：$Cr^{+2}/Cr^{+3}+Fe^{+2}$。其公司建成 30 kW 电池堆，组合成 60 kW/120 kW · h 系统双堆，能量效率接近 80%，其性能与全钒液流电池的比较见表 1。

表 1　铬铁电池与全钒电池的比较

	Cr-Fe	VRB
负极，电位	$Cr^{+2/+3}$，−0.41 V	$V^{+2/+3}$，−0.26 V
正极，电位	$Fe^{+2/+3}$，0.77 V	$V^{+4/+5}$，≥1.0 V
标准电压	1.18 V	≥1.26 V
膜及成本	阳离子交换膜，占电堆成本的 10% 以内	全氟磺酸膜，约占电堆成本的 1/2
工作温度	−20～70℃	45℃以上钒析出
毒性	无	V^{+5} 有毒
电解液稳定性	稳定	V^{5+} 可能腐蚀电极
系统效率	～80%	～70%
目标系统成本	～1720 元/(kW · h)	3000～4000 元/(kW · h)

可以看出，铬铁电池总体性能优于全钒电池！

(3) 锌-镍单液流电池环保、实用。防化研究院发明后，张家港智电芳华畜电研究所有限公司开发出 300 A · h 单体，长兴超威集团投资合作工程化。后来，美国纽约城市大学跟随，实行了工程化计划；中国科学院大连化物所、日本也开始研究。该电池不需隔膜，无有毒物，结构简单，外串、没有旁路电流损耗。要解决的是进一步降低成本、延长寿命两问题。

(4) 能效不高的可再生燃料电池。燃料电池是发电装置,但是可再生燃料电池是储能装置,美国曾拟用于空间,中国也曾有人跟进。该电池系统复杂,可靠性低;能量转换效率很低,仅约 30%,空间应用时需多用太阳能电池板。大规模蓄电不宜采用,因为 YCC 指数太低!

要警惕有人“忽悠”!免走弯路!

(5) 超级电容器寿命长达百万次。缺点是比能量低,价格贵。但是,大规模蓄电采用时,要算 YCC 指数,由于其寿命超长,算出的 YCC 指数并不低!

将光伏发电与超级电容器蓄电结合,用于新建的路灯(LED 灯),以省去的电缆价抵尝电容器的价格,不会增加工程造价,而可收节能减排之利。如用于大规模蓄电,实际上只需要 2 万~3 万次寿命,可将超级电容器与电池进行内并,兼收两者的优点,做成寿命几万次,比能量几十瓦时/公斤的新品种,除了是有机电解液这一弱点之外,是性能较为全面的蓄电器件——电池电容。

三、建议

1. 大力发展小型光伏发电

光伏发电不必都集中建于西北地区。建在用户近旁,可免去远距离输电线路和线路损耗;建设风-光-储微电网,与大电网互补;除利用屋顶外、还可利用墙面发展户用光伏储能系统(图 1)。

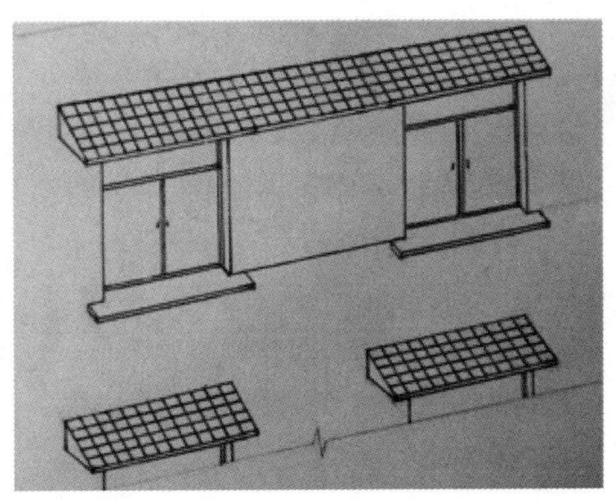

图 1　墙面利用示意图

2. 政府要加大新水系储能电池研究的投入

创新目标 100 W · h/kg(5500 次,15 年),专项发展电极材料为有机化合物的电池、锌锰系电池等规模蓄电专用水系电池。

3. 电动车退役锂离子动力电池的梯次利用

动力电池的量大，应该梯次利用，并可合理分担成本。但要掌握几点原则：

(1) 不宜合并用于大规模储能，以确保安全。

(2) 化整为零，串并联节数宜少不宜多。

(3) 要拆解、检测、分级、重组，不可图省事。

(4) 为保证拆解中不损伤电池，圆柱形电池成组时应使用"全免焊接技术"(杭州波谱莱公司)。

(5) 梯次利用与废电池最终处置要统一安排。

4. 要有正确的光伏储能发展路线

要加紧演示，切实验证经济效益；补贴政策合理，既能促进又不过度；不存偏见，各种技术各展所长。

谢谢！

铅、锂蓄电池发展的思考*

大家好!

今天想讲讲有关铅酸电池和锂电池发展我思考的一些问题。

一、“古老”铅酸电池正青春换发

160 岁的铅酸电池仍然广泛应用在各个领域,在民用方面,每辆汽车都有一块作为启动电源;无线通信铁塔电源是现代文明生活的基石,人人离不开它;电动自行车的动力电源,支撑几亿人行动;在军用方面,潜艇(万安时的单体)、坦克中,铅酸电池参加保家卫国。

铅酸电池的优点突出:①安全、可靠——无可燃物;②价格低廉;③比功率高(千安培启动);④生产工艺成熟;⑤废电池全部再生,资源利用率高。

近些年,可再生能源兴起,用铅酸电池进行规模蓄电,解决弃风、弃光,削峰填谷,能够充分发挥铅酸电池的优点。

铅酸电池生产有新技术:①铅炭电池,寿命延长几倍;卷绕型的铅炭电池,比功率达 900 W/kg;②湿法再生,收率高,环保;③生产设备现代化改造。行业正在全面洗刷铅酸电池落后污染的名声。

政府有新作为:①全行业整顿,以环保为中心;②强基工程支持铅炭电池。

企业有新面貌:①向大型化、现代化发展;②不断加大科技创新投入;③加强技术力量和创新力,信心强、干劲足、很顽强。

应用有新动向:①微电网蓄电;②家用电源:光伏+夜蓄日用;③争取低速电动车标准不限用。新应用的前景很光明。

二、铅酸电池技术的发展趋势

2010 年“首届铅酸电池新技术研讨会”上我提出了铅酸电池的三大任务:“加力、延寿、摘帽”。

加力——提高比能量,第一阶段目标 60 W·h/kg,第二阶段目标 80 W·h/kg。

延寿——提高循环寿命;发展铅炭电池等。

---

* 本文是 2018 年 4 月 25 日在中国船舶重工集团动力股份有限公司“电池技术发展研讨会”上的演讲。

摘帽——消除全行业铅污染；介绍湿法回收法。

9 年来，在政府支持和全行业的努力下，三大任务的后两项很有进展，今后当然还需继续推进！加力，比能量有些进展，但不大。提高比能量，是铅酸电池行业增加利润的要途；是铅酸电池提高竞争力、巩固阵地的必要手段。

在锂离子电池成组的价格降至 1.2 元/(W·h)时，按单次蓄电成本计算，已是铅酸电池(按 300 次计)的 1/3；这就是铅酸电池使用成本的危机。如铅酸电池比能量达到 60 W·h/kg，每瓦时价格可降低 33%，使用成本还比锂离子电池高一倍。但是，加上其他有利因素，铅酸电池还有生存竞争力。

提高比能量至 60 W·h/kg 是铅酸电池的当务之急！也完全有可能！目前铅酸电池正、负极活性物质的利用率约 40%。只要提高到 60%，比能量就到 60 W·h/kg，还可在降低板栅重量方面做文章。

三、加速铅炭电池用炭的国产化

美国奥巴马总统 2009 年上台不久支持新一代电池及材料 15 亿美元，其中支持 Exide Technologies with Axion Power International 3430 万美元(约合人民币 2.4 亿元)生产用于微混和轻混的铅炭电池；支持 East Penn Manufacturing Co. 3250 万美元(约合人民币 2.3 亿元)生产用于微混和轻混的超级电池；支持 EnerG2 Inc. 2100 美元(约合人民币 1.5 亿元)生产用于超级电容器的高能量密度的纳米炭。

我国现在主要用美、日的炭材料；国产量少，且析氢重。希望政府支持，企业进一步合力，推进国产化！

我们摒弃了制备超级活性炭的碱活化法，提出创新的多重造孔法，通过变换多重造孔剂的品种和比例调控孔径和比表面，可满足各家要求。新工艺的优点是不用强腐蚀性的碱，减去大量废液排放，成本降低。现已进入中试阶段，正在选址、设计、制作设备，深化合作。

四、电动车-锂离子电池安全第一

习近平总书记 2014 年 5 月在上海考察时指出："发展新能源汽车是我国从汽车大国迈向汽车强国的必由之路"。

发展电动汽车的目的是节油(能)、减排。汽车强国必须依靠自主知识产权生产油耗最低、排放最少的电动汽车。电动汽车是动力电池发展的第一推手，对动力电池性能要求应该排序，我认为第一位重要的是高安全性，不易爆炸、燃烧。第二位的要求是与经济效益有关的循环寿命长、高比功率、高比能量、转换效率高、价格低、耐寒热；第三位的要求是资源丰富、环境友好、使用方便、易维护。动力电池中，锂离子电池的综合性能首屈一指。

现在的补贴和即将实行的积分均与纯电动里程挂钩，于是电池比能量排在首位，使三元电池最兴时，而且其镍钴锰的比例由333、523进向622、811，目的是提高电压增加单体比能量。但安全性问题也随之增加。为了提高安全性要采取许多辅助措施，结果是成组后的比能量优势并不很大！而且我国镍、钴资源少，难支撑千万辆车的需求，进口价格受控于人。

电池单体比能量越高，安全性越低！电池用量越大，安全性也越低，而且行车耗电越高、越不节能减排！补贴和积分与纯电动里程挂钩的政策误导安全性沦为次要位置！磷酸铁锂电池还有无前途，似乎成了问题。

高补贴发展的纯电动车难以市场化！要解除四大焦虑：①里程焦虑：多带电池，仍怕断电；车重，不节电。夏热、冬冷空调的用电严重缩短里程。②安全焦虑：电池多，而且比能量又要高，危险性大，燃烧爆炸事故多。③充电焦虑；充电桩密，投资大，仍难满足要求。④价格焦虑：电池用量大，价格高，竞争力低。

有补贴时，可发展中等行程的物流车等特种车辆，但是第二套电池要用户另出钱。补贴停止后，里程越长、补贴越高的车就越难卖出去！这是政策误导的又一后果！

十年来我的主张，原则是：用好成熟的电池，发展安全节能减排的电动汽车。技术路线是：以微小型纯电动车为突破口；大中型车发展纯电驱动的增程式。微小型纯电动车，可用铅酸电池做低速车，也可用锂离子电池做高速车，应由市场决定。增程式电动车，用安全性高的磷酸铁锂电池，可解除纯电动车的四大焦虑。

增程式电动汽车(有人称“串混”)，是纯电动车上加装增程器。我将增程式电动汽车技术划分为三代。第一代单纯为了增加行驶里程；增程器功率大，原装的电池重，加装增程器后车更重，油耗高。第二代优化了动力系统，电池量减半，节油50%！我们江苏公爵提出第三代“发电直驱电动车”，车上发电机发的电不必经过电池而直接驱动电动机；继承了第二代的全部优点，节油率可>60%。

磷酸铁锂电池符合增程式的需求，安全性好，资源丰富，比能量够(单体比能量已达180 W·h/kg)，比功率高，寿命3000次；量大时电池单体现款价格降至0.8元/(W·h)，成组的价格降至1元/(W·h)左右；增程式车的电池常处于半充半放间，寿命足够；电池用量少，占车的成本比例低，有利于电动车的市场化！

五、重视锂离子电池全过程的污染

锂离子电池中化学品多，全过程都可能有污染。石墨，从含量百分之几的矿中选取精矿，尾矿堆积如山，废水横流；从精矿中分离出石墨，要用大量酸、碱溶去无机物，又产生大量废水。六氟磷酸锂，制备中用氟化氢、氟气等有毒化学品。废电池处理中，六氟磷酸锂一遇到水汽，立即就生成氟化氢气体。最后的固体废物中，还有氟化物，填埋处置就可能污染地下水。有机溶剂也是问题，电极片生产过程中挥发出的吡咯烷酮有部分排放到大气中；灌注电解液时、废电池处置时都排出有机蒸气。所以，有些人要纠正“锂离子电池是绿色的”错误观念！

锂离子电池从生产到处置全过程的污染必须严控，废电池处置尤应规范。

结束语

(1) 继续推进铅酸电池的三大任务：

提高比能量是当务之急——增加利润和生命力！

延长寿命将利国利民——节省能量和减少三废排放。

湿法处置废电池一举两得——环保和掌控原料。

(2) 电动汽车要卖得出去，必须减少电池用量，降低车价。而不是追求纯电动长里程、多装电池；或拼命提高比能量、增加危险性。办法：微小型化＋增程式。

(3) 铅酸电池技术研讨会要联合举办、精简重复性；要以服务企业为目的，不为办会而办会；减轻企业的经济负担，减少人员的奔波劳累。

谢谢！

中国超级电容器产业联盟与中国照明协会签约仪式讲话*

各位来宾、大家上午好！

去年，超级电容器被列入国家专项扶持重点项目，同时，入选“新兴产业重点产品”。密集的政策支持表明超级电容迎来发展的机遇，预示着未来的强劲增长前景。

首先，请允许我简单介绍一下中国超级电容产业联盟。

中国超级电容产业联盟成立一年多，目前已经有会员超过 160 家，集中了国内相关的原材料、电容器件生产与上下游各类设施设备的配套供应单位，以及相关高校与科研院所等研究单位，涵盖了 90％以上的国内超级电容从业单位，具有一定的号召力与权威性。

中国超级电容产业联盟肩负三大使命：①在产学研之间，建立起一条坚实的纽带，实现信息共享，集思广益，提高效率，促进产业发展。②制定国家、国际、行业、社团标准，引导中国超级电容产业的健康与快速发展，不但要加强与国内其他产业的合作，而且要与国际接轨。③紧盯国家需求，跟上国家清洁能源发展的重大契机，力争扩大市场与应用领域，为建设美丽中国、节能降耗、减排二氧化碳与清洁空气计划做出应有贡献。

其次，介绍一下关于超级电容器的发展及应用。

超级电容器的特点是高功率、长寿命，弱点是比能量低、成本较高、市场有待开拓。但目前国内碳材料发展迅猛，同时通过国内自建和国外收购，企业规模不断提升，超级电容器成本降低指日可待，这是一大进展，应用将越来越广泛。

我们要充分发挥超级电容器的优势，继续开拓这种储能器件难以竞争的应用领域。今天的耐普恩超级电容光伏路灯就是超级电容器的一个应用亮点。提高电容器的比能量是我们超级电容界的梦想。我们联盟统一了认识，在三类经典的电容器（双电层电容器、赝电容器、混合电容器）基础上，创新地提出第四类——电池型电容器——的分类，为电容器创建新体系、新性能开拓了新空间。这类电容器兼顾高比功率和高比能量，寿命超过电池，并能按照特定的要求调节比功率和比能量。可以预料，电池型电容器未来将在电动汽车、储能电站以及包括照明在内的各

---

* 本文是杨裕生院士 2018 年 5 月 8 日在长沙“中国超级电容器产业联盟与中国照明协会签约仪式”上作为理事长代表超级电容产业联盟所作的致辞。

领域中,获得越来越多的应用。

最后,热烈欢庆中国超级电容产业联盟与中国照明学会实现战略合作。

今天,我们见证了超级电容器在照明领域的成功应用,我们超级电容产业联盟决定将超级电容光伏路灯作为超级电容重点应用推广项目,希望通过与中国照明学会战略合作,深入沟通,共同保护知识产权,调动各方的积极性,共同推动新能源照明产业有序、健康发展,让更多的人认识到超级电容光伏路灯的优越性,扩大影响,实现更有力地节能减排,造福于人民乃至全人类。

湖南耐普恩科技有限公司艰苦创业,努力创新,为超级电容行业应用树立了品牌,可喜可贺;衷心祝湖南耐普恩科技有限公司蒸蒸日上,兴旺发达。

湖南省、长沙市有关政府部门和长沙经济开发区,对超级电容行业给予大力的支持和关怀,借此,深表感谢!

谢谢大家。

中国工程院院士杨裕生：加快推进铅炭电池发展*

铅炭电池是铅酸电池诞生以来的最大技术进步。应在规模储能和低速电动车中加紧推广应用。政府部门应取消铅炭电池的消费税，允许铅炭电池在低速电动车中使用，并资助特种炭材料的生产发展。

中国工程院院士杨裕生：

山西去年有两座2 MW·h的储能电站被烧毁，其使用的是三星公司生产的三元正极材料锂离子电池。虽然有人认为火灾不一定源于电池，但是也应该引起人们对锂电池安全问题的重视。今年7月，韩国一座功率4 MW、容量12 MW·h的储能电站，先起火后爆炸，用的也是三元正极材料锂离子电池。据报道，这已是韩国烧掉的第四座锂离子电池储能电站。可见，三元正极材料锂离子电池安全性还不稳定，在规模储能领域应谨慎使用。

相比之下，铅炭电池是一种新型的超级电池，其将铅酸电池和超级电容器两者合一：既发挥超级电容长寿命的优点，也发挥了铅酸电池的安全性、比能量优势，且拥有非常好的充放电性能。铅炭电池应该在储能电站建设中占有重要地位。

铅炭电池优点不少

储能的重要性已为公众普遍认同。规模储能的主要作用有：提升传统电力系统灵活性、经济性和安全性；提高风、光等可再生能源的消纳水平，推动由化石能源向可再生能源更替；促进能源生产消费开放和灵活交易、实现多能协同；构建能源互联网，推动电力体制改革和促进能源新业态发展。

在多种储能技术中，化学电池占有日益重要的地位。在电动车中，电池更是核心部件，决定着电动车的发展路线、车辆的行驶里程、速度和价格，尤其是与其安全性息息相关。

铅酸电池向来以其高安全性、价廉、可靠等优秀品质，占领着电池储能的主要份额。近年来，利用多孔炭（特种活性炭）粉的电容作用和导电性，将其掺入铅酸电

---

* 本文原载于2018年9月6日《中国科学报》第5版。

池负极中，发展了电容型铅酸电池(简称铅炭电池)，在保持原有优点的同时，大幅提高了循环寿命、比功率和低温性能。而且，充电电压下降、放电电压上升，电能利用效率提高。可以说，铅炭电池是铅酸电池诞生 159 年来的最大技术进步。

2004 年，工信部的强基工程分别以约 2000 万元支持南都、双登两家大型铅酸电池企业投入铅炭电池生产，这虽然与 2009 年美国分别以 3000 多万美元(约合人民币 4.5 亿元)支持两家美国大型铅酸电池企业发展铅炭电池相比差距不小，但从当时国力来衡量，我国政府的支持力度已经很大。

从 2016 年 4 月国家发展改革委、国家能源局发布《能源技术革命创新行动计划(2016—2030 年)》，到 2017 年 9 月国家发展改革委、财政部、科学技术部、工业和信息化部、国家能源局发布《关于促进储能技术与产业发展的指导意见》，一年多时间里，政府部门就有四个下发文件中提及发展铅炭电池，充分说明铅炭电池越来越受到政府部门重视。

在使用场景中，铅炭电池还可在低速电动车中充分发挥作用。

所谓低速电动车，包括电动自行车、电动摩托车、电动三轮物流车，以及正在制定“技术条件”的“四轮低速电动车”。这些车活动范围较小，原本使用铅酸电池。如果改用寿命延长的动力型铅炭电池，不仅方便了使用者减少更换电池次数，而且使电池再生的次数也相应减少，能源消耗大为减少。

诸多措施待落实

政府部门发文件、指方向固然十分重要，而实质性的行动更为关键。

首先，应投入经费支持特种多孔炭的生产。多孔炭是铅炭电池的关键材料。我国铅炭电池发展慢的主要原因就在特种多孔炭。目前所用的炭主要自美国和日本进口，价格高昂。国产炭不仅产量少，主要问题还有析氢严重，实质问题是炭的结构促进了电池充电时水的电解，不仅增加添水维护的工作量和浪费能源，而且放出的氢气如果疏导不畅将会造成爆燃事故，降低了此类电池固有的安全性。

前面提到的美国政府重金支持发展铅炭电池，其同时还出资 2100 万美元(折合人民币 1.5 亿元)支持美国 EnerG2 公司发展碳气凝胶(一种高导电的多孔炭)。后来，该公司得以将碳气凝胶高价销来中国供生产铅炭电池之用。而我国的强基工程支持铅炭电池产能建设的同时，却没有支持更为根本的多孔炭发展。

我国的碳气凝胶研制已有一定基础，政府应该及时帮一把，将这种高技术产品国产化。

其次，应免除铅炭电池的消费税。关于铅蓄电池消费税征收的规定源于 2015 年财政部与国税总局下发的《关于对电池涂料征收消费税的通知》。该通知规定，

“自 2015 年 2 月 1 日起，将对各类电池征收消费税（部分电池免征），在生产、委托加工和进口环节征收，适用税率均为 4%”“铅蓄电池自 2016 年 1 月 1 日起征收”。

铅炭电池出身于“铅酸电池家庭”，免不了被“牵连”征消费税。铅炭电池用炭使成本约增加 10%（储能型电池）至 20%（动力型电池），4%的消费税对于本来利润空间已经很小的行业而言，实乃一沉重负担。为了有利于铅炭电池的发展，其消费税应予免除。

无论是征收铅酸电池的消费税，还是低速电动车排斥铅酸电池，理由都是“铅酸电池有污染”。其实，经过五年来政府部门抓紧整顿和行业的共同努力，现实情况已非如此。相反，锂离子电池行业也存在污染问题，也需认真考察。凡是有污染，不管什么行业都应该治理，要一视同仁，公道处理。

最后，尤其应该注意的是，《四轮低速电动车技术条件（修改稿）》规定电池组的比能量必须大于每公斤 70 瓦时，这就将铅酸电池和铅炭电池排除在四轮低速电动车之外。现在距离今年 11 月《四轮低速乘用车技术条件》的定稿期限仅有 3 个月，《四轮低速电动车技术条件（修改稿）》制定者们应该抛弃成见和偏见，接受新事物，将有关电池组比能量的条文从《技术条件》中删去。

以创新巩固铅酸电池阵地　靠技术推动三项任务进展*

同志们，大家好！

我们又相聚在两年一届的盛会上了，到会的人数一届比一届多。谈几个我认为重要的问题。

一、当今世界离不了铅酸电池

民用方面，汽车启动、无线通信铁塔普遍使用铅酸电池，让人人享受现代物质文明生活；电动自行车用它作动力电源，支撑我国几亿人方便出行。

军用方面，潜艇(万安时)、坦克，铅酸电池参加保家卫国。

铅酸电池优点：①安全、可靠，无可燃物；②价格低廉；③比功率高；④生产工艺成熟；⑤废电池再生，利用率高。

现在，可再生能源正在兴起，需要规模蓄电解决弃风、弃光、削峰填谷，铅酸电池大有用武之地。

铅酸电池生产有新技术：①铅炭电池；寿命延长几倍；卷绕型铅炭电池比功率达 900 W/kg；②湿法再生，收率高，环保；③生产设备现代化改造，全面洗刷铅酸电池落后、污染的名声。

政府有作为：①全行业整顿，环保为中心；②强基工程支持铅炭电池。

企业有新面貌：①向大型化、现代化发展；②不断加大科技创新投入；③加强技术力量、创新力；信心强；干劲足，很顽强。

应用有新动向：①微电网蓄电；②家庭电源：光伏+夜蓄日用；③争取低速电动车标准不限用铅电池。前景很光明。

二、铅酸电池目前遇到些问题

①铅酸电池遭遇锂离子电池价格的挑战。锂离子电池价格已降至 0.8 元/(W·h)。②铅酸电池遭遇锂离子电池梯次利用的竞争，铁塔、电动自行车等推广

---

* 本文是 2018 年 11 月 4 日在中国工程院能源与矿业工程学部、中国电池工业协会联合主办的“第五届全国铅酸电池新技术研讨会”上的演讲。

使用。③国家电网所属企业进入储能领域，而且以雄厚力量使用锂离子电池进行规模蓄电。④个别铅酸电池企业污染回潮。这些以身试法的害群之马造成了极其恶劣的影响。

铅酸电池是遇到了些困难，但绝不是“乌云压城城欲摧”。

我们要以创新巩固铅酸电池阵地，靠技术推进三项任务完成。

三、继续推动三大任务进展

2010 年“首届铅酸电池新技术研讨会”上我提出了铅酸电池的三大任务：

加力——提高比功率、比能量，目标 60 W·h/kg。

延寿——提高循环寿命：铅炭电池等。

摘帽——消除全行业铅污染；介绍湿法回收法。

9 年来，在政府支持和全行业的努力下，三大任务有进展；当然还需继续推进，污染回潮损伤全行业，必须严处。

“加力”提高比能量，进展不大。提高比能量，是铅酸电池行业增加利润的要途；是铅酸电池提高竞争力、巩固阵地的必要手段。在锂离子电池成组的价格降至 1.0 元/(W·h)时，按单次蓄电成本计算，已是铅酸电池(按 300 次计)的 1/4，这就是铅酸电池使用成本的危机。如铅酸电池比能量达到 60 W·h/kg，价格可降低 33%，再考虑到铅的残值，使用成本比锂离子电池高不了多少。加上安全、使用方便、首付少等有利因素，铅酸电池还很有竞争力。

提高比能量至 60 W·h/kg 是铅酸电池的当务之急！比能量提高至 60 W·h/kg 完全可能！例如：铅酸电池电极活性物质的利用率提高到 55%，再减轻负极板栅重量，比能量就可达到 60 W·h/kg。

四、加速推进铅炭电池的发展

从 2016 年 4 月起的一年半内，政府部门四次发文提到要推动铅炭电池！2016 年 4 月 7 日，国家发展改革委员会、国家能源局发布《能源技术革命创新行动计划(2016—2030 年)》。2016 年 6 月 20 日，国家发展改革委、工业和信息化部、国家能源局：《中国制造 2025—能源装备实施方案》。2016 年 8 月 5 日，工信部《轻工业发展规划(2016—2020 年)》。2017 年 9 月 22 日，国家发改委、财政部、科技部、工信部、国家能源局《关于促进储能技术与产业发展的指导意见》。铅炭电池如此“受宠”，实属空前！本行业应该乘风而起！

铅炭电池的关键在新型多孔炭材料。该炭材料要求电导率高，中孔率高，密度高，纯度高，比表面高，性价比高。这些性能相互制约，需通过研究寻求最佳。

现在有人将添加了石墨或炭黑的铅酸电池，也叫做铅炭电池。这些导电剂无双电层电容效应，不能解决铅酸电池负极的硫酸盐化问题，电池寿命难以延长，不能称作“铅炭电池”。

奥巴马政府 2009 年支持新一代电池及材料 15 亿美元，其中 2100 万美元(约合 1.5 亿元人民币)支持 EnerG2 公司批量生产碳气凝胶，现将该材料高价销来中国用于铅炭电池！张家港博威新能源材料研究所(有限公司)，研制成功最可几孔径 5～100 nm 任意可控的碳气凝胶，省略了美国工艺中的乙醇替换水和超临界干燥两步费能又费时的工序，成本下降，且可满足寻求最佳孔径的需求。该材料的电导率达 6 S/cm 以上 (日本可乐丽 YP-50 为 0.15 S/cm)，十分适用于铅炭电池。

目前我国的特种活性炭主要用美、日的产品；国产量少，析气、失水重，电阻大。希望政府以实力支持优质多孔炭材料的国产化！

五、加强信心守阵地，努力开拓新疆土

要充分发挥铅酸电池高安全优势，做锂离子电池难以做好的事。

通过技术创新提高铅炭电池性能，加强产品竞争力，是根本途径。

主动联合，变单纯产品推销为电池与储能技术联合经营。

铅炭电池规模储能用于微电网、企业夜储日用、家庭储能、电网调频和削峰填谷，均可与锂电一争高下。

铅炭动力电池用于启停式汽车、快递三轮、低速四轮车、低速增程式车等。

开展长寿命铅炭电池的租赁业务。

结束语——向政府的两项呼吁

1. 免除铅酸电池消费税

铅炭电池用炭使电池成本有增加，4%的消费税对于利润空间很小的行业实乃一沉重负担。为了有利于铅酸(炭)电池的技术进步和污染治理，应免除其消费税。

锂离子电池行业也存在污染问题。凡是有污染，不管什么行业都应该治理。征税要公平，一视同仁，公道合理。

2. 本月是《四轮低速乘用车技术条件》的定稿期限

在这最后关头，呼吁将《四轮低速电动车技术条件(修改稿)》中关于电池组的比能量必须大于 70 W·h/kg 的条文从《技术条件》中删去，让市场决定电池。

谢谢！

杨裕生：应制约电动汽车里程“随心所欲”地提高*

本报讯 我国新能源汽车发展至今，取得了巨大的成就，也积累了若干问题。11 月 8 日，在参加 2018 第三届动力电池应用国际峰会(CBIS2018)时，中国工程院院士杨裕生就此表达了自己的看法。

杨裕生提出：“电动汽车的主要矛盾是安全性和里程的对立。安全性是矛盾的主要方面，里程是次要方面，不可颠倒。如果不分清楚，把矛盾的主要方面与次要方面搞错了，就会走弯路。主要矛盾反映在电池上，是危险性与比能量的矛盾。电池的危险性应该制约电动汽车里程‘随心所欲’地提高。”

“我讲的‘随心所欲地提高’是指政策将补贴与电动车续航里程挂钩，诱导续航里程从 200 公里提向 300 公里、400 公里，将来还想冲击 500 公里。为达此目的必然要将三元锂离子电池中镍钴锰的比例不断地从 333 发展为 523、622，乃至 811，随心所欲地不顾安全性。”杨裕生说。

杨裕生认为，长里程的纯电动汽车的发展存在五大“焦虑”：里程焦虑、安全焦虑、充电焦虑、价格焦虑、电池焦虑。

所谓里程焦虑，就是指为保证续航里程，电动车需要多带电池，而电池多了车身就重，耗电就多，加之夏天、冬天空调耗电，进一步促使里程严重缩短。电池多，同时要求电池的比能量高，这使得电动车危险性增大，造成燃烧爆炸事故多发，形成了安全焦虑。电动车大量投入市场后，必然要求较大密度的充电桩，而这既费钱又占地，还很难符合要求，成为充电焦虑。电池用量大了，电动车的价格就高，与燃油车相比，其竞争力就低，这是价格焦虑。而因为电动车电池的寿命短于整车，第一套电池有补贴，第二、第三套电池就要用户自己花钱，是谓电池焦虑。

“由此可见，电动汽车和动力电池相互依存、相互促进，又相互制约。”杨裕生说。

“电池如果不成熟就把它大量用在汽车上，就会出问题。”杨裕生表示，“电池的真正进步才能推动电动汽车水平的提高，冒进就要吃苦头。”因此，他认为，要按电池发展水平来做电动汽车。

杨裕生强调，电动汽车必须安全第一，因此电池的安全性一定要高，目前来看，磷酸铁锂电池的安全性要好于三元锂电池。

---

* 本文原载于 2018 年 11 月 12 日“科学网”(www. sciencenet. cn)，作者赵利利。

有网友认为近年来频发的电动汽车爆燃事故中有使用磷酸铁锂电池的电动汽车，所以，磷酸铁锂电池和三元锂电池两者同样存在安全性问题。当记者就此观点求证杨裕生时，他表示，“这个说法是不对的。”

杨裕生认为，安全性是指事故发生的概率。现在三元锂电池与磷酸铁锂电池的用量基本相当，而发生燃烧事故的概率大约是 10∶1，这就表明两种电池的安全性有显著差别，“这主要是由于三元锂电池的热失控温度远低于磷酸铁锂电池”。

“车子的爆燃事故，除了与电池正极材料有关，还与电池的生产工艺水平、企业管理水平等都有关系。所以磷酸铁锂电池也有发生事故的某种概率。”杨裕生补充道。

此外，有人将“锂硫电池”称为下一代动力电池。杨裕生对此表示，锂硫电池理论比能量高，但不能片面地以比能量作为唯一的衡量指标。锂硫电池存在安全性低、体积比能量低、放电倍率低、能量转换率低、循环次数低的问题，“这‘五低’问题真正解决之后才能用到车上，还要做很大努力”。

给韩世幸董事长的贺信*

尊敬的韩世幸董事长：

我因年迈体衰，未能亲临现场祝贺，谨此遥寄贺信，并致敬礼。

战友　杨裕生

贺　信

包头昊明稀土新电源科技有限公司：

欣闻贵公司丰度稀土大规模高端应用——电容型镍氢动力电池一期项目正式投产，这不仅是内蒙古和包头经济发展中的一件大事，也是我国电动汽车发展中的一件幸事。我向你们表示热烈祝贺和崇高的敬意！

你们经过艰苦努力研发出高性能电容型镍氢动力电池，在包头扩大电动汽车应用范围，并成功地经受了严寒冬季的考验。这不仅为国家在北方发展电动汽车开辟了一条可靠的新途径，也为丰度稀土产品深度开发、扩大销售，发展当地经济提供了重要契机。

我国电动汽车发展任重道远。希望你们不忘初心、牢记使命，以投产仪式为新起点，创新推进关键前沿技术研发，不断提高产品的性价比，为我国电动汽车切实节能减排作出新的、更大贡献。

最后，祝愿包头昊明稀土新电源科技有限公司投产开业大吉、事业兴旺发达！

中国工程院资深院士　杨裕生

2018 年 11 月 10 日于北京

---

* 本文是给包头昊明稀土新电源科技有限公司董事长韩世幸的贺信。韩世幸原是淄博军分区政委，退休后钻研技术和企业管理，在电容型镍氢电池及其在电动大客车上应用、公交线路开发等方面做出了很好成绩。

蓄电技术与多孔炭材料*

李总和同志们：

超级电容产业联盟有意帮助联盟成员提高技术水平，我和张文峰博士今天来到了南平，和福建元力活性炭股份有限公司的同志们交流技术。

先从李立斌总经理提的 4 个问题谈起：

(1) 新能源汽车(增程式)是否需要使用超级电容器，超级电容炭市场是否会伴随新能源汽车的市场增长？

(2) 碳气凝胶是否会替代超级电容炭？

(3) 超级电容器近期及远期的发展前景，我司配套的超级电容炭产量规模多少合适？

(4) 我司超级电容炭产品改进提升的方向？

回答如下：

(1) 超级电容器的优点还抵偿不了其比能量低的缺点，故在电动车中有些使用，但不是很普遍。所以，我看好电容型锂离子电池，即在锂离子电池的正极中添加多孔炭。当然，负极也要提高充电、放电倍率。

(2) 碳气凝胶的导电性高，超级电容炭较为低廉，各有优缺点，都有发展的空间，还看不出谁马上会替代谁的情况。但市场份额可能会交叉的。

(3) 超级电容器的应用会随着价格下降而普及增长，但速度可能不会像前几年锂离子电池那么快。你们在年产 100 吨的基础上，建 600 吨的新产能，加强市场推销力度，在近几年内是合适的。远期我也看不准。

(4) 性能指标全面赶超国外产品是第一步，杂质含量要降低。提高电导率、扩大品种适应不同需求，很重要，这是提高竞争力的举措。

接着，我想讲 4 个问题：一、蓄电多孔炭的国产化和性能要求；二、蓄电多孔炭是精细化工产品；三、超级电容器与电池的内并；四、补贴退坡后电动汽车需要何种电池？

一、蓄电多孔炭的国产化和性能要求

通用型的蓄电多孔炭，日本占据市场，如可乐丽的 YP50。北海星石公司建成

---

* 本文是 2018 年 12 月 12 日在南平福建元力活性炭股份有限公司指导工作时的演讲。

年产 300 吨的连续活化生产线，其改进的活化炉有独到之处。超高比表面的炭有韩国（山东企业收购），年产 300 吨；国内企业很多，但产量多很小，产品的性能稳定性欠佳。

电容炭材料有六高要求：电导率高，中孔率高，密度高，纯度高，比表面高，性价比高；这“六高”指标相互制约，需研究以寻求最佳匹配。

活化后的处理很重要，因为表面官能团影响电容器的出气量、耐高压和寿命及电解液的浸润性。

二、蓄电多孔炭是精细化工产品

生产观念、方式、习惯与普通活性炭不同。

1. 炭化料是决定活化料性能的根基

原料的选择，原有的孔结构很重要。竹子、稻壳孔发达，但有“大洞”；椰壳炭强度高，但过于致密；石油焦易石墨化，但要注意先后出炉的焦不均匀。

炭化的均匀性、一致性要好。炉子温度要均匀而稳定。炉温一般不超过 500℃，防止温度过高“烧死”孔中焦油，影响活化时比表面的提高。

炭化料的处理：原料外表有灰土，表皮有松软层，一般可用机械除去法（如搅拌后过筛，风选等）。

2. 活化工艺

活化是用氧化法清除孔中的焦油，扩孔，增加微孔。主要根据活性炭的指标要求选择化学法或物理法。要注意如下环节：

炭化料的颗粒度：活化剂对孔中物质的氧化与颗粒表面烧蚀是同时进行的，而且表面烧蚀快，影响收率和利润。故颗粒要小，减小活化剂在孔中的扩散距离；同时，粒度要均匀，维系活化的均匀性。

炉子温度要均匀而稳定，保证各处原料反应速度的均匀性、一致性。

物理法是气固反应：物料最好要转动（滚动），使得固相表面的气相成分一致，保证活化反应的均匀性和一致性。

活化过程要保持连续化、自动化、密封化、物料流量精密控制。

3. 洗涤

化学活化料的洗涤：先用纯水洗至中性，尽量除去可溶性硅酸盐；不可用自来水，以免水中的金属离子沉淀硅酸离子。再用纯酸洗去各种金属盐，最后用纯水洗净酸。物理活化料的洗涤，只有酸洗和水洗两步。

洗涤的动力是孔中离子浓度与洗涤液中离子浓度差，孔内外离子浓度达到平衡的时间决定洗涤效率。提高温度，可增强离子从孔中向外扩散的速度。活化料的颗粒大小，决定孔中扩散时间，所以颗粒度要小！洗涤液要再生、复用，以降低成本和废液排放。洗涤过程要连续化、自动化、密封化、流量精密控制。

4. 后处理

包括：除去铁粒，用强磁场吸除。除去表面含氧官能团，用氢气热处理（俗称“烧氢”）。研磨，控制颗粒大小和粒度分布；高速气流粉碎可以避免杂质的引入。成品的密闭包装，以防止氧化和杂质进入。后处理过程要连续化、自动化、密封化、精密控制。

三、超级电容器与电池的内并——超级电容器的好方向

超级电容器比功率高，寿命长，工作温度宽。电池比能量高，体系多、适用性强，价格较便宜。一方的强项，正是另一方的弱项。两者并联使用，可以解决不同比能量-比功率的需求。将两者内并，充分取长补短，简化线路，降低成本。

电池的电极中混入多孔炭，成为电容型电池；电容成分若占主导地位，则是电池型电容器。例如，科琴炭混入镍氢电池负极，做成动力型镍氢电池；将多孔炭混入铅酸电池负极，称为铅炭电池，奇妙地解决了硫酸盐化问题，寿命大延长。

将大量多孔炭混到锂离子电池正极中，国外报道活性炭-钛酸锂“混合电容器”*，负极为钛酸锂，正极是活性炭中混加少部分 $LiCoO_2$，电容材料为主。中科院成都有机所报道**，正极中活性炭占 60%～45%，加 15%～30% $LiMn_2O_4$，负极也是 $Li_4Ti_5O_{12}$，4 C 恒电流下的比能量达 14.47 W · h/kg，5000 次循环的衰减<8%。

电容型锂离子电池是锂离子电池正极中加入少量多孔炭，例如磷酸铁锂电池正极中加入辅量活性炭，2011 年 6 月北京的一个会上同时两个报告，常州华日升凯晟能源科技有限公司报道了“高功率、高能量和高安全性磷酸铁锂动力电容电池”。朝阳立塬新能源有限公司报道了电容型锂离子电池，其功率型的比能量 78 W · h/kg，3000 次衰减至 65.8 W · h/kg（保持率 84%），比功率 2243 W/kg（29 C 放电），−20℃下，比能量 71.2 W · h/kg；其能量型的比能量 117 W · h/kg，500 次容量保持 97.0%，比功率 1740 W/kg（15 C 放电），−20℃下，比能量 94.2 W · h/kg。

防化研究院的电容型锂离子电池研究中，正极为磷酸铁锂，负极为石墨；多孔炭为自制，性能 BET 2052m^2/g，总孔容 0.88 cm^3/g，电导率 0.68 S/cm。加入量

* Pasquier A D, Plitz I, Gural J. Power-ion battery: bridging the gap between Li-ion and supercapacitor chemistries[J]. Journal of Power Sources, 2004, 136(1): 160-170.

** Hu X, Deng Z, Suo J, et al. A high rate, high capacity and long life ($LiMn_2O_4$ + AC)/$Li_4Ti_5O_{12}$ hybrid battery-supercapacitor[J]. Journal of Power Sources, 2009, 187(2): 635-639.

为 5%、10%及 15%。

多孔炭加入正极后电池性能测试中观察到 6 个现象：

现象一：电池倍率性能提高。

现象二：电池寿命延长。

现象三：多加多孔炭在高倍率下的容量保持率更高；电池低温性能，显著改善。

现象四：充电-放电的电压差缩小了 100 多毫伏，但电压差缩量随活性炭加入量的变化不大。

现象五：充放电初期，充放电曲线为斜线，且该段的比容量随活性炭量增加而增加——电容的作用。说明充放电初期多孔炭承担了大部分电流，可使车辆启动和刹车时免于大电流对磷酸铁锂材料的冲击。

现象六：比容量协同效应，ΔQ：

$$\Delta Q = Q_{实际} - Q_{计算}$$

代表加入多孔炭后对活性物质容量发挥的促进作用。Q 计算：LFP 和多孔炭的线性组和。ΔQ 随倍率提高而增加，随炭量多加而升高。在一定范围内，电池比能量不因活性炭占据重量、体积而下降。

多孔炭的可能作用机制：

(1) 多孔炭双电层储能——平缓大电流冲击；减轻正极极化。

(2) 多孔炭孔中储存电解液——就近收储、提供离子。

(3) 多孔炭参与导电网络——减小正极电阻。

(4) PF_6^- 参与传导电荷——增强电解液离子输运，改变了“摇椅”机制。

还需进一步定量表征四机制，有针对性地选择炭的品种和用量。

四、补贴退坡后电动汽车需要何种电池?

高补贴下发展的纯电动车难解除五大焦虑：①里程焦虑；②安全焦虑；③充电焦虑；④价格焦虑；⑤电池焦虑。

补贴停止后，里程越长、原补贴越高的车就越难卖出去！目前只宜做耗电少、安全与里程矛盾小的微小型电动车。增程式电动汽车安全、节能又减排。

我将增程式技术划分为三代：第一代增程式是纯电动车上加装增程器，发电增程器给电池充电。第二代，电力系统优化组合，发动机排量减半、电池减少 60%，车轻。增程式电动车优点突出：电池组不会过充和过放，寿命延长，安全性高；电池少，补贴退坡-取消的影响小，易市场化；城市工况下比燃油车节油 50%以上，大为省钱；可不充电，免建充电桩；如有充电条件，节油率 80%以上；燃油车的生产、加油设施全继承，便于发展。第三代，发电直驱增程式，更节能，电池更少，寿命更长。

磷酸铁锂单体电池比能量已提升至 180 W·h/kg；电池包比能量已达到 151 W·h/kg(引自黄学杰博士论文)。磷酸铁锂电池可以 3～5 C 放电，寿命万次，价格下降，满足第二代增程式车的要求，无需安全性欠佳的三元锂离子电池。

但是，第三代增程式车的电池用量少，为了吸纳刹车初始时的回馈电能，要求电池具有高倍率的充电能力。此外，纯电动、微混型等所有电动汽车在刹车初期的回馈电流都很大，如要充分吸纳也必需快充的电池，以便节能。

能高倍率放电的电池，未必能短时间超高倍率充电。电容电池可能超高倍率充电，但其电池设计、调浆、极片工艺多有要研究之处，析气量也可能会增加。关键在新材料。我们提出一个电极材料的组合设计，负极材料用不易长锂枝晶的硬炭，添加比容量高的硅；正极加多孔炭材料，要求的六高指标相互制约，需通过研究寻求最佳配合。其中，孔径要适合于大流量阴离子的扩散和建立双电层电容，值得重视的多孔炭材料是碳气凝胶。

美国 EnerG2 公司提供不同储能器件用的碳气凝胶，电导率远高于活性炭材料，美国政府曾支持 2100 万美元助其发展生产。张家港博威新能源材料研究所研制的碳气凝胶，孔径 5～100 nm 可控，电导率 6～12 S/cm，高于可乐丽的 YP-50，中孔发达，适于高功率超电容和电容电池，我们的工艺远较美国的简单、节能！

结束语

(1) 电动汽车必须将安全放在第一位，电池的安全性要高。

(2) 动力锂离子电池的方向应与电动汽车同步发展(表 1)。

表 1　电池与电动汽车同步发展

电动车	纯电动车	第二代增程式	第三代增程式
电池	三元锂	磷酸铁锂	电容型磷酸铁锂

(3) 新的电容型磷酸铁锂动力电池是下一代动力电池，它以新型硅-硬炭复合材料和碳气凝胶为关键材料。

谢谢！

电池和材料的“高性能”——从理念到实践*

大家好！

今天我讲的内容有：一、何谓“电动汽车电池的高性能”；二、安全第一是不同汽车的共同要求；三、纯电动车不要片面追求高比能电池；四、振兴我国磷酸铁锂电池产业；五、发展以硬炭为负极的电容型锂电池；结束语。

怎么理解动力电池的高性能？各人数出来的项目大致相同，但“高”的排序会有很大差别，或者说，理念不相同。谈谈我的“一家之言”。

一、何谓“电动汽车电池的高性能”

（1）安全性高，是高性能的头一条。起码的安全标准是针刺试验。针刺试验过关也不一定不燃、不炸，何况针刺试验不过关。

（2）寿命长、价格低。

（3）所需资源不受制于人。

（4）比能量、比功率满足所装汽车的需求。

现在有一种倾向：将比能量作为衡量电池性能的首要指标，“高性能＝高比能”。他们虽然没有这样明说，但行动是这样做的。我认为这是错误的。

二、安全第一是不同汽车的共同要求

不同的电动汽车，使用不同的电池，或以不同的电池为主：

纯电动汽车：三元锂离子电池。

混合动力汽车：镍氢电池。

燃料电池电动汽车：燃料电池，已变成增程器了！

插电式电动车：三元锂离子电池等。

增程式电动车：磷酸铁锂电池。

不同电动汽车，对电池比能量、比功率的要求不同。但是，比能量、比功率必须服从安全性！也就是说，高性能的第一项指标是高安全性。有些人口头上并不反

---

* 本文是2019年3月20—22日在南京“2019年全国高性能电池新技术与新材料应用发展暨电池行业智能制造技术交流会”上的演讲。

对，但是他们的行动是背道而驰的。

三、纯电动车不要片面追求高比能电池

特斯拉用三元电池，2017 年以前已烧车十几辆，堪称“冠军”！2018 年特斯拉又烧 5 辆。5 月烧的特斯拉 Model S 两车，3 死 1 伤。瑞士南部的高速公路上，撞上中央隔离带，车辆翻转、起火，一名德国驾驶人被困在车内烧死。美国烧的一辆前排两人遇难，后排一人被甩出车外受伤。2019 年 2 月 26 日佛罗里达特斯拉车失火，车主当场烧死。三元锂离子电池火势蔓延太猛，来不及逃生、救援！

据不完全统计，我国 2018 年 1—8 月烧车 50 余辆！90%以上是用三元锂离子电池的乘用车！

电动汽车频发燃烧的根源分析：

(1) 电池技术原因——使用高镍三元锂离子电池！正极材料热失控温度越低，电池的安全性越差！高镍三元正极电池安全性最低，能算是高性能电池吗？

(2) 发展路线原因——重点发展长里程纯电动车！

(3) 补贴政策原因——重金补贴长里程纯电动车！电动汽车补贴与纯电动里程挂钩，补贴与电池比能量挂钩，诱出三元电池镍用量增多。从 333、523 逐步走向 622、811；能量密度越高危险性越大！又过度多装电池，导致安全性更下降。

(4) 思想方法原因——主要矛盾和矛盾主要方面都搞错了！电动汽车发展的主要矛盾是安全与里程的对立统一。主要矛盾这样的揭示，有些人可能不同意，或者根本就没有想过。在这一对主要矛盾中，现在将里程作为矛盾的主要方面，安全性作为次要方面，安全性要服从长里程，是频发烧车的思想方法原因，是造成发展路线、政策、技术发生问题的根源。

里程长的纯电动车，能算是高性能车吗？

补贴政策鼓励重点发展长里程纯电动车，误导大用、急用高镍三元锂离子电池，激化了安全与里程矛盾——烧车事件频发。使用纯电动车，存在五大焦虑：①里程焦虑；②安全焦虑；③充电焦虑；④价格焦虑；⑤电池焦虑。长里程纯电动车多装电池，负重行车，耗电多，实际排放加重，背离了电动车节能减排宗旨。补贴停止后，里程越长、原补贴越高的车越难卖！长里程纯电动车将失势。

综上所述，这样的电动汽车还能说是“高性能”吗？

比能量越高的电池，安全性越低，性能就越高吗？

我国的镍、钴资源不丰富，用量过大将受制于人。补贴停止后，超高比能量锂离子电池需求将减少，三元锂离子电池发展将回归理性。所以，电池性能的高低，应在安全性第一的前提下全面衡量。

纯电动车宜小型化，百公里耗电应小于 12 kW·h，充电一次行 200 公里，可满足城市大部分用户的 3～5 天需求。小型化车使用磷酸铁锂电池，基本解除五大焦虑！装 150 kg 电池组，电池组比能量 150 W·h/kg(22.5 kW·h)；价格＋使用成本的总账低于燃油车，易于市场化。

四、振兴我国磷酸铁锂电池产业

磷酸铁锂电池有三大优势：安全性高，寿命长，不用短缺金属。

在三项补贴政策——补贴与纯电动里程挂钩；补贴与电池比能量挂钩；行驶两年后兑现补贴——影响下，磷酸铁锂电池销量萎缩，不少企业经营困难，有的甚至濒临倒闭或已经破产！材料企业也跟着遭殃。

我国振兴磷酸铁锂电池的基础良好。中国电池工业协会牵头，成功申诉外国专利无效。普遍掌握了微纳结构-包覆碳技术，弥补了电导率不高的短处。建立了完整的材料产业，价格日趋合理，质量好。3 C 倍率放电保持率 97.1%；－20℃低温容量保持率 72.0%(表 1)。

表 1　磷酸铁锂材料放电容量(mA·h/g)(以北大先行为例)

充电/放电倍率	0.1 C/0.1 C	0.2 C/0.2 C	1 C/1 C	2 C/2 C	0.5 C/3 C	0.5 C/5 C	0.5 C/8 C
P800	162.3	161.1	155.8	151.2	147.0	141.4	135.0

磷酸铁锂电池性能优秀(以恒动新能源为例)：100 A·h 单体电池的比能量提升至 180 W·h/kg；电池包比能量已达到 151 W·h/kg；最大持续充电电流：100 A；最大持续放电电流：300 A。

当然，全行业的电池成品率、一致性、比功率还有提高潜力。

振兴磷酸铁锂电池产业时机已到来：首先，还有 21 个月电动汽车补贴停止，各种电动车和电池将在市场中公平竞争。其次，在与高镍三元电池竞争中，磷酸铁锂电池技术水平不断提高，成本降低，市场竞争力增强。最后，电动物流车、增程式、轻混三大车种正在兴起，磷酸铁锂电池的三大优势正好大显身手：

(1) 巩固电动大巴，延伸至电动物流车。燃油大巴和物流车有耗能高、排放重的共性，纯电动化后也有电池量大，安全性变差的共性。电动大巴使用磷酸铁锂电池积累了丰富经验，为电动物流车使用磷酸铁锂电池提供有利条件。大型物流车的功率高，里程长，无论是做纯电动，或是做增程式，用安全性高的磷酸铁锂电池都是正确选择。

(2) 增程式车优点普遍认可，样车涌现。第一代增程式是纯电动车上加装增程器，发电给电池充电。第二代，电力系统优化组合，电动机排量和电池比第一代减半，车轻，节能减排。磷酸铁锂电池完全合用。第三代，发电直驱增程式，更节能；电池更少，寿命更长。

(3) 传统燃油车开始升级轻混车。现有燃油车产量大，改产轻混是大势所趋。各国纷纷提出 48 V 电池组的迫切需求，用少量电池(< 0.5 kW · h)回收刹车能量，节能 15%。欧洲大型汽车公司提出电池：15 C 充电/30 C 放电。美国能源部提出"48 V 电池试验指南"(Battery Test Manual For 48 Volt Mild Hybrid Electric Vehicles)，313 W · h，回收脉冲(5S)峰功率 11 kW，相当于 35 C(表 2)；系统的比能量要求不高，磷酸铁锂电池可大有用武之地！

表 2　USABC 储能系统性能指标适用于 48V 轻度混合动力电动汽车

特　　征	单　　位	EOL 目标
峰值脉冲放电功率(10 s)	kW	9
峰值脉冲放电功率(1 s)	kW	11
峰值再生脉冲功率(5 s)	kW	11
−30℃冷启动功率	kW,0.5 s	6
	kW,4.0 s	4
11 kW 下可用能量	W · h	105
5 kW 下总可用能量	W · h	313
最大系统重量	kg	≤8
最大系统体积	L	≤8

五、发展以硬炭为负极的电容型磷酸铁锂电池

轻混车与第三代增程式车的电池用量少。为了吸纳刹车回馈电能，要求电池能够高倍率充电。我们提出新的电池体系，负极用快充电而不易长枝晶的硬炭代石墨，可加纳米硅以提高比能量；正极中混入多孔炭，利用其双电层电容提高比功率。调节活性炭用量和电极的厚度，可组合出不同充电倍率的动力电池。

防化研究院曾用自制活性炭研制电容型锂离子电池，效果有：①倍率性能提高；②电池寿命延长；③低温性能改善；④充放电的电压差缩小 100 多毫伏；⑤充放电初期，充放电曲线为斜线，且该段的比容量随活性炭量增加而增加，显示出电容的作用；说明充放电初期活性炭承担了大部分电流，可使车辆启动和刹车时免于大电流对磷酸铁锂材料的冲击。此工作为研究快充电池奠定了基础。

高倍率充电电池的关键在新材料。负极硬炭材料要求高比容量，长寿命、高密度。特别是首次不可逆容量要低。正极多孔炭材料要求电导率高，中孔率高，密度高，纯度高，比表面高，性价比高，并寻求"六高"的最佳匹配。

张家港博威新能源材料研究所(有限公司)研制成功高电导率碳气凝胶的制备新工艺,产品最可几孔径在 5～100 nm 任意可调。同时,廉价硬炭的研制也取得进展。

结束语

(1) 电动车必须安全第一,高性能电池必须安全性高。

(2) 我国电动汽车的合理发展路线,应以节能-减排为宗旨。电池制造中耗能高,电池用量应尽量减少。增程式电动车的发动机发电与电池并联,是节能的最佳组合;发动机可用生物乙醇,不消耗石化燃料,不增排 CO_2,能源全部来自太阳。

(3) 难寄希望的两种“高性能”汽车动力电池:

一是“全固态”锂离子电池。电池充放电时,活性物质体积发生涨/缩而脱离电解质,固态电解质与活性物质之间的界面电阻迅速增加。

要降低调门,可含混地叫“固态电池”,仍加点液体。

二是“后锂离子电池”——锂硫电池。此电池安全性低、放电倍率低、能量转换效率低、循环次数低、体积比能量低。几年内电动车难以期待此动力电池。但该电池的重量比能量很高。如能克服了前面的“四低”,还可能另有用途。

谢谢!

与枝江市领导座谈时的发言*

今天在座的有书记、市长、副市长等诸位领导，以及部队的领导，我在这里占了大家宝贵的时间，尤其是在这么忙的情况下，各位领导还能抽时间出来接见，使我非常感动。

咱们军队在枝江有个部队，我在很多年前就知道。这次来，首先是向枝江学习，同时也来看看我们这个部队，了解一些情况。到枝江来之后，我感到我们枝江的确是兴旺发达的一个县级市——50 万人口，有这么好的成绩，而且各方面的工作进展都很快，是我得到的第一个印象。刚才领导介绍了咱们枝江全面的情况，咱们这个县级市做的的确是很好。第二个我感到枝江的电池行业也是经历了“无”中生有，很不容易。这个“无”应该是要打个引号的，咱们枝江也是利用了国内的很好条件，利用了外地的条件，建立起生产线，速度很快，在短短的两年时间内，有收入，有利润，真很不错，有些“深圳速度”的味道。今天上午看了四个公司，给我一个印象：公司从建设到出产品，进展速度都很快，我们的社会主义建设就是要有这样的速度，要有这样的气势。第三个印象就是我们的锂电行业是在很高的起点上进行建设的，技术都是先进的，产品的性能也是先进的，这就为占领市场奠定了很好的基础。今天看了三元材料、隔膜、电池、车，还看了车厂。车厂也是在很短的时间内建成的，厂里的场地车现在还不能上路，但是已表明枝江有这样的技术。昨天在和书记谈话的时候，书记谈到，车子要升级，要从铅酸电池走向锂离子电池。这个升级的含义很深，我觉得书记有这个想法很好，在现有的基础上进一步发展，是能够取得很好的效果的。

下面，我想谈几个不成熟的看法。

第一个问题就是，所有电池的发展过程都是把提高比能量作为重要奋斗目标。铅酸电池今年正好是 160 岁，铅酸电池刚出来的时候比能量只有几个 W·h/kg，后来在十几个 W·h/kg 的水平上停留了相当长的一段时间。经过 160 年到现在也才只有 40 W·h/kg。比能量不高是铅酸电池的一个很大的弱点，全世界铅酸电池行业一直在不断地努力，160 年从几个 W·h/kg 到 40 W·h/kg 左右，这个过程可以说很漫长，但是也奠定了铅酸电池比较完善的体系，建立了牢固的科学基础和技术基础。到现在铅酸电池在二次电池的份额上还占到 60%。这 160 年出现了很多种电池，有一些是昙花一现，而铅酸电池能够坚持下来，而且能成这样的规模，不

---

* 本文是 2019 年 4 月 24 日在枝江与枝江市领导座谈时的发言，根据录音整理。

是偶然的。

我认为,现在美国的铅酸电池的产量和中国的产量基本相当,铅酸电池在美国已经不属于污染行业,美国铅污染最严重的是航空。而且,美国铅酸电池的回收率非常高,它每年新用的原始铅,就是从矿里面提取出来的铅的量很少。它能够做到近100%的回收,它的再生铅用得很好;而且再生铅的规模很大,再生铅企业的生产水平很高,所以没有造成环境的污染,这一点我们国家差距还很大。

我估计在今后相当长的一段时间内,铅酸电池是淘汰不掉的,因为它有很多特点,现在的电池是取代不了的。现在的内燃机,包括汽油机、柴油机等,全用铅酸电池启动。在这些内燃机的启动上,有人曾试探用锂离子电池替代,但是,看来这条路还相当的遥远。铅酸电池的安全性特别好,这也是其他电池,特别是锂离子电池望尘莫及的。所以,我跟许政委说,铅酸电池这个行业还是要发挥作用,铅酸电池技术也在不断进步。有些人想要打压铅酸电池,给国家造成了损失,使得我国铅酸电池的技术在相当一段时间里远远落后于美国和欧洲。东欧一些国家,包括保加利亚、波兰等一些国家铅酸电池技术水平相当高,美国的铅酸电池的生产早就实现了全自动化。所以,不是要把它淘汰掉,而是要推动它发展向前进,造福于人民。我今天就顺便说说咱们红旗厂,现在有新的代号,这个厂的确很不简单,做汽车用的启动电池。在这个厂孵化出了"风帆",就是那句广告"好马配好鞍,好车配风帆"指的那个"风帆"。还孵化出了"骆驼",它也是启动电池里面的佼佼者。所以我国汽车启动电池的发源地在我们枝江,我们枝江要把这个企业,把这个发家立业的企业重新振兴起来。

再说到最近十年我介入铅酸电池,也是因为我们个别政府部门的领导对铅酸电池说了一些不实在、对国家经济发展不利的话之后,我开始思考、调研铅酸电池。我今天带了我写的文集来送给我们的书记,在我的文集里面,有一部分内容讲到了我对铅酸电池的看法。现在,与上万亿辆汽车和农业机械有关的GDP离不开铅酸电池,人人都用的手机通信基站也用它,保家卫国的坦克、潜艇中它是核心部件,等等,总之,用途不胜枚举,重要性自不待言。

九年前的第一届铅酸电池新技术研讨会上我提出,我国的铅酸电池要解决三个问题。第一个是"摘帽",就是把污染的"帽子"摘掉。近几年政府部门抓整顿,涉铅企业从3000多家减少到300家,减少污染大有成效。第二个问题是延寿,铅酸电池的寿命还不长,所以我们推动了铅炭电池技术的发展。这个技术最初是由保加利亚人提出来的,即在铅酸电池的负极里面加入电容型活性炭,一种特种活性炭,寿命可以延长好多倍,很有成效。第三个问题就是提高比能量,这方面的进展不是很大。实际上这个问题无法与锂离子电池相比。现在由于政府的政策在推动,把电动汽车的补贴和里程挂钩,和锂离子电池的比能量挂钩,补贴是很大的推动力，每年几百个亿的补贴推动着电动汽车水平提高，带动了锂离子电池比能量提高。从来没有哪一个电池受到如此的厚爱，如此强力的支持。相比之下，其他电池完全靠企业自己的力量来做，也都是些利润非常微薄的企业。而且在四五年前，又开始征收铅酸电池的消费税，征收百分之四。收消费税本来应该从消费者那里收取，现在却把消费税放到企业里面去了，增加企业的负担，这样企业利润就更加薄弱了，有的企业在亏本，有的企业勉强维持住，能有利润的也就百分之几。所以完全靠企业自己来搞科研，搞技术进步，进展很慢。如果把比能量提高 50%，也就是用同样量的铅，成本就降了 50%，或者说我们的利润就可能提高相当大的一个比例，企业就可进入良性发展循环。

下面说到锂离子电池，锂离子电池也在不断地提高比能量，即使没有现在的补贴的驱动，锂离子电池也要提高比能量。开始出来的时候，在 30 年前，就是 1990 年，锂离子电池的比能量也就是几十 W·h/kg，后来用到汽车上的时候，开始也就是八九十 W·h/kg 的样子。而现在发展到 200 W·h/kg、220 W·h/kg、250 W·h/kg，前年又提出了 300 W·h/kg 指标，达不到 300 W·h/kg 的厂就不让建。提了一段时间后，又把这个话收回去了。我觉得，锂离子电池的比能量肯定是要不断提高的，但是比能量只是其中的一个指标，不能因为重视比能量而忽略或者牺牲了其他指标。过去每一种规格的锂离子电池做出来都要做针刺试验，就是用直径几毫米的铁棍插到电池里面，不燃烧、不爆炸者叫针刺试验通过，这是工信部主持制定的国家标准的测试要求。其实，针刺试验不燃烧、不爆炸的电池，也不能保证它绝对不出问题，何况试验通不过。三元电池镍钴锰各占 1/3 时，针刺试验能过关；镍钴锰元素的比例到 523 就有点悬，到 622 的比例基本上就过不去，更别说 811 了。这几年来因为要发展长里程电动汽车，电池的比能量一再要求提高，开始做 811 的比例了。同样是工信部的意见，允许针刺试验不通过的高镍三元锂离子电池也可以上车。

也有人说，影响电池安全性的因素有多种多样，不一定都是正极材料的问题。此话看似有点道理，但是大量实验说明，对于电池的安全，材料镍钴锰元素的比例到 622、811 毫无疑问是个很重要的因素。针刺试验虽然可以人为地说免掉就免掉，但安全问题的解决需要时间，需要许多人不懈的努力；脱离实际的求快，于事无补，反而有害。

我从电池工业协会不太完全的统计知道每年锂离子电池生产企业火灾的大概情况，单单在深圳市，每年就有十几、二十起。深圳的电池企业很多，失火不一定很大，但是企业引起燃烧是个确实的问题。所以，电池的生产和使用，都要重视安全。电池生产企业的消防是个很专门的消防技术。电池可能在什么环境出问题带有偶然性，所以我们需要重视整个生产过程怎样加强消防。现在已经积累了一些经验，有些公司做得比较好，可以做一个专门的考察、了解、交流。

特斯拉大家了解，很有名，它用的松下的电池，松下是全球有名的电池生产厂，它的工艺、设备都是比较先进的。但是特斯拉的车子一撞就烧，不撞也会发生自燃，充电时也烧。特斯拉用的是镍钴铝三元电池，三种金属中镍占80%，也属于811类型，它的安全性不高。有的人（包括特斯拉的老板）说，汽油车也烧，既然汽油车也烧，而且烧的概率比电动车高，凭什么要求锂离子电池电动汽车不烧。说这种话的人其实是在进行狡辩。汽油车中老车占的比重大，燃烧大多是油路老化漏油引起的，就犹如老年人病痛多。而特斯拉都是新车，本该故障少，好比年轻人应该身强体壮。

高镍三元电池安全问题的确要非常非常重视。我觉得三元电池可以做，但是镍量要适当；在提高比能量时要把安全问题解决好。现在为了片面追求高比能量，隔膜越来越薄，开始是几十微米，现在是几个微米。这么薄的膜，稍微有问题正负极就短路。所以，比能量要提高，但要首先保证安全性。今天上午看隔膜生产，此隔膜就很先进，有利于提高电池安全性。在隔膜上还有工作可以做，如果将来耐高温纤维隔膜做好，耐温度能力更强，再加上陶瓷涂覆，安全性可以更提高。

现在有一个问题，工信部对电池指标要求提高太快，每年都要提高，要像变戏法那样快。实际不能这么要求。比能量做到250 W·h/kg，电池里的能量就相当于半个手榴弹的能量，这是含能物质、含能器件啊！电池里面正极是氧化剂，负极是还原剂。还原剂即可燃物，电解液也是有机溶剂配起来的，它也是可燃物。正极为高电压氧化物。电池里面就有可燃物、氧化物，只要温度提高一点，电池的内部就满足燃烧三要素。我们在初中就学过燃烧三元要素——可燃物、助燃剂、温度。所以，在三元电池里面只要温度达到一定的温度，这三个要素都具备了，电池内部就可以燃烧，产生大量的化学反应热。一个电池的热很快传到紧邻的电池，电池破裂燃烧则传热更快。所以，三元电池组一旦燃烧就会猛烈蔓延，极难救灭。

说到安全问题还要说说日本的钠硫电池，已建设了几十座储能电站。这个电池是在300℃下进行充电、放电，在相当长一段时间没出过事故。但是到了2013年，一年内就烧了两个电站。在这之前一年，国家电网公司曾想引进日本的这项技术，论证会上我就说，这个电池不出问题便罢，出了问题没办法救。因为它正极是熔融硫磺，负极是熔融金属钠，通过氧化铝陶瓷隔膜可以放电。但是，如果陶瓷隔膜上出现一个微孔，硫磺与钠两液体就有机会直接接触，硫磺氧化金属钠，就会发出大量热能，温度陡升，微孔会扩大，隔膜失效，发生电池内部燃烧。此时，外部再怎么加水，也不起作用。也有人说，日本对用这个电池的储能电站有很多消防措施——包括所有的电池顶上都有沙，一出问题沙子就把它盖上。但是后来事实证明，这不起作用，因为它电池内部在燃烧。这两个电站中的第二个电站断断续续烧了两个星期，把所有东西烧光了。从此国家电网公司不再考虑引进此技术了。

我国大规模储能较多用的是铅酸电池，其中最多的是最近几年发展的铅炭电池。但最近两三年，在国内外刮起了一股用三元电池作为储能电站的风，首先从韩国开始，我们国家也在用三元锂离子电池储能。但是，韩国和中国的经历都说明要慎重对待，韩国已经烧了十几座三元锂离子电池储电电站，其中，去年最大的事故是一座 12 MW · h 电站，先燃烧后爆炸。我们国家在太原建立储能电池，2 MW · h 电池装在集装箱里。前年烧了一个，去年上半年又烧了一个，用的也都是韩国三星公司的三元电池。

我说这些，不是说三元锂离子电池不能用，而是说含镍量要合适，不要每年提升一个指标，没有让它有稳定考验、巩固的过程，更没有改进的机会。根据往年的经验，电池从一个新概念到成功用到市场上需要 10 年到 15 年的时间，不应该让很多问题没来得及解决就批量生产、大规模启用。所以，电池比能量提高是个永恒的课题，但是要把安全放在首要位置解决，特别在锂离子电池上更应如此。这是我的看法。

讲最后一个问题，关于电动汽车。枝江在短短不到两年做出现在的成绩，领导很有信心，也有很多创新专利，这都很宝贵。场地车有发展前途，但我有点看法，做的人太多了。电瓶车已经发展很多年了，我记得十三岁时在上海我父亲所在的棉纺厂就看到过了电瓶车，所以说这是个古老的产品。纯电动汽车原理上与电瓶车一样，没有太大的差别，只是铅酸电池改为锂离子电池而已。做的时间很长，现在做的人也比较多，场地车又没有补贴。怎样做出我们的特色是一个问题。咱们应该努力。

怎么做出我们的特色？我们可以用一些铝合金材料，简单美观，不需要喷涂，这也是电动汽车轻量化的重要课题。成本要增加一些，但铝材可以反复使用。当然智能化也很重要，但是场地车低成本，搞高端的智能化很难，可以尝试顺序渐进。昨天书记讲到的电动车升级的问题，是需要考虑的。

我接触山东的低速电动车，或者叫老年代步车，已好几年了，我很支持这种老百姓很欢迎的车子。但是低速电动车标准搁浅了，本来两年的标准制定期应该去年 11 月到期公布，至今迟迟没有出台，据说是几个部委观点不一样。有人说，低速乘用车不安全，我始终不理解为啥高速车倒反而更加安全了。

低速乘用车确实有过一些问题需要解决，例如山东出现了 1 万多元一辆的四轮车，那肯定是粗制滥造。但是经过山东省的整顿，允许 10 家质量有保证的企业生产。如果在现有基础上升级的话，比如用锂离子电池，可以减轻整备质量，咱们枝江对电池有没有新的想法，其实咱们有条件可以做。

我认为电动车应该发展，因为搞汽车的人对我讲过一个数字，如果一辆电动车五万元，做一万辆就五个亿元，十万辆就五十亿元。但是实际上场地车规模是做不大的,因为做的人很多,应用的面有限。场地车多品种小批量,不能规模生产,成本必然高。低速车国家政策还没有放开,如果标准出台,就可以生产,市场比场地车大多了。

说到部队的厂,如果能和汽车厂配合,在枝江市内部就能形成产业链。一般的军队不能搞生产,但这个单位特殊,工厂已经存在,要积极地进行军民融合。厂子是几代人努力的结果,应该搞好。要积极进行军民融合,地方可以投资,这样可以更好干。如果真搞起军民融合,资金就不成问题了。江西邀请我们军民融合,不足之处是太远了,还是当地为好。

谢谢大家。

铅炭电池技术及应用*

各位领导、同志们：大家好！

今天我讲的内容包括：一、铅酸电池挑战与机遇并存；二、铅炭电池——电容型铅酸电池；三、关键材料——特种活性炭；四、铅炭电池与电动车和储能；五、建议。

一、铅酸电池挑战与机遇并存

铅酸电池今年整160岁，仍占二次电池份额的60%。其优点突出：安全性高；廉价；功率特性、高低温性能好，回收再生技术较成熟等；弱点正在克服中：比能量较低；循环寿命偏短。铅酸电池本身不污染环境，生产和再生铅加工过程如管理不善、监管不力，可能会对环境造成危害；但将此问题赖上铅酸电池很不公平。我国正在大力治理铅的污染。

我国铅酸电池新技术在发展中，电动车和可再生能源的兴起，推动着铅酸电池的生产扩展和水平提高，与发达国家的差距正在缩短。超级电池、铅炭电池技术正在我国推行，其他新技术还有：正极使用耐氧化的导电剂；提高硫酸铅的导电性；轻质的负极板栅；轻质和耐久的正极板栅等。目标是高比能量到60 W·h/kg，提高比功率、延长寿命。

二、铅炭电池——电容型铅酸电池

铅酸电池负极中添加活性炭，有两种加入法。超级电池(Ultra Battery)是在铅负极上贴一张活性炭电极片，日本古河公司已投产。铅炭电池又叫电容型铅酸电池，是在负极中混以特种活性炭粉，解决了负极硫酸盐化问题，电池寿命延长好多倍，杭州南都、日本日立于2012年投产。此电池工艺较简单，专利难限制。但是，混以石墨、炭黑等碳质导电剂材料者，不解决硫酸盐化问题，不能叫做铅炭电池。

第一届全国铅酸电池新技术研讨会(2010，南京)，涉及了中国铅酸电池三方面问题：寿命不长，污染严重，能量不高；重点介绍了铅炭电池和超级电池新技术。第六届全国铅酸电池新技术研讨会2018年在南昌举行，6届的每一届都有多个铅

* 本文是2019年4月25日在枝江市某部队的演讲。

炭电池和超级电池报告，许多企业与院所、大学合作研究铅炭电池。严重析气仍是主要问题，原因主要在炭材料。

杭州南都公司与防化研究院合作首先**研制成功铅炭电池**。南都生产的6-DFM-75铅炭电池，100%DOD放电后的快速充电，1小时可充95%，2小时充满。由图1的2C充电-放电的电压曲线可见，与普通铅酸电池相比，铅炭电池的**充电电压降低、放电电压升高**，即充放电能量转换效率提高。大电流放电特性，6-DFM-75铅炭电池可10C倍率大电流放电。电池的低温放电性能按GB/T 22473—2008《储能用铅酸蓄电池》检测标准测试，标准要求－10℃下10h率放电容量大于80%，该电池的测试结果达90%以上。铅炭电池处于80%SoC时，能量转换效率达到90%，而普通铅酸电池仅为80%(表1)。

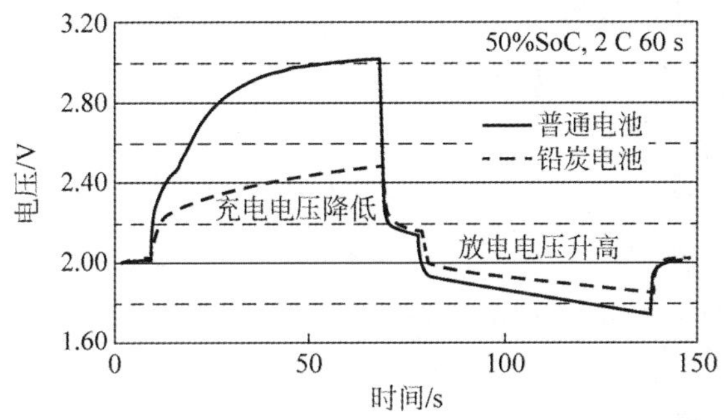

图1　2C充电-放电的电压曲线

表1　南都公司的75 A·h铅炭电池与同尺寸铅酸电池的比较

电池(75 A·h)	比功率	比能量	10 C倍率放电时间	HRPSoC放电循环寿命	－20℃下放电时间	快充能力
普通铅酸电池	150 W/kg	41 W·h/kg	无法放电	8000次	4200 s	
铅炭电池	240 W/kg	41 W·h/kg	96 s	＞16万次	5050 s	1 h充满95%
铅炭电池性能提高	60%	未变	远好于普通电池	＞20倍	20%	远好于普通电池

安全性能按照IEC 60896—22:2004检测标准测试，所检安全性能及技术指标共10项。包括大电流耐受能力、短路电流与内阻水平、防爆能力、热失控敏感性等，均达到IEC标准规定的要求。

2013年5月17日国家能源局组织鉴定，鉴定结论：达到国际先进水平。

铅炭电池可为节能和可再生能源利用做大贡献：微型汽车、微混(启停式)汽车等的动力电源；港机、电梯等部分荷电态高功率循环(HRPSoC)下短时间电能回收；汽车、坦克、装甲车的启动电源；常规潜艇动力电源；核潜艇辅助电源；边防哨所、海岛、国防工事的储能电源；电动自行车、电动摩托电源延长寿命；可再生能源发电大规模储能；家庭小规模储能等。

三、关键材料——特种活性炭

1. 活性炭性能的考核指标

共有 8 项：①高比表面；②高中孔率——合理的孔结构；③高电导率；④高的堆积比重，＞0.3 g/mL；⑤高纯度——灰分＜0.1%；⑥高性价比；⑦析气少；⑧电解液的浸润性好。上述各指标间相互矛盾，要巧妙调节。

2. 防化院特种活性炭的制备技术

将有机含碳原料热解炭化成炭化料，用氢氧化钠活化成活化料，纯化得活性炭，再经水洗、酸洗、水洗、干燥、导电化、粉碎、筛分得精细产品。

3. 碳气凝胶——高导电性多孔炭

美国政府以 2100 万美元支持 EnerG2 公司将利弗摩尔国家实验室的技术进行产业化，提供出不同储能器件用的碳气凝胶(图 2)。

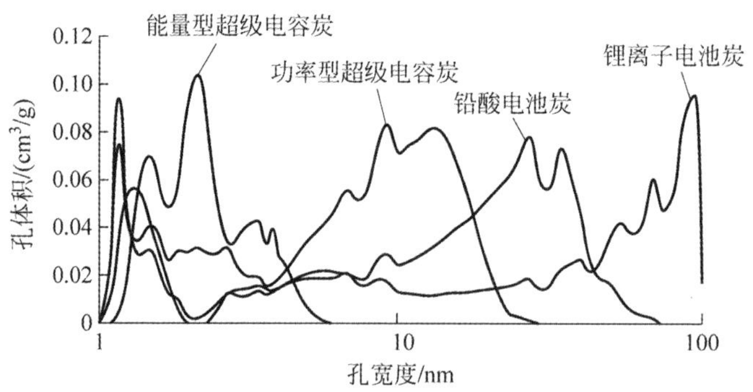

图 2　美国 EnerG2 公司的碳气凝胶

张家港博威新能源材料研究所(有限公司)研究出全新的碳气凝胶制备工艺，省掉了利弗摩尔技术中最费时、最费钱的乙醇替换水和二氧化碳超临界干燥两个工序。产品的最可几孔径可在 5～100 nm 间任意调控，表 2 列出了 3 个样品。

表 2　碳气凝胶样品

样品	S_{BET} /(m²/g)	S_{mic} /(m²/g)	V_t /(cm³/g)	V_{meso} /(cm³/g)	V_{meso}/V_t /%	D_{ave} /nm	最可几孔径/nm
1	782.5	451.3	0.536	0.393	73.3	2.7	5
2	737.5	422.0	0.776	0.667	86.0	4.2	13
7	924.5	733.7	1.495	1.238	82.9	6.5	94

此等碳气凝胶的电导率高达 6～12 S/cm，远高于日本可乐丽的 YP-50；中孔发达，适于高功率超电容和电容电池！性能优于 EnerG2 的产品，成本大为降低。

4. 特种活性炭(及碳气凝胶)在铅炭电池中的作用

(1) 特种活性炭有高比表面，充电时 H^+ 在其高比表面上形成双电层电容，提高初始的大功率，减轻大电流对电极铅的冲击。但是，效果还体现在多方面、长效的多重机制！

(2) 特种活性炭的导电作用，减小内阻。

(3) 炭的孔容存储硫酸，就近提供/存储反应物。

(4) 铅在特种活性炭的孔中沉积；降低 Pb^{2+} 沉积过电位。

(5) 铅炭复合，解决了负极的硫酸盐化，提高电池寿命。

根据特种活性炭的作用，基本搞清对活性炭要求应掌握的分寸：比表面不必太高，中孔孔容适中，电导率要高，颗粒度不必太细，微孔太发达会增加析气量。

四、铅炭电池与电动车和储能

“好的电动车”应具备的条件：安全第一，燃烧、爆炸的概率很低；真能节油、减排，零排放最好；买得起，与最广大群众的消费水平相匹配；用得好，充电方便、耐用、省钱。

动力电池是电动车的心脏，电动车的四项要求要落实在电池上。用铅酸电池电动车能满足这四项要求，铅炭电池更能推动电动车的发展。

铅炭电池安全性高，在大规模储能中可大显身手。

1. 铅炭电池与电动自行车

我国电动自行车年产量约为 3000 万辆，保有量 2.5 亿辆，90％以上使用铅酸电池；新车和更换的电池每年将超过 5000 万 kV · A · h。短期内铅酸电池为主的现状仍难以改变。

目前的问题是铅酸电池使用寿命较短，电池更换频繁，再生耗能高，环境压力大。而铅炭电池寿命长，因而可节能减排，并降低电动自行车使用成本。电动摩托车也可因铅炭而大发展。要靠技术进步提高对锂离子电池的竞争力。

2. 铅炭电池与微小型电动汽车

微小型纯电动汽车及场馆车、游览车、高尔夫车等特种电动车，95％以上使用铅酸电池。场馆车、高尔夫车、游览车、警务车等还出口。低速纯电动轿车 2017 年总产量已超过百万辆，其中部分出口欧洲等地区。3/4 座的车 3 万元左右一辆，电池成本占 1/4～1/6。

用铅酸电池，速度可达 50～60 km/h！而低速纯电动轿车的“国标”“难产”，其“草案”中电池比能量要求达到 70 W·h/kg，其目的是要将铅酸电池排斥在外、限制这种车的发展。这是无理要求，应该改变。

3. 铅炭电池与增程式电动汽车

北京科凌公司 2008 年最早研制的两辆增程式客车，用 5 万元铅酸电池，配 10 万元超级电容器；平均时速 50 km/h 时，油耗不足 18 L。如用铅炭电池，可不用或少用超级电容器。

山东德州富路集团，增程式低速车，加装了单缸 0.2 L 发动机，用铅酸电池，油电效率 299 g/(kW·h)，百公里油耗仅 1.8 L。2017 年上市就销售 1 万多台。如用铅炭电池开发增程式微小型轿车，更换电池的频度将降低。

4. 铅炭电池与节能汽车——启停式和微混式

燃油车数量大，只要做少许变动就成为节油 5%～8%的启停式，技术成熟可靠，并可有效减少城市污染。微混式汽车能回收刹车的动能，节油率可达 15%，已成国际发展趋势，北美、欧洲、日本等发达国家已明确 2020 新产燃油车，必须是启停或微混式。日本曾试验成功用超级（铅酸）电池代替镍氢电池用于微混车，预计可成为该领域的电源。但锂离子电池价格迅速下降，比能量又高，对铅炭电池提出了咄咄逼人的挑战。

南都的铅炭电池试测用于启停式的循环寿命，按照日本启停测试标准（SBA-S-0101），南都铅炭电池已循环 200 000 次，优于古河超级电池的测试数据 75 000 次。按 SBA 标准规定，按每天 30 个循环计，10 000 次相当于实际运行 1 年，表明铅炭电池不是混合动力车寿命的限制因素。

5. 铅炭电池与大规模储能

可再生能源发电要储能；电网要调频。用锂离子电池储能太危险，韩国烧了十几座电站。我国太原（2 座，用三元电池）、镇江（用磷酸铁锂电池）也烧了 3 座。高安全性的铅炭电池应成为该领域的主导电源。南都建了大小十几座储能电站。但是，现在电价峰谷差小，电池价格不低，成本回收期太长，建站的积极性受影响。

铅炭电池必须提高比能量，这是降低成本的根本出路。

五、建议

(1) 加强管理，严格治理铅酸电池行业环境污染，优化工业卫生，彻底摘除铅酸电池生产链的污染帽子。

(2) 大力提高铅炭电池的比能量，进一步提高循环寿命，加强市场竞争力。

谢谢！

对“储能关键技术及应用发展趋势”的评审意见*

由国家能源局能源节约和科技装备司和中国化学与物理电源行业协会作为牵头单位，于 2019 年 5 月提出“储能关键技术及应用发展趋势”报告电子版，要求我参加 5 月 28 日在京举行的评审会，对该报告进行评审。为此，准备此发言稿。

一、新型规模蓄电体系及其成熟度

原文 P46 的“表 5-2 各类储能技术目前的技术成熟度判断”，改成如表 1 的形式：

表 1　各类储能技术目前的技术成熟度判断

等级	内　涵	储能技术类型
1 级	概念形成	
2 级	应用设想	
3 级	可行验证	碳储能、海水蓄能、金属-空气电池（原为第五类）
4 级	样品测试	多价金属二次电池、水系有机负极镍（锰）电池
5 级	技术突破	超导储能、钛酸锂电池、三元锂电池、锂浆料电池、固态锂电池、高电压电池、锂硫电池、液态金属电池、氢储能、化学反应储热、锌锂锰电池及锌钠锰电池
6 级	放大测试	压缩空气、有机钠离子电池
7 级	模拟环境	钠镍电池、水系钠离子电池
8 级	示范应用	飞轮储能、超级电容器、铅蓄电池、全钒液流电池、钠硫电池、熔融盐储热、新型蓄冷、相变储热、铬铁液流电池
9 级	商业推广	抽水蓄能、磷酸铁锂电池、铅炭电池

（1）铅炭电池。这是成熟的新品种，寿命大为延长，能量转换效率显著提高，与“铅蓄电池”有本质区别！杭州南都电源公司已合作建成多座不同容量的储能电站，运行情况良好，应归属 9 级。

（2）铬铁液流电池。这是第一个液流电池体系，但有新技术：正负极均为铬铁混合溶液，不再担心互相污染；不用全氟磺酸膜、也不用昂贵的钒，成本比全钒液流电池低很多。海归博士在苏州开发出两个 30 kW 的电推，现在国电投扩大生

* 本文是 2019 年 5 月杨裕生院士对“储能关键技术及应用发展趋势”的评审意见。

产。故可列入示范应用级(8级)。

(3) 锌锂锰电池及锌钠锰电池。这是锌为负极、锰酸锂(或钠)为正极的水系电池,其安全性高、廉价、寿命长,是典型的规模蓄电用的电池。关键技术已经突破,可列为第5级。

(4) 水系有机负极镍(锰)电池。这是以有机物为负极、氧化镍或氧化锰为正极的水系电池,其安全性高、廉价、寿命长,有机物资源丰富,是未来的规模蓄电用的电池。已进入样品测试阶段,可列为第4级。

(5) 锂浆料电池、高电压电池目前列为第五级,是否过早?

(6) 金属空气电池 原列为第五类,应列为第3级。

二、规模蓄电体系的安全分级

原报告针对电化学储能本体技术,将其安全性划分为一到七级,安全性最高的为七级(原报告中的图7-2)。原则是对的,但具体命名和划分不尽恰当。

既然是"电化学储能本体技术",则应按正、负极材料和电解液的:①易燃、易爆的程度;②燃烧、爆炸的猛烈程度;③燃烧扑灭的难易程度作为安全性的特征,并以此将各种电池对号入座。

于是,原文第四级"内部安全可控设计的电池",就不能作为安全性等级的划分标准。

当然,安全性等级的划分要做细致分析,因此要制订评价电化学储能本体技术安全等级的科学体系,以国家标准的形式公布执行之。

原报告"图7-2 电化学储能本体技术安全等级七级"如图1所示。

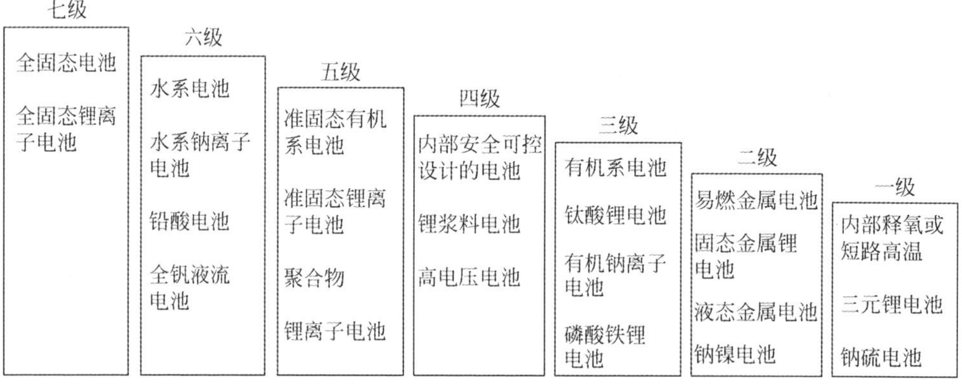

图1 电化学储能本体技术安全等级七级

建议调整为"电化学储能本体技术安全等级",如图2所示。

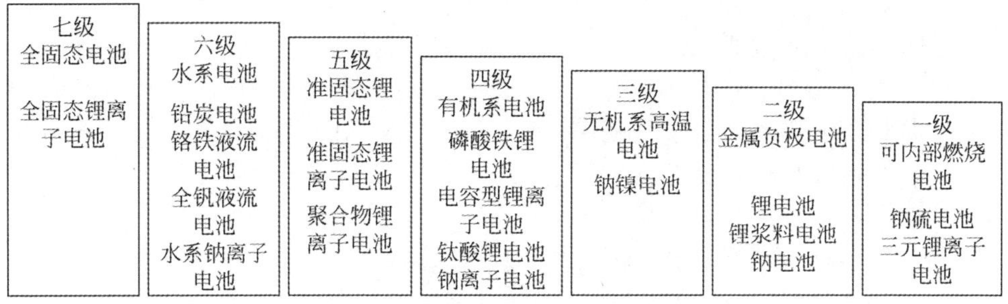

图 2 电化学储能本体技术安全等级

(1) 锂浆料电池是用大量有机溶剂的锂电池,危险性较高,应为二级。

(2) 钠镍电池(ZEBRA)在充电态虽然有熔融状的金属钠,但电池中不含有机溶剂,所以安全性应比锂电池和钠电池(以金属锂和金属钠为负极的电池)高一级。

(3) 高电压电池应以其单体电池的正、负极材料和电解液作为分级的衡量尺度。因不明具体内容,故未列入图 2 中。

(4) 七级中的“全固态电池”可能不存在,姑且放着。

三、应充分强调规模蓄电体系的安全问题

必须强调“安全性第一”! 要建立“规模蓄电体系的安全性测试标准”! 对不达标准者,必须坚持“安全性一票否决”!

对安全级别低的电池体系研究和发展,要从严控制支持,即使是国外的所谓“新技术”,也不能从宽对待。

原文 P27,“电化学储能电池管理不当存在火灾及爆炸风险。锂离子电池采用易燃有机电解液,电极与电解液界面易发生产热反应,内部短路也容易引起热失控,造成起火或爆炸事故。截至 2018 年底,韩国发生了 21 起锂离子电池储能电站(主要是三元锂电池)起火及爆炸事故。2011 年日本 NGK 钠硫电池储能电站也经历了 2 起严重的燃烧事故。储能安全事故将严重影响政府、产业界及民众对储能的信任度,极大制约储能产业得健康发展。”这一段写得很好,缺憾的是未写国内规模蓄电体系的起火事故,讳疾忌医,无补于引起国内上下人士的重视!

报告要特别强调大力发展高安全性、长寿命、低成本的水体系规模储能电池,不必过分追求高比能量。报告要特别建议国家能源局拨专款,分段、不断支持这类电池的创新和发展,跟踪监督,提高成功率。

报告应强烈呼吁,尽快填补我国对储能安全性、消防要求、环保、社会经济效益等方面评价标准的空白。

四、关于规模蓄电体系的成本问题

各规模蓄电体系的成本是随时间变的。这些年抽水蓄能的建设成本不断上升，而各种电池的采购成本迅速下降。故应统一采用当前的数据，以便得出合理比较结果。

例如，P25，“当前抽水蓄能电站投资功率成本为 1600～2100 元/kW”。这个价肯定不是当前的价！文中就提到“仙居电站装机 150 万千瓦，核准投资 58.51 亿元”，计算即得 3900 元/kW。

P58 又说：“抽水蓄能商业化初期的系统能量成本为 20 万～50 万元/(MW · h)。”系统能量成本与工程造价如何换算比较？

以万千瓦计价，还是以千瓦计价，最好统一起来。要有一个“统稿”的人。

五、对 2020—2025 年技术研究项目建议(表 2，原报告中的表 7-1)的评论

表 2　2020—2025 年的技术研究项目建议

项目建议类型	项目研究目的	具体研究方向建议
技术研究	开发低成本、高安全及环境友好型储能技术和相应的修复延寿技术	固态锂电池新型电解质材料与电极界面技术 低成本高安全钠离子电池技术 高安全钠硫电池电池材料及结构技术 钛酸锂电池负极材料改性技术 液态金属电池正负极材料 三元锂电池高安全正负极材料技术 低成本热化学材料
	解决实现产业化过程中所需的内部结构设计、关键设备生产及规模化使用等问题	锂浆料电池安全可控结构设计与制备技术 高电压电池密封与规模化制造技术 超导储能低成本高效冷却系统技术 氢储能系统结构技术
	突破由国外垄断的储能技术	电池关键制造设备国产化 铝塑膜制备技术 湿法隔膜制备技术
	设计开发针对储能系统的控制策略和突发事故应对策略	储能电站辅助 AGC 调频过程中 SoC 状态评估研究 电芯选型、电芯模组、电池包、电池簇模块化设计 PCS 底端响应控制逻辑研究 BMS 配合模式开发

(1) 应围绕“低成本、长寿命、高安全和易回收”这一主要目标，对现有重要储能技术方向的关键瓶颈问题进行梳理，明确攻关方向。在此指导思想下，结果是修修补补，创新性不强。

(2) 仍然未将安全性放在足够重要的位置。电化学储能本体技术安全性不高的项目强要提高安全性，白费劲，如钠硫电池。

(3) 应该突出表明态度：大力推动安全级别六级的新型水体系电池技术的发展；适当发展五、四、三级的技术；不鼓励发展二、一级的技术。

六、电业企业应是技术创新的主力

P113“建立储能行业的技术联合研究机构”小节中提出：“有效联合行业相关研究机构、企业和高校，形成开放的研究平台，组织和协调储能行业专家、学者和工程师整合资源，通过项目联合研究，攻克产业发展难点、要点。”

“技术联合研究机构”是空想的“储能乌托邦”！

谁来“有效联合”？靠什么来“有效联合”？专家、学者和工程师为什么要听你的“组织和协调”？

现在电业企业应是技术创新的主力！电网公司，风电场，光伏电站，发电厂……应成为储能技术发展的龙头。

七、储能规模的表达问题

P2：“2035 年中国市场份额预计可达 1 万 1 千亿，储能规模 200 GW。”

我认为，储能与发电不同，储能容量规模较功率规模更重要，更能表达储能设施功能的大小，应同时标出 GW · h。

其他段落应也应如此表达。

发展以锂硼合金为负极的电池*

10 年前，我们首次提出以锂硼合金作为锂硫电池负极材料，利用其良好的导电性，增加负极的比表面、降低电流密度，改善锂表面 SEI 膜的性能，缓解了金属锂易长枝晶、粉化的问题。经 50 次充放电循环，锂硼合金表面的光洁平整性远高于纯锂和锂铝合金，见图 1（文章见于 ECS Electrochemistry Letters，2013，2(6)：A47-A51）。但由于所用的锂硼合金材质较硬，难以卷绕，研究工作未能继续深入进行。

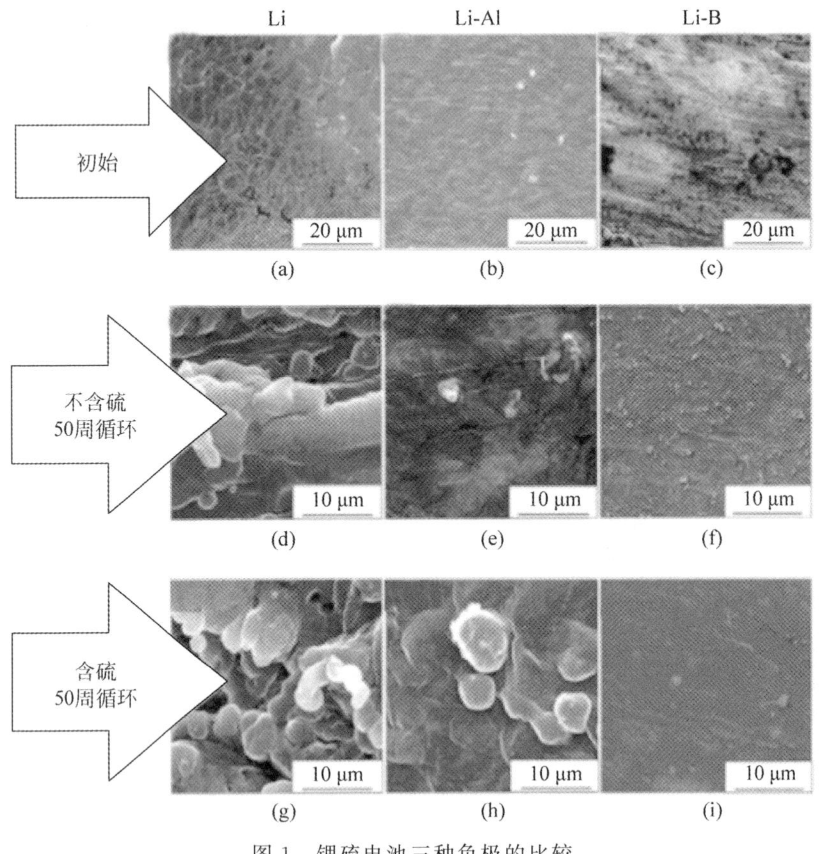

图 1　锂硫电池三种负极的比较

* 第二十次全国电化学大会于 2019 年 10 月 25—28 日在长沙举行，参会 4000 余人。29 日写成本文存查。

这次在长沙参加第二十次全国电化学大会期间与中南大学刘志坚教授(退休)交流时得知,该校已将锂硼合金的含锂量提高至 60%,质体柔软,生产技术及在热电池中的应用已转让给企业,使我国的热电池的比能量等性能大为提高。中南大学的研究还表明,在一定的工艺条件下,锂硼合金中存在硼化锂(LiB,纤维状)和金属锂两相,在合适条件下两者能均匀分布。

我们锂硫电池的正极研究已处于国内外领先的水平,而锂负极成为技术短板,也成为同行的攻关重点,主要需解决锂枝晶的生成及其引起的短路与安全问题;锂的粉化引起的容量衰减问题;锂表面积小引起的充放电倍率不高的问题;负极体积变化幅度大问题。我预料,用此新材料,导电的硼化锂纤维结构可作为良好的三维集流体,还在放电时成为负极体积保持稳定的支撑骨架,并可大幅提高电池的功率密度;在充电时,是锂沉积的载体,由于其具有大面积而使电流密度大为降低,有利于锂的均匀沉积而不易生成枝晶,缓解粉化。如果将锂的含量提高至 75%,仅就其中金属锂的比容量而言,已可达 2300 mA · h/g,将近石墨的 6 倍。用于锂硫电池,可能做出高水平。

此外,现在锂离子电池的比能量仍在继续提高中,主要途径是提高正极的镍含量,关键是要用固态电解质解决易燃爆的安全问题,现已展开研究,但石墨的比能量仅约 300 mA · h/g,且与固态电解质的界面稳定性不佳。由此我设想,如果将负极石墨换回成金属锂(以锂硼合金形式)解决掉类似上述锂硫电池负极锂的一系列问题,电池比能量将陡然上升。如果再将固态电解质与锂硼合金同时用于锂离子电池,则可能做成安全性高、比能量也高的新型锂离子电池。贡献大哉!

为此,设想发展以锂硼合金为负极的电池,用时 3 年。

化学储能："遇冷"有待"升温"*

中国工程院院士　杨裕生

与物理储能相比，包括铅炭电池、锂离子电池等在内的化学储能技术能量转换效率更高，未来将在整个能源体系中扮演重要角色。

■本报记者 计红梅

从 2017 年 8 月到今年 5 月，韩国共发生 23 起储能电站火灾。虽然 6 月 11 日公布的调查结果显示，由于火灾现场基本全部烧毁，查明原因有一定困难，也并没有指向任何一家涉事企业，但业内仍旧认为，用于电力储存装置的三元锂电池难以撇清关系，至少无法扑灭的大火烧的是电池中的有机电解液。再加上国内储能电站也发生过类似的火灾，"这给化学储能的发展带来相当的影响"。近日，在接受《中国科学报》采访时，中国工程院院士杨裕生表示。

"相比前两年的快速增长，2019 年储能产业发展得不太好。"杨裕生坦言。

安全性应放在第一位

储能技术可分为物理储能技术和化学储能技术两类。在杨裕生看来，与物理储能相比，包括铅炭电池、锂离子电池等在内的化学储能技术能量转换效率更高，未来将在整个能源体系中扮演重要角色。例如，抽水蓄能技术能量转化率在 70% 到 75%之间，在物理储能中排在首位，而化学储能则通常都在 85%以上，甚至达到

* 本文原载于 2019 年 12 月 30 日《中国科学报》第 7 版。

90％多。"如果发展大规模化学储能技术，就有望彻底解决'弃风、弃光'问题。"杨裕生说。

谈及化学储能发展，杨裕生认为，"还是应该把安全性放在第一位。不是口头上的安全第一，而是要付诸实际行动。"

近年来，锂离子电池被认为是当下综合性能最好的电池体系，具有高比能量、高循环寿命、体积小、质量轻等特点，并迅速发展成为新一代电源，用于信息技术、电动车和混合动力车、航空航天等领域。国家也相继出台了一系列政策，推动锂离子电池产业的发展。但是，在杨裕生看来，"锂离子电池用于大规模储能电站，有待商榷"。

与之相比，铅炭电池虽然也曾在2016年至2017年间被各部委四次发文鼓励发展，但受贴上过"古老""落后""污染"等标签的铅酸电池"连累"，应用并不普遍。实际上，铅炭电池"是最可靠、最安全的"，其可再生技术也是最成熟的。杨裕生告诉《中国科学报》，虽然目前铅酸电池的回收还没有做到足够规范，仍有部分电池流失到非法回收渠道，但"这个问题是完全可以解决的"。而不可忽视的是，锂离子电池回收、再生问题也很严重，"搞得不好也会造成环境污染"。

杨裕生建议，对于锂离子电池的大规模储能使用要慎重，最好还是用铅炭电池。"因为它没有可燃的有机溶剂，即使电池控制系统出现了问题，也不会着这么大的火，遭受电站烧光这样的重大损失。"

不能拿老眼光看待化学储能

全钒液流电池在国内的发展也比较快速，是目前最为成熟、安全的液流电池技术。不过，由于钒的价格上涨得太快，导致全钒液流电池竞争力急剧下降。现在出现了以便宜的铁和铬做活性材料的液流电池，而且用的是廉价的阳离子交换膜，成本就降低很多。目前，国家电投集团正在就其开展放大研究。

"用这一电池开展大规模储能也是有发展前景的。不过，液流电池实际上是一个电化工厂，运行要比固定电解液的储能电池繁杂得多。"杨裕生说。

今年11月22日，国家电网印发了《关于进一步严格控制电网投资的通知》，明确在未来一段时间内，"不得以投资、租赁或合同能源管理等方式开展电网侧电化学储能设施建设，不再安排抽水蓄能新开工项目"。"这对储能产业发展而言是一个不小的打击。"杨裕生评价道。

他认为，目前我国的可再生能源发电量在全部电能生产量中的比例还不高，还应继续大力发展以减少温室气体排放。而可再生能源发电必然需要储能来配合，只有这样才能不再陷入大量"弃风、弃光"的窘境。因此，此举对可再生能源来说也是一个沉重的打击。“不过，这同时也给其他愿意致力于储能产业的企业以良好的发展机遇。”杨裕生说。

在杨裕生看来，电力系统还存在一种过时的观念，认为“应用化学储能代价太大了，一度电经过化学储能要加价 4～6 元”。实际上，近些年来随着技术的发展，铅炭电池的寿命延长了好几倍，磷酸铁锂电池的价格也降到了几年前的五分之一，寿命长至万次，因此这些电池的使用成本都已大幅下降。“在这样的情况下，就不能再拿老眼光来看待化学储能了。”杨裕生告诉《中国科学报》，无论是锂离子电池还是铅炭电池，现在一度电经过化学储能的加价只有 0.3 元左右。

杨裕生希望，2020 年政府部门能够更加全面地考虑电价政策问题，例如拉开白天和夜晚的电价差别，充分发挥出储能在整个电力系统中的作用。同时，要制定加快可再生能源发展步伐、抑制燃煤电能生产扩张的政策，使得电力系统减排二氧化碳的效果更加显著。

发展化学储能有助于解决“弃风”“弃光”难题*

化学储能不受地理、气候条件的限制，规模可大可小，特别是其能量转换效率高达80%甚至90%以上，且伴随技术进步，价格不断下降，是可再生能源高效利用的利器，可用以彻底解决“弃风”“弃光”问题，在未来能源体系中占有十分重要的位置。

但是，由于认识上的不足、火电产能严重过剩、节能减排观念淡薄等因素，化学储能在我国并没有得到应有的重视和恰当的使用，这一问题日渐突出。

亟待消除对化学储能偏见

现在，仍有部分电力系统人士认为，“应用化学储能代价太大，一度电经过化学储能要加价 4～6 元”。这已是一种过时的观念。实际上，随着技术发展，化学储能的成本已大幅下降。

近五年来，铅炭电池寿命延长了好几倍，磷酸铁锂电池的寿命延长至万次，价格降到了几年前的 1/5，两个因素叠加，电池的使用成本已大幅下降。

当前，无论是锂离子电池还是铅炭电池，储能一度电的加价 0.3 元左右。在峰谷电价有合理差别情况下，将谷电(包括“三北”风电)通过化学储能时移至用电高峰期，对发电、输电、用电各个环节都有好处。

回收废电池是化学储能电池产业链的重要一环，只要精准施策，其回收处置完全可以做好，从而避免对环境的污染。

总之，不能因为个别历史遗留问题，影响对化学储能积极作用的评价。

不同化学储能技术各有优劣

目前技术上来看，应用较多的储能电池有铅炭电池、锂离子电池和液流电池。

铅炭电池安全性有保障。储能应把安全性放在第一位。以水溶液为电解液的铅炭电池不含可燃物，安全性有保障。

工信部将铅炭电池列入“强基工程”支持企业发展，形成了规模化产能。2016—2017 年，相关主管部门先后四次发文鼓励铅炭电池发展：国家发改委、国家

* 本文原载于 2020 年 2 月 26 日《中国能源报》。

能源局发布《能源技术革命创新行动计划(2016—2030年)》;国家发改委、工信部、国家能源局发布《中国制造2025——能源装备实施方案》;工信部发布《轻工业发展规划(2016—2020年)》;国家发改委、财政部、科技部、工信部、国家能源局发布《关于促进储能技术与产业发展的指导意见》。

目前,我国有小至几十千瓦时、大至百兆瓦时的20多个铅炭电池储能电站,已安全运行多年。

我国铅炭电池不仅应用在国内的储能电池,也应用在德国等海外的调频电站中,运行良好。在国外,"古老""落后""污染"不是铅炭电池的标签。

锂离子电池储能有利也有弊。锂离子电池具有比能量高、循环寿命长等特点,近年来,受益于电动汽车的拉动,其价格迅速下降,并广泛应用于信息技术、航空航天及储能领域。引人注目的是,韩国建立了几百个以三元材料为正极的锂离子电池储能电站,单站规模最高的达十兆瓦时级。因此,我国也有人士认同此技术路线,用三元锂离子电池建储能电站。

数据显示,从2017年8月到2019年5月,韩国共发生23起储能电站火灾,甚至还引发爆炸。尽管关于火灾的调查结果未指向任何一家涉事企业,甚至认为主要起因并非三元锂电池。但不可否认的是,大火燃烧的是电池中的有机电解液,蔓延的大火令电站损失严重。因此,锂离子电池用于大规模储能电站,应该慎重。

相比之下,铅炭电池更安全,其没有可燃的有机溶剂,即使电气系统出现了问题,也不会引发大火、遭受电站烧毁的重大损失。磷酸铁锂电池不易产生助燃的氧,安全性较高;且磷酸铁锂电池寿命长,使用成本低,可在一定规模的储能电站中使用。

各种体系的液流电池竞相发展。液流电池安全性高,寿命很长;体系繁多,各有千秋。

我国全钒液流电池发展较快,技术最为成熟。但是,近几年钒价上涨太快,导致全钒液流电池竞争力急剧下降。锌镍单液流电池也因镍价高涨而遭遇同样命运。

铬铁液流电池以便宜的铁和铬做活性材料,且用廉价的阳离子交换膜,成本较低,现在,国家电投集团正在开展工程放大研究,用这一技术发展大规模储能前景可期。

需要注意的是,液流电池实际上是一个电化工厂,与通常生产化学产品的化工厂不同,其产品是直流电,运行要比固定电解液的储能电池复杂得多,运行成本相对较高。因此,需要通过缜密的经济可行性分析加以选择。

化学储能竞争力可期

目前,已建成的化学储能站规模达百兆瓦时,在此基础上再逐渐扩大规模至千兆瓦时(即百万千瓦时)应不存在技术难题。化学储能电站造价目前大致可控制在1200元人民币/千瓦时,与抽水蓄能电站造价(6800～7000元/千瓦,6小时发电)相当;但其选址的灵活性、快速响应性等优势,则是抽水蓄能电站所不及。因而,可在不同场合,实现两者的优势互补。

化学储能电站因能量转换效率高(以85%计),与抽水蓄能电站(能量转换效率以70%计)比,运行经济效益将高出约20%(进、出电价均分别按0.3元和1.0元计)。较短的投资回收期完全可以弥补其寿命稍短的不足。

我们专为大规模储能电站研制新型水系电池,目标是其比能量接近锂离子电池,但安全性优势明显;价格接近铅炭电池,但环保性优势明显;寿命接近液流电池,但方便性优势明显。目前,工作已有显著进展,正择机融资扩大研制规模。

此外,我们已研制出一种塑铅复合板栅,其重量仅为相同尺寸铅板栅的47%。使用该板栅,铅酸电池生产流程不需变动,电池用铅量减少,比能量提高30%,成本显著下降,其储能竞争力将相应上升。

储能发展的几点建议

化学储能创新前景广阔,必将有力地推动可再生能源高效利用。为切实推动化学储能发展,建议:

(1) 各部委拿出切实执行所发文件的具体政策和办法,将清洁能源从字面落到实处。普遍实行峰谷电价,以合理拉大峰谷电价差的政策代替普遍降低工业用电电价的政策,这有利于充分发挥储能在整个电力系统中的作用,消化各种来源的谷电。同时,要用经济手段抑制煤电的生产扩张、克服地方保护主义和部门利益至上。

(2) 目前,我国可再生能源发电量占比仍不高,大力推动可再生能源发电,就必然需要储能来配合,以避免大量“弃风”“弃光”的窘境。因此,政府要大力支持储能技术(包括储能的专用电池)创新,要鼓励建立储能电站,发放贴息(低息甚至无息)贷款或是一种行之有效的途径。

(3) 电力系统要突破部门利益束缚,从节能减排的高度重视化学储能的作用。

用好先进电化学储能　持续发展高效可再生能源*

前　言

可再生能源发电必需与储能同步发展。

目前我国的可再生能源发电量在全部电能生产量中的比例还不高，已经出现"消化不良"的问题。政府的各项能源规划要求继续大力发展可再生能源发电，以实现减少温室气体排放的国际承诺。为了发展高效的可再生能源发电，必然需要储能来配合，才能不再陷入大量"弃风、弃光"的窘境。

本文叙述电化学储能可以与抽水蓄能共同发挥作用，原为6月中国工程院2020年院士大会能源与矿业工程学部学术报告会的报告，因疫情大会延期至2021年。为了不失时效，现予以发表。

一、已可规模应用的3个电化学储能技术

1. 铅炭电池——在铅酸电池负极中添加特种多孔炭

铅炭电池在保持铅酸电池安全、廉价等优点的同时，寿命大为延长，能效显著提高。由于性能优越，铅炭电池得到政府部门的支持和重视。工信部将铅炭电池列入"强基工程"支持了江苏双登和浙江南都两大公司，形成了规模化产能。2016年至2017年各部委在四次发文中均鼓励铅炭电池发展：2016年4月7日，国家发展改革委国家能源局发布《能源技术革命创新行动计划(2016—2030年)》；2016年6月20日，国家发改委、工信部、国家能源局：《中国制造2025——能源装备实施方案》；2016年8月5日，工信部《轻工业发展规划(2016—2020年)》；2017年9月22日，国家发改委、财政部、科技部、工信部、国家能源局《关于促进储能技术与产业发展的指导意见》。

铅炭电池安全性高。能量转换效率达85%，是规模储能的首选电池！国内杭州南都电源与防化研究院合作首先研制成功铅炭电池，获得了技术成果奖(表1)。

---

* 本文是中国工程院能源与矿业工程学部2020年学术报告会的约稿，因疫情会议推迟到2021年。此稿2020年7月17日由学部办公室发送学部全体院士。

表 1　铅炭电池获奖成果

序号	技术成果或奖项名称	项目名称	奖项级别	奖项等级
1	中国轻工业联合会科学技术进步奖	铅炭电池	二等奖	省部级
2	浙江省技术发明奖	铅炭电池	二等奖	省部级
3	杭州市科技进步奖	铅炭电池	三等奖	市级

南都电源公司杨裕生院士工作站延续 10 年，评为省优。

南都铅炭电池成功用于储能电站，总装机容量超过 1 GW·h，其中最大的 300 MW·h(表 2)。

表 2　南都铅炭电池成功用于储能电站

序号	项目名称	储能规模	领域	实现功能
1	无锡新加坡工业园智能配网储能电站	20 MW/160 MW·h	配网侧	园区增量配网、削峰填谷、需求响应、应急备电
2	德国 50 MW 一次调频储能 PCR	50 MW/75 MW·h	电网侧	德国电网一次调频、电价套利
3	广州万力轮胎分布式储能电站	6 MW/36 MW·h	用户侧	广东电网综合能源服务
4	南国红豆自备电厂＋光储联合发电储能电站	4 MW/32 MW·h	用户侧	园区多能互补，削峰填谷、需求响应、源网荷储一体化控制
5	天工产业园区能源互联网国家示范	12.5 MW/100 MW·h	用户侧	园区能源互联网、削峰填谷、提高电能质量
6	镇江新能源产业园分布式储能	37.5 MW/300 MW·h	用户侧	用户侧削峰填谷、需求响应
7	印度国家电力调峰调频储能电站	1 MW/1 MW·h	电网侧	印度电网调峰、调频
8	北京蓝景丽家用户侧商业综合体智慧能源储能电站	0.5 MW/2.5 MW·h	用户侧	商业综合体、光储充、削峰填谷
9	国网张北风光储智能微网示范项目	1 MW/6 MW·h	电源侧	风光储联合发电、平滑出力、解决弃风弃光
10	青海格尔木光储联合发电储能电站	0.25 MW/1 MW·h	电源侧	风光储联合发电、平滑出力、解决弃风弃光
11	国网鹿西岛风光储微网示范项目	2 MW/4 MW·h	微电网	风光柴储联合发电、平滑出力、移峰填谷
12	南沙某海岛风光储柴新能源智能微网	1.3 MW·h/300 kW	微电网	风光储联合发电、平滑出力、移峰填谷

德国商业化 50 MW 一次调频储能 PCR，是我国在境外完成的最大铅电池储能项目，其储能功能是：参与欧盟电网的一次调频辅助服务，同时参与峰谷价差套利，在德国电网调频市场容量 800 多 MW 中，占有一席之地。电池储能因其调频效率高、响应速度快、成本相对更低以及更环保的特性，相较于传统火电机组调频而言，有更好的经济效益和社会效益。

铅炭电池不仅价格在所有电池中最为低廉，而且从废电池回收铅还有高达 30%的残值，这是锂离子电池等难以匹敌的。为了进一步降低成本，去年我们发明了塑铅复合板栅，其竖筋条导电仍用铅合金；横筋条和边框承重，改用塑料，板栅重量大减，电池比能量可提高约 20%；同尺寸的 1000 A·h 电池正板栅可减少用铅量 300 g/片（从 555 g 减至 259 g），电池成本可降低 0.1 元/(W·h)，将大幅提高铅炭电池的商业竞争力。铅电池 161 岁，生命力仍然很强盛！

2. 铬铁液流电池——安全性高，寿命长

此电池的正极溶液含 $Fe^{+2}/Fe^{+3}+Cr^{+3}$；负极溶液含 $Cr^{+2}/Cr^{+3}+Fe^{+2}$，容许正负极溶液间离子互串。它以便宜的铁和铬做活性材料，而且用的是廉价的阳离子交换膜，成本比全钒电池低很多(图 1)。

图 1 “海归”马智启博士的 30 kW 电池堆

国家电投集团接纳民企技术作工程放大开发，正扩大此电池的生产规模，发展前景良好。液流电池实际上是一个电化工厂，运行要比固定电解液的电池繁杂些，运行成本稍高一些。

从表 3 的比较中可以看出，铬铁液流电池性能优于全钒电池！

表 3　铬铁液流电池与全钒电池比较

	Cr-Fe 电池	全钒电池
负极，电位	$Cr^{+2/+3}$，−0.41 V	$V^{+2/+3}$，−0.26 V
正极，电位	$Fe^{+2/+3}$，0.77 V	$V^{+4/+5}$，≥1.0 V
标准电压	1.18 V	≥1.26 V
膜及成本	阳离子交换膜，占电堆成本的 10%	全氟磺酸膜，约占电堆成本的 1/2
工作温度	−20～70℃	45℃以上钒析出
毒性	无	V^{+5} 有毒
电解液稳定性	稳定	V^{5+} 可能腐蚀电极
系统效率	～80%	～75%
目标系统成本	～1720 元/(kW · h)	3000～4000 元/(kW · h)

近些年来钒的价格上涨太快，全钒液流电池竞争力急剧下降。

3. 磷酸铁锂为正极的锂离子电池

锂离子电池在储能中应用最多的是韩国。韩国共建立了 1490 个以 $Li(NiCoMn)O_2$ 三元材料为正极的、规模不等的锂离子电池储能电站，单站规模大到 10 MW · h 级。从 2017 年 8 月到 2019 年 5 月，韩国共发生了 23 起储能电站火灾，有的还引起爆炸。2019 年 6 月 11 日韩国政府公布调查结果认为，主要是电气系统和电池管理系统问题，电池未构成失火原因。

但是，三元材料电池的热失控温度低，热分解时放出氧，与占电池重量 20% 的有机电解液发生化学反应，在电池内部形成“燃烧三要素”，无从灭火！所以，大火烧的主要是电池中的大量有机溶剂，火势很猛。

磷酸铁锂($LiFePO_4$)中的氧是束缚在磷酸根中，不产生助燃的氧，所以此种电池是锂离子电池中安全性最高的品种。每辆大客车中装几百 kW · h 磷酸铁锂为正极的锂离子电池，已经大量使用，积累了丰富经验；此电池的能量转换效率＞90%；循环寿命长达 10 000 次以上(每天充放一次，合 27.5 年)。近年来在电动汽车的带动下，价格迅速下降，电池单体价为 0.6～0.7 元/(W · h)；成组价在 0.8～0.9 元/(W · h)；电池单体比能量已达 180 W · h/kg，成组的比能量高达 150 W · h/kg 以上，与三元材料锂离子电池经多重安全措施后的成组比能量相差并不远。

规模储能电站用锂离子电池，规模越大实际上是堆集的易燃有机溶剂量越大，应该十分重视安全问题。必须将配套的电气系统和电池管理系统做好，并要采取各种安全措施，磷酸铁锂电池可在一定规模的储能电站中使用。

综上所述，已可规模应用的电化学储能电池有 3 种：①铅炭电池；②铬铁液流电池(全钒液流电池)；③磷酸铁锂为正极的锂离子电池。电池储能规模已达若干兆瓦时(铅炭电池 300 MW·h),可以逐步扩大规模,大力推广应用起来。

但是,这 3 种电池都是现成电池"改行",用于规模储能难免有"水土不服"之处,尚需在应用中加强适应性。同时,在可再生能源大发展下,应"量身定做"规模储能专用电池。

二、正在研发的 3 个储能专用水系电池

我曾为规模储能电站提出研制新型专用水系电池,目标要求:

(1) 安全和价格达铅炭电池水平,但比能量超过之。

(2) 寿命向液流电池看齐,但效率、方便性超过之。

(3) 比能量向锂离子电池接近,但安全性超过之。

即集 3 种电池的优点,避 3 种电池的不足。这是极具挑战性的大难题! 7 年来,国内科研人员陆续提出若干个创新的电池体系,其中已有 3 个接近目标,成果处于不同的转化阶段。

1. 锌锂锰/锌钠锰电池

浙江超威集团合资成立裕源电源科技公司专门研究开发此水系电池,其正极为锰酸锂或锰酸钠;负极为锌;电解质是硫酸锂(钠)水溶液,比能量达 60 W·h/kg;寿命达几千次。

工程化已近完成。准备融资扩大试制规模。(联系人:程博士,13331069281)

2. 吩嗪-镍电池

张家港博威新能源材料研究所(有限公司)与防化研究院同时研究此电池,其负极是资源无限的有机物吩嗪(图 2),理论比容量 297.8 mA·h/g。与氧化镍正极配对成 1.4 V 的电池,理论比能量 180 W·h/kg,实际电池约为理论值的 40%,约 70 W·h/kg;K^+(Na^+)及 Zn^{2+} 水电解液;氧化还原可逆性高,充放循环寿命 10 万次以上。

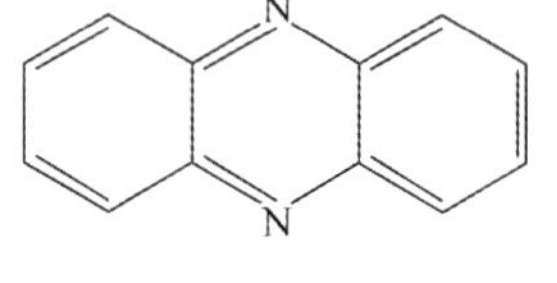

图 2 吩嗪

镍价虽然较高,但使用成本可由超长寿命找补回来!

欢迎电力企业参与工程化研发。(联系人:余总经理,18951303458)

3. 可充锌-MnO_2 水系电池

此电池由南开大学教授陈军院士领衔研究,负极为金属锌,正极为 MnO_2/C 复合材料,原料价廉环保,水热工艺合成,简单、节能(图 3)。

按电池整体计算,比能量可达 75 W·h/kg。成果待转化!(联系人:严博士,18222521921)

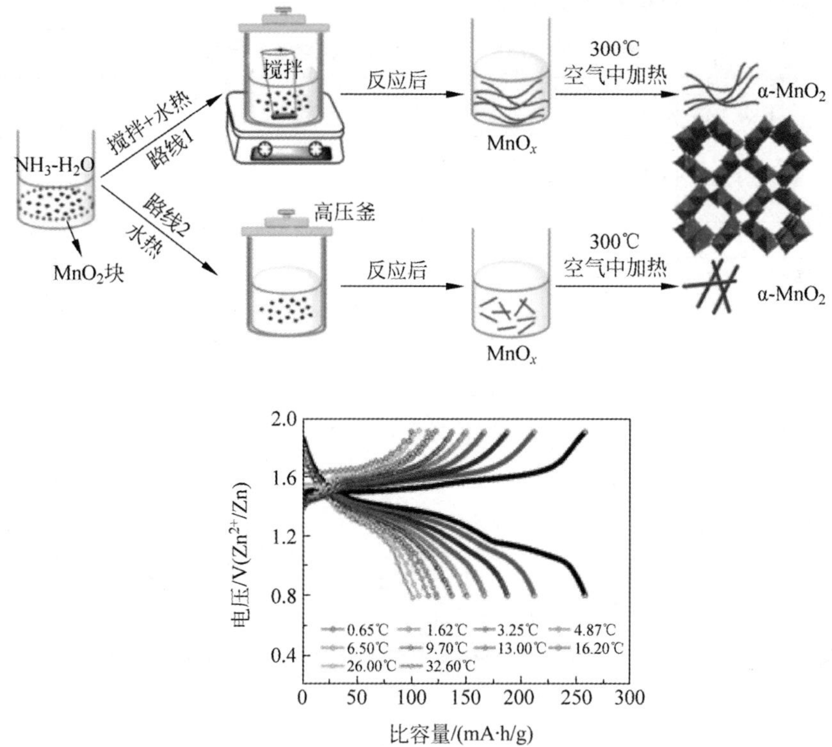

图 3　MnO_2/C 复合材料水热工艺合成及不同倍率下的充放电性能

三、探讨储能电池的 3 个旧观念

1．“化学储能代价太大!”

有些人认为“化学储能代价太大了，一度电经过化学储能要加价 4～6 元”。这种观念太陈旧了。近五年来铅炭电池的寿命延长了好几倍；磷酸铁锂电池的价格降到了几年前的 1/5，寿命也长至万次。两因素叠加，使电池的使用成本大幅下降。现在一度电经过铅炭电池或锂离子电池储能，加价只有 0.3 元左右。

化学储能电站造价目前可控制在 1200 元/(kW · h)以内，与抽水蓄能电站造价(6800～7000 元/kW，6 小时发电)相当。

2．“化学储能电站使用寿命短!”

化学储能电站寿命已经接近抽水蓄能电站的一半了。而且，化学储能有其弥补电站寿命较短的优势：

(1) 化学储能的能量转换效率比抽水蓄能高 15%～20%；经济效益高，投资回收期就短得多。以削峰填谷为例，效益可见表 4。

表 4　化学储能电站和抽水蓄能电站的效益

	能量转换效率/%	电售出价/[元/(kW·h)]	电购进价/[元/(kW·h)]	电进价/转换效率	经济效益/[元/(kW·h)]	效益差距
抽水蓄能	70	1.0	0.3	0.429	0.571	少 0.076 元/度
	75	1.0	0.3	0.400	0.600	少 0.047 元/度
化学储能	>85	1.0	0.3	0.353	0.647	高 7.8%～11.3%

(2) 快速响应性、选址的灵活性等优势，是抽水蓄能电站望尘莫及的。

(3) 不需上、下水库，适宜于“三北”地区。

由此可见，可以分别发挥两者的长处，在不同场合互补。

3. “化学储能站规模做不大！”

已建成的铅炭电池储能站规模高达 300 MW·h，即相当于 50 000 kW×6 h 的容量，已能适用于很宽广的场合。如需进一步扩大规模，在此基础上积累经验逐步放大 10～20 倍，应该不存在根本性难题。

关键是，要承认化学储能规模能够做大，需要时下决心将“规模放大”真当回事做。

除“三北”地区之外的广大国土上，也应大力发展中、小规模并举的可再生能源；此处，中、小规模的化学储能电站(装置)更能发挥作用！

四、3 个建议

(1) 各部委拿出切实执行所发文件的具体政策和办法，将清洁能源和储能发展从字面上落到实处，而且确保持续、稳定地发展下去。

用合理拉大峰谷电价差距的政策代替普遍降低工业用电电价的政策，既避免鼓励用电大户不重视节能，也有利于充分发挥储能在整个电力系统中消化各种来源的谷电、“垃圾电”的作用，减少碳排放。

鼓励建设储能电站，如：发放贴息(低息、无息)贷款等。

制定有效的政策抑制燃煤电能的生产扩张、克服地方保护主义和部门利益至上思想。

从持续发展可再生能源着眼，大力支持规模储能专用电池的技术创新研究和成果转化。

(2) 电力部门要从“节能减排”的“国策”高度，重视电化学储能的作用。

2020 年 2 月 13 日，国家电网新任董事长毛伟明说：“要积极研究探索储能发展路径和模式，结合特高压建设和新能源消纳需求，形成一套成熟的技术和商业模式，未来实现储能与电网的平衡发展”，纠正了国家电网 2019 年 11 月 22 日的通知，十分庆幸。

希望国家电网坚持一个稳定、正确的储能方针和建设规划。

也希望发电部门尽量不再建设和使用燃煤电站来调频、调峰，而用好节能又减排的电化学储能。

(3) 建议两大电网公司：一要主导规模储能专用电池的研究与开发；二要主动承担储能电池科研成果转化工作。

根据经验，电池从原理成立到普遍应用，需经不同专长人士 10～15 年“接力”奋斗。最初阶段的基础科研人员不擅长成果转化工程，因此，亟待两大电网公司组织力量，搞好接棒，各尽所长！

总之，希望电网公司早早介入储能技术开发，共挑担子！

也欢迎热心于储能事业、看好储能产业的各方人士，积极、踊跃介入。

第六部分
其　　他

《周恩来与两弹一星》全国巡回展杭州站致辞*

尊敬的各位领导、各位嘉宾，大家好！

在举国上下纪念人民的好总理——周恩来诞生120周年、缅怀他的丰功伟绩的日子里，我们怀着十分崇敬的心情，在这里参加《周恩来与两弹一星》全国巡回展览杭州站的开幕式，共同深切追思周恩来同志在中国"两弹一星"事业中的历史性贡献，学习他杰出楷模的风采情怀、伟大风范、崇高精神和高尚品德。

周恩来作为新中国第一代领导集体的重要成员，参与决策和创建"两弹一星"的伟大事业，组织和领导了"两弹一星"事业的发展进程，直接指挥了"两弹一星"重大科研试验的实施。"两弹一星"事业从奠基到腾飞的二十多年中，周恩来呕心沥血，做出了卓越的贡献，立下了不朽功勋，留下了感天动地的精神丰碑。

今天我们在这里举行《周恩来与两弹一星》巡回展杭州站开幕式，通过珍贵的历史图片、影像、史料、视频和模型，较为全面地反映周恩来领导新中国"两弹一星"事业从决策、研制到试验成功的艰难历程，直观、生动、艺术地再现老一辈革命家的领导风采、人格魅力；再现当年"两弹一星"事业参与者们在周恩来指挥和教育下，自力更生、不畏艰险、大力协同，勇攀高峰的精神境界。

1963年我31岁时，中央组织部将我从中国科学院化学所调往核试验基地，参加我国首次核试验的准备工作，负责蘑菇云取样和放射化学分析，测试核爆炸威力。经历核武器发展历程中的27年半，使我深深体会到，我国的核武器的高速度、高质量发展，是在周恩来总理精心组织指挥下取得的。周总理的历次指示总是非常及时、非常针对、非常重要。特别是"严肃认真，周到细致、稳妥可靠，万无一失"的指示，成为我和同志们的座右铭，贯彻在我们的行动中，端正了我们的工作态度，培养了良好的科研作风，提高了我们的工作质量和水平，而且使我们终身受益。

今年3月1日，习近平总书记在"纪念周恩来120周年诞辰座谈会"上的讲话中指出：周恩来高度重视国防现代化建设，亲自组织领导"两弹一星"大规模科技攻坚取得重大突破，极大提升了我国综合国力和国际地位。我们要落实"纪念周恩来120周年诞辰"座谈会精神和习近平总书记关于"两弹一星精神是宝贵的精神财富，一定要一代一代地传下去，使之转化为不可限量的物质创造力"指示精神，深入推进爱国主义教育和革命传统教育，让周恩来精神和"两弹一星"精神成为鼓舞全国人民实现中华民族伟大复兴中国梦的巨大动力。

---

* 本文是2018年6月26日在《周恩来与两弹一星》全国巡回展杭州站的致辞。

让我们紧密地团结在以习近平同志为核心的党中央周围，不忘初心，牢记使命，大力传承和发扬前辈们的伟大精神，在新时代中国特色社会主义的征程上创造新的辉煌！

最后，祝《周恩来与两弹一星》全国巡回展览杭州站圆满成功！

祝各位领导、各位嘉宾和朋友们身体健康、工作顺利！

谢谢大家！

自信遨游青山间

德明大姐以《自信遨游青山间》为题赐画一幅

现以同题和诗一首回赠

自信遨游青山间
岂忘再登高峰巅
莫道耄耋已老朽
愿与少壮试比肩

裕生 2018 年国庆

给三位好友的感谢信*

周新嵩、杨珊、沈秋芳三位好友：

非常感谢你们惠赠华丽、端庄的《浙江大学彩碟》表达你们对我荣获“中国电化学成就奖”的祝贺和深情厚谊。

《浙江大学彩碟》是一个独具匠心设计的艺术品，它以毛主席书写的校名为核心，以浙江大学老校徽为主要图案，标示了“求是创新”的校训，是政治意义、历史价值、美术创作的完美结合，使我百看不厌，爱不释手。

我从 66 岁开始转行电化学，历经 22 年初步得到同行的认可，还要继续努力。这个《浙江大学彩碟》是你们对我的鼓励和鞭策，也包含了母校对校友的关怀和希望，我将永远珍藏。

再次感谢你们！

杨裕生

2020 年春

* 此信寄送给三位好友，以表感谢。

为设立奖学金给母校的一封信*

如皋开发区第二实验小学

陈金湘校长：您好！

为鼓励母校学生更好地全面发展，拟以我获得的“中国电化学成就奖”人民币5万元在柴湾小学设立奖学金，初步意见如下：

奖学金章程：请学校领导草拟一个简明的章程，并提出2个名称供商讨、选择。

奖励对象：5、6年级学生，每年各5人。

奖励办法：评选工作由学校根据章程全权负责。每年年底评选一次；选出10名学生，每个学生奖励1000元。

执行3年后评估，如效果良好，可以继续补充后续经费。

请将银行账号及开户行告诉我，以便请中国化学会电化学委员会汇款来。

杨裕生

2020年3月6日

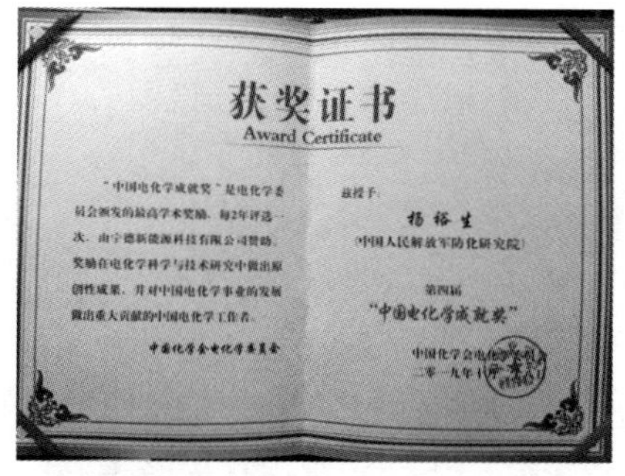

杨裕生院士获得“中国电化学成就奖”

附：如皋开发区第二实验小学校长陈金湘的回信

杨院士：您好！

请允许我代表如皋经济技术开发区第二实验小学的师生感谢您的爱心！

邮件我已收到，回复如下：

---

* 此信是写给如皋开发区第二实验小学（原柴湾小学）校长，表达自己的感恩和爱心。

一、关于奖学金的名称

“裕生奖学金”。

二、关于奖学金的章程

如皋经济技术开发区第二实验小学

“裕生奖学金”章程

第一章　总则

第一条　为鼓励母校学生更好地全面发展，柴湾小学杰出校友、中国人民解放军防化研究院杨裕生院士，以获得的“中国电化学成就奖”人民币 5 万元在柴湾小学设立“裕生奖学金”。

第二条　“裕生奖学金”用于奖励在校五、六年级学生，每年各 5 人。

第三条　“裕生奖学金”每年年底评比一次，奖励标准为：每个学生奖励 1000 元。

第四条　评选工作由学校根据章程全权负责。

第二章　评选条件

第五条　学生参评“裕生奖学金”的条件：

1. 品行端正，乐于奉献。爱祖国爱家乡爱学校，尊敬师长，主动帮助有困难的同学或身边的孤寡老人。诚实守信，遵纪守法，热爱劳动。经常参加学校、社区的志愿服务。

2. 勤奋刻苦，成绩优异。按一年两学期结束时上级安排的考试计算总成绩，各门文化课考试成绩在年级前十名，体育测试良好及以上。

3. 兴趣广泛，积极参与。踊跃参加学校的社团，训练刻苦，勤于创造，参加南通市级以上比赛获等级奖。

第六条　同等条件下家庭经济困难学生优先考虑。

第三章　评选原则与程序

第七条　坚持公开、公平、公正的原则，严格掌握评选标准，严格遵守评审程序，采取自下而上，上下结合的方式进行。

第八条　申请人填写《“裕生奖学金”评选申请表》(一式二份)，提供包括本人这一年符合评选条件的相关的证明、成绩、荣誉等材料。

第九条　评审委员会评选出获奖候选人后，应予公示。

第十条　公示后，评审委员会负责将获奖学生名单报杨裕生院士(或授权代表)审定。

第四章　表彰与奖励

第十一条　学校召开表彰大会,邀请杨裕生院士(或授权代表)莅校,对获得“杨裕生奖学金”的学生颁发荣誉证书及奖金。邀请媒体参与宣传报道。

第十二条　获奖学生的材料归入学生个人档案。

第五章　评估与监督

第十三条　奖学金的运行全程接受奖金设立人或其委托代表的评估和监督。

如皋经济技术开发区第二实验小学

二〇二〇年三月

三、关于捐款事宜

关于成立基金专户的说明:1. 学校不可以在银行开户,学校经费运转全部由如皋市财政局扎口管理;2. 已跟上级领导沟通,该奖学基金汇缴至如皋市财政局专户,专款专用;3. 汇缴方式:如图,请汇款或转账至:户名:如皋市财政局,账号:32001647236051117660,开户银行:中国建设银行如皋支行。汇款后将相关凭证(拍照或截图)提供给如皋市财政局对账即可。

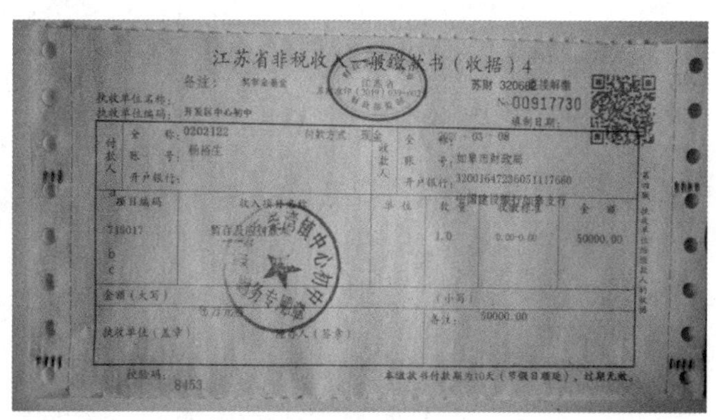
江苏省非税收入一般缴款书(收据)4
№00917730
付款人　全　称:0202122
账　号:杨裕生
付款方式　现金
收款人　账　号:如皋市财政局
开户银行:32001647236051117660
项目编码　收入项目名称　单位　数量　收缴标准　金额
1.0　0.00-0.00　50000.00
金额(大写)　(小写)
备注:50000.00
执收单位(盖章)　经办人(签章)
校验码:8453
本缴款书付款期为10天(节假日顺延),过期无效。

捐赠汇缴凭证

请阅。祝您及全家幸福安康!

开发区第二实验小学　陈金湘

2020 年 3 月 9 日

附　　录

2017 年 7 月—2021 年 1 月的学术报告列表

2017 年 7 月—12 月学术报告 *

序号	月	日	报告题目	地点	单位或会议	编入部分
14	7	5	锂离子电池梯次利用的原则	北京	双登技术委员会	
15	**7**	**21**	**锂离子电池梯次利用的原则**	**苏州**	**力神集团学术委员会(苏州)**	**五**
16	**7**	**27**	**我国超级电容器技术与应用主要进展**	**横店**	**第三届中国储能工程大会——储能技术与储能材料关键技术论坛**	**五**
17	8	11	增程式电动车与电池加力——发电驱动汽车	长春	与吉林发改委座谈	
18	8	13	关于“汽车强国发展战略”的发言	北京	中国工程院咨询项目专题研讨会	
19	9	4	发电直驱电动汽车技术——汽车强国之利器	南通	江苏公爵新能源汽车有限公司向国务院参事葛志荣等的汇报会	
20	**9**	**13**	**铅酸电池的新技术及应用**	**济源**	**济源市政府　院士专题报告会**	**五**
21	9	15	坚定发展电动汽车 迈向汽车强国	杭州	2017 杭州新能源汽车产业展论坛	
22	**9**	**22**	**电动汽车发展与电能供应**	**北京**	**中国工程院/国家能源局第四届能源论坛暨“能源革命与电力创新”国际工程科技发展战略高端论坛**	**二**
23	9	24	一、电动汽车发展与电能供应；二、建议	姜堰	双登集团	
24	**10**	**25**	**汽车强国的电动车必须低碳发展**	**上海**	**汽车强国与低碳发展(高层)论坛**	**二**
25	10	27	锂离子电池的梯次利用和绿色循环	杭州	第二届浙江省新能源汽车技术交流与对接活动	
26	**10**	**31**	**发展增程式电动汽车 迎战补贴退坡**	**长兴**	**长兴政产学研合作大会**	**二**
27	**11**	**8**	**节能减排的发电直驱电动汽车——第三代增程式**	**西安**	**2017 西安全球硬科技创新大会——新能源汽车产业创新发展论坛**	**二**
28	**11**	**16**	**补贴退坡后的电动汽车与电池应用**	**北京**	**2017′第二届动力电池应用国际峰会**	**二**

* 2017 年 1 月—6 月共有 13 场学术报告，故此处序号由 14 开始。

续表

序号	月	日	报告题目	地点	单位或会议	编入部分
29	12	2	用好成熟的电池发展安全节能减排的电动汽车	上海	第十九次全国电化学大会	
30	**12**	**15**	**让群众使用微型低速电动车**	**北京**	**第八届全球新能源汽车大会**	三
31	**12**	**24**	**电动汽车的安全性问题**	**天津**	**动力电池产业发展与技术创新高层论坛**	四

2018 年学术报告

序	月	日	报告题目	地点	单位或会议	编入部分
1	1	5	电动汽车的电能使用与安全问题	北京	中国科学院电工研究所	
2	**1**	**20**	**《四轮低速电动车技术条件》不应用作杀绝低速电动车的手段**	**北京**	**中国电动汽车百人会论坛闭门会**	三
3	1	21	用成熟电池做第三代增程式电动汽车	北京	中国电动汽车百人会论坛(2018)	
4	**2**	**5**	**以创新打造中国电动汽车品牌**	**北京**	**中国汽车报　2018 年中国汽车品牌发展峰会**	一
5	3	14	微型电动汽车的前景美好	济南	2018 微型电动汽车产业高峰论坛	
6	3	15	新能源发展与储能技术应用	温州	温州市政府	
7	**3**	**26**	**光伏储能的需求与发展建议**	**北京**	**2018 中国“光伏＋储能”技术融合创新应用大会**	五
8	3	29	高比能动力电池的问题	北京	至玥腾风科技投资集团有限公司	
9	4	3	规模化学蓄电的安全问题	北京	储能国际峰会暨展览会(2018)	
10	**4**	**12**	**电池发展中的几个问题**	**保定**	**风帆有限责任公司**	四
11	4	21	高比能动力电池问题的思考	泰州	2018 中国新能源动力电池暨储能产业大会	
12	**4**	**25**	**铅、锂蓄电池发展的思考**	**北京**	**中国船舶重工集团动力股份有限公司　电池技术发展研讨会**	五
13	5	4	化学蓄电的安全问题	杭州	中国化学会 2018 年会	
14	**5**	**6**	**规模储能和电动汽车发展带来的电池安全问题及对策**	**杭州**	**中国化学会 2018 年会——第三十三分会：公共安全化学**	四
15	5	19	当前铅、锂蓄电池发展的问题(曹高萍代读)	深圳	第八届中国国际储能大会	

续表

序	月	日	报告题目	地点	单位或会议	编入部分
16	5	19	补贴退坡下电动汽车的发展	长兴	浙江（长兴）新能源产业知识产权高峰论坛	
17	5	31	补贴退坡下电动汽车的发展与创新	北京	中国工程院能源与矿业工程学部	
18	6	9	发展增程式电动汽车才能迈向汽车强国	北京	中国电动汽车百人会增程技术交流会	
19	**6**	**14**	**电动汽车的补贴退坡与迈向汽车强国**	**常州**	**江苏省新能源汽车能源与信息创新联盟揭牌仪式暨打造国家制造业创新中心启动大会**	**二**
20	7	21	电池产业当前的问题和对策	长兴	2018 中国 · 长兴新能源技术和产业高峰论坛暨浙江“千人计划”专家峰会	
21	**7**	**26**	**动力锂离子电池的安全利用与回收**	**北京**	**中国电池工业协会　2018 年中国动力电池回收与循环利用高峰论坛**	**四**
22	8	16	动力锂离子电池的重点方向	天津	力神电池公司 2018 年学术委员会	
23	8	20	补贴退坡下电动汽车和电池的发展	南通	南通高新技术产业开发区	
24	**8**	**25**	**电动汽车的市场化**	**北京**	**院士科创中心 2018 创新研讨会**	**二**
25	9	21	电动汽车必须与动力电池协调发展	杭州	浙江新能源汽车产业发展高峰论坛(2018)	
26	**10**	**11**	**增程式汽车　军民两用技术**	**北京**	**第四届军民融合发展高技术装备成果展览暨论坛**	**二**
27	10	18	安全第一原则下电池与车的协调发展	深圳	2018 国际锂电池关键材料技术创新峰会	
28	**10**	**19**	**提高安全性　发展电动汽车**	**海口**	**海南新能源汽车发展峰会(2018)**	**四**
29	10	20	增程式是电动汽车的最佳技术路	海口	院士与千人计划专家电动汽车(海口)论坛	
30	**11**	**4**	**以创新巩固铅酸电池阵地　靠技术推动三项任务进展**	**南昌**	**中国工程院能源与矿业工程学部、中国电池工业协会　第五届全国铅酸电池新技术研讨会**	**五**
31	11	8	电动汽车的发展路线与下一代动力电池	北京	2018 第三届动力电池应用国际峰会——主题论坛②：下一代动力电池技术路线	

续表

序	月	日	报告题目	地点	单位或会议	编入部分
32	12	9	超级电容器与电池的内并——超级电容器的好方向	厦门	“电化学能源”双清论坛	
33	**12**	**12**	**蓄电技术与多孔炭材料**	**南平**	**福建元力活性炭股份有限公司**	五
34	12	19	发展安全性高的电动汽车和动力电池	合肥	国轩高科 2018 年第八届科技创新大会	
35	12	28	电动汽车和动力电池的高安全性发展	赣州	赣南苏区人才峰会——“主攻工业高质量发展”论坛	

2019 年学术报告

序号	月	日	报告题目	地点	单位或会议	编入部分
1	1	8	发展高安全性的电动汽车和动力电池	成都	2019 第二届中国(成都)新能源汽车高峰论坛	
2	1	16	电动汽车着火原因分析和对策	北京	院士科创中心 2019 创新研讨会	
3	3	18	多孔炭材料与蓄电技术	张家港	易高环保能源科技(张家港)有限公司	
4	**3**	**20**	**电池和材料的“高性能”——从理念到实践**	**南京**	**2019 年全国高性能电池新技术与新材料应用发展暨电池行业智能制造技术交流会**	五
5	3	22	电动汽车的发展路线与高安全性动力电池	南京	南京工业大学能源科学与工程学院	
6	3	24	多孔炭材料技术与电容型电池	马鞍山	马鞍山中钢集团研究院	
7	3	28	当今电动汽车与动力电池的发展	绍兴	2019 国际电化学能源系统大会	
8	3	29	电动汽车的发展路线与新型动力电池	绍兴	绍兴文理学院	
9	**4**	**9**	**电动汽车的发展路线与高安全性动力电池**	**西安**	**西安交通大学电气工程学院**	二
10	4	10	电动汽车的发展路线与高安全性动力电池	西安	西安理工大学	
11	**4**	**24**	**电动汽车的发展路线与高安全性动力电池**	**枝江**	**枝江市领导举行的座谈会**	五
12	**4**	**25**	**铅炭电池技术及应用**	**枝江**	**驻枝江市某部队**	五

续表

序号	月	日	报告题目	地点	单位或会议	编入部分
13	6	21	未来动力电池的发展趋势与应用	广州	全球新能源汽车领袖峰会新能源汽车动力变革论坛	
14	6	26	当今的电动汽车及动力电池产业发展	南京	2019南京科技创新周新能源汽车产业地标峰会活动	
15	7	7	电动汽车及动力电池产业的发展	北京	新突破，新启程　中国新能源汽车产业协同创新论坛	
16	7	5	可再生能源发电的储能技术	威海	中国威海新兴产业发展高端论坛	
17	7	10	电动汽车着火原因分析和对策	保定	首届中国国际电动汽车安全技术创新大会	
18	8	24	电动汽车发展形势分析	北京	《新能源汽车产业发展规划(2021—2035年)》——超级电容器政策推进交流会	
19	8	27	介绍板栅和高能铅酸电池新技术共商合作方案	北京	中国船舶重工集团有限公司	
20	**8**	**31**	**当前电动汽车及动力电池产业的发展**	**天津**	**2019中国汽车产业发展(泰达)国际论坛**	**一**
21	9	10	当前电动汽车及动力电池产业的发展	天津	中国人民解放军　天津康复疗养中心	
22	**9**	**19**	**我国动力电池产业发展趋势分析**	**南京**	**中国新能源汽车动力电池产业发展论坛**	**四**
23	**9**	**23**	**发展安全又经济的电池储能**	**上海**	**第334期东方科技论坛“面向社会需求的能源环境材料”学术研讨会**	**四**
24	10	15	我国电动汽车安全问题分析	苏州	2019(苏州吴中)汽车关键部件新生态产业峰会	
25	10	19	我国动力电池的高质量发展	启东	海四达集团成立50周年学术报告会	
26	10	26	我的电化学储能研究22年回顾	长沙	第二十次全国电化学大会“推进产业发展的电化学”	
27	11	1	增程式技术与我国电动汽车产业的发展	长兴	2019中国·长兴新能源技术和产业高峰论坛	
28	**11**	**13**	**我国电动汽车的发展与增程技术**	**北京**	**2019年中国电机工程学会年会**	**二**
29	11	23	当前电动汽车产业的发展	齐河	德州齐河新能源汽车产业论坛	

续表

序号	月	日	报告题目	地点	单位或会议	编入部分
30	12	14	当前化学储能的观念与技术评说	南京	全国储能技术在分布式能源及微电网中的应用技术研讨会	
31	**12**	**15**	**未来汽车与未来汽车能源**	**上海**	**2019 年上海电化学能源器件工程技术创新论坛——未来汽车动力与能源之辩**	**二**
32	12	31	坚持节能减排宗旨 坚定电动汽车市场化发展	北京	新能源汽车产业：十字路口的抉择(闭门研讨会)	

2020 年学术报告

序号	月	日	报告题目	地点	单位或会议	编入部分
1	**1**	**12**	**坚持节能减排宗旨实现电动汽车市场化发展**	**北京**	**中国电动汽车百人会论坛(2020)**	**二**
2	**6**		**用好先进电化学储能 持续发展高效可再生能源**		**中国工程院能源与矿业工程学部 2020 年学术报告会(会议延期)**	**五**
3	8	28	发展节能减排又安全的电动汽车	淄博	吉利商用车集团	
4	10	17	《新能源汽车产业发展规划(2021—2035 年)》与动力电池	宁德	第五届动力电池应用国际峰会	
5	**10**	**21**	**发展增程电动技术 多为人民节能减排**	**北京**	**首届增程电动技术研讨会**	**二**
6	**10**	**23**	**再接再厉开启增程电动技术节能减排新篇章**	**北京**	**首届增程电动技术研讨会(闭幕词)**	**二**
7	**12**	**5**	**节能减排的增程式应是电动汽车的主力**	**北京**	**中国电动汽车百人会 新能源与节能汽车多样化技术路线研讨会**	**二**
8	**12**	**6**	**电动汽车发展的技术路线与节能减排**	**南京**	**南京市江宁经济技术开发区新能源汽车论坛**	**二**
9	**12**	**20**	**电动汽车要为 2030 前排放达到峰值、2060 碳中和做贡献**	**日照**	**2020 中国(日照)汽车产业高质量发展高峰论坛**	**一**

2021 年学术报告

序号	月	日	报告题目	地点	单位或会议	
1	**1**	**17**	**解读《新能源汽车产业发展规划(2021—2035 年)》**	**北京**	**中国电动汽车百人会论坛(2021)——新能源汽车市场论坛**	**一**
共计			95 篇			40 篇

注：表中字体加粗的表示收入了本文集,并在最后一列注明了编入的部分。